一封家书·家国档案七十年晚会现场

颁发收藏证

赵时、梦瑶、蒋谨悦合唱《我和我的祖国》

浙江卫视主持人席文在诵读

新安江水电站第一代建设者代表

"两弹元勋"之一钱三强之子钱思进

央视主持人长啸

著名演员郭凯敏在诵读

现场嘉宾

浙商档案展示

诵读嘉宾浙江电视台钱江都市频道主持人龙薇薇

主持人高雯访谈游泳世界冠军徐嘉余爸爸徐进荣和妈妈余珍珍

晚会现场 嘉宾：丁秋美（右）、邵芳建（左）

义乌市商务局局长王碧荣接受访谈

钱三强之子钱思进接受采访

记者邹雯采访冷金荣

记者项勇、邹雯和苏纪兰院士（中）的合影

记者邹雯、赵鹏采访马季煌夫妇

记者邹雯采访钟国梁

记者党君雅和考古学泰斗夏鼐之子夏正楷

记者丁巧巧和嘉宾钱思进

记者刘浩采访老兵陈龙岗

记者党君雅在马叙伦孙女马今家采访

记者党君雅采访良渚申遗文本总负责人陈同滨

记者刘浩采访翁清秀（翁同文侄子）

记者祝佳佳采访王碎奶

记者祝佳佳采访陈定模

家国档案七十年
JIA GUO DANG AN
QI SHI NIAN

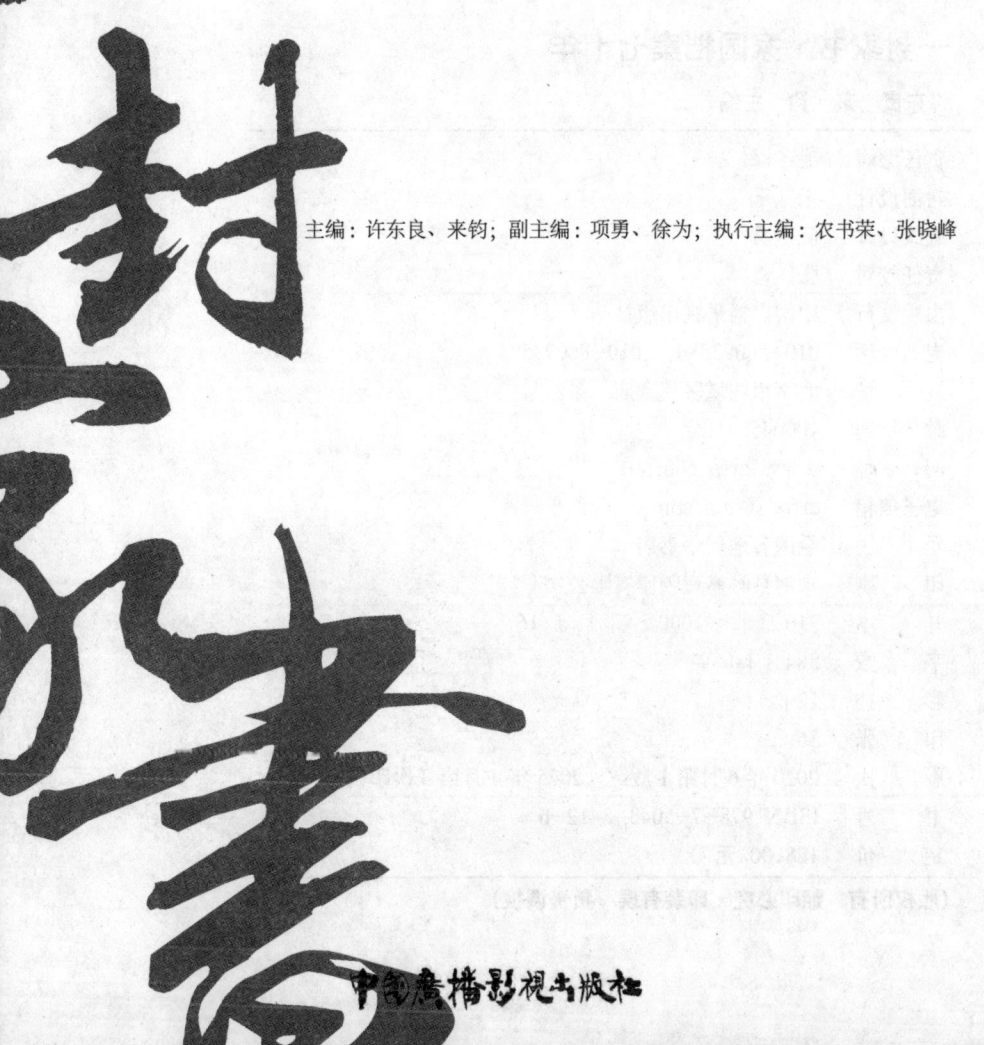

主编：许东良、来钧；副主编：项勇、徐为；执行主编：农书荣、张晓峰

中国广播影视出版社

图书在版编目（CIP）数据

一封家书·家国档案七十年 / 许东良，来钧主编. -- 北京：中国广播影视出版社，2020.6（2025.1 重印）
ISBN 978-7-5043-8412-6

Ⅰ.①一… Ⅱ.①来… ②许… Ⅲ.①历史档案－档案资料－汇编－中国－现代 Ⅳ.①K270.63

中国版本图书馆CIP数据核字(2019)第300820号

一封家书·家国档案七十年

许东良 来 钧 主编

责任编辑	毛冬梅
封面设计	禾 禾
版式设计	阮全勇
责任校对	张 哲
出版发行	中国广播影视出版社
电 话	010-86093580　010-86093583
社 址	北京市西城区真武庙二条9号
邮 编	100045
网 址	www.crtp.com.cn
电子信箱	crtp8@sina.com
经 销	全国各地新华书店
印 刷	永清县晔盛亚胶印有限公司
开 本	710毫米×1000毫米　1/16
字 数	584（千）字
彩 插	12面
印 张	36
版 次	2020年6月第1版　2025年1月第3次印刷
书 号	ISBN 978-7-5043-8412-6
定 价	128.00元

（版权所有　翻印必究·印装有误　负责调换）

编委会

主　　编：许东良　来　钧
副 主 编：项　勇　徐　为
执行主编：农书荣　张晓峰
编 委 会：邹　雯　刘　浩　党君雅　华　冰
　　　　　潘康康　凌奕音　高　雯　袁　逸
　　　　　黎　越　赵　鹏　祝佳佳　李轶男
　　　　　解建瓴

目　录

共和国建设者

钱三强：科学无国界，但科学家是有祖国的 ……………………………… 3

马叙伦：提议国歌、国庆日的新中国首任教育部部长 …………………… 13

徐舜寿：中国飞机设计的一代宗师 ………………………………………… 21

曾联松：埋头一个月设计出新中国国旗 …………………………………… 33

苏纪兰："无刻不在憧憬着中国海洋的未来" ……………………………… 38

陈　赞："在我还能工作的时候，就应该为九亿人口着想" ……………… 46

马季煌：新安江水电站第一代建设者的热血家书 ………………………… 58

冷　泉：抗美援朝前线寄回的最后战地家书 ……………………………… 70

陈龙岗：93 岁老兵的三个家国梦 …………………………………………… 79

陈有生：浙江 0001 号劳动模范奖章获得者 ……………………………… 87

陈志蔚：当代女"蔡伦" ……………………………………………………… 93

家国情怀

丰子恺："书酒尚堪驱使去，未须料理白头人" …………………………… 99

沈韦宁：给爷爷茅盾的一封家书 …………………………………………… 106

杨建新：穿越 360 年的相聚 ………………………………………………… 111

翁同文：温州大山里走出的国际学者 ……………………………………… 119

朱道初：百年"宁波帮"讲述人 123

张光宇：我在非洲当酋长 129

高继生：光与影的痴狂 139

谭启晓：记录杭州变迁的54000张照片 149

李长平：从"铁饭碗"到民间收藏家的三次选择 157

黎　力：舞动在艺术之巅的兄弟情 164

寿小钧：老唱片里的新中国 172

王文君：从3000多封婚书中看新中国巨变 182

浙商传奇

沈爱琴：她让中国丝绸走向世界 193

宗庆后：一份承包合同书中的浙商传奇 200

李书福：一张"准生证""生"出千亿国产汽车巨头 205

南存辉：40年"烧好一壶水"的改革先锋 211

叶建华：废除"投机倒把罪"的亲历者 221

郑元忠："我投机倒把的行为，有关部门要负一定的责任" 226

茅理翔：浙商传承"创一代"要"放权" 232

王振滔：从火烧奥康鞋到获中国质量奖提名奖 241

凌兰芳：50岁下岗终成"风云浙商" 248

吴国平：要做正宗杭州味道的Uncle吴 255

金月华：贸易战中完胜美国"双反"第一人 262

王碎奶："纽扣大王"的改革传奇 269

张新夏：百年老字号的"85后"掌门人 274

浙　商：我的浙江我的家 281

纪录档案

"土改"档案：浙江农民领到了《土地证》 …… 289

"垦荒"档案：斗风斩浪的大陈岛垦荒精神 …… 293

"婚书"档案：一张"童养媳离婚书"背后的新中国 …… 304

"法治"档案：1.5亿人次讨论提出百万条意见的"五四宪法" …… 315

上羊市街档案：终结保甲制度，新中国第一个居委会诞生 …… 322

燎原社档案：在中国首创"包产到户" …… 326

抗美援朝档案：捐款3390万元可买战斗机226架 …… 330

"三大改造"档案：浙江开展农业合作化运动 …… 334

"义新欧"档案：奔跑在"新丝路"上的"钢铁骆驼" …… 338

支付宝档案：从手写账本到全球支付平台 …… 342

时代楷模

谢高华："开放市场，出了问题我负责，我宁可不要乌纱帽！" …… 349

陈定模：缔造"中国第一座农民城"的传奇 …… 356

章华妹：中国"个体户第一人" …… 361

吴小旋：中国第一位女子奥运冠军 …… 370

徐嘉余：世界冠军、亚运会多金王的一摞家书 …… 376

许亚萍：抗击最强台风的皮划艇世界冠军 …… 383

姚玉峰：让3万病人复明的"追光者" …… 393

阎宝林：从数控机床走来的指挥家 …… 401

黄江平：援疆干部的"杭州速度" …… 411

钟起沛：援疆路上的追梦人 …… 420

俞顺年：用灯光秀点亮七彩杭城 …………………………………… 426

王厚鑫：生死排爆手 …………………………………………………… 434

王　莺：给学生一瓢水，自己要有一桶水 ………………………… 444

王万林：有着500多名孩子的"最美爸爸" ………………………… 453

丁秋美："中国好人"好在哪里？ …………………………………… 459

周桂凤：台风中的"最美一跪" ……………………………………… 469

陈兰仙："书记，我要为他们大大点个赞！" ……………………… 478

王海峰：在世界第一大港创世界纪录 ……………………………… 486

吕义聪："80后"工匠要让中国汽车跑遍世界 …………………… 493

汪　阳：在中国的土地就应该遵守中国法律 ……………………… 499

发现良渚

良渚三部曲1——施昕更：发现良渚 ……………………………… 507

良渚三部曲2——夏鼐：首次提出良渚文化的"七国院士" …… 515

良渚三部曲3——陈同滨：良渚申遗的总规划师 ………………… 522

附："一封家书·家国档案七十年"诵读会 ……………………… 532

后记：一封家书　纸短情长　家国大爱　荡气回肠 ……………… 553

共和国建设者

钱三强：科学无国界，但科学家是有祖国的

马叙伦：提议国歌、国庆日的新中国首任教育部部长

徐舜寿：中国飞机设计的一代宗师

曾联松：埋头一个月设计出新中国国旗

苏纪兰：「无刻不在憧憬着中国海洋的未来」

陈 赞：「在我还能工作的时候，就应该为九亿人口着想」

马季煌：新安江水电站第一代建设者的热血家书

冷 泉：抗美援朝前线寄回的最后战地家书

陈龙岗：93岁老兵的三个家国梦

陈有生：浙江0001号劳动模范奖章获得者

陈志蔚：当代女「蔡伦」

钱三强：科学无国界，但科学家是有祖国的

记者：刘浩、邹雯、丁巧巧

编辑：农书荣

【人物名片】

钱三强（1913年10月16日～1992年6月28日），原籍浙江湖州，生于绍兴，原名钱秉穹，父亲钱玄同是中国近代著名的语言文字学家。青年时代（1937年）赴法留学，1948年回国。钱三强汇聚、培养了一大批核科学家，是中国原子能事业的创始人之一。

钱三强

思进：

做研究工作，是一生的又一个新阶段的开始，不是没有困难的，你过去还是克服了不少困难，我相信这研究开始阶段的困难，你是能克服的。这里需要有股创劲，也就是创新精神，同时要同国外和国内的老师和同行们经常请教与交流经验。

你这几年的环境是复杂的，但一定要相信祖国在十二大以后会比较快地复兴和

发达起来。今天早晨国务院科技领导小组成立后召开了第一次大会，动员编制科技长远规划。我们经常回忆的五六十年代搞两弹的黄金时代又将到来，到 2000 年你才约五十岁，你是可以看到和参加到这个百年斗争的洪流中去的，你祖父和我们都是对社会做过一些有益的工作，虽有不少缺点，但是问心无愧的，希望你们也能做到问心无愧，并对社会作出有益贡献。

爸妈
一九八三年一月十八日

钱三强写给钱思进的信

这是 1983 年 1 月 18 日，"两弹一星"之一元勋钱三强写给在美国读博士的儿子钱思进的一封家书。

钱思进："这个是 1983 年 1 月份，那会儿我出国学习刚到一半的时间，他就讲当时的形势，希望我们能够做到问心无愧。在国外工作也别忘了与国内

钱玄同送给儿子钱三强的字

的老师和同行经常交流。"

钱三强原籍浙江湖州,生于绍兴,在他1913年出生后没几年,他的父亲钱玄同,已经成为新文化运动著名的旗手。不过,与父亲致力于语言文字学不同,钱三强走的是纯理工的路线。钱玄同也很开明,曾鼓励儿子的选择。

1932年,钱三强从北大预科转入清华大学物理系,钱玄同写了"从牛到爱"四个字赠予儿子。一是勉励属牛的儿子发扬那股子牛劲,二是希望儿子向牛顿、爱因斯坦学习。

钱三强没让父亲失望。四年后,他的毕业论文获得全班最高分。值得一提的是,跟他并列最高分的同班同学,是日后与他相伴终生的妻子何泽慧。

1937年,日本侵华,钱三强考取了公费留法名额,犹豫着要不要漂洋过海。他的父亲此时已经病重,但仍然劝说他:"你还是出国学习吧!不要管我,你是属牛的,学习要拿出一股牛劲来!"

他这才赴巴黎大学学习。

何泽慧则在前一年(1936年)到德国留学,学习弹道学。她在给姐姐何怡贞的信中,解释她为何选择这个专业:"我学的弹道学,也许兵工署就要来电报请我回去服务。不是中国兵发炮发不准、放枪放不准吗?其实只要我一算,一定百发百中!他们不早些请我,不然日本兵早已退还三岛了。"

钱三强在巴黎大学居里实验室,学核物理,师从居里夫人的女儿女婿伊雷娜·约里奥-居里及其丈夫。

但他不满足于此,他还要求参加放射化学实验。伊雷娜很不解,问他:"你对这种工作也有兴趣?"钱三强回答:"不是兴趣,是需要。我比不得你们,这里有那么多人,各人干各人的事。我回国后,只有我自己一个人,什么都得会干才行。例如放射源的提取,我自己不做,又有谁给我提取呢?所以样样都得学会才行。"

钱三强与妻子何泽慧(1946年)

1943年,在柏林的何泽慧,突然给七年未见的钱三强写了一封信。由于是战争期间,信极简短:"你是否还在巴黎,如可能,代我向家中的父母写信报平安。"之后,他们开始通信,三年后,何泽慧离开德国到巴黎与钱三强重逢,结为伉俪。

1946年,他们在法国结婚后,一起在居里实验室研究原子核裂变。

他们在实验室往往一待就是一整天,几个月的时间,每天如此。最终,他们和同事一起发现了重原子核的三分裂和四分裂。当他们把这一发现写成论文发表后,在国际科学界引起了很大关注,当时有些媒体称他们是"中国的居里夫妇"。不久,法国国家科学院授予钱三强"亨利·德巴微"物理学奖,他是得到这一奖励的第一位中国人。

1947年,只有34岁的钱三强晋升为法国科学研究中心的研究导师,然而当所有人都认定他们夫妇将会留在欧洲搞研究、沿着已开拓的方向继续努力的时候,正处于科学研究巅峰的他竟然做了一个令人感到吃惊的决定:离开居里实验室,回到中国去!

钱三强后来解释了他们回国的动因,令人动容。钱思进说:"父亲曾经在他写的一本小书《重原子核三分裂与四分裂的发现》里说过:'回到贫穷落后、战火纷飞的中国,恐

钱三强夫妇在居里实验室做研究

怕很难在科学实验上有所作为。不过，我们更加清楚的是：虽然科学没有国界，科学家却是有祖国的。正因为祖国贫穷落后，才更需要科学工作者努力去改变她的面貌。我们当年背井离乡、远涉重洋，到欧洲留学，目的就是为了学到现今的科学技术，好回去报效祖国。我们怎能改变自己的初衷呢？应该回到祖国去，和其他科学家一起，使原子核这门新兴科学在祖国的土地上生根、开花、结果。'"

钱三强把他的决定告诉了导师约里奥-居里夫人。导师很快表示理解："如果我是你的话，也会这样做的。"

就这样，1948年夏天，钱三强和妻子何泽慧，带着约里奥-居里夫人送给他的重要放射源，回到祖国。

作为国际著名的核物理学家，钱三强的归国，立即进入了国民政府遴选原子能人才的视野。

当时，中国最顶级的三家科研机构——北大、清华、中央研究院都在争取钱三强的加盟。他最终选择回到母校清华大学。

但让他困惑的是，原先各家承诺的组建原子能研究机构，推进起来却阻力重重。由于当时学界的门户之见和体制藩篱，制约了这一新兴研究领域的发展。他在清华大学的一次演讲中说："我回到祖国，看看国内科学界的情形与若干年前没有多大区别。各大学门户之见，甚至各系之间的相互摩擦依然存在。诸位是未来科技界之后备军，我希望你们将来进入社会要根绝这种毛病，要打破为清华，甚至为清华物理系努力的观念。你们要努力的是为整个中国物理界！"

1949年3月，北平刚刚解放两个月，钱三强接到通知，参加巴黎世界和平大会。在周恩来的安排下，钱三强收到5万美元专款，用于购置核研究的仪器设备。

很多年后，钱三强回顾起这段经历，记忆犹新："当我拿到那笔用于发展原子核科学的美元现钞时，喜悦之余感慨万千。因为这些美元散发出一股霉味，显然是刚从潮湿的库洞里取出来的。不晓得战乱之中它曾有过多少火与血的经历！今天却把它交给了一位普通科学工作者。这一事实使我自己都无法想象。"

1950年开始着手参与组建中国科学院近代物理所，也就是之后的原子能研究所。而这批从法国购置的设备和当年钱三强从法国带回来的放射源在原子弹的研究中，发挥了重要的作用。

20世纪50年代末，苏联撤走专家，中国原子弹研制工作陷入困境。在这紧要关头，钱三强推荐朱光亚、王淦昌、彭桓武等科学家，带领当时还很年轻的邓稼先、周光召、于敏、胡仁宇等人，在党中央的领导下，发奋图强，自力更生。终于在1964年10月16日，中国自行研制的第一颗原子弹爆炸成功。这一天，也碰巧是钱三强51岁的生日。

1967年6月17日，中国又成功地进行了首次氢弹试验，从原子弹到氢弹，美国用了7年3个月，而我国只用了2年8个月，中国的速度让西方国家大为惊叹！能取得如此惊人的速度，正是因为早在1960年，钱三强就根据中央的指示预先为谋，领导部署氢弹的研究探索工作。

虽然功勋卓著，但是钱三强一直很低调，从不计较得失，他也一直教导钱思进要靠自己，要做到问心无愧，更不能因为父母的职位搞特殊。钱思进说："父亲跟我说，要学会独立。做什么事都要认认真真去做，走自己的路，不要依赖别人，特别不要依赖他们。"

钱思进当年读小学的时候一直住校，每周末回一次家。平时坐公交回家，有一次，父亲下班时，就顺路把他带回家。

钱三强一家（1971年春节在陕西）

钱思进:"因为只有这么一次,所以我出校门时就特别高兴,兴高采烈的。父亲一看,感到不太对劲,觉得不应该让我有那种优越感,所以从此再也没有来接过我,让我跟其他同学一样坐公交车回家。"

当时,钱三强担任中国原子能研究所所长。钱思进说,每当遇到学校需要填写家庭境况表格时,父亲都要叮嘱自己:"其中有一栏是关于父母的单位和职称,当时我父亲的职务是原子能所所长,他说不要填'所长',就填'研究员',那些虚的东西都不要!"

1968年年底钱思进去山西农村插队落户以后,父母亲经常给他写信,两地的信件往来多达百余封。父亲在信中多次提到,做事情一定要认真,不能投机取巧,不能弄虚作假,这也是在科学研究上取得成果和成绩的基本前提之一。

恢复高考后,1978年钱思进考取了科学院理论物理所的研究生,学习两年后于1980年前往美国深造,1985年获得博士学位。1992年5月,凭借自己的努力他获得了美国一所重要的粒子物理实验室申请研究员职位的认可,正式的聘书将在几个月后正式下达,但他还没来得及告诉父亲这个喜讯,就接到父亲病逝的噩耗。1992年6月28日,钱三强因心脏病发作,在北京逝世,享年79岁。最令钱思进痛心的是半年前的那次分别竟成了永别。

钱思进:"当时他就站在这,挥了半天手,最后我请他回去休息,我们就转头往前走。小孩子们走得慢,100多米走了很长时间,十几分钟以后,马上就要拐弯离开视线,我回头一看,父亲还在二层楼的那个窗口向我们摆手……"

而今,每次来到父亲旧居,钱思进总会在这扇窗前驻足良久。父亲的教导也常常在耳畔响起,钱思进始终记得父亲说过的那句话:"虽然科学没有国

1991年年初,钱思进和父母最后一张合影

界，但科学家却是有祖国的。"在父亲的影响下，2003年，已离开祖国23年的钱思进选择了回国，入职北京大学物理学院。退休前后，继续从事物理研究的钱思进在欧洲核子中心，跟来自40多个国家的数千位科学家一起齐心协力，经过近20年的艰苦科研攻关，终于在2012年，发现了一个重要的新粒子——希格斯玻色子，这被公认为是近50年来物理学界最重大的发现之一。两位老物理学家希格斯和恩格勒在1964年提出的物理构想被实验上的这一重大发现所证实，因而荣获2013年诺贝尔物理学奖。

钱思进说，自己为能有机会直接参与到这项重要工作的艰苦进程中深感幸运和感慨。但这只是一个新的开始，后面的路更长、更艰苦。人类对未知世界的好奇将驱使他们在探索未知世界的道路上永远奋勇前行。

【记者手记】

前一天得到钱思进老师有空接受采访的消息，我就跟同事连夜搭乘最晚的一班飞机前往北京，凌晨2点才安顿住下。第二天人困马乏精神不佳，北京的盛夏，热得人发慌，我们提着相机、扛着三脚架在北京大学边上的一个小区里等待钱思进老师。等待的这段时间，钱思进老师正在接受另一家媒体的采访。

后来才知道，从早上8点半左右开始，钱思进一直接受采访、拍摄，直到下午1点半见到我们。劝钱老师先吃饭，但他执意要先配合我们完成采访。

钱老师个头不高，身穿浅蓝色衬衫，领口的褶子显然能看出这件衬衫的年龄，背着一个鼓鼓的双肩包，里面装着大量的照片、资料，推着一辆旧自行车，有规律地发出"咯噔，咯噔"的响声，车把左右各挂了个布袋，退休前钱老师每天都是骑着这辆自行车去学校上课。退休后，它也成了他最主要的交通工具。

钱老师说起话来很轻松，而在采访中聊起不轻松的话题时，他总是极力控制自己的情绪，但是很难，尤其是站在当年和父亲最后一次离别时的窗户前，钱老师再一次失控流泪。

> 在姐姐眼里,弟弟钱思进始终是个"小孩",很难控制自己的情绪。
>
> 采访中钱老师在讲到学术上专业名词的时候,就变得非常的专注,整个眼神都在发光,担心我们听不懂、不理解,他还会很形象地打比喻。
>
> 采访结束后,我们一起在附近的一家小菜馆点了几个菜,吃饱后,有不少剩菜,他问:你们还吃不吃?你们不吃,我就把它打扫完了。
>
> 聊天时发现,对于新生事物、互联网科技和应用,他都显现出非常浓厚的兴趣,自己也尝试把专业领域的科学知识,通过短视频的方式普及给大众。
>
> 告别后,钱老师背着包,挂好布袋,推着那辆自行车"咯噔,咯噔"地慢慢走远,湮没在盛夏的蝉鸣中……

【专家点评】

"科学无国界,科学家有祖国"是法国科学家巴斯德的名言,这一名言在钱三强父子身上得到了很好的诠释。钱三强,核物理学家,中国原子能科学事业的创始人之一,中国"两弹一星"元勋之一,中国科学院院士。1948年,正处于科学研究巅峰的他,做出了一个令所有人感到吃惊的决定:离开居里实验室,和同是物理学家的夫人,一起回到了自己的祖国。钱三强后来解释了他们回国的动因:"回到贫穷落后、战火纷飞的中国,恐怕很难在科学实验上有所作为。不过,我们更加清楚的是:虽然科学没有国界,科学家却是有祖国的。正因为祖国贫穷落后,才更需要科学工作者努力去改变她的面貌。"

抱着"科学家是有祖国的"报国梦,回国后,钱三强便全身心地投入到开创原子能事业当中。钱三强不仅为原子弹的研制作出了贡献,也为中国原子能科学事业的发展呕心沥血,为培养中国原子能科技队伍立下了不朽的功勋。在父亲的影响下,2003年,已离开祖国23年的钱思进选择了回国,入职北京大学物理学院。后因他的团队发现了一个重要的新粒子——希格斯玻色子,而使两位老物理学家——希格斯和恩格勒荣获2013年诺贝尔物理学奖。

科学成果属于全世界,对科学的探究、热爱,不受国界的限制,人人都可以为科学事业作出贡献,但是科学家在获得成就后,不能够忘记自己的祖国，应当为祖国的发展作出贡献。正是因为拥有如钱三强父子一样的精忠报国的一批批科学家，中国的科学事业才取得了突飞猛进的发展，中国也巍然屹立在世界的东方。

中共浙江省委党史和文献研究室　俞红霞

马叙伦：提议国歌、国庆日的新中国首任教育部部长

记者：党君雅
编辑：农书荣

【人物名片】

马叙伦，1885年出生于浙江杭州，中国近现代著名民主人士，著名教育家、学者、诗人、书法家。曾执教于广州方言学堂、浙江第一师范、北京大学等。1945年创立中国民主促进会，民进中央首任主席。1949年2月，赴北平（现北京）参与协商建国，在新政协筹备会任第六组组长。新中国成立后历任中央人民政府委员、政务院文化教育委员会副主任、新中国首任教育部部长，后又任高等教育部部长。曾任全国政协副主席。1970年5月逝世。

国歌·前夜

这份手写的国歌拟稿写于1949年8月22日，距离10月1日中华人民共和国开国大典不到一个半月，各项筹备工作都在紧锣密鼓地进行。正如电影《我和我的祖国》中"前夜"篇章讲述的那样，开国大典上的每一个细节都要严格把关，都要慎重考虑，都要层层筛查。

马叙伦

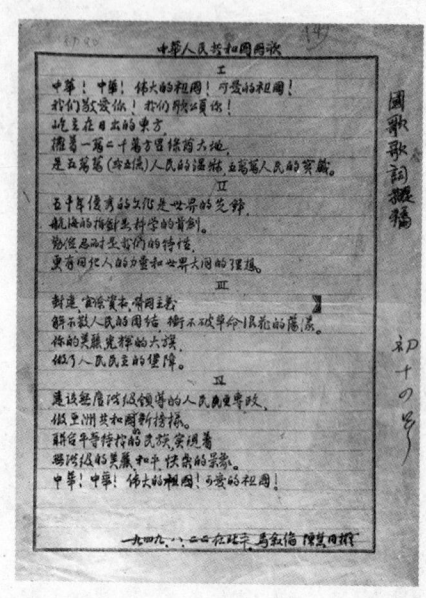

而新中国国歌的选定工作，落在了新政协筹备会第六小组的肩上，时年64岁的马叙伦正是筹备会的常务委员，同时担任第六小组组长，主持拟定国旗、国徽、国歌、纪年等方案。参加工作的成员还有郭沫若、张奚若、田汉、马寅初、郑振铎等十余位著名人士。

距离大典不到100天，国歌还未定下来。说起祖父经历的这段历史，马叙伦的孙女马今表示，当时可谓是时间紧、责任重："当时是6月份，筹备会一共成立了6个小组，我的祖父同时参加第一组和第六组，负责国旗、国徽、国歌等方案的审定。"

随即，第六小组以新政协筹备会的名义发出了由周恩来签发的《征求国旗国徽图案及国歌词谱启事》。启事在报纸上发表后，社会反响强烈："当时由周总理签发了一个征集国旗国徽国歌的启事，在《人民日报》等各大报纸上连登了8天，创造了迄今为止国内的首个纪录，同时在这么多媒体上连续8天刊登同样的启事。"截至8月20日，收到国歌方案632件、词谱694件。

虽然收到了来自全国各地的应征作品，但是国歌是代表一个国家的声音，是国家尊严的标志和民族精神的象征。尤其在当时，新政权建立在即，应该选怎样的国歌，才能既反映新中国的面貌、唱出中华民族的精神，又能广为传唱，选定工作需要慎之又慎："直到筹备会结束，大家认为足以担当重任的应选者太少了。"

马今的祖父、第六小组组长马叙伦向筹备会报告，提出："经本组慎重研讨，认为国歌征集之稿，足以应选者尚少，必须再有计划地征集一次，将选取作品制曲试演。在群众中广求反应后再行提请决定，非最近时期可以完成。"但此时距离10月1日仅剩一个多月，时间紧迫。为此，他甚至亲自参与其中，1949年8月22日，马叙伦自己为国歌歌词撰写了这版词稿。

马叙伦学识渊博，中国文字学造诣很深。他曾两度出任北京图书馆馆长,做过北京大学的教授,写过《说文解字六书疏正》《庄子义证》《老子校诂》等多部专著。同时他还是一位优秀的教育家、书法家。马叙伦的手稿照片,上面写着"中华!中华!伟大的祖国!可爱的祖国!我们敬爱你!我们歌颂你……"

1949年9月21日,中国人民政治协商会议第一届全体会议在北京怀仁堂隆重开幕。9月25日晚,毛泽东、周恩来在中南海丰泽园召开座谈会,听取关于国旗、国徽、国歌、纪年、国都等问题的意见。座谈会上,马叙伦提议用《义勇军进行曲》暂代国歌。当时在座的许多委员表示赞成,还有一部分委员提出需要修改歌词,"当时有一部分代表委员,他们认为需要修改歌词,因为觉得解放了就不存在'到了最危险的时候',但是当时周总理说还得用原来的老歌词,可以鼓舞情感。如果改了之后,就唱不出那种感觉了。后来毛主席拍板说就用《义勇军进行曲》。"

《义勇军进行曲》诞生于1935年,由田汉作词、聂耳作曲,也是电影《风云儿女》的主题歌,被称为"中华民族解放的号角"。"这首歌当时一创作出来就得到了全国人民的热烈响应,广为传唱,一唱出来就特别能鼓舞人,所以直到现在为止,它仍然是我们中华民族的最强战歌。后来《义勇军进行曲》不仅在国内激发全中国人民的抗战激情、斗志,同时对国外的华人也起到了

马叙伦(左一)在一届政协国旗、国徽、国都、纪年方案审查委员会会议上

这样的激励作用。"

1949年9月29日，中国人民政治协商会议第一届全体会议通过决议，在中华人民共和国国歌未正式制定前，以《义勇军进行曲》为国歌。

1949年10月1日，马叙伦随党和国家领导人登上天安门城楼，出席开国大典。中华人民共和国奏响国歌，向全世界庄严宣告："中华人民共和国、中央人民政府成立了！"

悠悠岁月，弹指一挥。55年后，2004年的第十届全国人大二次会议通过《宪法》修正案，正式将《义勇军进行曲》确定为中华人民共和国国歌。

1949年11月15日《人民日报》刊登的关于国歌等"新华社信箱"中，对把《义勇军进行曲》作为国歌做了如下解释："《义勇军进行曲》是十余年来在中国广大人民的革命斗争中最流行的歌曲，已经具有历史意义。采用《义勇军进行曲》作为中华人民共和国现时的国歌而不加修改，是为了唤起人民对于新中国成立过程中艰难忧患的记忆，鼓舞人民发扬反抗帝国主义侵略的爱国热情，把革命进行到底。这与苏联人民曾长期以《国际歌》为国歌、法国人民今天仍以《马赛曲》为国歌的作用是一样的。"

教育部部长的使命

1949年10月1日，中华人民共和国正式宣告成立，当时"满目疮痍，百废待兴"，国家面临着恢复国民经济的重任，也担负着重建教育的使命。

1949年10月9日，中国人民政治协商会议第一届全国委员会召开第一次会议。当时马叙伦身体不好，因病缺席，他郑重委托许广平提出：将10月1日确定为中华人民共和国国庆日，获当天会议一致决议通过，并正式形成了《请政府明定十月一日为中华人民共和国国庆日，以代替十月十日的旧国庆日》的建议案，送请中央人民政府采择施行。这是人民政协第一个建议案，至今在中国政协文史馆仍有相关内容展出。

1949年10月19日，64岁的马叙伦被任命为政务院文化教育委员会副主任、教育部部长，他是新中国第一任教育部部长。

女儿马珮说，父亲马叙伦有多年的教育生涯，曾在小学、中学、大学任过教，四次担任北京大学教授，还做过校长、教育厅长、教育部次长及代理

马叙伦（第一排中间）和家人的合影

教育总长等。出任教育部部长，虽然水到渠成，但因为年事已高，加上工作繁忙，身体一直不好："那时候说实话是够累的。我父亲个子不会比我高多少，他的头挨了两次打，第一回是在北京，后来'下关事件'，在南京又挨了一次打，周总理还去看望过他的。后来一直就很忙，忙了以后头就疼，所以他身体不好。"

虽然身体不好，但身为教育部部长，新中国成立之初的教育事业现状却由不得马老清闲。

新中国成立之初，我国人均受教育年限仅有1.6年。1950年我国学前教育毛入园率0.4%、小学净入学率20%、初中毛入学率3.1%、高中毛入学率仅1.1%（数据来源于教育部网站）。

1949年12月，新中国成立后第一次全国教育工作会议召开，马叙伦致开幕词，根据《共同纲领》，具体阐述了新中国教育的性质和总任务。他指出，为了实行新教育，"我们对于旧教育不能不作根本的改革"，提出了"全国教育的制度，各级学校的课程、教材、教学方法、师资等，都要求一个彻底的、同时有计划有步骤的变革和解决"这样一个任务。

1952年12月，马叙伦改任高等教育部部长，集中领导占有突出地位的培养高级建设人才的工作。

1952年年底，全国四分之三的高等学校进行了院系调整并开始有计划地开展专业科系设置工作。1953年院系调整的重点是"着重改组旧的庞杂的大学,加强和增设工业高等学校,并适当地增设高等师范学校;对政法、财经各院采取适当集中"。按照国家建设的需要,有计划地培养各项专门人才,为各方面建设事业服务。

五年里,在部长岗位上的马老,为这项造福人民、造福子孙后代的伟大事业,贡献了一位老教育家的智慧和力量。

廉洁家风的传承

2019年10月1日,庆祝中华人民共和国成立70周年大会在北京举行,并举行了盛大的阅兵式和群众游行。"致敬"方阵的车上,是老一辈党和国家、军队领导人亲属代表,老一辈建设者和亲属代表,新中国成立前参加革命工作的老战士,老一辈军队退役英模、民兵英模和支前模范代表,健在的老同志和已故老同志的家属。

马叙伦的孙女马今,高举印着祖父马叙伦照片的荣誉牌,坐在致敬方阵12号礼宾车上驶过天安门广场。

马今在朋友圈写道:"荣耀无比、无上荣光。"

马今告诉记者,虽然祖父是新中国第一任教育部部长,但家风廉洁,马叙伦对子女的教育是,凡事要依靠自己:"他是第一任教育部部长,身居高位,但是他所有家属,包括子女不能依靠他。包括我父亲从北京调到沈阳工作之后,我母亲并没有过来。当时我母亲在北京医院工作,也要调到沈阳。爷爷如果跟当时的卫生部部长说一声,估计应该是很好办的一件事情。但是他鼓励我爸爸、妈妈自己去联系,后来妈妈自己联系到了中国医科大学,才顺利转到了沈阳。"

马叙伦的女儿马珮告诉我们,父亲的这种家风她也一直传承了下来:"我父亲在的时候,我上哪所学校,

马今参加新中国成立70周年庆典

父亲从没管过，也不会帮我找关系打招呼。后来我有了自己的孩子，他们考什么学校、做什么工作，我也都没管过。跟父亲那时候一样，我觉得这样对孩子好，让他自己去经历关键的时刻，你可以帮帮他，但是他应该做什么、不应该做什么，就应该让他选择。"

【记者手记】

  马老的一生波澜壮阔，不管是从政，还是他书法、文学的造诣都堪称大家。记者奔赴北京、沈阳两地，采访了他子女中唯一还在世的女儿马珮，以及在沈阳的孙女马今。两位都非常低调、谦逊，又自有大家风范。

  马珮老师已经80多岁高龄了，她看到风尘仆仆的记者一阵心疼，赶紧拉着记者的手进屋坐下。她说，父亲已经离开很久了，自己和他生活在一起的时间是所有子女中最长的。即便如此，她对父亲的记忆最多的还是父亲的勤奋工作和严谨家风。她说，年幼时自己有一次发烧，一时情急母亲求助了父亲的公车送她去医院，除此之外，她从未乘坐过父亲的公车，家庭生活也一直非常节俭，以至于她成年前都不知道自己的父亲是一个这么大的领导。父亲爱阅读，会把家里的过期挂历反面裁剪成小页，用来做读书笔记。在马珮老师的书桌上，记者看到一叠厚厚的笔记，就是她口中所描述的用日历的背面订在一起做成的本子。马珮老师说，廉洁、质朴、勤奋是父亲送给子女们最好的礼物。

  初见马今老师，觉得她和网络上马老的照片真有几分神似。目前从事文化工作的马今老师虽然没有见过爷爷，但她却是目前家族里对爷爷认知最多、了解最多的第三代人。她搬出一箱厚厚的资料、文献，都是关于马老曾经的报道、著作。她说，她从未觉得自己和别人有什么不一样，但从小到大，父亲都会告诉她，爷爷对中国共产党的爱和支持、对教育事业的全身心投入、对子女的严于管教……点点滴滴，润物细无声地影响着她的成长。如今，再读爷爷，更多的是一份钦佩与自豪。

  今年，马今老师参加了新中国成立70周年的阅兵式，她带着爷爷的

> 荣誉牌坐在"致敬"方阵的车上驶过天安门城楼。那一刻,她的内心澎湃汹涌、无比激动。她说"这盛世如你所愿"这句话突然涌上心头,如今这繁华祖国定然是爷爷,也是一代代中国人眼中最美的样子。

【专家点评】

  马叙伦是一位学术大家,在教育与古文字研究上取得了不俗成就,同时又是一位政治活动家,他建议使用《义勇军进行曲》作为国歌是一个很好的提意。这首歌曲慷慨激昂,深刻诠释了中华民族不屈不挠、自强不息的精神,为新中国国歌确定作出不凡贡献。他一生系于教育事业,尤其是为新中国初创时期教育事业的发展而殚精竭虑,为新中国教育事业发展作出了自己独特的贡献。而这样一位身居要职的大家,又一直持守着平民情怀与厚朴家风,不徇私情,不给自己子女安排较好的工作地点与工作岗位,这样一种清正家风让人敬重。家国情怀,源远流长。今天的人们当承继弘扬。

浙江省社会科学院智库首席专家 杨建华

徐舜寿：中国飞机设计的一代宗师

记者：邹　雯
编辑：华　冰

徐舜寿

【人物名片】

徐舜寿：新中国第一架喷气式飞机的总设计师。1917年8月21日出生于浙江湖州南浔，其父徐一冰为中国近代著名的体育教育家，胞兄徐迟为著名的报告文学大师，著有轰动一时的《哥德巴赫猜想》。1933年9月，16岁的徐舜寿以优异成绩考取清华大学机械系航空工程组，1937年6月毕业后到杭州笕桥飞机制造厂，随后赴美实习。1956年，他主持创建新中国第一个飞机设计室；1958年7月26日，他主持设计的我国自主研制的第一架飞机"歼教-1"成功试飞，开创我国航空工业发展的先河。1968年1月6日，徐舜寿不幸逝世，年仅51岁。

（家书节选）

迟兄：

从西安回来，看见你的信。估计你在医院了，手术顺利吗？年纪大了，确实需要多保重，不知什么时候就会出点毛病。

我去西安，是为舜寿塑像事，要我去看看。

1989年4月20日，徐舜寿夫人宋蜀碧
写给夫兄徐迟的一封信

现在大概已经浇筑了，紫铜半身像，黑色花岗岩底座。安置在新建的科研大楼前的草坪上。下月初我们还得去一次。在阎良待了几天，参观了科研区，亚洲第一或全国第一的试验设备，每秒钟260万次的计算机。看了轰七飞机的试飞，这是目前唯一能到达南沙的歼轰机，从开始设计到今天，三起三落，历时12年之久。这个所变化很大，整个科研区完全是在一片荒地上新建的。他们在极其困难的情况下坚持搞型号，没有去搞民品，发展了起来。新所长颇有点企业家的派头。现在在抢干线飞机（较大的客机）任务，要求公平竞争。尽管还有很多困难，但这样一个将近两千人的所，大家团结一致坚持搞飞机的精神，是十分感人的。记得三年前我去沈阳参加601所的30年所庆，到工厂参观，偌大的总装车间只有几架飞机，摆满了洗衣机。真是三十年河东三十年河西。在北京，真是没有听说过这样的单位。他们上下班都签到，自称为中国的西雅图！

蜀碧
4月20日

这是1989年4月20日，徐舜寿的夫人宋蜀碧从陕西阎良回到北京后，给住在武汉的夫兄徐迟写的一封回信。她在信中说，西安阎良603所（西安飞机设计研究所）为徐舜寿塑了一座半身纪念铜像，邀请她去看看，并参观科研区。

那里是徐舜寿人生的终点,离世前,他是603所的技术副所长兼总设计师。

1989年5月30日,阎良603所举行了隆重的徐舜寿铜像落成及揭幕仪式。

写这封信时,徐舜寿离开他们已经整整21年了。

斯人已去,而丈夫为之奋斗终生的事业正在薪火相传。宋蜀碧在那里参观了亚洲第一或全国第一的试验设备,每秒钟260万次的计算机,看了轰七飞机的试飞……她在信中写道:"尽管还有很多困难,但这样一个将近两千人的所,大家团结一致坚持搞飞机的精神,是十分感人的。"

徐舜寿航空报国的初心,像一盏明灯,一直照亮着航空人前进的步伐。

如今宋蜀碧已经93岁高龄,因身体原因不便受访,其长女徐汎在北京的家中接受了浙江电台城市之声的独家采访。

"只要是搞飞机,到哪都行"

在徐汎幼时的印象当中,全家在一起的日子非常有限,因为父亲太忙了,而她从小就习惯了跟着父母到处搬家,从华东到华北,从东北到西北,足迹跨越了大半个中国。

"我是生在南昌的,满月之后父母就带着我去了东北。很长一段时间里,家的所在地与父亲的工作地是错时的。他先是南下到了福建,再北上到华东军区航空处。母亲带着我去了上海,1951年,父亲调任北京航空工业局,过了两年,我们从上海来到北京。在北京没两年,他又去了沈阳。再过两年,我们又

徐舜寿长女徐汎

跟到沈阳。只有1965年他调任陕西，是全家一起搬过去的。用父亲的话说，只要是搞飞机，到哪儿都行。"

儿时的徐汎，并不清楚父亲是做什么的，唯一有印象的就是自己家是在飞机工厂。1958年，10岁的徐汎与6岁的大弟弟徐汶先从北京来到沈阳112厂，和在那里工作的父亲团聚。不料，到沈阳上学的第一天，就把自己给走丢了。

1949年上海，徐舜寿与妻子宋蜀碧、长女徐汎

"我记着是一直走就到学校了，所以放学以后我就一直往前走。结果我就走到农村去了。原来学校是早上开前门，放学开后门。"

所幸在掉头返回的路上，徐汎碰到了寻找她的设计师技术员。进到家里，父亲正背着手在屋里走来走去。

"他很着急，但是他什么都没说，就问我是不是饿了，赶快吃饭。这就是我父亲，一个非常温和儒雅的人，从来没有跟我们大声地说过什么。"

沈阳112厂第一飞机设计室

"飞机试车轰隆隆的声音,父亲说这是最美的音乐"

住在沈阳城郊的飞机工厂,对一个从小在城里长大的孩子来说,是不适应的。徐汎回忆说,小时候住在北京东单,国庆的时候父亲会带她去国际友人俱乐部的楼上看烟火,而在沈阳飞机厂宿舍区,看的却是探照灯。"晚上探照灯从窗外扫过,还有飞机发动机轰隆隆的试车声,母亲惊奇地问:这是什么呀?父亲说:这是最美的音乐!"

那时的徐汎还理解不了父亲的这种执着与情怀,但在那里,她慢慢知道父亲是做什么的了。"有一次他拎回一只鸟改善伙食,吃完饭后,他把鸟的腿骨洗干净,给我们看,说鸟的腿骨是空的,很轻,所以尽管个头大,却能飞得高。从这些我们知道他在做什么。"

也就是在徐汎刚到沈阳飞机工厂的那一年——1958年7月26日,中国自行设计的第一架喷气式飞机——"歼教1"冲上蓝天,试飞成功,开创了我国航空工业发展的先河。

当时徐汎和家人并不知道这个令人振奋的消息,更不知道父亲就是这一伟大丰碑背后的总设计师!那一年,徐舜寿41岁。

"歼教1"试飞,叶剑英元帅到场观看

"我们家的家训是熏染式的"

在徐汎眼里,父亲徐舜寿气质儒雅、做事认真、很有条理,而且要求完美。记得小时候父亲教她削铅笔。"过去小刀都是长的,前面有一个刃,他教我们削铅笔,同样的坡度,同样的力度,削出来是漂亮的锥形,再拿一张纸垫着,把笔尖削成匀称的尖形。"

徐汎记忆中的父亲不仅细致,而且非常有生活智慧。她第一次学会织毛衣,可织出来皱巴巴的,还没身上穿的旧毛衣好看,父亲就慢条斯理地对她说:"我们来加工加工。""那时候家里没有熨斗,他拿一个大饭盒,里边放上热水,再盖上盖子,就是

徐舜寿（左二）与试飞员交谈

熨斗了；把毛活儿放在桌上，上边铺一个湿毛巾，用饭盒来回熨烫湿毛巾，湿毛巾发出蒸汽，毛巾干了就再打湿，如是若干次，毛活儿就平平整整了。"

这些生活细节徐汎至今都记忆犹新，因为跟父亲相处的时间太有限，而在有限的陪伴中，父亲徐舜寿言传身教给予孩子最好的熏染。他教他们念唐诗、听《梁祝》；带他们划船、溜冰、看星星……"庭训不一定是训导，更多是熏染。他以很平和的心态，在我们遇到事情时，很耐心很具体地教我们如何去做。他常说：如果遇到问题，就找本书来看。他对我的影响是润物无声、潜移默化的。"

"只要是搞飞机，让我干什么都行"

1968年1月6日，对徐汎来说，那是人生中最黑暗的一天。父亲徐舜寿走了，带着冤屈、带着憾恨，溘然长逝，年仅51岁。即使在最艰难的时期，他心里挂念的，依然是钟爱的航空事业。"在最困难的时候，他跟我妈妈说，你知道我现在想干什么？我想看技术书。""我可以不当所长，也可以不做总师，我可以做一个普通的技术员，可以画图，只要是搞飞机，让我干什么都行！他一生的志向就是设计飞机，而且要设计中国人自己的飞机！"

徐舜寿的过早离世是中国航空科研事业的重大损失。

10年之后，终于平反昭雪。

1978年7月10日，在西安阎良603所召开了为徐舜寿平反昭雪的追悼大会和骨灰安放仪式

直到后来档案解密，这位功勋人物的事迹才为世人所知。他还培养了一大批中国航空工业的栋梁之材，其中出了五位院士，包括"歼8之父"、两院院士顾诵芬。"他说，我培养的这些尖子，每一个人在专业上都比我强。他说飞机能不能上天不只是设计师的事儿，还包括工厂的工艺师、工人师傅，一个八级钳工的作用不小于一个设计师。他让我知道，飞机设计是一个整体的事业，需要很多人的智慧与努力才能成就的一项事业。"徐汎回忆说。

"每想到我父亲，我觉得要坚持"

失去父亲的岁月，对徐汎来说，无助、困苦、艰难，不堪回首。那一年，她20岁，插队务农，一边在地里干活，一边给同学讲《牛虻》，但内心很迷茫，不知道将来会如何。"母亲曾经语重心长对我说，你可能没有机会上大学了。但是，不上大学也要念书。人这一身，别人拿不走的，只有学识。父母给予我的最深刻的庭训就是'学问立身'。"

无论是在农村务农，还是后来去工厂做工，徐汎始终没有停止学习、读书。在伯父徐迟的指导下"定向努力"。"我在工厂做工时，对未来依然迷茫。伯父与我通信，先是让我开出所看的书单，指出：只'开卷有益'不够，要'定向努力'。语文、文学、历史、哲学，要一门一门地学，每一门都得学进去。

"歼教1"主要设计人员，左三为徐舜寿，右二为顾诵芬

每过一段时间，指出还不够，再多些，再深些，再宽些。"

30岁那年，徐汎自学英文。母亲指出，已经过了学外语最好的年龄，要学就得付出比别人更加倍的努力。从那以后，她没有进过电影院，每天晚上不翻译够1000字不睡觉。

历经3年务农、8年做工之后，1979年，徐汎从西安回到北京，机缘巧合之下进了国家旅游局。没有学历、没有专业，从最后一名做起。期间历经坎坷，也曾想过放弃，但每到这时，徐汎就会想起父亲跟她说过的话：

"他说，搞飞机设计，能从头干到尾参加一个型号的设计，就如同参加了一次大的战役。下一个战役，你就敢上，就能上。做事情，要坚持始终，不能半途而废。他多次说，人生不如意者十八九，要努力地做成那一二，放下八九。"

父亲的话语，一直激励着徐汎，成为她奋斗的动力。供职国家旅游局二十年，从搞旅游宣传到搞市场调研、市场营销，徐汎逐渐得到业内认可，曾连续10年担任《全国旅游市场年度分析》《市场开发年度计划》和中长期规划等重要文件的主笔，参与多个国际合作项目。2001年起，成为联合国世界旅游组织(UNWTO)旅游专家委员会委员。

1997年伊朗WTO丝绸之路会议，左三为徐汎

为了忘却的纪念——

"我们的父辈是有志向的，有情怀的。真的是追着事业走，用我父亲的话说，只要是搞飞机，到哪儿都行。只要是搞飞机，让我干什么都行。他对志向有一种执着的坚守。小到削铅笔，大到飞机设计，要做就要 to be the best，专注做好，百折不回。"

皓首之年，回望过往。徐汎说，父亲留给她的最大财富，并不是父辈的功绩，而是榜样和庭训。谨遵家训，传承家风，脚踏实地走好自己的人生路，便是对父亲最好的缅怀与告慰。

"人生不能靠上辈的声名，要靠自己。最终要对得起庭训，也要对得起自己曾经受过的苦难。人生的酸甜苦辣都是财富，没有经历过黑暗的煎熬，不足以言人生。"

【记者手记】

2019年8月1日，就在我们结束对徐汎老师采访的第二天，我国拥有自主知识产权的C919第4架试飞飞机在上海浦东国际机场顺利完

1925年12岁的徐迟和9岁的徐舜寿

1958年摄于北京 这是仅存的一张全家合影

成首次试验飞行任务。从2017年5月5日,C919大飞机完成首飞,到今年高调亮相、密集试飞,国产大飞机的崛起之路正在加速,中国已成为世界上少数几个拥有研制大型客机能力的国家。

鲜花与泪水,光荣和梦想。

在中国人实现这一"蓝天梦"的背后,我们不能忘记这个刻在丰碑上的名字——"徐舜寿"。

这位出生在浙江湖州南浔的"中国飞机设计的一代宗师",是中国航空工业的开拓者和奠基人,被称为"中国的米高扬",更培养造就了一批中国航空的栋梁之材。

因为保密制度等原因,徐舜寿的故事鲜为人知,他和家人、亲戚很少通信,和妻子的书信往来也因历史原因没有保存下来。我们只能从其胞兄徐迟身后留下的信件当中,找到仅存的跟徐舜寿有关的家书,从而寻找这位航空巨擘的些许身影。

哥哥徐迟曾这样追忆徐舜寿:"我全家的灵气却是集于他一身的。他后来长得轩昂,仪表非凡,品学兼优,吸取知识比海绵还多还更饱满。"

那些珍贵的老照片和历史资料中,徐舜寿风度翩翩、气质不凡,他那一心以航空报国的满腔热血与执着坚守，读来无不让人为之动容。

更为人所津津乐道的是，徐舜寿和胞兄徐迟、父亲徐一冰，人称"徐门三杰"：父亲徐一冰创办了中国历史上第一所体操学校；兄长徐迟是家喻户晓的作家，所写的《哥德巴赫猜想》《地质之光》影响了几代中国人；而徐舜寿则一生都在奋力问鼎我国航空工业的"哥德巴赫猜想"。

家风代代传承。徐舜寿的三个孩子各有所成：长女徐汎，现任联合国世界旅游组织专家委员会委员；长子徐汶是中国航空进出口公司的高级工程师；次子徐源是美国一所大学数学系的终身教授。他们不靠父辈的功绩与光环，踏踏实实走人生路。

采访中，徐汎老师几度潸然："父亲一生追随事业百折不回，他说'只要是搞飞机，到哪都行'；即使蒙受冤屈和折磨，也只有一句话'只要是搞飞机，让我干什么都行'。"徐舜寿一生的志向就是设计飞机，而且要设计中国人自己的飞机！

这是真正的中国脊梁、国之骄傲，应该让更多的人铭记！也许当时没有那么多的鲜花和掌声，只有汗水和泪水；他将荣光根植内心，为梦想披荆斩棘；而如今，他定能欣然，正如长女徐汎在一篇回忆文章中所说："因为我国飞机设计事业迎来了自主研制大型机的春天，这是他多年的追求与梦想。"

未竟之志，后继有人！

特别感谢徐汎老师，感谢《中国现代文学馆》给予的大力支持！

【专家点评】

和前面几封家书都是由当事人自己写成的不同，我们现在读到的这封家书是由当事人徐舜寿——我国飞机设计的"一代宗师"的妻子宋蜀碧写给他的哥哥徐迟的，但是由于信中所言均与徐舜寿有关，因此，依然具有极高的档案价值。特别是信中所说的"大家团结一致坚持搞飞机的精神是十分感人的"这句话，一方面固然表达的是写信人自己的心情，另一方面，坚持搞飞机难道不是对1968年即已病故的徐舜寿的51年的一生所做的最好的总结吗？确实，对徐舜寿来说，飞机简直就是他的生命所在，要不然他怎会可能一再强调说"只要是搞飞机到哪都行，只要是搞飞机干什么都行"，要不然"飞机发动机轰隆隆的试车声"怎么能在他听来乃是最美的音乐？事实上正是凭着这种视飞机为生命的精神，以及由此所散发出来的一股子韧劲和一种冲劲，1958年由他主持设计的、我国自主研制的第一架飞机"歼教-1"成功试飞。搞飞机是如此，搞其他哪一样东西不是如此呢？

中共浙江省委党校　曹文彪

曾联松：埋头一个月设计出新中国国旗

记者：祝佳佳
编辑：潘康康

【人物名片】

曾联松（1917—1999），浙江瑞安人，中华人民共和国国旗图案设计者。少年、青年时代就读于瑞安县小学、瑞安中学。1936年考入南京大学（前身中央大学）的经济系，后参加抗日救亡联合会，投身革命。1938年参加中国共产党，积极从事地下活动，担任中央大学学生地下党支部书记工作。曾任五届上海市政协委员、六届上海市政协常委。

"五星红旗，我为你自豪。"这是2019年秋季《开学第一课》的主题。

五星红旗是中华人民共和国国旗，旗面为红色，左上方缀黄色五角星五颗，四颗小星环拱在一颗大星的右面，并各有一个角尖正对大星的中心点。1949年7月发出征集国旗图案的通告后，曾联松设计并提交了他的国旗样稿，被选入38幅候选草图。经过多次讨论和少量修改，他的设计被选为了新政权的国旗。

曾联松

曾联松，浙江瑞安人，1917年出生，1999年去世。今年（2019年），距离曾老先生离世已经有20年，他的长孙曾滔为我们讲述了曾联松与五星红旗的故事。

埋头阁楼一个月，国旗图案终诞生

"1949年，我的祖父在上海经济通讯社工作，那个时候上海已经解放了，报纸上刊登了关于国旗征稿的启事。我的祖父看到这个启事后非常的激动，就参与到国旗征稿的设计当中。"因为白天要上班，曾联松只有晚上才有空余时间，而一画图稿，经常要到深夜12点多，为了不影响家人的休息，曾联松把"设计室"放在了阁楼上。"那个时候刚解放，物资很缺乏，我祖父就用蜡光纸来剪旗面，到第二天早上，地上都是一堆剪得很乱的蜡光纸，红的、黄的，都有。"

《瑞安文史资料第20辑》有曾联松挚友张公度的回忆：一天，曾联松让他上阁楼看一样东西，用油光纸剪成的国旗图案，五颗星星中，大星领头，四星依次排下来。曾联松问"怎么样"，张公度表示反对，这令曾联松格外沮丧，但他并没有因此放弃，依然坚守在他的小阁楼上。

那么这个设计来源是怎样的？曾联松当时参考了其他国家的一些国旗设计，同时也根据国旗设计的要求，既能体现中华民族的特点，还能反映国家的性质。基于这些考虑，从颜色来说，中国人是炎黄子孙，黄色代表了民族特征，而红色则是革命的象征。国旗上的五颗星星，其中一颗金黄色巨型五角星缀着斧头镰刀，代表着中国无产阶级及其政党——中国共产党，以工农联盟为基础，领导革命事业；四颗金黄色的中型五角星，则代表着四万万的中国人民；巨型星领导中型星，团结在一起。曾滔说："国旗的面积是有限的，但是能够表达或者需要表达的内容是非常广阔的。"

从1949年7月看到国旗设计征稿启事，到8月中旬把图案寄出应征，曾联松花了一个月的时间。

而这个评审过程跌宕起伏。曾联松的设计稿曾因画有镰刀和斧头图案，被评审会以"与苏联国旗相仿"为由淘汰了。此后，在张治中反对使用"黄河旗"及田汉推荐"五星红旗"的帮助下，曾联松的设计最终在近3000幅的应征稿件中脱颖而出，并经过小幅调整后最终成为国旗图案。

他的设计让人抬头敬仰，他依然低头做人

把设计稿寄出去以后，曾联松就淡忘了这件事，继续投入日常的工作中。

"1949年开国大典的时候，国旗已经升起了，但是那个时候，我祖父还没有接到正式的国家通知，就是感觉国旗和他的设计很相似，不能确定，但是祖父什么都没问。"1950年9月，曾联松收到了建国一周年的观礼请柬。1950年11月1日，曾联松正式接到了中央人民政府委员会办公厅发来的公函，以及500万元奖金（折合现在人民币500元）。"我的祖父是一个非常低调、内敛的人，他并没有因为自己是国旗设计者而沾沾自喜，也没有因为这个身份给自己图过什么方便。"

据曾滔回忆，当时他们周边的邻居，并不知道是曾联松设计了国旗，包括自己也是上学以后听同学说起，才回家跟祖父求证，得到的只是祖父一个淡淡的"嗯"字。而在曾联松的心里，也有遗憾，曾滔说："我的祖父一直想重新入党。"

"9·18事件"发生后，曾联松投身到了抗日救亡运动中，1936年考入了中央大学。因为抗日战争，1937年中央大学迁往重庆，当时22岁的曾联松也一起到了重庆，参加了当时中共地下党领导的学生抗日联合会。1940年，国民党掀起第二次反共高潮，为了保存有生力量，党组织研究决定，要求曾联松所在的支部进行转移。但是在转移的时候，又遭遇了皖南事变，也是在那个时候，曾联松跟组织断了联系。

新中国成立以后，曾联松提出想重新恢复组织关系，但是因为种种原因，这个愿望一直没能实现；到了1985年，曾联松第五次提出申请加入中国共产党，经过党组织的考察和确认，才被批准。重新回到组织的曾联松非常激动，据曾滔的回忆，他的祖父说："总算是叶落归根了。"

组织上叶落归根，心也常系家乡。1994年17号台风正面袭击瑞安，造成惨重的经济损失和人员伤亡。当时的曾联松经历多次中风，正在医院接受治疗，在得知消息后，立即通过上海瑞中校友会寄去慰问信，并附上了1000元赈灾款。而老家人民也没有忘记他，在瑞安有一个曾联松广场，瑞安中学有一座国旗园。2019年9月28日,国旗教育馆正式在瑞安开馆,成为一个综合性国旗教育基地。

"一得之愚献祖国,五星旗海壮山河"

晚年的曾联松,喜欢在家看看报纸、听听新闻,最热衷的是练习书法、写写诗。他创作的诗句,基本都跟五星红旗有关:"一得之愚献祖国,五星旗海壮山河","和璧混沌璞未开,幸有玉人琢剖才,推敲图案三千幅,五星红旗入选来"。曾滔回忆:"除了写诗,我祖父还喜欢练习书法,他会把自己最中意的作品挂在墙上,独自轮番欣赏。"

但曾联松最为得意的作品需要给大家欣赏时,他一点都不吝啬。1982年,国家革命博物馆发函给曾联松,希望他能够把国旗设计的原稿捐给博物馆作为文物收藏。曾联松二话不说,做出了无偿捐赠的决定。"我祖父说,虽然这是他自己设计的原稿,但它也是国旗的一部分,由国家的博物馆来保存,才能发挥它的作用。"

70年峥嵘岁月,五星红旗见证了中华人民共和国从屹立东方到改革开放,再到走向复兴,它把中华民族的心紧紧地凝聚在了一起。我们为这位浙江瑞安人骄傲,更为我们的祖国自豪。

【记者手记】

对于国歌《义勇军进行曲》的创作者,我们很多人都能马上说出嘴,但是国旗设计者是谁,大家都很陌生。当记者收到温州宣传部门推荐的时候很震惊:我们浙江真的是人才辈出!

但毕竟时间间隔太远,当事人我们已经无法再采访到,幸运的是,他的长孙曾滔痛快地答应了采访,于是我们的记者团队立即赶往上海。

我们约在了一个比较幽静的茶室,曾滔带着一个文件夹来赴约,里面是一本瑞安文史资料。对于祖父曾联松老先生,他直言,因为祖父设计国旗的时候,他的父亲都还很小,对于当时设计国旗的一些细节,他也是听家人或者是在看祖父资料的时候才知道的；从他有记忆以来，祖父曾联松就是一个非常低调又内敛的人，在家里，基本上很难听到祖父谈他设计国旗的事。当知道自己的祖父就是国旗设计者以后，曾滔觉得，自己比别人有更特殊的情感："除了对国家的尊重，还有一份额外的亲情在。"

在我们去采访曾滔的时候，正是网上"我是五星红旗护旗手"最为火热的时候。对于香港出现的某些踩踏、撕毁国旗的行为，曾滔表示非常的痛心；但是他又觉得，这是国家复兴必定要面对的困难，我们只有克服了困难，经历过考验，才能进一步的发展，国家才会更加强大。

【专家点评】

曾联松，中华人民共和国国旗的设计者，瑞安人的骄傲，也是浙江人的骄傲。这面国旗准确地阐释了新中国的国家性质、国家特征，同时简洁庄重、大气典雅，具有丰富内涵与意蕴。正像其孙所说，"国旗的面积是有限的，但是它能够表达或者需要表达的内容是非常广阔的。"这样一位对新中国有着特殊贡献的人，却又是一位非常低调、内敛的人，他自己家人都不太清楚他是新中国国旗的设计者，他的左邻右舍更是不知道他的杰出贡献。他没有因为自己是国旗设计者而沾沾自喜，更没有因为有这样的贡献而给自己图什么方便。"文革"时期还受到冲击，但他仍不改初衷，以自己的默默奉献报效国家。同时还心系桑梓，当家乡遭受灾害，立即从自己不多的收入中寄上千元赈灾款。这种"为而不恃，为而不有，为而不争"的抱朴守拙精神让人敬重。因此在他老家瑞安，家乡人命名了一个曾联松广场，瑞安中学也建起了一座国旗园。曾联松的人生意义和价值，正如他自己的诗所歌咏的："一得之愚献祖国，五星旗海壮山河。"

浙江省社会科学院智库首席专家　杨建华

苏纪兰："无刻不在憧憬着中国海洋的未来"

记者：项勇、邹雯、农书荣
编辑：华冰

【人物名片】

苏纪兰，物理海洋学家，1935年12月出生于湖南攸县。1949年随父亲去台湾，1957年大学毕业，后赴美国留学。1967年获得美国加州大学博士学位并在国外工作。1979年回到位于杭州的国家海洋局海洋二所工作。1991年，苏纪兰当选中国科学院院士。

胡马依北风 越鸟巢南枝

这张照片拍摄于1979年，照片中西装革履的苏纪兰和夫人袁立宜，带着儿子和女儿一家四口轻松又正式地拍下了一张全家福。照片拍摄后，他们四人离开美国飞越太平洋，正式回国。

"当时的我，在美国读书8年，工作12年，学校里面也给了我终身任教权，但是当时机会来的时候，我还是跟学校请了一年假，一家人就回来了。"

那年的苏纪兰43岁，已过不惑之年。过往的43年中，少年时期13年在大陆，随后10年在台湾，

苏纪兰

青年时期开始在美国一待就是20年。那时的苏纪兰，拥有在美国的永久居住权，但是他毅然决然要回中国大陆，那个已经离开了30年的故土。

"我们这一代知识分子受中国20世纪30年代鲁迅、茅盾、巴金等作家爱国文学作品的影响，对祖国有一种强烈的责任感。"

除此之外，苏纪兰坚定回国还有另一个原因，在美国20年，他看到了美国美好的一面，但也发现了其不足的一面。

"到美国去以后，一系列的事情让我了解了很多原来所不了解的另一面。讲个简单的，我念硕士的是弗吉尼亚，我去注册的时候，要填个表，表里边有一栏要写你的种族，种族里有两个选择，一是白人，white；一是color，翻译应该是有色人种。那么过去的教育告诉我，我们是黄种人，对不对？那么我就在这个字后面一勾，也没有感觉有什么不对，是不是？其实对美国人来讲，当时color是专指黑人，不是指有色人种。我勾好以后把表交过去，校方职员看看表、看看我，然后他拿出笔划掉我的选择，再把white勾上。后来他们的民权运动、反越战运动、言论自由运动等都影响了我。"

早在博士毕业工作不久的1971年，苏纪兰就提出了回国申请。

"因为美国没有申请回国的机构（那时中美尚未建交），所以当时我们是到加拿大的中国大使馆打听回国的事，并向他们申请回国。"

当时，由于当时国内正处于"文革"时期，苏纪兰屡次申请都没有获批。

中美两国外交关系的正常化，为东西方全面交流奠定了基础，这让已跨过不惑之年的苏纪兰看到了希望。"尼克松访华以前自欧美来华访问的人不多，更不要说华裔了。紧接着尼克松访华，北美的华人留学生中就有5人冲破阻碍第一批回来了。紧跟随着，很多和我一样的台港留学欧美的科学家，都纷纷申请回来参观访问。""1972年夏天，我和一些旅美的台港留美科学家组成访华团回国，令我意想不到的是，周恩来总理在人民大会堂西藏厅接见了我们。当工作人员向总理介绍我时，日理万机的总理亲切地说：'几次要求回祖国的就是你吧？'这次接见使我终生难忘。周总理接着说，我们国家还没准备好。就这样我理解了，就是这个时候还不是回去的时候。"

1979年1月1日，《人民日报》发表社论《把主要精力集中到生产建设上来》。同日，中美两国正式建交。

1月29日至2月5日，邓小平副总理应邀对美国进行正式访问。这是新中国成立以来中国领导人第一次访问美国。

1979年，苏纪兰向他在美国任职的大学请了一年假，他和夫人袁立宜携子女顺利回到祖国。在位于浙江杭州的国家海洋局二所主要从事海洋环流动力学研究工作。"我向学校请了一年假，因为很多年没有回来了，很多情况不了解，当时还想着如果没有我的用武之地，或者我们不适应国内生活，就再回美国去。一年之后，我们夫妇共同商量，觉得一切还可以，就向美国校方正式辞了职。没想到在杭州直接扎了根，一待就是40年。"

80年代中期在海洋二所门口留影

胡马依北风，越鸟巢南枝。回到祖国的苏纪兰43岁，正遇上了改革开放大发展时代的浪潮。"那个时候，国家给我选三个地方，两个是在青岛，一个在杭州。当时杭州的二所也很重要，但青岛是我国海洋科学研究的重心，是我首选之地。我夫人在1973年也回来参观访问过，她从各方权衡选了杭州。作为城市而言，我们都非常喜欢杭州，最后我们选择了这里。"

无刻不在憧憬着中国海洋的未来

回国后的苏纪兰发现，我国海洋科学研究起步较晚，科研水平与国际先进水平差距较大，中国很多好的大学都没有海洋科学。当时国内海洋科考环境落后，观测设备和仪器基本都要依靠国外进口，自己积累的观测数据也不多。"今天来讲，中国的海洋科学的许多方面当然很先进，但从新中国成立到改革开放我们整个海洋的发展战略是落后的，所以海洋科学起步很晚。改革开放后，我们这些国内海洋科技工作者，都希望能够在中国早日建立世界一流海洋科学研究的队伍与机构，我们经常讨论中国海洋科学发展的瓶颈和需要,我们无时无刻不在憧憬着中国海洋的未来。"

1980年,苏纪兰作为中国专家组成员参加了中美长江口沉积作用过程的联合调查研究,这是新中国成立后中美两国海洋科学家的第一次合作项目。

在参加出海调查时,考察队长考虑到他经常要和美方科学家接触的特殊需要,提出让他与美方科学家享受同样的待遇,被他婉言谢绝了,他说:"我是一名中国科学家,应该和其他中国考察队员吃住在一起。"

海洋科学是一门高度依赖观测的学科,苏纪兰重视掌握第一手资料,也亲自出海调查。在海上他和考察队员一同工作,在生活上也从不提出过高要求。

有一次考察队在浙江沿海下船,回杭州路上在台州椒江区招待所过夜,到达时天已很晚,招待所内只剩下15个人一间的大通铺,有人想找有关部门照顾一下苏教授,接待人员得知后准备给他更换房间时,他已吃了片安神药,乐呵呵地和大家挤在一起,安然入睡了。

多年来,苏纪兰一直关注我国近海及河口的重要环流问题,特别着重研究黑潮对我国近海环流的影响。在已完成的项目中,中日"黑潮"合作调查研究、杭州湾锋面及其作用的调查研究、海峡两岸配合南海东北部调查研究等项目,成果尤为显著。苏纪兰说,中日"黑潮"研究是中国海洋研究走出

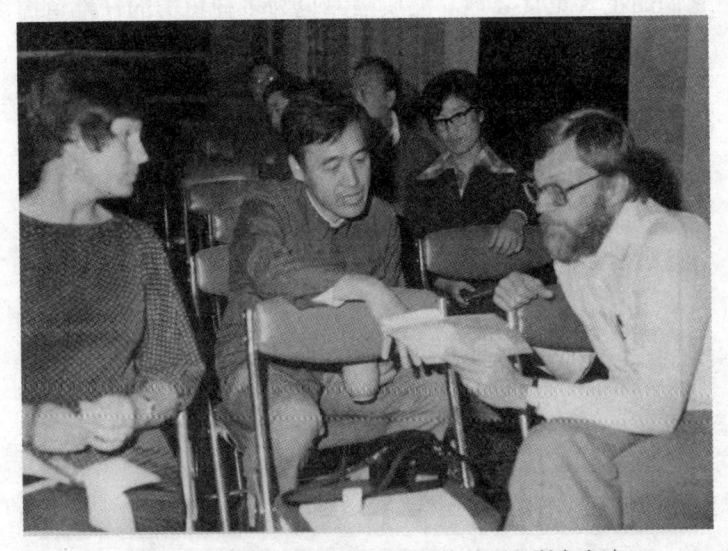

20世纪80年代中期与来所访问的美国科学家交流

近海的第一个项目。这些合作研究取得了一系列重要成果，大大拓展了中国海洋研究的视野，并为中国培养了一批海洋学者。"黑潮本身是西北太平洋的西边界强流，它将热带的暖水很快地带往温带，顺着我国陆架以外北流。黑潮和我国近海都有强烈的相互作用，包括南海和东海等。黑潮表层水的营养盐不高，但其次表层却有丰富的营养盐，黑潮与东海陆坡的相互作用会让其次表层水进入陆架，对东海的生态环境有重要影响。我到现在还是一直关心黑潮水怎么进入我国近海，尤其是南海，这方面的研究，对理解我国近海的生态环境是很重要的。"

进入新时代以来，苏纪兰着眼于国情，更加关注我国海洋经济的发展以及在当前我国经济高速发展下的海洋生态环境问题。香港回归后，香港科技大学曾执行了一个有关珠江河口环境动力学的大规模调查研究计划，取得很好的认识。苏纪兰是该项目的科学顾问。

苏纪兰说，发展海洋经济必须要在保护海洋生态系统的基础上进行，目前国家正处于建设"海洋强国"的关键时期，必须要重视海洋，要加深对海洋科学的研究，也要不断向公众宣传海洋生态系统的重要价值及其脆弱性。例如，沿海的泥质潮滩，其生产力高，海洋底栖生物丰富，因此对净化水质很重要，是重要的碳汇场所，众多候鸟会选择沿海作迁移中的栖息地，而潮滩往往是它们的主要觅食之地。泥质潮滩也为多种鱼类的仔稚鱼提供了索饵

1991年4月与澳大利亚海洋科学家在浙江省椒江河口联合调查

场栖息地，支撑了渔业，维持了生物多样性。泥质潮滩绝不是荒滩，比照习主席所说的"绿水青山就是金山银山"，我们可以说"潮滩泥滩就是金滩银滩"。像绿水青山一样，潮滩泥滩也是很脆弱的，需要慎重保护。实际上，海洋环境特殊，各类海洋生态系统都很脆弱，一旦受到破坏，往往需要很长时间才能恢复。

1984年冬黑潮项目东海调查

"发展海洋经济，从今天中国的认识来讲是有误区的。海洋对国家的发展和安全是极为重要的，但这并不代表海洋经济在国民经济中占的比例就一定是大的。如欧盟、英国、美国他们海洋经济的增加值在其国民经济的比重也就在2%上下，希腊、丹麦为5%左右。中国是发展中国家，2018年我国主要海洋产业的增加值在国民经济的比重为3.7%，这个比例是恰当的，随着我国向发达国家方向的迈进，这个比例肯定会逐渐降下来。中国海洋经济的结构也与国际上类似，旅游是最大一块，其次是港口航运，然后是渔业。有的国家比如英国、美国的油气远大于渔业，这与他们的海域自然条件有关。当然，随着人类向海洋进军，未来的海洋经济覆盖面会更广，其占国民经济的比重也会有所上升。由于海洋环境的特殊性，海洋经济需要有科技和先进的管理及金融体系，我国在这些方面有很大的改进空间。事实上，海洋的特殊性对高技术和管理体系都有特殊要求，在这些方面的创新研究成果往往可以运用到其他经济领域，对国民经济产生重要作用，而我国在海洋高技术研发和海洋管理体系创新两方面都是落后的。"

令苏纪兰感到高兴的是，在国家的支持和科学家们的共同努力下，中国海洋科研力量越来越强，与国际海洋学研究合作也越来越多。如今，国内海洋的观测手段有了质和量的长足发展，全国已有不少科考船配置了先进的科考仪器设备。

苏纪兰所工作的单位，自然资源部第二海洋研究所，有一个国家重点实验室，全所共有职工400余位，其中科研人员300位左右，建所以来，一共自主培养了6位院士，还有一大批国家千人、省特级、包括杰青等各类青年科技奖获得者。"越来越多的青年人关注热爱海洋研究，这让我感到非常的欣慰和骄傲，我对中国海洋事业的未来充满期待与希望。"

【记者手记】

苏院士，经历了新中国成立70年来的许许多多的大事。少时父亲从军，经历了抗日战争和解放战争，自己和家人辗转各地，在那个炮火纷飞的岁月里，对一个少年来说，有个稳定的和平的安全的环境，父母陪在身边，安心上学，是童年时期的愿望和梦想。

高中毕业后留学美国并就业定居，在这30年中，家乡的概念对一般人来说也许是模糊的，哪一段经历哪一个地方才是心中魂牵梦绕的故乡？

不过，从苏院士的经历来说，在他成长的过程中，随着他经历的岁月的不断冲刷，他也不断有新的感想感悟。有的地方看上去很美但也自有不足的地方；有的记忆以为已经遥远，但是"中华"这个所有炎黄子孙心中的信仰家园在他心中从未淡忘。在"中华民族"的强大向心力的作用下，在理想和现实的交织中，苏院士每一步的选择都走得稳健而坚毅：走回国的路，走科研的路。

在采访中，苏院士谈笑风生，对自己回国后的经历如数家珍，对当前世界的热点侃侃而谈，对人生际遇有着自己的解读角度，想得透彻，过得清爽，怡然自得。

谈笑在悠悠岁月弹指一挥间，依然坚守在海洋科研的战线，老科学家的风骨，令人钦佩。

【专家点评】

  21世纪被誉为"海洋世纪",作为拥有得天独厚海洋发展条件的浙江省发展海洋经济被上升至国家发展战略高度。随着经济全球化和经济转型升级、建设创新型体系的时代背景下,日益扩大的海外留学归国群体正在成为中国科技力量创新的重要推手。苏纪兰,正是这其中的重要一员,无论身在何方,最终还是依然选择回归魂牵梦绕的祖国。

  新中国成立前,我国不少优秀的人才为避战乱去国外留学,其中美国是他们很多人的首选地。1949年10月1日,中华人民共和国成立。12月,政务院文化教育委员会成立了"办理留学生回国事务委员会",统筹回国留学生接待事宜。12月18日,周恩来通过北京人民广播电台,代表党和中央人民政府郑重邀请在海外的留学生回国参加新中国建设。一批在海外学习和工作的科学家毅然归国,为祖国建设鞠躬尽瘁。

  在这段历史的背后,是一长串闪光的名字:华罗庚、钱学森、师昌绪、邓稼先、梁思礼、朱光亚……后来,这批科学家和留学生成为共和国科技事业的主要奠基人。伟大民族精神是促使这些科学家毅然回国的强大精神动力,深刻揭示了中国人民和中华民族在历史长河中所形成的高向心力、高凝聚力的深层内核与精髓。

浙江广播电视集团　来钧

陈赞："在我还能工作的时候，就应该为九亿人口着想"

记者：邹雯、赵鹏、张珂一
摄影：尹秋霞
编辑：华冰

【人物名片】

陈赞(1919~1986)，原名赵永堂，河北徐水县吴家庄村人。贫苦农民家庭出身，1939年5月参加地下革命。新中国成立后，投入水电建设战线工作，先后领导过北京官厅、建德新安江、桐庐富春江、衢州乌溪江、云和紧水滩等水电站建设，曾任官厅水电工程处党委副书记，新安江水电工程局党委副书记、书记，杭州钢铁厂党委副书记，水电部十二局党委书记等职务。1986年9月3日，因癌症医治无效，在新安江逝世，享年67岁。

树和儿：

前些日子你来信并转来你哥嫂的来信，也接到你二哥的来信，杭州武汉我都回了信。还没有给你回信，因为一则这些天忙得很，二则我准备这几天到杭州去检查身体，后到新安江去一下，再当面跟你说，所以没有写信。

你的第二封信已收到了。

陈赞

陈赞：「在我还能工作的时候，就应该为九亿人口着想」

我还准备本星期去杭州。先给你信上说一下吧。

从北京回来，因一路感冒不好，闹了一些日子，这几天已恢复，一切尚好。

我工作去向尚未定。那次到北京向电力部汇报，有过议论，有几个地方，但一个也没有决定。看来，几个月也不一定能决定下来。在没有决定前，我必须仍在本岗位上工作，即便离开，也要站好最后一班岗。

到哪里去、干什么，我都无所谓，杭州、上海、北京都行，其他地方也行。个人服从组织，服从工作需要，而不能要组织服从个人。我生在华北长在华北，在北方生活工作了约37年，到江南又度过20多年，南北方气候、生活习惯都能适应，这点你们不必担心。

你们兄弟三人，树林定居在杭州，树来也是这种趋势，只有你可以随父母走，但你也有了朋友，怎么处理好你的事情便叫我费脑子，原来我并不清楚这件事。我回去再找你商量吧。

你提到我年龄大了，身体不像过去，该享福了。这应该有正确的态度。我不适应水电站工地工作了，但别的工作还可以干，还没有到不能为党工作的时候。我首先考虑把自己的晚年也要献给党，直到不能工作的时候。党和国家对我本人待遇还是高的，生活也还好，而全国九亿多人口的生活水平还是低的，在我还能工作的时候，我就应该为九亿人口着想。因此，不能单单考虑个人的享受问题。你说，是不是应该这样？

你还很年轻，正是好好学习的时候，靠今后刻苦学习了。

你妈妈近来好一些吗？

父　陈赞

1979.12.17

这是1979年12月17日，60岁的陈赞临近离休时，在衢州乌溪江水电站大坝的施工工地上，写给小儿子赵树和（陈赞当年干地下革命改名换姓，儿

陈赞（赵永堂）儿子赵树和

辈仍用原姓）的一封回信。干了一辈子的水电站建设，因为积劳成疾，陈赞得了肺气肿，却依然坚持每天在工地上奔波。

心疼父亲的赵树和三兄弟分别给父亲写信，劝他离休安享晚年。"没离休之前父亲就患肺气肿，走路爬高，就气喘得很厉害。我们当时写信给他，就是说劝他离开工地，离休以后，找个安稳的地方，一家人在一起，好享天伦之乐安度晚年，不要再奔波劳累了。"

但是父亲陈赞却回信道，自己虽然年龄大了，身体也不好，却"还没有到不能为党工作的时候"，"我应该为九亿人口着想，不能单单考虑个人的享受问题。"

对于父亲的选择，现年63岁的小儿子赵树和也许是最能理解的，他是三兄弟中唯一继承父亲衣钵的，从水电站工地到科研所搞混凝土外加剂生产加工，一直在新安江工作。他能读懂父亲，这是新中国第一代水电人用一辈子书写的热血和情怀。"当时整个国家穷，缺电，要发展祖国的水电事业，就得好好工作，拼命，无私奉献。他要听从组织安排，还想为水电事业，或者为党再做点工作。就是他这一辈子的情怀。"

"让高山低头，叫河水让路"
赴新安江筹建新中国第一座大型水电站

新安江水电站是新中国成立后，我国自行设计、自制设备和自己施工建造的第一座大型水电站，是中国水利电力事业史上的一座丰碑，是新中国水电事业的起点，标志着浙江工业化起步的开始。

然而新中国成立初期，百废待兴，国家财力、物力、设备、经验都十分缺乏，要建水电站，只能土法上马，最开始都是靠人工肩挑手挖出来的，工程的艰难可想而知。

小车推出硷

1956年冬,刚刚完成官厅水电站大坝建设的陈赞受上级调派,带领2500多人,从北京奔赴浙江建德新安江,担任新筹建的新安江水利工程发电局党委副书记。"当时,我们国家从来没搞过那么大的,它比日本人搞的小丰满水电站规模还要大(一点)。当时苏联十月革命以后建的第一座水电站,也还没有新安江水电站大。当时新安江的发电量是60多万千瓦,在整个世界上也是名列前茅的。"赵树和说。

刚建好的官厅水电站废了那么大劲,发电量不过3万千瓦,新安江水电站是它的20多倍,这样的一个大家伙该怎么弄?一开始,陈赞也直挠头,但他始终相信,只要敢拼敢干,没有干不成的。

当时水电部十二工程局的一篇内部通讯中,记载了陈赞的一句名言:"不懂就学。咱中国人有气魄,能让高山低头,叫河水让路!"

为了集中力量、加快建设,当时从全国各地调集了2万多名精兵强将,大家日夜苦战,建设热情空前高涨。抬运砂石料,背水泥,推车,平仓振捣,凌空立模,重活、累活、脏活抢着干。傲风雪斗严寒,顶烈日战酷暑,风钻的"嗒嗒"声、撬挖出硝的号子声和汽车喇叭声汇成一支社会主义建设的交响曲,生产纪录不断刷新。

"当时整个工地上所有的工人和干部都是扑在生产,没有家的概念的。有时下了班,也都在工地上休息,打个瞌睡爬起来又去干活的。"赵树和回忆说,"我父亲一天到晚都在工地,他的办公室离家很近,但他从来都不回来,记忆中逢年过节在家坐下来吃个饭的时间好像都没有。"

左一为陈赞

在大坝浇筑中埋一立方米毛石就等于加一立方米混凝土。毛石可以就地取材直接使用，节省了许多人力物力。于是机关干部、警卫战士、医务人员、炊事员职工家属以及水电学校的师生纷纷组成业余义务采石队。手举红旗，不计时间、不计报酬，将数百公斤重的坚硬石块采集起来运往大坝。大坝共埋毛石13万立方米，相当于节约水泥3万余吨。

水泥问题、特大洪水、苏联专家撤走……
新安江水电站大坝建设历经艰难

缺设备、缺经验，新安江水电站的施工全靠第一代建设者们摸着石头过河，还要克服很多难以预料的棘手困难。

"比如水泥当时是来源很多，但是一开始没有保证，用的是不合格的火山岩水泥，这样造成了一块水泥浇好以后质量不过关，后来又炸掉了，整个工程停下来，再反映到周总理那里去。周总理就指示这里的总工、副总工、领导派人到北京向他汇报。当时他就说，水泥叫建设部负责，保证用南京水泥厂的高标号水泥，保证新安江水电站工程施工的供应。"

按照工程进度，原本水电站计划提前在1959年10月1日正式发电，谁

新安江水电站第一代建设者集体

知1959年上半年,当地遭遇了接二连三的大洪水袭击,水电站左岸坝头突然塌方,20多万方碎石填满了施工中的基坑,无数个日夜的劳动成果瞬间被毁。

也是在这一年,中苏关系全面破裂,苏联专家相继撤走,水电站的建设只能靠自己摸索。

然而眼前的困难并没有将建设者们打倒。

为了加快工程进度,陈赞和工人、技术人员一起,与群众同吃、同住、同劳动、同商量,在艰苦的环境下撸起袖子拼命干。

赵树和说:"打风钻的时候,灰尘没有散尽,人就冲进去干活了。他们就是一不怕苦,二不怕死,就是那么拼命干的。"

1959年9月21号,大坝下闸蓄水;1960年4月22日,第一台7.25万千瓦水轮发电机组正式投产发电!原定五年工期终于提前一年八个月完成。同时向浙西地区110千伏系统送电;同年9月26日,并入"新—杭—沪"220千伏系统向华东电网送电。新安江水电站由此成为当时我国发电容量最大的水力发电厂。在新安江水电站建设遇到巨大困难的时候,1959年4月9日,周恩来总理来到建设

女风钻工

新安江水库泄洪

工地视察,并亲笔题词:为我国第一座自己设计和自制设备的大型水力发电站的胜利建设而欢呼!

"变水害为水利、造福子孙后代,是我最大幸福!"

在赵树和儿时的记忆当中,对父亲的印象是非常模糊的。他刚出生两个月,父亲陈赞就从北京官厅水库调到新安江,一去就是四年,期间没有回过一趟徐水老家。周恩来总理曾握着他的手说:"夏禹治水,三过家门而不入。"

后来赵树和跟着母亲与两个哥哥举家迁到新安江,和父亲团聚,却依然很难见到父亲的影子。

赵树和三兄弟

"家就在大坝边上,不仅在边上,就隔一条马路他也回不来。回到家里也是很严肃的。基本上不跟我们说什么话,有时候吃了饭就走。"

新安江水电站工程结束后,父亲陈赞和工程局其他领导又马不停蹄率领建设大军转战富春江,直至"文革"爆发。

1972年年初,陈赞被分配到杭州钢铁厂,担任党委副书记。但心里始终惦念着

水电站,日思夜想回到工地,当时的一篇内部通讯记载了他的原话:"要干就干改天换地的事业,累也累个舒坦,干成一项工程,就像攻下敌人一个碉堡,有一种说不出的高兴。我虽然五十来岁了,还可以干他两个电站。"

有人对他很不理解,劝他说:"山沟里那么艰苦,哪如在杭州好?"陈赞说:"对我来说,变水害为水利,造福子孙后代,是我最大幸福,当我看到一条江河被征服,一座电站建起来,自己受多大累、多大委屈也高兴,人生有这么几次,也就不算白活了。如果只是为了追求生活安逸,那就太低级了,应该为人类、为了民族的利益做出一点事情来,哪怕是流血流汗,都是值得的。"

终于陈赞如愿以偿,回到工程局,奔赴衢州建设乌溪江水电站,一干又是五六年。也就是在那儿,他给小儿子赵树和写了这封回信,不想心安理得地安享晚年,还想为国家的水电站事业贡献余力。于是,当乌溪江水电站大坝建成后,60岁的他又风尘仆仆赶赴丽水云和,建设紧水滩电站,直到1984年才正式离休。

魂归千岛湖

1986年9月3日,陈赞因癌症医治无效,在新安江去世,享年67岁。病危期间,他亲笔写的三点遗愿让所有人无不为之动容:1.去世后丧事从简,不开追悼会;2.遗体火化后,骨灰撒在千岛湖内,作为永久归宿;3.家属及子女不得向组织提任何额外要求。

赵树和说,这就是他的父亲,把自己的一生奉献给了他所挚爱的中国水电事业,直到生命的尽头,魂归一池碧水。

"他对党忠诚,对自己严格要求,对子女的要求也严。你就好好工作,不要给党添麻烦，踏踏实实做一个正直的人。"

如今小儿子赵树和已从水电部十二工程局科研所退休，就住在新安江，守着当年父辈们头顶青天、脚踏荒滩、一步一个脚印浇筑起来的历史丰碑。

经过几十年的飞速发展，如今火电、水电、电厂规模越来越大，科技含量也越来越高，经过扩容改造后的新安江水电站已经不是主力电厂了，主要承担华东电网的调频调峰任务，但是它安全运转了59年，发电量累计达800亿千瓦时，为中国的经济建设作出了巨大贡献，还为建设葛洲坝、三峡等大型水电站积累了宝贵经验，输送了大量人才和技术。当年一代水电人自力更生、艰苦奋斗的精神，影响了一代又一代的建设者。

赵树和说，现在他们最大的愿望就是为新安江水电站第一代建设者树碑立传。

"80岁以上的还有200多人在新安江，就是我们十二局退休的。现在就希望为新安江水电站第一代建设者建纪念碑和纪念馆，他们的拼搏感动了我们，也争取感动下一代和再下一代，能够把这种精神一直传承下去。"

遵照父亲的遗愿——将骨灰撒入千岛湖，作为永久的归宿

陈赞："在我还能工作的时候，就应该为九亿人口着想"

【记者手记】

2019年9月29日上午，千岛湖配供水工程正式通水运行。杭州人终于喝上了期盼已久的千岛湖的水。提到千岛湖大家都知道，可你知道千岛湖是怎么形成的吗？

千岛湖即新安江水库，位于浙江省杭州市淳安县境内，小部分连接建德市西北，是为建新安江水电站拦蓄新安江下游而成的人工湖。早已闻名世界的千岛湖号称"天下第一秀水"，深达7米的能见度，味道有点甜……而一坝之隔，就是常年17度、冬暖夏凉的新安江，是浙江著名的避暑胜地。造就并连接这两处人间胜地的，是那个刻在丰碑上的名字——新安江水电站。

高峡出平湖，神女应无恙，当惊世界殊。

昔日为患为害且脾气暴躁的滚滚新安江如一条巨大的苍龙，终于被长缨在手的勤劳智慧的中国人民所降伏，乖乖地为人类造福。

2019年夏天，这座年近花甲的水电"老大哥"仍勇挑"新大梁"：在超强台风"利奇马"来袭时，顶住了华东电网的频率波动；在暴雨频发的梅汛期，一口"吞"下21世纪以来的最大洪峰。

新安江水电站给世人留下了一笔宝贵的财富，它的故事也将一直延续。

【专家点评】

作为一个1939年便参加了地下革命的老水电人陈赞的这封写给他的小儿子的信，读来之所以会令人肃然起敬，端在于，面对三个儿子先后分别写信力劝他离休治病养老（陈赞这封信写于1979年12月17日，其时他已年满60且患有肺气肿，正担任水电部十二局党委书记一职），他表达了一个老革命者特有的风范，他明确告诉孩子们：第一，"在工作去向未定的情况，必须仍在本岗位上工作，即使离开时也要站好最后一班岗"；第二，"今后到哪里去干什么，个人服从组织服从工作需要而不能要组织服从个人"；第三，"我们首先考虑把自己的晚年也要贡献给党，直到不能工作的时候"；第四，"在我还能工作的时候，我应该为九亿人口着想，不能单考虑个人享受的问题"。如果有人要问究竟什么是"不忘初心，牢记使命"，那么也许可以给他提出这样一个建议：请读读这些文字吧。

中共浙江省委党校　曹文彪

马季煌：新安江水电站第一代建设者的热血家书

记者：邹雯、赵鹏、张柯一
摄影：尹秋霞、阿飞
编辑：华冰

【人物名片】

马季煌，中国水电十二局新安江管理处退休党支部书记，新安江水电站第一代建设者。1936年出生在嘉兴平湖，1951年在上海参加工作，之后赴江西上犹江水电站参与建设。1957年11月，马季煌随同四五百人的建设大军，从江西上犹江调往正式开工建设的新安江水电站，从发电工、到重机驾驶员、再到宣传骨干，他在新安江水电站一干就是整整40年，直到1996年退休。

父母亲大人膝下敬禀者：

我于十一月五日从江西上犹水电站调来浙江建德市参加建设新安江水电站工作，一切很好，请父母放心。

我和在上犹一起工作的老师傅们从江西赣州乘了两天汽车到南昌，再从南昌转乘火车到杭州，最后到达建德市沧滩。我们单位是新安江水力发电工程局，工地在

马季煌

一个叫朱家埠的小山村，我被分配在发电车间里，工作虽然辛苦但是也有一起的师傅帮着，一切很好，请父母放心。

我听我师父讲，新安江水电站建成以后要比江西上犹水电站大好几倍，是国家第一个五年计划里的一个工程，今后发的电可以送到杭州、上海，可能几年以后家里用的电就是我们这里发的。

这里工人很多，除了我们从江西过来的，全国各地的工人都有，非常热闹。一共有四个家属区，每天上下班要坐火车和汽车，因为我工作的车间需要随叫随到，所以我住在发电车间附近山坡上的一个集体宿舍里，离发电车间特别近，上班很方便。这里的条件比上犹好，江西的菜太辣了，这里还是合胃口的。而且这里工作还有野外施工津贴，一个月能多挣上十块钱。

局领导要我们发扬艰苦奋斗的精神，叫高山低头，要河水让路，要有战斗精神，三年建成发电，所以现在大家都很努力工作。我也会虚心向老师傅们学习，努力学好技术，最近我提交了入党申请书，争取早日加入中国共产党。

你们在平湖一切可好？弟弟妹妹一切可好？以后有机会我想把他们也带到这里看看。

儿 季煌 敬呈
一九五七年十二月十日

这是1957年12月10日，21岁的马季煌刚从江西上犹调到建德新安江水电站时，写给平湖老家父母的一封信。他在信中向父母报了平安，告知自己的工作安排和生活情况，还在信中写道："新安江水电站建成以后要比江西上犹水电站大好几倍，今后发的电可以送到杭州、上海，可能几年以后家里用的电就是我们这里发的。"言语中充满了自豪与期待。

当然，那时的马季煌并不知道，自己将参与建设并亲眼见证的是新中国水电事业史上的一座丰碑。他和两万多名背井离乡、来自祖国大江南北的热血儿女一起，在浙江西部山区的这块荒地上，筚路蓝缕、披荆斩棘，用双手、用青春，甚至是生命，建起了新中国第一座自行设计、自制设备、自己施工建造的大型水力发电站，书写了"叫高山低头，要河水让路"的人间奇迹。

初到新安江 同车间调来的三男三女都配上了对

因为父亲工作的关系，马季煌从小在上海和平湖之间往返求学，14岁出来工作，在平湖的一个粮站里当通讯员送信。因为距离上海近，那时平湖很多年轻人都跑到上海找工作，马季煌也跟着来到上海。在一个亲戚开的肉食店里当会计，白天记账，晚上到会计学校上课。

后来因为亲戚生病关了店，马季煌便去了江西，投靠在上犹江水电站工作的姐姐和姐夫。"走的时候，好多人跟我讲，你不要离开上海，去了以后将来户口进不来了。后来我想不行，年纪轻轻的还是到外面闯一闯好。"

年轻时的马季煌

年轻时的马季煌在江西上犹江水电站发电车间工作

马季煌根本不会想到,当初的这个决定让他从此跟水电事业结下了一辈子的不解之缘。1956年,马季煌到了上犹江水电站,被分配在发电车间。什么都不懂的他,重新当学徒,学开发电机。"进去以后三个月马上给你考试。那时候年纪比较轻,接受能力强。三个月以后马上考了两级工,可以上岗了。"

一年之后,上犹江水电站发电了。也就在那一年,新安江水电站主体工程正式开工。为了集中力量建设这座当时全国发电容量最大的水力发电厂,水电部从全国各地调集精兵强将,来自五湖四海、平均年龄才25岁的水电工人、技术骨干,背井离乡,汇集到建德桐官峡谷这片荒滩上,日夜苦战,建设热情空前高涨。

马季煌便是其中之一,他和四五百名浙江籍的工友一起从江西上犹来到了建德新安江。和他一起过来的还有当时同一个车间的姑娘,叫黄文英,后来成了他的妻子。"她是搞配电的,我是开发电机的,发出电以后她要分配出去,早认识了。调到这里来,也分配在新安江发电车间里边。"

马季煌笑说,当时他们车间过来的三男三女,最后都配上对了。

马季煌爱人黄文英年轻时的照片

点油灯 睡稻草铺 24小时待命 想土办法克服设备稀缺困难

新安江水电站工地位于一个叫朱家埠的小山村,工地边造了一片茅草棚,

当年新安江建设工地的茅草工棚

作为工人们的宿舍,十几平方米、三四个人一间,高低铺。马季煌回忆说,那时没有床单被褥,铺两把稻草就直接睡了。

"都是稻草铺床的,发给你几捆稻草,铺在上面,只能睡在那里。床是竹子拼的,太潮湿,有一次还长出了毛笋。"

即使再艰苦的条件,大家也能倒头就睡。那时建设热情都很高,所有人都是24小时轮班待命,调度室一个通知,就像军人听到军号一样,随时在半夜里被叫去。

在发电车间干了不到一年,马季煌就被调去开挖土机和吊机。在那个物资贫乏、设备紧缺、驾驶员很稀缺的年代,开重机可是一份特别了不起的工作。"设备少,驾驶的人员都是刚刚培训的,都不大懂的。我们年纪轻,一学就会了。那个时候开一个小吊机,5吨吊的。"由于当时缺少大马力吊机,特制的钢梁起吊又不能有任何差错,马季煌想尽办法克服困难,加粗钢丝绳、固定设备,再来起吊。

建设过程危险重重 目睹工友牺牲

建水电站,困难多,危险更多。最怕的就是洪水袭击。"一下雨、黄梅天了,洪水冲来,把你基坑开挖的东西全部冲掉。"马季煌说。

有一次,正在进行混凝土浇捣的左坝体遭遇洪水袭击,冲走了基坑里的各种机件设备。一名年轻女船工许菊竺和师傅划着小船,冲入激流中抢救国家财产。但因水流湍急,小船倾覆,两人被洪水冲走。师傅水性和耐力较好

右岸基坑开挖

大坝浇筑

获救了,女船工却被冲到水底,不幸牺牲,年仅18岁。

马季煌说,那时的建设者都是如此,面对危险义无反顾。洪水袭击、大坝塌方,都没有击垮大家的斗志。"也不知道考虑安全,自己的命怎么样保证,明知道这个工作要出危险的,冒着危险还要去干。"

坝体浇筑完工,要安装闸门,就得靠潜水工下水作业,这过程也是危险重重。

那时没有水下通讯设备,潜水工要传递信号,就靠一根系在涡轮上的绳子和绳上挂着的一只摇铃来与岸上联系。马季煌的工作是开着小吊机为水下检查的潜水工吊送材料,同时他还要协助潜水工做好通讯保障工作。"一声响,我下去没事;两声响,我得先检查工作,就像跟你通话一样;他如果拼命拉铃,就是告诉我下面有问题的,你把我拉起来。"

马季煌回忆说,有一次,一个叫肖天德的潜水工,背着50斤重的装备下水,检查刚刚安装完毕的闸门是否漏水(那时由于设备落后,潜水工下水作业要穿戴四五十斤左右的装备,光帽子就有20多斤,靠这样的重量才能下沉到大坝的底部),马季煌和其他工人在岸上屏息等待,谁知,意外发生了。"他拼命拉铃,我们赶紧通知,他有事快把他拉起来,可是怎么拉都拉不起来。"马季煌赶紧联系潜

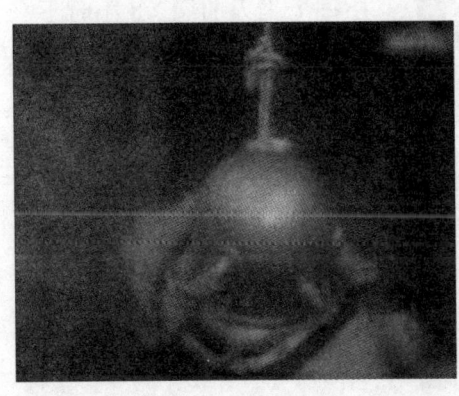
视频资料截图:潜水工下水作业

水队长姚新根,姚队长下水后带回一个沉重的信息:肖天德被一扇闸门的漏缝处紧紧吸住,靠人力根本拉不动,他当即指挥工人升起旁边几扇闸门。

"把边上几扇闸门马上起吊,起吊以后水的压力就往那边走了,这里压力小了,可是时间太长,再下去把他拉起来时,已经晚了。"这位年仅30岁的潜水工,为建设水电站献出了生命。

风钻工晕倒 打完强心针继续作业 宣传工作记录令人敬佩的建设者

因为读过书,有点文化,1958年年底,马季煌被调入工程局机械化站党委宣传科工作,主要任务就是记录一线干部、工人的工作情况和各班组的工程进度。马季煌形容那时的场景,真的是"你追我赶、热火朝天"。

"每天你这个班组生产多少任务,我们每天要把你记录下来报道,所以工人积极性很高。分配的任务要完不成,他都不愿意下班,因为没面子,完成了以后,马上可以报道某某班组、某某人今天超额完成任务了。就这样你追我赶,干劲很大。不要讲一般的普通干部,所有领导干部都不会待在办公室里,都在现场,有什么问题都是现场解决,吃饭也是现场。"

每天在各个工地、各个车间跑,马季煌见到了更多令人敬佩的建设者和感人的劳动场面。印象最深的就是风钻工。

开挖山体要用风钻打洞,再放入炸药,引爆雷管。当时的风钻有七八十斤重,全是干钻,靠高压风带动钢钎打进岩石中,喷!喷!喷!巨大的响声带着风镐钻出的粉尘,迎面直扑每个工人的脸,8小时下来只能看见他们两只眼睛,八层口罩戴着鼻孔里都是黑的,洗完脸的水都成了泥浆水。

如此恶劣的环境,却丝毫不能阻挡工人们的建设热情。有一次,马季煌进山洞时,看见几个医务人员用担架抬着一名昏迷的风钻工跑到洞口医务

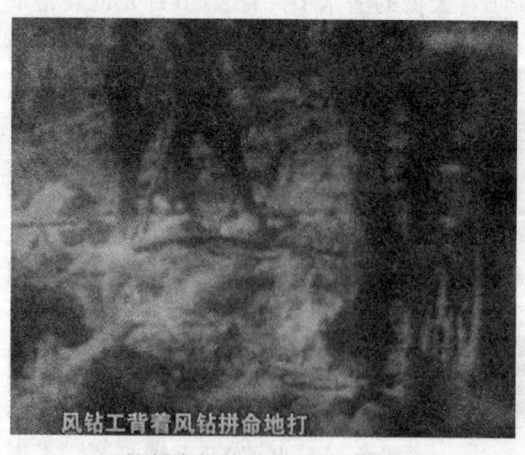

视频资料截图:风钻工作业

室,在他身上打了一剂强心针。"一打完针,工人醒过来了,又起来冲进去了。我问他师傅,你怎么样?他说我好了。我说你叫什么名字,他不告诉我,说我还有任务的,我们没有干完的工作不能留给下一班,增加他们的负担。现在回想那个时代的人真的很单纯,一心干工作。"

一家人都是新安江水电人
余生愿望是为牺牲的第一代建设者建碑立传

经过三年艰苦卓绝的奋战,1960年4月22日,新安江水电站正式投产发电,原定五年的工期提前20个月完成!同年,浙江第一条22万千伏的输电线——"新杭线"架通,为杭州、上海送去了稳定的电能。后来新安江水电站更是扛下华东电力供应的大半壁江山。马季煌信中所说的那个愿景——"可能几年以后家里用的电就是我们这里发的",真的实现了!

1962年,水电站建成后的第三年,经过党组织批准,单位给批了假,马季煌和黄文英终于结了婚,是同车间那配成对的三对里头结婚最晚的。

"那个时候结婚也非常简单,拿票能买1斤喜糖、5包香烟,我们自己烧点五香豆,同办公室的几个同事,大家来热闹一下就好了。"

婚后有了孩子,夫妻俩工作依然很忙,每天天没亮就出门,天黑才回家,孩子都是马季煌的母亲在管,甚至学校开家长会都是老母亲去参加。但是马季煌也没有放松对孩子的教育。

"我们跟他们讲,好好学习,不要惹事,孝顺父母,互相之间要团结,所以现在几个孩子之间很团结。"

马季煌有两女一儿,除了儿子之外,女儿、女婿,还有妹妹、妹夫,都在新安江水电站工作,可以说一家人的生活、事业、命运都跟新安江水电站紧紧联系在了一起。马季煌说,能一辈子

1960年4月22日,新安江水电站正式投产发电

马季煌一家五口

守在新安江边,亲眼见证这座创造无数"第一"的新中国水电站"老大哥"的辉煌,感到无比知足幸福。"以前那么困难都过去了,看到现在新安江这么美的景,发展这么好,千岛湖引水工程引水到外边去给人家享福,我感到很幸福,能参加这样一个大工程,工作一辈子,为水电作一些贡献,自己已经很满足了。"

如今84岁的马季煌还在积极奔走,他最大的愿望就是推动为当年牺牲的第一代建设者树碑立传。据不完全统计,新安江水电站第一代两万余人的建设者中,因公牺牲的有数千人,多数都是风钻工,最后得矽肺病去世。"许多人都年纪很轻,没享到福都牺牲了,所以我想我们活的人,要纪念他们,让人知道他们曾为水电站作出过巨大贡献,不要遗忘他们!"

新安江水电站第一代建设者代表

图中从左到右分别是：

陈兆美，92岁，1956年参加新安江水电站建设，保卫安全岗位。

徐学金，86岁，1957年参加建设，潜水岗位。

孟介权，86岁，1956年参加建设，水管岗位。

李宝春，85岁，1956年参加建设，风钻岗位。

王长贵，84岁，1956年参加建设，机械岗位。

黄文英，82岁，1956年参加建设，电气修理岗位。

马季煌，84岁，1956年参加建设，重机驾驶岗位。

新安江水电站第一代建设者代表老照片

【记者手记】

新安江水电站健在的第一代建设者有一个微信群，名叫"不忘初心～建设新安江水电站"，这是建德市人大代表王一中在2019年3月16日建的，短短18天人数就封顶，达到500人。群里除了当年的建设者之外，还有"建二代"、水电专家、当年国家领导人身边的工作人员，以及媒体、书法家、画家、摄影师、音乐家、雕塑师、作家、大学教授、在校大学生等社会各界人士，大家都是为了一个共同目标——为当年牺牲的水电站建设者建纪念碑、纪念馆。

马老是群里颇为活跃的人物，退休前他在中国水电十二局下属的一个旅行社担任经理，退休后，又担任水电十二局新安江管理处退休党支部书记。

耄耋之年的马老虽然形容消瘦,但总是神采奕奕、精神十足,手机用得还特别溜,和记者微信沟通都是"秒回",而且过往的时间、人物与事件细节都记忆清晰,因为那已是深深刻在骨子里的历史和功勋。

马季煌住的小区是20世纪70年代末的单位宿舍,当时按他家三代人,分配了一套69平方米的房子,在当时属于最大套了,这一住就是近40年。而如今再看,当年的"最大套"已经成了现在的"老破小",房顶、墙角发黑发霉,陈旧的家具、昏暗的房间,转身的空间都显得逼仄狭小,家里的脸盆、茶杯上还刻有"新安江工程处"的字样,诉说着那段曾经波澜壮阔的辉煌历史。

马季煌的家

印有"新安江工程处"字样的脸盆

条件确实差了些,不过马老却很知足,他说能参与建设并一路见证这座新中国水电事业的丰碑,能享受安稳的晚年生活,已经很幸福了。想想当年那些牺牲的建设者,为了新中国的建设事业,义无反顾,过早献出了自己年轻的生命。

他们大多数都是风钻工,每次炮响过后,烟雾还没散尽,为了赶进度又冲了进去。日复一日,年复一年,吸进肺里的粉尘使整个人呼吸困难,整个肺都被粉尘给堵死了,久而久之就成了尘肺病,也叫矽肺,到生命的后期,整个肺硬化呈结节纤维状。马老曾经见过一个三期矽肺的工人为了不拖累家人,趁人不注意把氧气罐踢掉,结束了自己的生命,让人唏嘘不已。

他们都是英雄的建设者,是历史的功臣,我们不能将他们遗忘。

如今健在的第一代新安江水电站建设者都已是八九十岁高龄了,具体还有多少人,已无法确切统计。建德市人大代表王一中告诉记者,他

> 们现在想找到100位健在的第一代建设者,有点难,今年又有几位陆续离世,这些活着的历史正在一个一个离去。
>
> 所以84岁的马老还歇不下来,四处奔走,希望余生能达成所愿,为第一代建设者建碑立传,不要忘记这些英雄!

【专家点评】

和众多同类的家书一样,马季煌的这封于1957年12月10日写给生活在老家的父母的信,目的也在于向他们报告平安以及希望他们一切放心。颇不相同的是,这封信不但写得朴实自然,而且字里行间处处流露出作为新中国第一代年轻的建设者所特有的那种抑制不住的兴奋与自豪:

"新安江水电站建成后要比江西上犹水电站大好几倍";

"今后发的电可以送到杭州、上海,可能几年以后家里的电就是我们这里发出的";

"这里工人很多,全国各地的工人都有非常热闹";

"现在大家都很努力工作,我也会努力学技术";

"最近我提交了入党申请书,争取早日加入中国共产党";

……

不难想见,读到这封信时,他的父母是多么的喜悦与欣慰。几十年以后的今天,当我们读着这封信时,难道不会发出这样的感叹:多么可爱的一个小伙子呀!

中共浙江省委党校　曹文彪

冷泉：抗美援朝前线寄回的最后战地家书

记者：邹雯、张柯一
摄像：尹秋霞
编辑：华冰

【人物名片】

冷泉烈士（1927~1952），又名金水，安吉县梅溪镇人。1945年2月在梅溪参加新四军，同年10月随军北上。解放战争期间，他历任文书、医务员等职务，参加过莱芜、吐丝口等战役。在战斗中，他机智勇敢、临危不惧，常常在枪林弹雨中奋力抢救伤员，后调航校学习，刻苦钻研技术飞上蓝天。在1951年抗美援朝保家卫国战争中，他积极要求参加中国人民志愿军，赴朝参战，编入志愿军2073部队三中队任飞行中队长。1952年12月18日，冷泉在一次激烈的空战中壮烈牺牲，年仅25岁。

姆妈：

上月廿四日的来信收到已有好几天了，由于近日工作任务较为繁忙，故未能准时回信。至于家中一切见信后甚为安心，唯荣弟的工作，现虽改为国营，但未知他是否仍在工作，这是我正关心的，因他本人

冷泉

也没有来信告诉我！对目前家庭生活困难问题，这是我也能预料到的，在今年与荣弟会见时，这一切都已谈到，在我看来……只要能有工作，就是生活上过得苦，还是可以勉强维持的，所以我很希望知道荣弟的工作情况，最好能请他自己给我一封信。

最近由于上级为了照顾军属生活困难起见，可能发给一点救济粮贷金，数目虽不多，但须知我们上级与祖国人民对我们军属的关心，我们应感谢人民政府和伟大领袖毛主席。

还有甥女琳俐的学费，要叫我设法解决，这本来不成什么问题，数目也不多，但我考虑了一下，还有迁槐侄兄明外甥也是在读书的，我理应都给予帮助解决学费问题，但我自己也是很苦的，空军的待遇虽较陆军稍好，只不过是为了照顾体力的消耗，其他一切都是一样的，每月津贴也是很少，只能够供给日用品的消费，所以我感到非常难，这次上级的救济金，可能是三十元，大概最近几天就可寄来，这都是由上级负责统一发出的，姆妈如果收到后，也可以置些冬服，如果还有余，我的意见就给几位外甥和侄儿的学费，并请姆妈向姐姐和文彬哥说明我的心意和我的难处，还希望他们原谅，其余再禀，至此敬请。

金安！

男向水叩上

十二日十一日晚

这是1952年12月11日，年轻的志愿军飞行员冷泉在硝烟弥漫的抗美援朝战场上写下的一封家书。信中，他操心弟弟的工作，发愁甥侄女的学费，更牵挂母亲的冷暖，让母亲添置冬衣，而关于战场上残酷的战事和艰苦的生活，只字未提。

这本是冷泉寄出的众多家书中非常普通的一封。却没想到，在写下这封信后仅仅一周，他在一场激烈的空战中壮烈牺牲，连同战机葬身大海，年仅25岁。

在他牺牲一个月后，家人才收到这封最后的烽火家书。

烈士已去，英魂犹存。

近日，记者来到冷泉烈士的家乡——湖州安吉县梅溪镇，寻访到了冷泉的弟弟——已经91岁的冷金荣，以及冷泉的战友——93岁高龄的钟国梁老人。时隔70多年，老人家们依然记忆犹新，从他们的回忆和讲述中，我们清晰地看到了一个舍生忘死、保家卫国、矢志不渝的热血英雄。

瞒着家人加入地下党　不辞离家随军投身革命

冷泉出生于安吉梅溪镇一个普通的农民家庭，在家中排行老三，上有两个姐姐，下有一个比他小3岁的弟弟。弟弟冷金荣回忆说，哥哥个性活泼外向，从小读书就好，1942年考取了湖州中学（当时叫"浙江二中"），也是在那里，他与安吉的地下党组织有了接触，萌生了投身革命的想法，在即将满18岁的时候，入了党。"他比较活络的，又是寄宿生，念书了以后就在外面不太回来，在学校就已经跟地下党联系了。"

冷泉烈士弟弟——91岁的冷金荣

1945年2月,新四军16旅挺进天目山的途中路过安吉,冷泉和同班的三位同学瞒着家里,加入了新四军。家里知道已经是半个月之后了。

弟弟冷金荣回忆说:"我父亲听说以后赶到了长兴水口,新四军过江那个地方,也没找到他,他们已经过去了。"

冷金荣猜想,当时哥哥之所以不辞而别去从军,就是怕父母阻拦。"我父亲不会让他去的,家里就一对兄弟,想留在身边好照顾他们。我也劝父亲,就让他去闯荡,为国家,也是很光荣的事。"

只是没想到,冷泉这一走,就再也没有回过家。但是他一直和家里保持着书信联系,差不多一两个月就会写信回来。"问问家里头情况,讲讲他的生活情况,也谈谈他的工作,让家里安心。"

火线救护九死一生 负伤仍不肯下火线

从军后的冷泉跟着部队南征北战,从抗日战争打到解放战争,从部队文书到火线救护的卫生员,多少次在敌人的炮火下死里逃生。那些惊心动魄的战争场面,现年93岁高龄的钟国梁老人依然历历在目,当年他和冷泉是同一个战壕里的战友。"以前冷泉在三连,我在侦察连。解放战争开始以后,侦查连就撤掉了,并成了华野第六纵队特务营,我们都在一个营,大家都是搞卫生工作的,又都是老乡,所以我们两个关系比较好。"

钟老回忆说,1947年2月,莱芜战役打响,当时他和冷泉所在营的任务,是向吐丝口镇佯攻和配合主攻部队全歼吐丝口之敌。"一次追击敌人的时候,他要去抢救伤员,敌人的火力很猛,机枪扫射,他真的是冒着枪林弹雨扑上去的,用

冷泉的战友——93岁的钟国梁

冷泉、钱硕农、钟国梁（由左至右）

战场上火线救护

剪刀剪开棉衣裤，包扎伤口，保住了战友的生命。"

莱芜战役胜利后，全营召开庆功大会，冷泉受到嘉奖，当时的营党委书记将战役中缴获的唯一一块挂表奖励给他。

1948年年底，淮海战役接近尾声，国民党为解救杜聿明兵团，不断派飞机向我军曹老集前沿阵地狂轰滥炸。钟老回忆说，那一次，冷泉真的是和死神擦肩而过。"他在前线巡回，要保障伤员，结果飞机一个炸弹扔下来，把他埋在地底下了，后来营里的战友用手把他从泥里扒出来，他变成了一个泥人，全身都是泥，眼睛也睁不开。营首长命令我赶快给他送到团部去，他怎么也不肯走，不愿意离开火线。"

飞行员冷泉

入航校成空军飞行员 主动请缨赴朝鲜参战

新中国成立之后，冷泉被分到炮团当军医。1950年，当时的唐山空军航校到部队挑选飞行员，有一定文化程度且身体条件优异的冷泉被选上了。

钟国梁回忆说："那时候空军太少了，有学问的人也很少，只有知识分子才可以去训练当飞行员，冷泉他读到初中毕业，都要高中了，有文化基础，年纪又轻，身体又比较好，打篮球的，所以选飞的时候给他选上了，就去了河北唐山的一个空军基地学习，我也是在那一年跟他分别的。"

那个时候条件艰苦，当飞行员要求又很高，

冷泉刻苦钻研技术，不断提高自己的飞行作战水平。

1951年，冷泉以优异的成绩从航校毕业。当时抗美援朝战争正在激烈进行，他主动请缨加入志愿军，被编入志愿军2073部队三中队任飞行中队长，赴朝鲜参战。这是他第一次真正作为一名前线战士在战场上和敌人厮杀。

也许是因为身处异国他乡，也许是多年来对家人的愧疚，冷泉的思乡之情越来越浓，所以只要有时间，他都会给家里写信，了解全家人的近况。

拒绝当教练执意上前线　牺牲前兄弟俩最后一次见面

1952年10月的一天，在上海工作的弟弟冷金荣突然收到哥哥的来信，这封信让他激动不已。冷金荣回忆说："哥哥在信里说，他在部队里有一颗牙齿掉了，空军是牙齿都不能掉的，上级就把他从朝鲜战场调回来，到青岛镶牙疗养。哥哥就写信给我，希望兄弟俩能在青岛见上一面。"

自从当年离家参军，冷泉就再也没回来，兄弟俩已经整整7年没有见面了。收到哥哥的信后，冷金荣开心得不得了，马上买票，坐火车再转汽车，到了青岛。"这么多年没有看到了，所以我真的很激动！"现在回忆起来，冷老还是抑制不住当时见到哥哥内心的激动，"他也没什么变化，还是很健壮，很健康，他身体一直很棒的。"

冷金荣说，他在青岛住在空军招待所，哥哥只要有休息时间，都会出来看看他，和他聊聊家里的事。冷金荣告诉哥哥，自己就要结婚了，哥哥很高兴。"他说你结婚也好，有人关照老母亲，嘱咐我好好照顾老人，还说你在外面工作，钱要节约一点，不要浪费。"

哥哥冷泉很少讲部队里的事，但有一件事他特别提到：部队有意向让他留在国内做飞行教练员，但他不愿意，想回到战场上和战友们一起在前线保家卫国。

"（记者：你有劝他吗？）没，我就跟他讲，你想去就去，你的志愿是要到战场上去，家里头由我来负担，父亲去世了，就一个老妈妈，那个时候我已经参加工作了，没什么大问题，让他放心。"冷金荣说。

不过说归说，他也很担心哥哥的安危。

"我问他开飞机打仗危不危险的？他说不大危险的，他们那个飞机是苏联

兄弟青岛合影
（左：弟弟冷金荣；右：哥哥冷泉）

的，喷气式的，万一遇到危险，按钮一按，人就跳出来了，降落伞就弹出来，然后降落下来，不要紧的。"听着哥哥的讲述，冷金荣忍不住惊叹，"他很有自信的，他也想立战功。"

在青岛待了半个月之后，哥哥冷泉要回部队了，离别之前，兄弟俩还专门去照相馆拍了一张合影。

只是没想到，7年来兄弟俩唯一的一次见面，竟然成了诀别。

两个月之后，1952年12月18日，抗美援朝冬季攻势，冷泉在一次激烈的空战中，被美军击落，不幸壮烈牺牲，年仅25岁。

【记者手记】

辽宁沈阳烈士园林纪念馆中，有一块纪念抗美援朝志愿军空军烈士的铜匾，上面镌刻着116位牺牲在朝鲜战场的空军烈士之名，冷泉正是其中一位。

1700公里之外的湖州革命烈士陵园，冷泉烈士的墓碑静静地矗立在家乡，仿佛一张无声的镜面，诉说着过往的风云激荡与悲壮忧伤。碑下没有骨灰，冷泉牺牲时，连人带机坠毁，葬身大海，就这样长眠于异国他乡。

青山处处埋忠骨，何须马革裹尸还。

庆幸的是，我们还能找到当时的亲历者和见证者——冷泉烈士的弟弟——已经91岁的冷金荣，冷泉的战友——93岁的钟国梁老人，通过他们的回忆和讲述，还原英烈的故事，感受他们对亲人的怀念、对信仰的坚守、为国家为民族舍小家为大家的家国情怀,让更多的后代瞻仰烈士荣光,缅怀先烈功绩。

两位老人年事已高,走路、说话都颤颤巍巍,但是对于过往的那些片段、细节的记忆,就像他们脸上沟壑一般的皱纹,深刻而清晰,仿佛把我们带回了那段硝烟弥漫的峥嵘岁月。

采访中,冷金荣老人感慨地说,他们家族有长寿基因,大姐活到94岁,二姐活到93岁,如果哥哥冷泉还在世,今年应该也有94岁了……可惜,他在25岁就牺牲了,太年轻……从朝鲜战场上寄回来的那封信,也成了绝笔信。

钟国梁老人因为身体原因,原本只能接受15分钟的采访,但是说起自己的老战友,他打开了记忆的匣子,和记者滔滔不绝聊了半个多小时。钟老说,他也是抗美援朝志愿军,当年和冷泉分别后,他加入了志愿军陆军,冷泉是空军。其实他们是一同奔赴朝鲜战场的,只因当时没有联系,所以互相并不知情,直到1955年他从朝鲜战场回国,才得知战友牺牲的消息。悲痛不已的他写了一篇纪念冷泉的文章。后来回到湖州,又给烈士陵园提供了很多关于冷泉的材料。或许,这是自己能为战友做的最后一点事了。

为有牺牲多壮志,敢教日月换新天。

为国捐躯的英烈,国家没有忘记,人民没有忘记,我们的后代更不会忘记,这就是我们此番采访的意义。

【专家点评】

冷泉烈士是在一次激烈的空战(其时他在志愿军2073部队任三中队飞行中队长)中壮烈牺牲的。在他牺牲的前7天,即1952年12月11日,他在硝烟弥漫的抗美援朝的战场上,给远在祖国安吉老家的父母亲写了这封信,读来动人心弦,令人难以释怀,之所以如此,是因为信写得那么的质朴,那么的真诚。比如仅仅"由于上级为了照顾军属生活困难起见可能发给一些救济粮贷金",他就觉得"虽然数目不多,但须知我们上级与祖国人民对我们军属的关心,我们应该感谢人民政府和伟大的领袖毛主席";再比如从信中我们还得知,由于他对姐姐和哥哥满怀深厚的亲情,因此,尽管他在经济上给了尽可能的帮助,但是他依然会为自己心有余而力不足而颇感内疚与无奈。因此,他对母亲也满怀孝心,希望妈妈收到寄去的救济金后,"也可以置些冬服"。由此我们不得不这样说:什么是平凡的?冷泉是平凡的!什么是伟大的?冷泉是伟大的!

中共浙江省委党校　曹文彪

陈龙岗：93岁老兵的三个家国梦

记者：潘康康、刘浩、林洁仪
摄像：余梦梅
编辑：农书荣

【人物名片】

陈龙岗，男，安徽省明光市人。1926年出生，1943年参军入伍，先后参加过抗日战争、解放战争、抗美援朝战争，1955年参加解放一江山岛登陆战时，他担任排长。

一大早，当晨曦斜斜地洒进院子时，93岁的陈龙岗摸索着爬起来。又到一年"八一"，这天对他来说，是个大日子。"我们的战友、我们的同志，一个一个倒下去，他们保家卫国，爱国爱家，他们不怕牺牲流血。"

每年建军节的这一天，陈龙岗都要从衣柜里取出那件洗得发白的旧式军装穿上，再把勋章挂满胸前。他跟以往一样，站在镜子前，捋捋衣服的领口和衣角，缓步走到阳台，朝西北方向郑重地敬个军礼。

陈龙岗

西北方向 1 公里外是解放一江山烈士陵园，他的很多战友长眠于此。提到战友，陈龙岗不禁感伤："我很痛心，我们的战士都是很年轻的，牺牲的战士十八九岁，爸爸妈妈生下来，送到前线啊。"

穿着旧式军装佩戴勋章的陈龙岗

以往，陈龙岗总会自己走去陵园看望战友，跟他们讲讲话，聊聊天，但最近几年身体每况愈下，去一趟已经非常困难，只能穿戴整齐地向着 60 多年前的老战友们敬个礼。

1943 年，17 岁的陈龙岗参军入伍，先后参加过抗日战争、解放战争、抗美援朝战争以及 1955 年解放一江山岛登陆战，荣立一等功 1 次、二等功 2 次、三等功 3 次，获得中华人民共和国三级独立自由奖章、三级解放勋章。

回忆 70 多年的峥嵘岁月，陈龙岗说，他这一生有三个梦想，如今都已梦想成真。

卫国梦："我是一个兵，来自老百姓，要打败日本侵略者……"

陈龙岗的第一个梦想，是要保家卫国。

1943 年，17 岁的陈龙岗经历了父亲和母亲的先后去世，自己也变得无家可归。"我的外婆、外公住在县里面，日本鬼子来扫荡的时候，他们去逃灾，

解放一江山烈士陵园

逃到山里面,回来以后房子没有了。所以我对日本鬼子是很恨的,我们老百姓搞一个房子是很不容易的。"

1943年,抗日游击队在当地招募青年参军:"他们对我们讲,你青年人要打日本帝国主义,日本帝国主义把我们的河山全部占领了。日本这个国家不到1亿人口啊,我们中国有四万万同胞,叫我们起来。"也就是那一年,陈龙岗下定决心参军保家卫国。3个月训练结束后,他被正式编入作战部队。"我当时负责炸地堡,日本鬼子不是有那个炮楼、桥梁,我就炸地堡,把铁路破坏,把公路破坏。"

谈起第一次战斗的情景,陈龙岗记忆犹新。那是1943年8月,当地一位地主做寿,邀请了几位日军军官参加。陈龙岗所在的游击队乔装成商人,混入现场。"我们在附近买了红糖什么的,带过来,枪挂在这里面(指裤腰),各个封口都封好了。进去以后把汽油灯打掉,我的任务就是把炸药跟地雷包好放在吃饭的桌子底下。"一切准备妥当后,游击队队长大喊"游击队来了"!陈龙岗和战友趁机打灭汽油灯,将包好的炸药拉响引线,当场炸死了八九个日本兵。战斗结束后,陈龙岗受到了队长表扬。回忆起这惊险的一幕,老人语气中还颇有几分得意。

陈龙岗回忆参战经历

往后三年,陈龙岗在各场大大小小的战斗中迅速成长,1945年,保卫国家驱逐侵略者的梦想终于实现。"我们当时师部有报纸,我看报,是捷报。大队长先告诉我,讲战争要胜利了,日本无条件投降了,老百姓们都敲锣打鼓庆祝。"当时的陈龙岗20岁,他想着,终于可以回家过上安生的日子了。"我们二十几岁嘛,人都成熟了,可以回家种田了。当时我们都在唱,买头牛、二亩地、找个老婆、孩子在炕头过日子啦。"

建国梦:"要继续革命,解放战争开始了。"

1946年,和平破裂,解放战争爆发。

陈龙岗明白,抗日战争保护了家乡保护了国家,但在旧中国里,老百姓不是自己国家的主人,想要过安生的日子,就必须继续打赢解放战争。"1946年我是共产党员了,陈毅向我们宣布重庆谈判失败了,现在党员和青年一律不能离开部队。"

陈龙岗的勋章(部分)

随后三年,陈龙岗先后参加了莱芜战役、孟良崮战役、豫东战役、济南战役、淮海战役、渡江战役以及上海战役等。

"我们当兵的讲养兵千日、用兵一时。对共产党要忠诚,不管在什么时候,遇到什么困难,我们都不能叛变革命,永远跟着共产党走,听共产党的话。"

在孟良崮战役中,陈龙岗担任侦察任务,大部分时间都在敌后捉俘虏、打探军情。有一次,陈龙岗被一颗炮弹轰倒在地,腿部骨折,左大腿上永远留下了一个深深的弹片坑,落下了病根。

1949年10月1日,当广播中传来"中华人民共和国成立了"的时候,陈龙岗正随部队驻防上海。"我和战友们兴奋地大喊:中国人民站起来了!我们穷人的孩子要当家了……"

强国梦:"我的梦想就是让我们工人吃得饱、住得好、富起来、站起来,我实现了……"

1950年,抗美援朝战争爆发,1950年11月,陈龙岗随部队奔赴朝鲜。

陈龙岗回忆,当时双方的装备对比悬殊:"美军有飞机、坦克,而我们只有步枪、手榴弹。不仅武器装备落后,还面临摄氏零下40度的极端天气。我们南方部队不知道北方这么冷,零下三十七八度,那是真的冷啊。"

1953年,抗美援朝战争结束。对陈龙岗说,他的战争生涯并没有结束。

1955年,他参加解放一江山岛登陆战,这是解放军第一次陆、海、空三军联合登岛作战,陈龙岗担任20军60师178团高射机枪独立排排长,他的

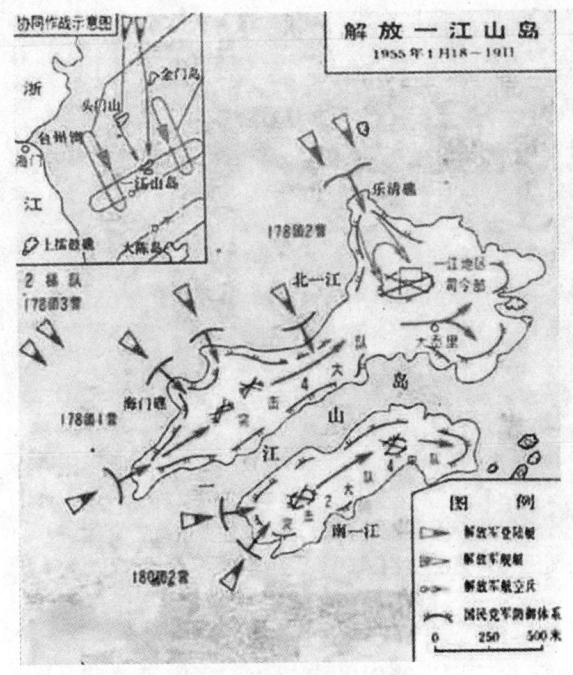

解放一江山岛战役示意图

任务是用重机枪压制敌人火力,掩护部队登陆190高地。"我把党员叫出来,我跟党员讲,第一是服从命令听指挥,只准前进不准后退,重伤不要哭,轻伤不要下火线,我们党员要起模范作用,党员要把新兵带好,老兵要带好新兵,我的代理人是第一副排长,如果我牺牲了,就由他指挥。"

1955年1月18日,战斗打响,陈龙岗和战友每12人配备一挺70多公斤重的高射机枪,为配合步兵前行,陈龙岗他们每隔几分钟就需要拆卸转移一次。

而且,拆装卸时间越长,支援和火力压制的速度就越慢,战友的伤亡可能就更大。高射机枪射击后整个机身都会发烫,尤其是枪管子,温度可达80多度,但为了跟上步兵的速度,陈龙岗顾不上温度,扛起来就跑。经过2个半小时的战斗,关键的190高地被成功拿下。这次战役中,陈龙岗的左腿又一次受伤。

解放一江山岛登陆战,为彻底解放浙东沿海岛屿奠定了首捷的一战。

1966年1月,40岁的陈龙岗从部队转业:"1966年1月份,退伍以后到黄岩,看了我的材料,他给我分配工作,一个武装部长,第二个民政局,第三个公司。我三个地方都不去,我土里土气的人不能到机关的,我也没文化。他讲你要干什么?我讲我要到工厂。"

陈龙岗心里有一本账,抗战是为了保家卫国,解放战争是为了成立新中国,仗打完了,该好好建设国家了,过上好日子,祖国强盛,是他余生最大的梦想。

陈龙岗给海正员工、海警战士讲述战争经历

1966年,陈龙岗进入台州海门化工厂。当时的海门化工厂底子单薄,面临房屋漏雨、人才匮乏、设备不足、工人吃不饱等困难。"我不懂得这个企业怎么管理,我不晓得。领导人你不懂,操作你也不会,那你当什么领导,吃干饭的啊?我自己找了人才,我要跟他学习。办好工厂,要懂科学,要有人才,要用青年人,很会劳动,很会吃苦耐劳,爱国,爱家。要这样的人,不是这样的人我不要的。"

陈龙岗意识到自己管理经验不足,同时工厂也缺乏技术人才,他求贤若渴,到处招募科技人才,前后为工厂招揽了二十余名化工专业学生及高级工程师,为企业发展壮大奠定了基础。

1991年6月,陈龙岗退休。如今,他工作过的海门化工厂已发展成为国家重点骨干企业之一,是国家科技部和中国科学院认定的国家重点高新技术企业。

虽然离开部队已经半个世纪了,但每次重大阅兵,他都会守在电视机前。"我的梦想就是让我们工人吃得饱,住得好,不要有牺牲,要富起来,站起来,我实现了。像我们原来志愿军,小米加步枪,现在是现代化的军队,现代化的强军、强国,我一个老兵感到无比自豪。"

【记者手记】

前往台州前,我们希望通过一江山岛登陆战纪念馆找到一位参与过这场战役的老兵。

20世纪50年代,新中国成立后,浙东及台州一带的国民党军队逃至台州湾口的大陈岛、一江山岛等岛屿,并时常骚扰大陆沿海。为粉碎美蒋"共同防御条约",中共军委决定实施陆、海、空三军协同作战解放一江山岛。

这场战役开创了人民解放军第一次也是唯一一次立体登陆作战的成功战例,战后浙东沿海岛屿的国民党军悉数撤退,浙江全境解放。此战形成新的台海格局一直延续至今。

93岁的老兵陈龙岗就是这场战役的亲历者,更难得的是在此之前,他还先后经历过抗日战争、解放战争、抗美援朝战争。

在采访中,说到战争经历,老人声音有力,精神健硕,对许多细节记忆犹新;谈及牺牲战友,他数次哽咽,眼含热泪,让我们不忍打扰;而说到信仰,他则一次次表达对党和人民的忠诚。

透过他,我们看到了一段深沉的历史,一颗拳拳的爱国之心,一个个刻骨铭心的故事,一份厚重的家国梦想。老人半生戎马,把青春献给了保卫、解放和强大祖国。作为后辈,我们必须说,致敬老兵!但愿薪火相传,军魂永生。

【专家点评】

为了建设一个全新的世界,为了创造一个美好的未来,为了实现一个伟大的梦想,中国共产党自成立以来,就一直努力奋斗着。成千上万的先进分子,为了人民的幸福、民族的复兴,贡献心血智慧和力量,甚至献出了宝贵的生命。"忠诚于党、热爱人民、报效国家、献身使命、崇尚荣誉"是革命军人的毕生追求,陈龙岗一生为之奋斗和期盼的卫国梦、建国梦、强国梦,如今都已梦想成真。今天的中国,比历史上任何时期都更加接近实现中华民族伟大复兴的"中国梦"这一宏伟目标,让我们缅怀烈士,赞美英雄,不忘初心,践行使命,阔步走好新时代的长征路。

中共浙江省委办公厅　周峰林

陈有生：浙江 0001 号劳动模范奖章获得者

记者：赵鹏
编辑：农书荣

【人物名片】

陈有生，1910年出生于浙江杭州。1928年9月，他在上海杨树浦电灯厂当锅炉工。1959年起，先后主持研制成功角管式工业锅炉，大型化工厂乙烯、硫酸余热锅炉和100吨炼钢平炉余热锅炉等。1959年、1979年先后在全国"群英会"和全国劳模表彰大会上被授予全国先进生产者和全国劳动模范称号。他曾任杭州锅炉厂厂长、浙江省总工会副主席，历任第二、三、六届全国人大代表。1999年11月病故。

陈有生

全国劳动模范

浙江省第一个劳动模范

说起陈有生，人们的脑海里就会跳出两个字"劳模"。

浙江省档案馆的展厅中陈列着一本编号001的浙江省第一个五年计划劳动模范的证书，这本证书的主人就是陈有生。

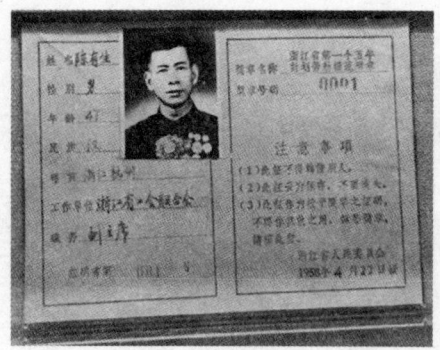 

的的确确，陈有生这一生仅获得过的省级以上的劳模称号就有十多次。他是浙江省的一级劳动模范、"五一"劳动模范、社会主义建设积极分子，1959年、1979年先后在全国"群英会"和全国劳模表彰大会上被授予全国先进生产者和全国劳动模范称号，受到过毛泽东等党和国家领导人的亲切接见，是浙江省工业战线上杰出的劳动模范。

锅炉工

工人工程师

陈有生是浙江省著名的工人锅炉专家，从1928年在上海杨树浦电灯厂当锅炉工，他和锅炉打了70多年的交道。

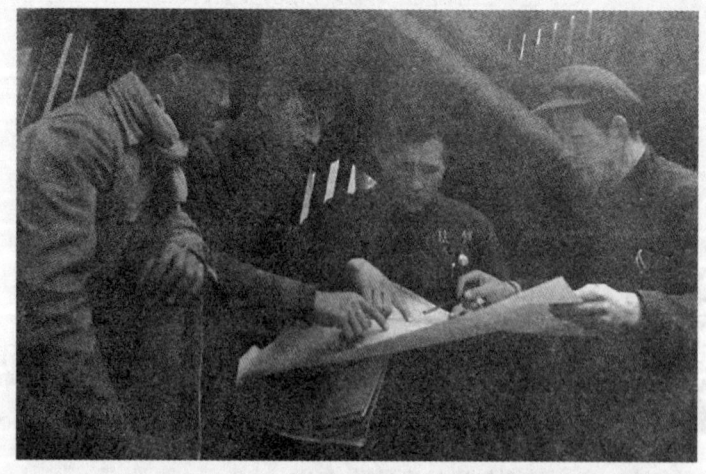

陈有生（右一）与工人们探讨技术问题

新中国成立后,他勤学苦练,猛攻科学技术堡垒,在技术上取得了惊人的进步,作出了许多重大的技术革新。浙江省第一台自行设计的锅炉就是陈有生设计、计算、画图、制造的。这台1吨/时角管式工业锅炉,和蒸发量相等的"考克兰"锅炉相比,可以节省钢材65%、节省工时73%,缩短制造周期75天。1960年2月,浙江省委决定提拔陈有生为工人工程师。

抗美援朝时期,在杭州铁路机务段工作的陈有生正修着一台机车,突然接到紧急任务:一列军用列车在运输途中,机车锅炉的炉撑管子出现汽眼,蒸汽喷入锅炉燃烧室。上级决定该火车在杭州站停靠18分钟,组织紧急抢修。陈有生赶紧组织研究抢修方案,准备材料和工具。火车尚未停稳,他就飞身跳了上去。打开锅炉门,白色的烈焰迎面扑来。他一边喊:"快压火",一边用一层层湿毛巾裹住整个头,只露出双眼,便一头钻进锅炉里。要修炉撑管,得先把锅炉里面烧红的耐火砖一块一块地拆下来,此时单靠手套已经无济于事了,陈有生只能用浸湿的麻袋裹着手,把耐火砖拆下来。可是,更大的困难出现了,在炉撑管汽眼旁,滚烫的蒸汽向四周直喷。蒸汽无孔不入地钻进了浸湿的包裹物顿时把陈有生的身上、手上、脸上燎起了一层层水泡。时间飞快过去,陈有生虽然被灼烤得昏昏沉沉,但他心里十分清楚:此刻,时间就是生命!

他按照原定方案,拿起一把长柄钳,猛地伸过去把那个炉管喷汽孔堵住,水蒸汽不再往外喷了。这时的陈有生四肢绵软、呼吸急促,趴在里面不动了。工友们见状,立即把他从炉膛里拽出来,并想把喷汽孔堵得更牢一些。不料,操作时由于心太急,又缺乏经验,用力过猛,竟把钳子敲歪了。如果钳子脱落下来不但堵不牢喷汽孔,反而会使喷出的蒸汽越来越多,那将前功尽弃。此时,连说话的力气都没有的陈有生见状,忽地站了起来,二话没说,再次钻进炉膛,凭着丰富的经验和熟练的技巧,几下就把钳子敲直,牢牢地堵住了喷汽孔。接着,他迅速地用湿麻袋裹着火烫的耐火砖,一块一块地安装好,还细心地检查了一遍,才放心地退出炉膛。陈有生刚出炉膛,发车的哨声就响了。时间不多不少,正好18分钟。火车开走了,陈有生却再也支撑不住,倒在地上……

这个学徒出身的硬汉子,1910年10月出生在名城杭州,新中国成立前曾被反动派用刺刀逼着钻进火烫的锅炉里去修炉子,现在为志愿军作贡献,吃点苦算不得什么,从此,"闸口铁人"的美名便传遍了机务段,传到了全省工人中。

走上领导岗位
本色依旧,时刻心系锅炉事业

20世纪50年代,作为全国人大代表的陈有生要到各地进行视察,他就利用这些机会到全省许多地方检查和了解工矿企业的锅炉情况。有时,坐在车里,他会观察沿途一些厂房的烟囱,要是冒出来的烟颜色有什么不对,他就知道锅炉大概存在什么问题,马上要求去这些厂的锅炉房察看,进行实际指导整改。

1952年6月陈有生加入了中国共产党。1957年10月,他走上了领导岗位,先后担任杭州锅炉厂厂长、党委副书记、总工程师,浙江省总工会的副主席。1958年,陈有生带领工友们在杭州艮山门外建起了杭州锅炉厂。在那段艰苦的日子里,他常常以厂为家,废寝忘食,有时在厂里一住就是几个月不回家。他的办公桌下总放有一床棉被,到了晚上睡觉的时候他就把棉被铺在办公桌上将就一下。当了省总工会副主席,他仍经常深入基层,帮助基层单位解决锅炉问题。

陈有生不仅是个苦干的能手,还是一个巧干的专家。在1964年杭州市总工会召开的劳模会上,陈有生等劳动模范发起开展科技"夜市"活动,组织刀具、铸造、焊接等多个专业组,利用业余时间帮助企业攻克技术难关,取得了良好的效果。他自己也不闲着,利用多年实践经验,领导技术人员研制设备,为此还荣获过全国科技大会授予的重大贡献奖。面对荣誉,陈有生始终十分谦虚,他感谢党的关怀、培养,说劳动者的职责就是劳动。这道出了一个劳模的真本色。

1983年12月陈有生办理了退休手续,退休后,只要一些单位有需求,他仍会骑着自行车登门免费解决问题。

2006年浙江最具影响力劳模评选启动,陈有生成为32名候选人之一,他的推荐理由是:从一名普通的锅炉工成长为工人工程师,陈有生的一生与锅炉紧紧联系在一起。当获得巨大荣誉和走上领导岗位后,他本色依旧,时刻心系锅炉事业。他的无私奉献的品格使他成为我省产业大军的优秀代表。

最终，32位候选人中通过票选评出了十位最具影响力劳模，工人锅炉专家陈有生名列其中。替他领奖的儿子陈子伟说："小时候，总觉得爸爸很忙，总是半个月到一个月才回家一次。"

（本文资料引自浙江省总共工会、浙江省档案馆，《当代浙江研究 第3辑》，作者朱健。）

【记者手记】

在浙江省档案馆的展厅里，记者看到了陈有生当年所获得的部分劳模证书和奖章，以及墙上挂着他和工人探讨问题时的照片。在策划这组稿件时，我们很希望能够联系到陈有生的家人，走进这位0001号劳模，了解他不平凡的一生，但最终没能如愿。

我们只能通过档案馆提供的资料，以及在网上搜索到的只言片语进行整理，还原出他的故事，从抗美援朝时期的奋不顾身冲进锅炉抢修军用设备，到勤学苦练、猛攻科学技术堡垒，最终成功设计了浙江省第一台国人自行设计的锅炉，成为一名工人工程师；再到走上领导岗位后以厂为家，哪怕是当了省总工会副主席，他仍经常深入基层，帮助基层单位解决锅炉问题。他的一生与锅炉紧紧联系在一起，燃烧着自己的光和热。历史应该记住这样的人，继续发扬这样的精神，这也是我们选择陈有生的初衷所在。

【专家点评】

陈有生的名字，老一辈的杭州人并不陌生。作为20世纪50年代的全国著名劳模、工人锅炉专家，他的形象和当年的铁人王进喜一样，深深地铭记在人们的心中。他们主人翁的责任感和艰苦创业精神，忘我的劳动热情和无私奉献的精神，良好的职业道德和爱岗敬业精神，激励着一代又一代的广大职工群众投身于社会主义现代化建设和改革事业。

　　劳动模范作为社会主义革命、建设和改革事业中成绩卓著的劳动者优秀代表，是时代的引领者，在工作生活中发挥着先锋和排头兵作用。今天，在民族复兴的大业中，我们仍然需要发扬劳模精神，需要有更多的人在劳动中爱岗敬业、争创一流、艰苦奋斗、勇于创新、淡泊名利、甘于奉献，以充分展示中华民族顽强拼搏、自强不息的崇高品质，体现我们伟大民族与时俱进、开拓创新的精神风貌，从而实现我们中华民族伟大复兴的中国梦。

中共浙江省委党史和文献研究室　俞红霞

陈志蔚：当代女"蔡伦"

记者：赵鹏

编辑：农书荣

【人物名片】

陈志蔚，女，1919年出生。中国造纸学会第一届理事和纸史委员会顾问、浙江省造纸学会副理事长。1946年在浙江嘉兴民丰造纸厂工作，任工程师、总工程师达36年。1980年后调任浙江省造纸工业公司技术顾问。1953年以来，她4次被评为省劳动模范，1979年被授予全国先进生产者和全国劳模称号，是浙江省获劳模称号次数最多的女知识分子。她带头研发的十几种新品种，填补了我国造纸工业的大量空白，被称为当代女"蔡伦"。

陈志蔚

陈志蔚，抗日战争前毕业于苏州女子师范学校，任小学教员，1941年毕业于国立中央技艺专科学校，留校任助教，后在嘉乐造纸厂任技术员。1946年进嘉兴民丰造纸厂工作。新中国成立后，历任浙江嘉兴民丰造纸厂工程师、总工程师，浙江省轻工业厅造纸工业公司高级工程师，中国造纸学会理事等。

在担任嘉兴民丰造纸厂新产品试制小组组长期间,她带领小组用5年时间,先后为国家试制成功多项急需的重要纸张品种,如描图纸、仿羊皮纸、电话绝缘纸、浸渍绝缘纸、缠卷绝缘纸、低压电缆纸、高压电缆纸、干电解电容器纸、半透明玻璃纸、电容器纸等15个新产品。其中,电容器纸是电力、电讯、国防工业所需的重要绝缘材料,也是人造卫星、导弹、电子计算机、航空通讯等必不可少的材料。

1980年4月,国家工商管理局授予嘉兴民丰造纸厂电容器纸"国家著名商标"证书;在全国第三次"质量月"广播电视大会宣布,嘉兴民丰造纸厂的电容器纸荣获国家金质奖;中共中央、国务院、中央军委为向太平洋海域发射运载火箭成功,向提供军工配套用电容器纸有贡献的嘉兴民丰造纸厂发来贺电;双面胶版纸和仿羊皮纸评为轻工业部优质产品;1号卷烟纸被评为浙江省优质产品。

1953年以来,陈志蔚4次被评为省劳动模范,1979年被授予全国先进生产者和全国劳模称号,是浙江省获劳模称号次数最多的女知识分子。

陈志蔚的职业生涯与我国造纸工业的巨大进步紧密相连。无论是研制技术要求很高的国防工业用纸,还是开发漂亮的书画纸,陈志蔚呕心沥血的付

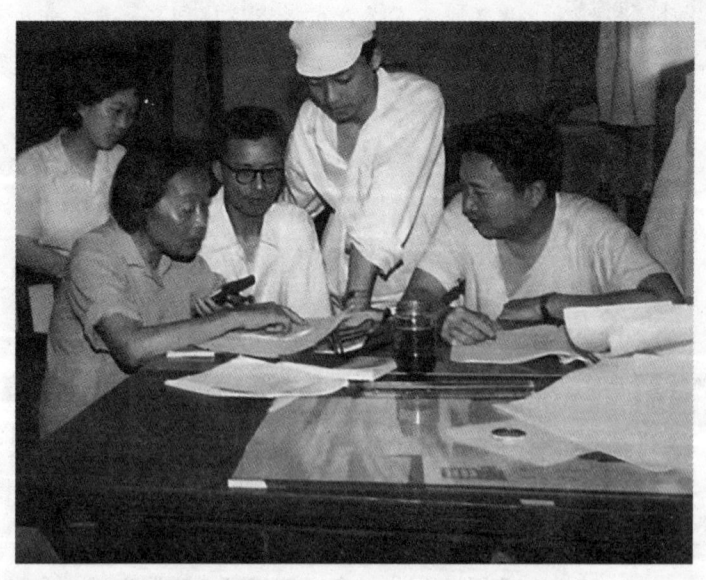

陈志蔚(前排左一)在和工人们研究问题

出，创造了一个缤纷的特种纸的世界。她是浙江省造纸行业技术创新的健将。

退休后，陈志蔚依然心系造纸工业。她先后两次去云南建水县支援部队筹办造纸厂，又赴富阳、新昌、安吉等地给兄弟造纸厂进行技术指导。外出工作期间，陈志蔚从来不要经济报酬。1978年，陈志蔚在退休三年后再次回到了嘉兴民丰造纸厂，负责技术工作。当时该厂的电容器纸质量与国际先进水平尚有差距，她不顾年老多病，全心投入工作。经过反复试验，终于攻克技术难关，赶上了代表世界一流水平的芬兰、法国，为国家节约了大量的外汇。

20世纪80年代，国家号召要想方设法提高书画纸质量。此时，已经调任省造纸工业公司技术顾问的陈志蔚，再次投身技术攻关。之后，她赴宁波筹建了宁波白板纸厂；与杭州轻机研究所、杭州化工研究所单位共同开发浮选法废纸脱墨技术，获得国家技术开发优秀成果奖和国家科学技术进步三等奖。在她的帮助下，温州打字蜡纸厂还试制成功木炭素描纸和粉画纸，填补了我国两项美术用纸的空白。

陈志蔚将她的一生献给了新中国的造纸事业。她带头研发的十几种新品种，填补了我国造纸工业的大量空白，是当之无愧的当代女"蔡伦"。

【记者手记】

> 在浙江省档案馆的展厅里，挂着陈志蔚和工人们工作的照片。"浙江省第一个女劳模"，这是档案馆的工作人员对她的介绍。
>
> 人称"女蔡伦"的她，在当时我国研究和制造条件异常艰苦的情况下，创造了中国造纸行业许许多多个第一，她的研究跟我们的生活息息相关，是电力、电讯、国防工业所需的重要绝缘材料，更是人造卫星、导弹、电子计算机、航空通讯等必不可少的材料，为我国开创了一个缤纷的特种纸的世界。

【专家点评】

蔡伦（约 61 ~ 121），字敬仲，东汉桂阳郡人。15 岁时被选入洛阳宫内为太监。章和二年（公元 88 年），蔡伦因有功于太后而升为中常侍，随侍幼帝左右。以后，在主管宫内御用器物和宫廷御用手工作坊期间，他总结西汉以来造纸经验，改进造纸工艺，利用树皮、碎布（麻布）、麻头、渔网等原料精制出优质纸张，于元兴元年（公元 105 年）奏报朝廷，受到和帝称赞，由他创立的"蔡侯纸"造纸术也因而得到推广。蔡伦的造纸术与印刷术、指南针、火药被列为中国古代"四大发明"，对人类文化的传播和世界文明的进步作出了杰出的贡献。2008 年北京奥运会开幕式，特别展示了蔡伦发明的造纸术。

科技兴则民族兴，科技强则国家强。纵观人类发展历史，创新始终是一个国家、一个民族发展的重要力量，也始终是推动人类社会进步的重要力量。不创新不行，创新慢了也不行。如果我们不识变、不应变、不求变，就有可能陷入战略被动，错失发展良机，甚至错过整整一个时代。正如中共中央总书记习近平在 2016 年全国科技创新大会上所强调的：要大兴识才爱才敬才用才之风，在创新实践中发现人才、在创新活动中培育人才、在创新事业中凝聚人才，聚天下英才而用之，让更多千里马竞相奔腾。

中共浙江省委党史和文献研究室　朱健

家国情怀

丰子恺：「书酒尚堪驱使去，未须料理白头人」

沈韦宁：给爷爷茅盾的一封家书

杨建新：穿越360年的相聚

翁同文：温州大山里走出的国际学者

朱道初：百年「宁波帮」讲述人

张光宇：我在非洲当酋长

高继生：光与影的痴狂

谭启晓：记录杭州变迁的54000张照片

李长平：从「铁饭碗」到民间收藏家的三次选择

黎　力：舞动在艺术之巅的兄弟情

寿小钧：老唱片里的新中国

王文君：从3000多封婚书中看新中国巨变

丰子恺："书酒尚堪驱使去，未须料理白头人"

记者：李轶男

编辑：黎越

【人物名片】

丰子恺，1898年11月9日，出生于浙江嘉兴桐乡石门镇。中国现代画家、散文家、美术教育家、音乐教育家、漫画家、书法家和翻译家，以中西融合画法创作漫画以及散文而著名。

丰新枚，丰子恺的幼子，国外专刊代表。精通数国语言，曾与父亲通信两百多封。丰羽，丰子恺之孙，丰新枚之子，丰子恺研究会会长。

丰子恺

新枚：

 　　与宝姊信我已看过。你送妻子入京，端居多暇，作嵌字诗，亦是一乐。时人对你评判甚好，深为喜慰。不批评别人，亦是厚道存心，无伤也。我一向老健，读诗写字消遣，今晨写二纸，附寄与你，赠人新枚：与宝姊信我已看过。你送妻子入京，尚多暇，作嵌字诗，亦是一乐。昭人对你评判甚好，深为喜慰。不批评别人，亦是厚道存心，无伤也。我一向安健，读诗写字消遣。今天写二张，附寄与你，昭人可也。此间来客多，闲谈笑乐，颇可慰情。母亦健康。姊仍多忙，嫂（志蓉）昨日赴北京省亲，须二十余日还来。我日饮黄酒一斤，吸烟一包。可谓书酒尚堪驱使去，未须料理白头人也。

乙卯立秋前十日恺泐

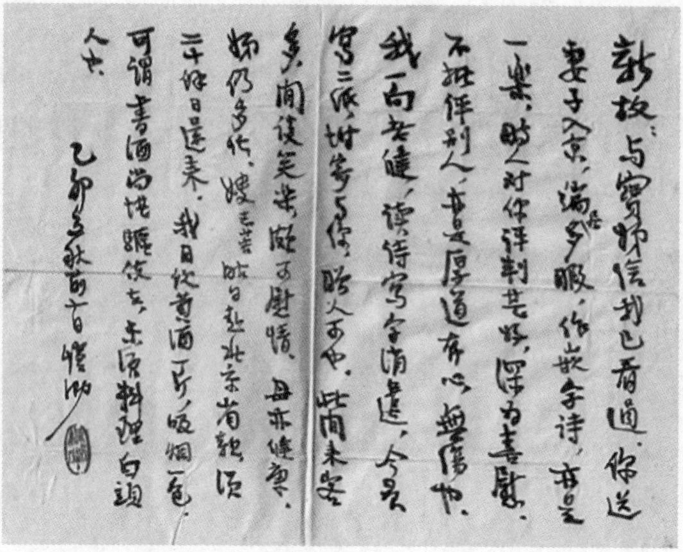

可也。此间来客多，闲谈笑乐，颇可慰情。母亦健康。姊仍多忙。嫂（志蓉）昨日赴京省亲，须二十余日还来。我日饮黄酒一斤，吸烟一包，可谓“书酒尚堪驱使去，未须料理白头人”也。

乙卯立秋前十日恺泐

“缘缘堂主”朱文印

这封家书是丰子恺先生 1975 年 7 月 29 日写给他幼子丰新枚的，现为丰子恺之孙、丰新枚之子丰羽收藏。信中讲到的“宝姊”为丰先生长女丰陈宝，“嫂（志蓉）”为丰先生长子丰华瞻之妻戚志蓉。丰子恺写此信后，8 月 29 日即住进医院，并于 9 月 15 日在上海华山医院逝世，此信是丰子恺先生写给爱子新枚的最后一封家书，弥足珍贵。

这封信特别之处在于：其一，它是丰子恺先生的毛笔字真迹，布局简洁，深具中国传统文化之特色；其二，它基本上可以确定为丰子恺生前的最后一封信，而且是写给他最爱的小儿子丰新枚的；其三，信中传递出很多为人之道。文字间可以体悟到丰子恺先生希望将它传承给后代，教导子女的子女，起到更深远的教育意义。

幼子丰新枚（左）、丰子恺（中）、外孙宋菲君（右）

丰子恺先生的孙子丰羽回忆，爷爷当时写这封信，并不知道自己马上就要离开了。但是，爷爷很可能也有一些预感。1975年年初，爷爷回了一趟老家浙江桐乡，当时就感觉身体疲倦、时日无常。所以，爷爷在这封信中委婉地传递出永别的意味。

细细品味这封信，反映了丰子恺先生一生专注于家学、家教、家训、家传的教育理念。也希望通过这些书信，能够把中国传统文化保留下来、传承下去。

丰子恺写给丰新枚的两三百封信件中，大部分都是他和儿子讨论学习、教育、工作以及家事的。从1968年4月到1975年7月，丰子恺与丰新枚通信多达126封信，隔三岔五，他就要从上海寄往石家庄一封信，因为他最小的儿子就在石家庄工作。

仔细品味丰子恺给丰新枚的书信，我们能感受到他对小儿子倍加珍爱。1959年9月23日，丰子恺在信中说："很长的日文信今天上午收到。（这次的信比以前好得多了，一个错误也没有。）你有这样的想法，我们很高兴。古人有'最小偏怜'之说。你是我们家里最小的一个，所以大家都喜欢你。你能明白这一点，大家很高兴。"

丰子恺通过书信长期调动着丰新枚的学习热情，所学内容之广，五花八门。同时,丰新枚也受其父亲的影响,在信件保管上,周到且科学。即便是在当时很恶劣的环境,每一封书信都保存得相当完好。

丰子恺与儿子的书信,有硬笔、软笔、毛笔、钢笔的,保存至今都可谓是中华文化一笔宝贵的财富。丰子恺与丰新枚,是父子又超越父子,是朋友,是长辈对晚辈。在那个特别的年代,通过书信、古诗词来对话,来寻找心灵的慰藉,随着年轮的转动,共同封藏在这两百多封信件中,供世人体悟。

右图是当年丰子恺设计的一封蕉叶信,由他出上一句诗,然后等儿子丰新枚收到信后对下一句,这种寓教于乐的对诗教法被称为蕉叶诗。

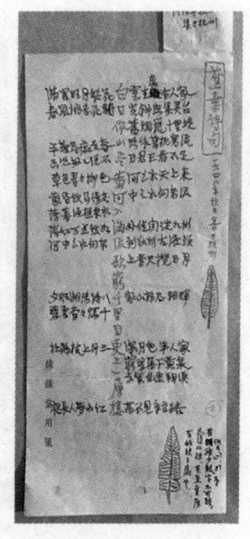

丰子恺先生设计的
蕉叶信(丰羽提供)

下图是当年丰子恺设计的连环诗词句,使用钢笔、圆珠笔等硬笔来记录。信中第一句诗的最后一个字,是下一句诗的第一个字。如此循环复始,互相考验诗词储备量。难道这样的学习方式,不比现在的手机游戏更有意义吗?这绝对是一封奇妙而奇特的家书。

丰新枚虽然是理工科的硕士,但他却可以熟练背诵唐诗三千首。如果没有这个基础,肯定无法挑战丰子恺的趣味家书。因为丰新枚是丰子恺最小的儿子,有大把时间跟在父亲身边,耳濡目染就掌握了大量中国

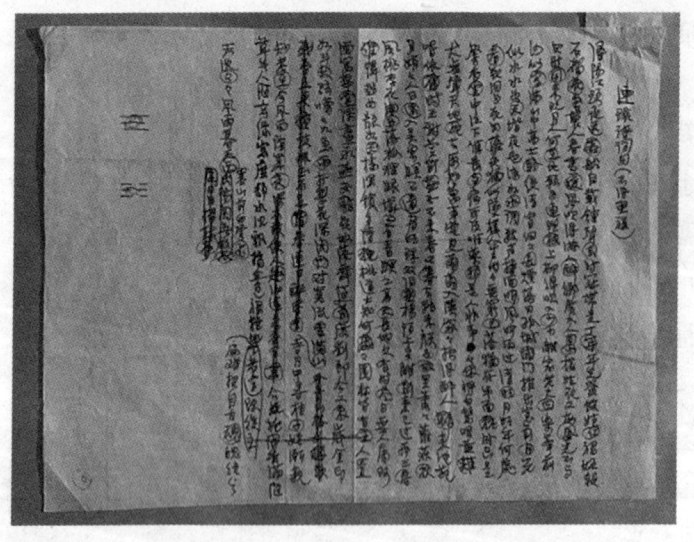

丰子恺先生设计的连环诗词句书信

丰子恺之孙丰羽

传统文化,尤其是唐诗宋词,丰新枚得到了父亲极具品质的传承,习得了一身令人羡慕的才华。

丰新枚在父亲的教导下,掌握了极高的外语水平,据丰羽回忆,丰新枚可以熟练驾驭六国语言。其中,包括书写和口译就涉及四国语言,可见那个年代丰新枚的兴趣之广。改革开放后,丰新枚考取了中国科学院,强大的语言天赋与他国外专利代表的职位相得益彰。

丰子恺先生晚年的部分画作,完成后都会邮寄给丰新枚。在通信中,丰子恺提到儿子那里有一个"敝帚自珍"袋,专门收存父亲画作之用。1971年2月,丰子恺在写给丰新枚的信中说:"你那'敝帚自珍'袋上需改为'六十幅'。新加四画附此信内。"由此可见,丰新枚已经收藏了父亲的六十幅画作。

丰子恺先生在1971年3月的一封信中说到:今画了一幅"劝君更尽一杯酒",附此信内,可加入六十幅中,而取去"前程远大"(两马)一幅,此幅乏味。1971年6月27日晨,丰子恺在信中说到:我新作二画,附此信内,可加入"敝帚自珍"中,得六十二幅。由此可见,丰子恺先生的"敝帚自珍"袋价值连城,意义非凡。

后来,丰新枚把书信等一大批极其珍贵的"传家宝"全部交由其子丰羽保管。"丰羽"这个名字是爷爷给定的。当时爷爷被下放到农场劳动,丰新枚就选了几个名字,请丰子恺先生给孙子选一个,于是就诞生了丰羽这个名字。而且,丰羽是丰家第三代姓名里唯一的一个单名。其他人的名字,都跟季节有关。至于这个名字的具体意义,丰羽没来得及请教爷爷丰子恺。6岁那年,丰羽逐渐懂事,但是,爷爷已经走了。丰羽自己体悟一番后说,爷爷可能是希望他羽翼丰满,不畏风雨,勇往直前。

丰子恺先生的孙子丰羽,留学归国后又到香港攻读了两个博士,学而不

丰子恺诞辰 120 周年回顾展 – 杭州站（李轶男摄）

厌、学以致用在他身上体现得淋漓尽致。丰羽极具国际视野，又精通经济哲学。2018 年，是丰子恺先生诞辰 120 周年。由丰羽牵头，家族出力，社会各界协助，在北京、上海、深圳、香港、杭州、桐乡六座城市举办了六场展览，还原了丰子恺先生集书法家、教育家、音乐家、漫画家等多元且丰富的艺术身份，在全球艺术领域掀起了意义深远的文艺浪潮。

丰羽作为丰子恺研究会会长，长期致力于与丰子恺先生有关的文化传播事业。他买下了上海长乐村 93 号丰子恺旧居的二楼和三楼，供丰子恺先生的研究者、来自海内外的拥趸们，回味文艺先锋，体悟此境风月。

丰羽正在准备《子恺家书》的出版工作，希望继《傅雷家书》后，在中国掀起家书教育的新浪潮。

【记者手记】

丰子恺纪念馆馆长马永飞接受采访时说：丰子恺艺术，从漫画到散文，从散文到音乐，从音乐到家书，已经从中国走向了世界。丰子恺艺术（文化），是他留给世界的一笔巨大财富。

著名学者林素幸接受采访时说：感动于丰子恺创造的"有情世界"。

我想说：子恺文化，功在当代，利在千秋！

> 感恩丰羽先生与我们分享爷爷和爸爸的家书故事，感恩丰羽先生能将家书等宝物在银行保险箱精心珍藏，让我们一睹真迹。您身上有丰子恺先生的精进，有丰子恺先生的博爱，有丰子恺先生的风趣。还有，您泡的普洱茶，真香！预祝巴黎展圆满成功，预祝2020丰子恺日本展、新加坡展顺顺利利。日后有机会，希望与您一起"再认识，丰子恺"。

【专家点评】

丰子恺是我国现代画家、散文家、美术教育家和音乐教育家、翻译家，是一位多方面卓有成就的文艺大师。丰子恺一生创作了许多脍炙人口、耐人寻味的漫画作品，具有长盛不衰的艺术魅力。这封家书中，我们可以看到丰子恺的另一面，信中他写道"我日饮黄酒一斤，吸烟一包，可谓'书酒尚堪驱使去，未须料理白头人'也"，足见其随和及豁达。

丰子恺的漫画是文学艺术的一种独特的容器，他的容器里盛的是善念、慈心和仁义，而这些恰恰是人类灵魂深处的东西，是任何时代都不会被淘汰的东西。丰子恺的温柔悲悯，尽数发散在他的笔下，成了平易的文字和温润的画风，俞平伯看他的作品感慨地说："一片片的落英，都含蓄着人间的情味。"丰子恺的漫画，获得如此多人的热爱，除了他画里蕴含独特的思想性之外，更重要的是他的责任感。在他的画里，他把心与民生融在一起，与人类生存融在一起。

浙江广播电视集团　来钧

沈韦宁：给爷爷茅盾的一封家书

记者：祝佳佳
编辑：潘康康

【人物名片】

茅盾（1896年7月4日~1981年3月27日），原名沈德鸿，笔名茅盾、郎损、玄珠、方璧、止敬、蒲牢、微明、沈仲方、沈明甫等，字雁冰，浙江省嘉兴市桐乡人。茅盾是中国现代著名作家、文学评论家、文化活动家以及社会活动家，中国作家协会第一任主席，新中国文化部第一任部长。代表作有小说《子夜》《春蚕》和文学评论《夜读偶记》。1981年3月14日，茅盾将稿费25万元人民币捐出设立茅盾文学奖，以鼓励当代优秀长篇小说的创作，这是我国具有最高荣誉的文学奖项之一。

爷爷离开我们已经近40年了，似乎如此遥远，但我儿时和他在一起的一些家常琐事却时而清晰可见、历历在目。转眼自己也是年过半百的人了。都说人越老，对越遥远的记忆就越清楚，也许真是这样。

亲爱的爷爷，从前我一直在你身边，无需写信。任何时候我要找你，你不是在

沈韦宁

沈韦宁写给爷爷茅盾先生的信

书房的写字台前,就是躺在床上看书。现在要给你写信,纵有千言万语,却不知如何开口。我知道你不会因为我没有做出一番轰轰烈烈的事业而责备我;我知道在我生活中遇到困难的时候,你仍会像当年我学诗词韵律和写大字时那样手把手,耐心细致地教导我;我知道对于我犯的错误,你还会严肃认真地让我保证改过并不再重犯,语重心长地告诫我;我知道当我取得一点成绩的时候,你都会诚恳地鼓励我;我知道你会像从前帮我养猫、喂鸟一样宽容地接受我的兴趣和嗜好,像朋友一样支持我。

爷爷,尽管我现在再也不能像在你身边那样得到你的宠爱和庇护,受到你的审视和教训,但我始终遵循你的教导,一直努力做一个心怀坦荡、公正不阿的正直的人。

这是一封永远寄不出去的家书。但是它包含了我对爷爷的爱,对他的敬佩;对因自己的无知,没能更多地利用和他在一起的时间而产生的遗憾;还有对他无限的思念。

永远爱你的,小宁

这封家书写于2019年6月,是一封永远寄不出去的家书,因为距离茅盾先生去世已有38年。这封家书也打开了茅盾孙子沈韦宁尘封的记忆,给我们展示了一代文豪巨匠平凡的一面。

爷爷的桌子边,有个鸡毛掸子

"我爷爷那时候写书比较忙,家里地方非常的小。小孩要吵的话,他就写不了东西,他就拿着一个鸡毛掸子放在旁边,小孩吵闹,他就拿鸡毛掸子敲敲桌子、敲敲门,提醒他们,也不是真的打人。"

沈韦宁小时候很淘气,喜欢玩水。有一次,他在洗澡间里玩水,爷爷看到了,就劝他天太冷不要玩水,以免生病,但是沈韦宁就是不听,爷爷说爷爷的,他玩他的。一向温和的爷爷生气了,转

茅盾和沈韦宁(长孙)、沈迈衡(长孙女)

身就去拿鸡毛掸子。"爷爷从来都很和蔼,对我没有任何的威慑力;那一次,爷爷是真的生气了。但是最后,那鸡毛掸子也没有落在我身上。"

在沈韦宁的记忆中,这是爷爷唯一一次对他生气。

茅盾先生对孩子很严厉,有问题,他会跟孩子沟通,但是从没有发过脾气。上高中时,沈韦宁跟爷爷住在一起,有时候放学回家,会先去玩而把作业抛诸脑后,几次被抓包后,爷爷也只是认真地跟他强调:做事情要分主次。"也许就是因为他从来没有训斥过人,所以他严肃地说一件事的时候,对于我来说就是应该注意的事情。"

爷爷是"儿孙奴"

生活中的茅盾先生,和我们身边的许多老人一样,是位名副其实的"儿孙奴"。

茅盾先生的长孙女沈迈衡幼小的时候,让茅盾先生学鸭子走路,他就把手摆着学鸭子走,嘎嘎地叫,孙女不喊停,他就一次一次地做,直到觉得太累了才说"饶了我吧";孙女要学外语,英国教材特别不好找,茅盾先生就找朋友借书,一笔一画地把教材给抄下来。

而对于沈韦宁来说,爷爷更像是他的朋友,有什么事都会帮着他。小时候的沈韦宁,喜欢养蟋蟀、养小鸟,父亲觉得这是玩物丧志,把蟋蟀倒进厕所给冲掉;但是爷爷却不赞成这种做法,反而还支持他们做自己感兴趣的事,帮他养猫喂鸟;沈韦宁想写大字,爷爷就找出字帖,握着他的手,耐心地,一

茅盾和沈韦宁三姐弟

撅一捺地教他。

和爷爷在一起，孩子们都觉得心情放松，没有压力，爷爷的教育理念，沈韦宁牢记心间："爷爷觉得教育我们应该是我父母的责任，所以他一直没有过多地跟我们说大道理。但是言传身教，从他做学问到做人，他一直是一个正直的人，他的教育理念，也影响着我现在对孩子的教育。我们也是给孩子尽可能的帮助。告诉他们如何做人，比具体固定她某一种爱好更重要。"

替爷爷回家看看

茅盾先生作为一代文学巨匠，用笔尖辛勤耕耘60多年，写下了小说《子夜》《春蚕》和文学评论《夜读偶记》等1000多万字的不朽作品，他一生都在用文字的力量推动国家和民族的前进。

在沈韦宁的回忆中，晚年时候的爷爷心中有些遗憾：以前是战乱回不了家。而新中国成立以后是忙，所以没有更多的机会回到自己的家乡。当时的沈韦宁还不能理解爷爷的心情，但是随着自己年龄增大，长期住在美国，对家乡的思念也更加深刻。所以，只要有机会可以回国，除了去看望在北京的妹妹外，更多的时候，沈韦宁选择回老家乌镇："现在更多的是回家乡看一看，帮爷爷弥补心中的遗憾，也算是另一种怀念他的方式。"

【记者手记】

沈韦宁先生是一位非常和气、好说话的人，没有一丁点的架子。因为沈韦宁先生在美国，没办法跟他面对面地沟通，前期需要他拍摄一段视频、手写家书，他都非常配合。包括后面需要电话采访，他都根据国内的作息来安排时间，很能照顾人。

沈韦宁先生也是一个非常直爽的人。对于爷爷茅盾的作品，他说基本上都看过，比较喜欢他早期的作品，但是像《子夜》，"可能"是他的代表作，但是可能缺乏对当时的历史背景的了解，他看着很累，不能够完全理解。

对于我们大众来说，茅盾，是一代文学巨匠，那是遥不可及的一个神话；但是对于沈韦宁先生来说，茅盾，仅仅只是"爷爷"而已，没有觉得他有什么不同的地方。沈韦宁先生的这份心境也是值得我们学习。

【专家点评】

茅盾（1896～1981），原名沈德鸿，字雁冰，笔名茅盾等，浙江省桐乡市乌镇人。他出生在一个思想观念颇为新颖的家庭，从小接受新式的教育。后考入北京大学预科，毕业后入商务印书馆工作，从此走上了改革中国文艺的道路。他是中国现代著名作家、文学评论家、文化活动家以及社会活动家。1981年临终前，将稿费25万元人民币捐出设立茅盾文学奖，以鼓励当代优秀长篇小说的创作。

作为中国新文化运动的先驱者、中国革命文艺的奠基人，他一生创作了大量现实主义题材的文学作品，创造了现代小说大容量社会信息的传递和辨析的创作模式。他是中国共产党最早的党员之一，体现了"文学家与革命家的完美结合"，是并不多见的"把两种素质集于一身的人"。

乌镇故居，是茅盾出生和度过童年、少年时代的地方。从他出生至1909年离乡求学，在这幢故居中生活了13个春秋。此后，几乎每年都要回家看望他的母亲。1940年他的母亲去世以后，其他亲属也相继去外地定居，从此便切断了他与故乡联结的纽带，故居房屋也陆续租给了居民居住。1977年春，当地政府动员住户腾出了后园的三间平屋，加以修缮保护。1981年3月茅盾逝世后，乌镇茅盾故居被列为浙江省重点文物保护单位。

中共浙江省委党史和文献研究室　朱健

杨建新：穿越360年的相聚

记者：来钧、农书荣、刘浩

摄影：丁巧巧、崔珍荣

编辑：华冰

【人物名片】

杨建新，1952年5月出生于浙江杭州，曾任浙江省文化厅厅长等职务。自担任浙江省台办主任起，就致力于促成《富春山居图》合璧展出。最终，经过多年努力，2011年《富春山居图》首次合璧展出，这被誉为是穿越360余年的相聚，是跨越海峡1000多公里的牵手。

从杭州到台北，直飞只需90分钟。而《富春山居图》之《剩山图》与《无用师卷》的重聚之路，却走了361年。

这是2011年1月16日，浙江省博物馆负责人和台北故宫博物院代表在富阳签订的"《富春山居图》山水合璧特展备忘录"。2011年6月1日起，《富春山居图》之《剩山图》《无用师卷》在台北故宫博物院合璧展览。

杨建新

《山水合璧》特展备忘录

《富春山居图》,系"元四家之首"的黄公望为无用师所作,以水墨描写富春江两岸初秋景色,笔墨纷披、林峦浑秀,形成典型的元代宁静淡泊的山水画风貌,后世画家无不对此图顶礼膜拜。明朝末年传到收藏家吴洪裕手中,吴洪裕极爱此画,甚至在临死前下令将此画焚烧殉葬。吴洪裕的侄子火中夺画,但画已被烧成一大一小两段。图首启承之挺拔大山,成了孤独的剩山,称《剩山图卷》,现为浙江省博物馆所藏;后八分之七为蜿蜒山陵的江流、山峦、松林、水渚,依稀可见的樵夫、垂钓者,称《无用师卷》,藏于台北故宫博物院。两卷至今分离已逾三百余载。

提起这幅分离三百余载的传世名画,杨建新感慨万千:"我是大陆最早看到过《无用师卷》的人。"他也是大陆最早致力于推动两岸《富春山居图》合

璧的当事人。他用"百感交集"四个字来形容这幅传世名作分处海峡两岸60余年后实现首次合璧展出背后的故事。

"一张600多年前传世名画，在数百年流传中饱经沧桑，承载着太多悲欢离合的传奇故事，如果哪一天能够跨越海峡实现圆合，那将是何等的盛事！"1998年，时任浙江省台办主任的杨建新和同事们开始谋划《富春山居图》合璧展出的事情，"文化交流很重要，它是艺术的交流、精神的交流，更是人心的交流。它背后有着我们中国人的情感和希望在这里。这个'圆合'更是我们国家的统一、民族'团圆'的体现。所以这个活动意义就在这里。"

然而一腔热情送出去，反馈回来的信息却令人失望。"我们的希望是互展。当时我们的《剩山图》去台湾，还是有可能的，但台湾的画拿过来的可能性几乎没有。"无奈之中，杨建新只好退一步，于1999年7月筹划了"海峡两岸书画家《富春山居图》圆合暨春江雅集活动"。在富春江畔，两岸30多位书画家联手临摹《富春山居图》长卷，连有印章之处也仿照原作盖了上去。当时海协会会长汪道涵欣然题写了"富春山居图圆合"七个大字。

杨建新："2005年的时候，我已经到浙江省文化厅（任职），有一次凤凰台的总裁刘长乐来找我，他在想《富春山居图》能不能够合并展出，我说我

们早就在推动。"但由于台湾方面的问题,"合璧"之事迟迟没有进展。杨建新则一直没有放弃过推动"合璧"事宜:"我们这边没有问题,关键是台湾方面,我的要求就是要互动要交流。我们拿过去(合展)没有问题,但你也一定要拿过来,这样一个活动才圆满才有意义,有来有往。最后他们吞吞吐吐地讲白了,意思就是说,最好你们能够立个法。"

原来,台湾方面担心《无用师卷》来大陆展览时被扣押,如此台湾便束手无策,但杨建新感到非常吃惊:"这怎么可能呢?我们想都没有想过。再说,台北故宫博物院60多万件藏品,都是当年从北京拿过去的,扣押这一件有意义吗?"杨建新不厌其烦地向台湾方面的工作人员说明:"我详细地跟他们解释大陆的有关规定,艺术品文物等到大陆展览,是不能长期滞留的,在规定展出时间后,必须要如数运出,海关要清点,一件都不能少。甚至在大陆期间还要收取保证金,如果到时候没有如期如数地运出,还要处罚。甚至我还举例说明,连战先生在杭州办了一个连横纪念馆,就碰到同样的问题。纪念馆里的一些资料物品,是连先生提供的。后来时间超了,海关要求退回台湾,还要收罚金,连先生就把这些东西都捐给纪念馆,这样才解决问题。"

"如果真的制定了'司法免扣押'的法律,那也不适用于台湾。"杨建新认为,"将来要通过两岸文化交流协议等,不可能单独搞个'司法免扣押',那是针对外国的,不针对台湾,大陆跟台湾不是国与国的关系。"杨建新说。

就这样僵持着,转机出现在2010年3月,时任国务院总理温家宝在"两会"记者招待会上,讲了《富春山居图》一分为二的故事,叹道:"画是如此,人何以堪。"温总理的公开表态,一时间两岸舆论关注热烈。而后,时任浙江省省长吕祖善访台,表示浙江愿意将《剩山图卷》先送到台湾合璧展出。其时吕祖善在接受采访时说:"我们愿意跨出第一步,把《剩山图卷》先送到台湾来展出。当然,我们也希望台湾的那部分,将来有机会也送到大陆来。"

经过多轮协商,终于,2011年1月16日,《富春山居图》合璧特展备忘录在《富春山居图》的原作地富阳签署。备忘录对《剩山图卷》赴台产生的费用问题表现出很大诚意,尤其在《剩山图卷》的估价上。"当时有人说这画是无价之宝,5亿、10亿都不过分。但是按惯例保险费是台北方面承担的,你把它估成10亿,那这个保费就不得了了。所以最后我们估了一个很低的数

字——1.5亿。"杨建新说,"都是同胞嘛!"同时,备忘录里也写明,《无用师卷》会在"适当的时候"来大陆回展。

2011年6月1日,"山水合璧——黄公望与富春山居图特展"在台北故宫博物院如约而至,开幕前一天,杨建新提前看到了《富春山居图》合璧的样子:"在布展的时候,我要求进去先看一看场地、灯光和环境。于是,我有幸成为大陆第一个看到《富春山居图》合璧的人。唯一可惜的是台北故宫博物院展出《富春山居图》真迹的展柜,还是太短。两个画轴并没有全部展开,全部展开的话,十几米的玻璃柜没有那么长,所以部分还是折起来。所以有点遗憾,不是太理想,对方说这已经是他们最好也是最大的一个柜子。"

也只能如此,第二天,浙江博物馆藏的《富春山居图》之《剩山图》在右,台北故宫博物院藏《富春山居图》之《无用师卷》在左,两幅画卷虽然独立装裱,但前后呼应、山水相连。长卷有起有落、有紧有松、有浓有淡、有干有枯,树、石、屋、庙点缀其中,一层层皴染,使之相当有立体感和深度。据当时的报道称:在场者个个引颈,身子前倾,努力记住这幅连乾隆皇帝都未曾观其全貌的旷世名作。为期三个月的展览,参观人次达80多万。

台北故宫博物院院长周功鑫在开幕式上感叹不已,杨建新描述道:"她说:我们比乾隆皇帝有福气,因为乾隆皇帝至死,都只看到过《无用师卷》。我们比乾隆有福气,我们看到了《富春山居图》合璧。"

如果说660多年前的黄公望是一个"画痴",这种痴迷使《富春山居图》

达到了艺术上的极致；那么人们对于中华优秀传统文化的热爱和敬仰，穿越千百年而未曾改变。此次《富春山居图》合璧之展，写下了可以载入中华文化史册的一笔，足以告慰曾为此画烧断而叹息的先人，鼓舞为画合人圆而执着奔走的世人，更寄托了两岸同胞共同弘扬中华文化的情怀。

一晃又是八年过去，回想起当年促成《富春山居图》合展，杨建新感慨万千："当年第一次看到合璧，当然是感慨万千，但是我那时候脑子里想的还是下一次该到大陆去合璧了，我想到有朝一日如果到大陆展出的话，比如在杭州，我得找个好地方，我马上就想到浙江美术馆，我们美术馆的展柜够大够宽，展出条件肯定比台北好。从2011年到现在，八年过去了，老想着这个事儿，八年间在各种场合，我都没有放弃努力。有一次，在浙江大学举办的海峡两岸高峰论坛上，我登台大声疾呼，也得到了不少台湾朋友的认同和支持。"

而今，《剩山图卷》仍静静地候在浙江省博物馆内，杨建新仍念念不忘的是在富春江畔期待着能够实现"未完待续"的圆合之路。

【记者手记】

记者一行前往采访杨建新时，他身穿黑色休闲裤、灰白短衬衣、手持一把纸折扇。曾任浙江省文化厅厅长的杨建新是新闻行业的老前辈，曾担任过省委外宣办（省政府新闻办）主任、省委宣传部副部长，在重大事件面前，他需要第一时间了解事件的来龙去脉，并通盘考虑如何向社会、媒体通报，所以他思考的问题比普通记者要更多、更全面。

采访时，杨建新在讲述过程中条理清晰、逻辑缜密、谈吐不凡，从什么角度讲述、如何用词能够比较准确地反映整个事情的本来面貌，他都做得非常好。在《富春山居图》合璧展出过程中，他作为其中一位核心参与人，将推动合璧展出过程中的波折、细节，有详有略、娓娓道来，通过大量的细节更让人感到这次"合璧"的不易。

一个人的一生，总要做点有意义，值得让人回忆、自豪的事。《富春山居图》合璧意义重大，能够参与其中并促成它的合璧，应该是一个文化工作者人生中值得纪念的幸事。在这当中，杨建新可以说是一个重要的推动者和关键人物，参与协调各方，不论是在谈判会场，还是在"合璧"前一天的布展，都能够看得出为了促成"合璧"他所付出的心血。整个采访对于记者来讲，不是对过去的简单回顾，而是对未知历史的深度挖掘，有一个当事人能够用第一视角、以平实的语言还原当时的整个过程，足以让人深受触动。

【专家点评】

海峡两岸是割舍不断的命运共同体，是基于两岸同胞的共同信仰和文化渊源。海峡两岸地缘相近，血缘相亲，文缘相承，商缘相连，法缘相循，有着割舍不断的"五缘"情怀。

"天下佳山水，古今推富春。"古人盛赞的美景历来不乏文人墨客的足迹。堪称"中国十大传世名画"之一的《富春山居图》诞生于浙江，分藏于台杭两地，台湾和浙江人民期待前后两段画作的早日合璧由来已久。1350年创作完成，1650年传入藏家之手，2010年总理表态。无独有偶，这三个时间点，恰恰都是庚寅年。多少甲子，几度轮回，"破镜重圆"的希望能否实现？用浙江省政协常委、杭州历史学会会长赵一新先生的话说："《富春山居图》始于庚寅，毁于庚寅，声名远播于庚寅。"这不免为该名画的起落兴衰蒙上了一层宿命的色彩。

但愿人长久，千里共婵娟。这是一个美丽的传说，无限期待和无限盼望着可以重逢与团聚。炎黄子孙，一脉相承；同是华夏文明，同是中华大地；割舍不断的血浓于水，无法忘怀的家国春秋。从封锁，到交流，同为中华儿女，你有强大的祖国大陆做靠山，你要和祖国一起努力奋斗，实现中华民族伟大复兴的梦想。分离再久，改变不了我们的血脉；海峡再深，挡不住你要回家的路途。

中共浙江省委党史和文献研究室　朱健

翁同文：温州大山里走出的国际学者

记者：祝佳佳

编辑：潘康康

【人物名片】

翁同文，浙江泰顺县翁山乡外详村人。毕业于西南联大历史系，留任师范学院助教，后赴台湾，任台北东吴大学历史教授。先后在法国、德国、美国、新加坡等多所著名大学任职，是具有杰出成就的著名史学家、著名红学家，著有《中国坐椅习俗》等。1999年3月6日病逝，享年85岁。

翁同文

游学国外多年，心盼叶落归根

1991年，翁同文先生返乡祭祖。

翁同文在台湾生活了30多年，早些年大陆跟台湾联系比较困难。即便如此，翁同文一直在想各种办法与老家的亲戚联系，最终辗转联系上了在法国的宗亲。据翁同文的侄子翁清秀回忆，小时候，总能看到父亲或其他的叔叔伯父，收到从法国寄过来的信件，其中有不少的信件就来自翁同文。

1991年翁同文在泰顺翁山外垟村跟宗亲们的合影

1991年的秋天,翁同文携带母亲的骨灰,返回祖地安葬,并祭祀先祖。老家翁山的宗亲派了四五个代表,包了一辆中巴车,到泰顺县去接翁同文。这一辆中巴车,在当时对于"九山半水半分田"的翁山来说,已经是待客的最高规格了。

到了翁山的翁同文,被一群小辈给围住,对于这位从台湾来的亲戚,大家都充满好奇。翁清秀回忆:"伯父是那种很有书生气的人,讲话也很温柔。他那会头发就已经很白了,戴着一副眼镜,人很和气。"

阔别家乡60余年,看着故乡的一山一水、一丘一壑,翁同文感慨万千。

据翁清秀的哥哥翁清华回忆,伯父在为乡亲们举办的晚筵上说:"我游学在外多年,无暇顾及家庭,把毕生精力全部用在学术研究上了,晚年还能再回来,非常的高兴。"并将平时讲课随身携带的水牌"翁同文教授"留在了翁山,寓意叶落归根。

家乡还比较贫穷,而首先穷在教育上

翁清秀是翁同文的侄子,土生土长的泰顺翁山人,1991年参加高考失利,因为家里经济条件有限,他选择了辍学。1991年8月,翁同文回泰顺祭祖,

翁同文手迹

给宗亲小辈带了不少的礼物,其中,给了翁清秀 100 多块现金,并语重心长地对他说:要好好学习。那个时候的翁清秀,正跟着施工队在修建公路,从早上 5 点一直干到晚上 6 点,一天的工资只有 15 块钱。想着伯父的话,翁清秀暗暗下了决心:重新参加高考。

功夫不负有心人。一边打工一边复习的翁清秀,在复读一年后,考取了心仪的学校,现在,他就职于龙湾区市场监督管理局。回想起当时,翁清秀依然感谢这位伯父:"虽然那 100 块钱对于他来说算不了什么,却改变了我的一生,可以说,没有他,就没有现在的我。"

其实像翁清秀这样受惠于翁同文先生的学子并不少。虽然长期生活在外,翁同文深深热爱并牵挂着故土,他说过:"家乡还比较贫穷,而首先穷在教育上。"早在返乡前两年,翁同文就和他的胞弟翁同伦等,靠平时省吃俭用存下的 20 万元人民币,支持家乡的教育事业,成立了"翁氏昆仲育才基金",用于奖励考上重点高中和大学的优秀学子。在 1991 年又捐资 6 万台币,成立"爱泰顺育才教育基金"。截至 2018 年,已经有 1300 多人获奖,奖励金额达 45 万元,而这些数据,目前还在继续增长。

【记者手记】

在我们搜集家国档案的时候,泰顺宣传部推荐了翁同文先生。而在我们联系采访的时候,得知翁老先生已经过世,也没联系上直系的亲属。现在翁氏宗族里负责翁老先生一切事宜的是宗族里的一对侄子——翁清华和翁清秀。

> 对于家族里面有一位名人出现，整个家族都引以为傲。在翁清秀的家中，保存着一本翁氏族谱，翁清秀说："泰顺人才有限，历史人才尤其如此，像翁同文伯父这样的国际型历史人才，更是寥寥无几，值得泰顺人骄傲和代代学习！"
>
> 另一个侄子翁清华在说起翁同文老先生的时候，表示很遗憾，翁老先生唯一的一次回乡探亲，他正在当兵，错过了这一次的见面机会；但这依然不影响他宣传翁老先生的热情：先人已去，但精神尚存，作为晚辈，当永远怀念。

【专家点评】

爱心点燃希望，善举托起梦想。慈善公益事业，是一条悠长且艰难的路，同时也需要更多志同道合的人一起努力、一起坚持，更需要一些有社会影响力的人群去将这份爱的事业传递下去。

古人云："爱人者，人恒爱之；敬人者，人恒敬之。"爱是奉献的基石，一群人中如果每个人都献出一点爱心，那么这个群体就充满了浓浓的团队精神。人并非为获取而给予，给予本身就是无与伦比的欢乐。对一个人来说，最大的欢乐就是把自己的精神力量奉献给他人。

鲁迅曾说："人是需要一点奉献精神的。"什么是奉献？奉献就是一种不求回报的给予，它既是一种高尚的情操，也是一种平凡的精神；既包含着崇高的境界，也蕴含着不一样的层次；既表现在关键时刻挺身而出，也渗透在人们日常的工作和生活中。奉献像一支火把，是无怨无悔的燃烧，是至死不渝的真情；奉献像一股清泉，是长年累月的流淌，是不计名利的付出。

生命因奉献而变得美丽。我们的生命之歌，因奉献而动听；我们的生命之河，因奉献而澎湃；我们的生命之光，因奉献而闪亮；我们的生命之诗，因奉献而流光溢彩。选取阳光，高山会拥有绿色；选取宽容，社会会拥有和谐；选取奉献，我们会拥有辉煌的明天！

中共浙江省委党史和文献研究室　朱健

朱道初：百年"宁波帮"讲述人

记者：刘浩
编辑：华冰

【人物名片】

朱道初，1939年出生于浙江宁波鄞县（现宁波鄞州区），浙江省特级教师，常年致力于宁波文史、宁波帮研究，笔耕不辍，发表文史随笔近百万字，宁波帮博物馆宁波帮故事传承人。

杏生先生：

久未通慰，甚念，念谅。先生在申，定卜康乐。近来晚乡间土改将近结束，由三乡公益堂之三间房子归于乡农会没收，对于在你处之屋契、图照，希即寄来为盼，若否则对于责任重大关系，接到信后请速寄来，勿忘。

祝，近佳

晚，松鹤
四月十一日
谨上

朱道初

"这是1951年,浙江宁波镇海三乡公益堂写给董杏生的信件。"记者在南京秦淮河边一个小区的地下车库见到了收藏家王世清,一个不到30平方米的仓库里,堆满了各种各样的老物件,王世清从一本厚厚的文件夹中,翻出了这封信件以及跟董杏生相关的资料。

"这里面都是我的一些藏品,照片、信件、石雕、黄埔军校校友会同学录……类型比较多,这个是董杏生当年收到的三封信件,他这个人了不得,新中国成立后,把自己老家的房产都捐给了国家。"

董杏生,字杏荪,宁波庄市老鹰湾村董家人,1879年生,1954年病逝于上海。早年因家贫弃学,只身来到上海,在宝源洋行学生意,不久成为洋行业务决策者,后自立门户,经营轮船代理业务,又设"董杏记号"经营进出口贸易、地产业和保险银箱等业务。"他还是上海公共汽车第一人,1922年2月注册成立中国公利汽车公司,开辟了从静安寺到兆丰公园(中山公园)的营运线路。"王世清在每一封信件、每一份档案背后,都用一张稿纸标注出主人公的生平。

王世清讲道:"董杏生还筹建了镇海三乡公益堂,为家乡做了大量公益事业,你看这张图就是当年的设计图纸,还有很多日记。新中国成立之初,他把在镇海的大量资产捐给国家,是宁波帮的杰出人物,更多的关于宁波帮的故事还得去找宁波的一位非遗传承人——朱老先生。"

三天后,记者在宁波庄市见到了这位朱老先生——朱道初。

提起董杏生,朱道初一开始没有听清,摇摇手说不知道,当记者把"董杏生"三个字写出来时,朱道初恍然大悟。"是他?哦,那我知道,他家离我这儿不远,骑自行车20分钟不到,之前我经常吃完晚饭就骑车过去看看他的故居,与附近老人聊聊。"朱道初说。

朱道初现在居住的庄市,位于宁波市镇海区甬江北岸,距宁波市中心8.5公里,与宁波东部新城隔江相望。庄市素有"宁波帮故里,教科文基地"的称誉,宁波帮中的叶澄衷、包玉刚、邵逸夫、宋炜臣等都是庄市人。

记者了解到,为了研究宁波帮,朱道初经常走访周边的老宅、旧址。董杏生旧居也是其中之一。

庄市最早通电也跟董杏生有关,当时同义医院的X光机由柴油发电机供电,但因发电机经常出故障,董杏生遂着手与宁波永耀电力公司接洽通电事宜。不过从市区到庄市10公里线路需耗费1万多银元,电力公司不愿承担。先生又各方苦心求助,终于在1929年输通电路,不仅医院用电有了保障,沿线居民也得以用上电力照明,米厂用上电力轧米机。新中国成立之初,庄市成为浙东地区最早在农业中用上电力灌溉的区域。

董杏生还很关心家乡的教育事业。独资捐款1万5千银圆,为家乡兴建了一所新式学堂——董氏韧初学堂,之后长期承担学校费用,让贫寒子弟免费入学。学堂是一座二层洋式楼房,青砖黛瓦,简约大方,百余年后依然屹立原地,就连檐角悬空部位都没出现明显剥落,足见其材质和工艺之精良。

除此之外,董杏生还为镇海到骆驼建造了第一条公路,为老鹰湾村铺设水泥路,捐建古稀桥、爱菱桥,出资参与后海塘大修、疏浚中大河、建义冢塔、造凉亭等,其善举义行遍布镇海多地,时至今日,依然让家乡百姓受益良多。

朱道初说:"宁波帮都很乐意为家乡捐款,他们出身大都贫苦,因为我们这里靠海,所以农作物不多,很多人年纪轻轻就出去外埠当学徒、做生意,但是他们不但不忘本,而且能抱团互助,桑梓意识特别强烈,许多人日后都会尽力反哺家乡。"

朱道初还告诉记者,闻名全国的镇海中学最早就是宁波帮筹建的,在之后的发展中,宁波帮也一直予以大力的资助,他本人是因为在镇海中学工作,才走上了研究宁波帮的这条路:"没有他们(宁波帮)的话,一所县级中学,怎么会发展得这么奇崛,这么迅速?在宁波,在浙江,甚至在全国,镇海中学都是非常著名的一所学校。饮水思源,宁波帮的贡献功不可没,这也是我一定要追溯宁波帮诞生和发展历史的动力之一。"

朱道初说,早在宣统末年,宁波帮的杰出代表盛炳纬偕同邑人王人鉴等商议创建镇海县中学堂,然后"亲赴沪汉,集资数万金",才得以建成。抗战胜利后,宁波帮黄声远与同乡宁波帮巨擘俞佐庭(镇海俞范人氏)等筹资2亿元创办了私立辛成初级中学,1948年建成后,办学成绩斐然。1956年,镇海县中(初级中学)与辛成中学合并为镇海中学(完中)。

改革开放以来,镇海中学扩建,又是宁波帮代表傅在源先生慷慨解囊,鼎力帮助建成高规格的体艺馆、图书电教大楼,1997年,他还又捐赠100万美元以设立"富的镇中基金",既奖学又助教,目的在于大力鼓励学生的"向学之心",同时奖励镇中老师辛勤而有效的教学。

朱道初说:"更为难得的是,傅在源对他捐助的所有建筑物均无冠名、题名、落款要求,最后推却不过,也只是题写了'镇海中学体艺馆'七个大字,可署名落款都没有留下。"

1999年5月,傅在源回乡时再一次捐款用作助学金,并逐年递增,到第四年达400万元。

朱道初告诉记者,傅在源只是众多捐资助学的宁波帮代表之一,类似捐助的例子数不胜数。

朱道初:"镇海中学校园内有一座飞檐翘角的亭子,是美籍华人虞刚年夫妇出资建造的纪念物。之所以用虞松房作为名字,是因为他们曾经是虞松房的主人。我当年在镇海中学工作时,曾经在虞松房居住了十多年,也是从这里由青年步入中年的。"

除了镇海中学,宁波大学也是由宁波帮的典型代表世界船王包玉刚捐资创建的,1984年12月20日,邓小平在北京人民大会堂会见包玉刚。包玉刚提出了在宁波办一所大学的设想,希望得到支持。"我赞成。"邓小平非常高兴,称赞包玉刚"爱国爱乡,有见识,这件事办得好!"并欣然答应给宁波大学题写校名。

1985年10月29日,由包玉刚总捐资2000万美元、占地1283亩的宁波大学,举行了奠基典礼。

1986年便开始正式招生,宁波大学的建校速度称得上是个奇迹。

走进宁波大学,记者能够看到,包玉刚图书馆、邵逸夫教学楼、赵安中行政楼、曹光彪科技楼、李达三外语楼、周亦卿综合体育馆……这一幢幢以宁波帮人士命名的"宁波帮楼群"背后,都有一个个宁波帮人士倾力助学的感人故事。

2018年11月15日,100多位"宁波帮"人士齐聚宁波大学梅山校区,为宁波大学梅山校区举行系列捐赠典礼活动。

据了解,从建校截至2018年11月,宁波帮共为宁波大学捐款超过7个亿,建造了50多幢大楼。

在新一代宁波帮人士的努力下，宁波诞生了中国第一所中外合作大学——宁波诺丁汉大学，成立了中科院宁波材料技术与工程研究所。

2008年"5·12"汶川大地震发生后，海外宁波帮向灾区累计捐款捐物达到1.3亿元人民币。

宁波帮代表人物之一邵逸夫更是捐助了无数项目，无数的逸夫教学楼、邵逸夫医院都是实证。2013年3月，邵逸夫向浙江大学捐赠2亿港币，建设"邵逸夫医疗中心"和"邵逸夫医学研究中心"。这是邵逸夫及邵逸夫基金向内地捐赠的单笔资金最大的捐赠项目。

据不完全统计，改革开放以来，仅海外"宁波帮"人士就向宁波捐赠4137笔，总捐资额20.07亿元人民币，在宁波医疗卫生文化教育等公共事业发展、培养各类急需人才以及优化发展环境等方面作出了积极贡献。在投资方面，宁波市引进侨资企业8100余家，总投资约509亿美元，实际利用外资157.2亿美元，其中大部分资金来自"宁波帮"人士的投入。朱道初："宁波帮不仅坚韧不拔，勇于创业，更是热爱祖国，报效桑梓。这些精神，值得后人学习。"

记者了解到，为了搜集宁波帮的史料，朱道初翻阅了无数本方志、典籍，跑过了无数的地方，做了大量的笔记，寻访了无数的人。并在当地报纸上开辟专栏讲述宁波帮的故事，传承宁波帮的文化和精神，让更多的人了解宁波帮。

2014年的春末夏初，朱道初受邀成为宁波帮博物馆"宁波帮故事"传承人。

展览大厅里有宁波帮的故事，街头小巷中有宁波帮的故事，宁波帮在，宁波帮的故事就还会继续。

【记者手记】

听说此次采访是为了庆祝新中国成立70周年的系列报道采访，朱老师一口答应，表示：该支持并全力配合。我去宁波朱老师家中采访时，刚进小区门就看到朱老师出门相迎，非常感动。进门之后是一个小院子，客厅里有一个小的桌子上面放满了书，除此之外，茶几沙发上都摆满了书，客厅的右侧是一个书房，面积大概有三四十平方米，整整一套24史，有些书的表面，已经被翻烂，还有各种地方志以及文史资料。

书房靠窗的位置摆了张书桌，桌上笔墨纸砚一应俱全，除了撰写文史稿件之外，朱老师还会时不时地练习书法。当记者提起书法，朱老师拿出一本小册子翻开，是当年沙孟海送给朱老师的，主要是跟他探讨交流一些问题。

采访中，讲起宁波帮的故事，朱老师滔滔不绝，并且烂熟于心，能够看出他是由衷地敬佩宁波帮，而将宁波帮的故事讲述并传承下去也是他多年的心愿。

【专家点评】

宁波，地处东海之滨，是我国早期工商文化萌生地之一，孕育出中国近现代史上享有盛名的商帮——"宁波帮"。1984年，邓小平同志在听取关于沿海开放城市和对外开放工作的汇报时提出，要"把全世界的'宁波帮'都动员起来建设宁波"。这一号召极大地鼓舞了海内外的宁波人。包玉刚、邵逸夫、李达三、王宽诚……一批批海外"宁波帮"人士秉承回报桑梓的心愿，纷纷支援家乡建设。如今"宁波帮"不仅实现了从传统商帮向现代商人群体的转型，而且在时代发展进程中从商业到经济、科教、文体等诸多领域都作出了杰出成就。

步入新时代，"宁波帮"英才们必将怀揣着强烈的爱国心，发挥创造力，把人生理想融入国家和民族复兴的伟大事业中。地处东海之滨的宁波，这里是"海上丝绸之路"的始发港，也是连接陆上丝路与海上丝路的重要节点城市。新时代，建设宁波的声音依然响亮，新生代"宁波帮"也以全新的形式和面貌，助力宁波发展。新时期"宁波帮"实业报国所创造的百年品牌，将会擦得更亮。

浙江广播电视集团　项勇

张光宇：我在非洲当酋长

记者：刘浩、崔珍荣
摄影：高文烨、刘琳婕
编辑：华冰

【人物名片】

张光宇，浙江诸暨人，2001年浙江大学毕业后，放弃稳定的工作帮父母打理服装贸易公司。2005年前往非洲尼日利亚创业，经历多次失败后，最终站稳脚跟。由于经常在当地从事慈善活动，并帮助协调华商和当地的相关事务，在两国经济、文化、技术交流方面作出贡献，2019年受封尼日利亚卡诺州酋长。

张光宇

爸妈：

您们辛苦啦！首先祝身体健康！万事如意！并向外公外婆问好。

曾经，我一直依偎在您们的羽翼之下成长，不知何为"酸甜苦辣"。今日品其味，才知父母的辛酸与不易。今后我能做的，就是更加努力，不再让您们失望。在此，我一切都好，懂得如何照顾自己，请别太牵挂。出师不利，让您们为之担忧，我非常愧疚。但它是我人生的一次转折,是对我真正的考验和磨炼,必将珍惜。在尼国的初次创业,更深感自身的不足和事业的艰辛,我必将奋发图强,继续这份事业。总有一天,您们会为我骄傲。

这个春节,阖家团聚,对我而言是种奢望,但我今在遥远的异国为您们祝福。处理完手中的事情,我立即回家,因为非常想念自己的父母和亲人,但请您们千万别责怪自己的儿子不孝,就让余虹为之分忧吧!远离家人,我最为担忧的是您们的身体,一定要保重,还有外公、外婆,不然儿子会不安的。公司事务繁琐,别太操劳,放开点,让身边的人去做吧。健康的身体是革命的本钱,任何东西都不可取代。子女唯一希望的就是看到您们健康、幸福地生活。这样,我们才会开心、安心。

在尼国,大哥对我们非常关照,胜过亲人,这份感情我铭记在心,并代我向吕总问好,此事甚为惭愧,请谅解。同时,感受到我们的婚姻幸福美满,长辈们能如此亲切,友好相处,融为一家,甚感欣慰。

最后,请求您们鼓励并支持儿子未完成的第一份事业。因为我有信心,有能力做得更好。

此致

敬礼!

光宇

2006.1.16 晚

写信的这天晚上,正在经历人生中第一次滑铁卢的张光宇怎么也不会想到,13年后竟然在这个曾经让自己跌宕起伏的非洲国度当上了酋长。

2019年4月25日,浙江诸暨市陈宅镇的陈亚平——张光宇的妈妈起床后便攥着手机,她在等一个从遥远的非洲大陆传来的越洋视频电话。陈亚平几乎忘了这天是自己的生日,因为从今天起,"4月25日"对她来说又有了一个新的意义。因为这是儿子张光宇的"荣耀日"。

北京时间当天下午5时30分（尼日利亚首都阿布贾时间10时30分），在尼日利亚卡诺州皇宫举行的酋长分封的授衔仪式上，伴着浓浓西非豪萨族传统民族习俗的喜庆声乐，在众多皇室成员代表和政府相关官员及数千人的围观见证下，张光宇被戴上象征分封酋长权力的头巾，正式受封加冕成为卡诺州华人酋长。在掌声如雷的恭贺声中，张光宇举起酋长权杖、露出了欣慰的笑容，多年矢志不渝的默默付出和努力，终于获得了广泛认可和赞誉。在笑容和荣誉的背后，这也意味着，未来的他将全权负责管理华人社区，协调处理当地与中国华侨华人之间的各种事务。

一位诸暨商人缘何能在非洲赢得如此荣耀？传奇故事还得从多年前的校园情谊说起。张光宇回忆道："当时上课前看到一个外国同学坐在后排座位感觉比较孤僻，我就主动上前跟他搭话，后来就成了很好的朋友。大学四年我恋爱都没顾得上谈，每天都跟着这哥们儿凑在一起，也对非洲有了新的认识，心中更充满了好奇。"

2003年，毕业后在父母的服装公司干了快3年的张光宇，当时正好有开拓市场的想法，就再次联系上了这位同学，经过一番沟通后果断奔赴非洲实地考察。短短一个星期，张光宇就跑了非洲5个国家和地区，行程虽匆忙，但收获颇丰，尼日利亚人口众多，货物供应远远不能满足市场消费需求，尤其是服装市场消费需求潜力非常大，于是就信心满满地带着当地客户给的服装款式样品回国了。力图在国内加工制作出口到非洲来销售，父母闻讯后，万般担心，曾极力劝阻。

张光宇说："父母就觉得，一是相隔太远，二是人生地不熟的，仅凭短短几天他人口里的讲述，就把几百万的巨款贸然投资进去，风险较大。当时就这样僵着，双方都说服不了彼此。"在僵持了半月之后，父母最终还是妥协让步了，并且放下了"狠话"："要是成功了，以后你做任何决定我们再也不干涉，但要是失败了，你就老老实实回来听我们安排。"

张光宇始终憋着一股劲，果断地一次性投入了300多万到生产中，当载着货值300多万服装的货轮离开港口，一路乘风破浪，穿过马六甲海峡、横渡印度洋、绕过好望角，最终在3个月的颠簸后抵达几内亚湾。按照原来对市场的分析和销售预案，这批货物将在3个月内就全部售罄，但事实却发生了令人意想不到的180度大转折,当初为了显示自己的诚意连客户定金都没收,结果原来谈好的供样客户,竟然不愿意购买。无奈之下,只能自己每天在市场寻找新客户,遭受着不同的白眼冷落,有时甚至为了等一个客户就在客户店里饿着肚子待一天,最终在客户极致压价下,甚至赊销部分货款的情况下,经历了10个月才将这批货物全部出手。那年的秋凉季节,岂止一个冷字了得!

在非洲"战场"首战失利,的确让张光宇信心受挫:"压力很大,但我觉得我如果不回(非洲)去就意味着失败了,没有再站起来的勇气。其实父母都是反对我再出去,外面条件这么艰苦,但我总结这次的经验教训后还是觉得(非洲)市场比较好,只是在细节上做得不够精致和市场规律把握不够精准,不能气馁,只要方向是对的,哪怕走得比较慢也是进步的,你也知道我们浙商的拼搏精神,所以我还是未曾想过放弃。"

张光宇始终相信非洲市场是潜力巨大的市场,也是未来商业的必争之地,在非洲一定能够打出自己的一片天地,在哪里跌倒就在哪里爬起来。深思熟虑之后,张光宇最终选择写信,将自己面对父母无法道出的想法通过这种方式告诉二老。

果然,知子莫若父母,父母对儿子的选择早已知悉,知道儿子心有不甘,此次没有再做劝阻,语重心长地告诉张光宇:"以后做生意时候下决定之前,大盘看准,小盘做稳,通盘分析,要慎重也要大胆,既然决定继续前行,就不要有后顾之忧,家里一切有老爸老妈!自己要照顾好自己,健康安全第一!"听到这席话,张光宇紧紧地抱着妈妈,无以言表,潸然泪下!

接下来的几年张光宇在非洲开过餐馆、挖过矿,还一直从事进出口贸易至今。张光宇:"一次在飞机上认识一个温州人,也是在非洲做生意,这才了解到了'钨矿'"。钨矿能够提炼出来钨并制造出合金,是现代工业、国防及高新技术应用中极为重要的功能材料之一,广泛应用在航天、原子能、船舶、汽车、电气、电子、化学工业等诸多领域。特别是含钨高温合金主要应用在燃气轮机、火箭、导弹及核反应堆的部件,高比重钨基合金用在反坦克和反潜艇的穿甲弹头。

光是这些,就听得张光宇热血沸腾,张光宇就拉了几位合伙人,从国内请了十多位技术人员前往当地实地勘探。果然，在一块矿区发现了"白钨"，而且样本的含量极高，这就意味着开采出来的钨矿价值极高！几个勘探队都说要发财了，从来没有见过这么好的矿！所以当时一口气承包了200多平方公里的矿山地。

据张光宇的弟弟张光磊回忆说：我们几个当时特别激动，把后续需要的所有设备全部购置妥当，投了3000多万，我们在飞机上还在很认真畅想着一年之后的盈利如何投入再生产开发，扩展到其他矿产，然后招兵买马扩建商业帝国版图……张光宇："设备很快到位、工人都招到位，正式开采情况也比较顺利，钨矿确实有且品质极好，只是发现出产量并没有预测的那么高，盈利幅度不如预期大，投资盈利周期可能会变长，这都是在可接受的范围内，并没有改变我的决心，改变我决心的却是一次安全意外。"

雨季的那夜，月黑风高，湿漉漉的空气中带着阵阵燥热，地处荒郊的项目工程部，更显得闷热难忍，大型发电机低沉有力吼叫声，遮盖住了大家的欢声笑语，却打断不了不远处传来的"突突突突"的机枪声音，"有情况，赶紧关掉电灯，躲到机械设备旁边！"接着就是驻地武警与武装劫匪更多的交火声音，从来没有遇到这类突发情况的光宇光磊兄弟俩，在这一刻却出奇的冷静，背后是项目上几十位同胞和几十号当地工人的安危存亡，经过与当地负责安全的雇员沟通后，由当地雇员带领着大家利用天黑和杂草的天然掩护，顺利从交火项目部驻地逃脱出来，转移到安全地带。但在清点人数时候却发现有两位同胞工友不见了，未能成功脱险。大家刚刚轻松缓口气心呼万幸的气氛，在一刹那间寂静下来了，张光宇片刻思考后，让其他管理人员带着所有人分批去市区，他带着两位当地雇员重新潜入驻地进行寻找，一边是枪声阵阵，一边是心急如焚，那一刻的张光宇心中只有同胞工友的安全，没有想过财产的损失、没有想过自己随时有可能被飞弹击中或被劫匪俘获掳走，最终苍天不负有心人，经过近1个小时的搜索，终于找到了已迷路并趴在草丛中的两位同胞，并成功带他们脱险后，才发现身上被荆棘不知划破多少道口子，冷汗夹杂着血水，才开始觉得疼痛，但他却含着眼泪开心地笑出声来了。谁也不知道那个无眠的夜里他内心经历了些什么，却都知道他温婉谦和的笑容下，有一颗饱含责任和无畏的心。

从2013年2月份张光宇开始行动置办设备，到9月份做出权衡决断，于10月份决然毅然地就转让矿权、变卖设备，全身撤退草草收兵。事后好多人问起为什么做矿业这么好的生意放弃了，张光宇笑着回答："天之下，地之上，人最大，人不可为财而枉死"。

成功的经历往往都相似，但失败的故事却一个比一个离奇，经历过小商贩的刁难、土匪马队抢劫的惊险，张光宇披荆斩棘这一路走来，像跌宕起伏抑扬顿挫的乐章，更像是人生的一次冒险之旅。经过十几年异国他乡风风雨雨的打拼，张光宇后来的多个生意都做得有声有色。作为回报，他经常在当地做慈善，如资助贫困学生、为大学生提供实习场所、帮助当地企业发展等。因此，他在尼日利亚卡诺州民间声望很高，无论是在尼华人还是当地民众，都很尊重、认可他。

"但是，当地的商业发展存在许多问题。"张光宇说，这些年，在尼日利亚卡诺州，中国商人逐年增加，一些问题也随之而来。由于中国商人在卡诺州没有合适的商业代表和贸易工会，导致两地商人的矛盾日益尖锐，经常发生商业贸易引起的冲突。

这也成了卡诺州的土皇萨努西二世的一块"心病"。因为萨努西二世有很

非洲小朋友

深的中国情结,其父亲萨努西一世是第一任尼日利亚驻华大使,对中国文化有很深的研究,一直在积极推进中非友好合作进程,这也对萨努西二世带来很多耳濡目染的影响,其在位尼央行行长和世界银行副行长时均力主推动深化对华经济文化务实合作,在今年联合国可持续发展论坛上也在做向中国经济发展模式学习的报告。卡诺州作为"一带一路"沿线国家重要省份,是尼日利亚第二大商业重镇和华人集聚区。每每思及华人社区事务,埃米尔二世脑海里总闪过一个名字:MIKE ZHANG。终于 2019 年 4 月 19 日,向张光宇(MIKE ZHANG)发出了卡诺州皇室分封酋长任职通知,这一决定是在非土著居民和当地人民之间建立和平关系的一个重要举措,充分体现两国人民的深厚友谊,为两国民间经济科技文化交流搭建了一个新的纽带桥梁。

张光宇:"之前就解决、协调过一些纠纷,也帮助过一些企业、朋友,对当地来说增加了就业岗位、为当地创造了税收,所以他们会考虑我出面权衡处理一些因为文化、习俗产生的不必要的纠纷会更好,而我也非常乐意去做这样一件事情,就答应了。过去酋长在非洲国家确实有着至高无上的权力,但是如今尼日利亚已有现代行政体制,酋长主要体现在影响力上,尤其是在乡镇村地区享有很高声望。最近也有不少中国人获封了酋长,但获封的区域不同,层级也不同。册封给我的是卡诺州土皇,这酋长还是世袭的呢!"

"哥哥不仅是卡诺州首个华人酋长,更是西非最大的民族豪萨族首个获封的外国酋长,所以影响还是挺大的。"张光磊说,对于获封当天的场景,仍历历在目。当天早上 8 时,近 200 多个当地华商在兄弟俩的工厂集合,一起前往卡诺皇宫。随后,当地政府官员、皇室高层、企业家等千余人陆续到达,纷纷向即将受封的张光宇道贺。10时整,加冕仪式正式开始。当地德高望重的皇室代表为张光宇戴上象征分封酋长权力的头巾、披风,并授予金色权杖。卡诺州土皇正式册封张光宇为"Wakilin Yan China",负责处理卡诺州华人相关事宜。"太激动了,感觉我们中国人得到了当地人的认同和尊重。"张光磊说。

册封后,张光宇骑上骏马开始游行,华人骑士队、皇家马队、警察卫队随行。当地警车开在浩浩荡荡的队伍最前头,紧随其后的是10个戴着紫色头巾、骑着高头大马的骑士,而张光宇则在簇拥中缓缓前行,接受当地人的祝贺。

获封酋长后,张光宇开始负责管理当地华人社区的事务,在需要的时候还会成为卡诺皇室的代表,在双方投资、贸易对接上起到桥梁作用。"在当地人看来,哥哥相当于卡诺州的中国人代表。有了这个身份,可以帮助在尼中国人与当地政府进行更为有效的沟通。"张光磊说。

"尼日利亚越来越重视中国,土皇经常来中国招商引资。"近年来尼日利亚的变化让张光宇感叹不已。

张光宇还记得刚来尼日利亚时的情形:没有高压电路,工厂只能靠汽柴油发电机,成本很高;当地劳动力文化水平较低,时间观念淡薄,经常无故迟到早退,往往招一批工人,培训试用一段时间后,能留下的不足十分之一……

"现在好多了。"张光宇说,近年来,当地营商环境有了长足进步,道路好了,电力也发展起来,不少公路和大桥都是中国企业帮忙修建。尽管相比国内,当地政府办事效率和社会治安等方面还有待提高,但总的来说,这里人很淳朴,对中国人很友好。越来越多的中国人陆续来到尼日利亚办企业。"最近就有好几个老乡来跟我咨询投资建厂的事情,其中生产一次性饭盒和压榨花生油的两家企业快建成

张光宇的儿子为非洲小朋友送食物

了，方便面厂、蚊香厂等项目正在对接中，这里有不少产业空白，需要投资人来填上空白。"张光宇说，作为尼日利亚北部最大的经济贸易中心，卡诺州有2000多万人口，被誉为西非最大的面料集散地，很多来自浙江、山东的公司在那里从事纺织类贸易，也开设了一些工厂。近年来，内地一些印染企业也逐渐开始在当地拓展业务。

"尼日利亚人很佩服中国能自主解决粮食问题，渴望更多企业共同开发农业。"张光宇告诉记者，近期他正在协助当地政府建设一个现代化的农副产品交易市场，这个平台将成为周边国家和地区的最大农产品集散地。现代农业、纺织印染、日用消费品……非洲大地正孕育着前所未有的巨大机遇，期待着新晋酋长的"催化"，帮助越来越多的中国企业在非洲收获累累硕果。

【记者手记】

采访中，张光宇显得腼腆内向，他的弟弟张光磊略显外向开朗。但提起父母，兄弟俩的言语中总有种对父母的孝和敬。包括出门在外报喜不报忧，每天跟父母通电话等细节。但是，这种孝顺和敬爱不能够左右、影响自己的决定。虽然对于自己曾经的选择，父母并不支持，但这是出于对儿子的担忧，在书信沟通之后，父母对自己的支持也是尊重的。张光宇骨子里有种浙商精神，认准了的事情，就算道尽千言万语、走遍千山万水，使尽千方百计、历经千辛万苦，硬着头皮也要做下去，而且要坚持下去。失败了，在哪里跌倒就从哪里爬起来，既然闯，就一定要闯出个样。

做慈善是一种社会责任感的体现，而张光宇的很多行动，不仅仅是履行社会责任，更多的是想通过自己的一些微薄之力让很多的人得到一些实在的帮助。如果说创业初期主要目标是生意上的成功，那么到创业成熟期，张光宇的眼界则不仅仅局限于赚钱做生意，如何将海外同胞团结起来一起努力奋斗、一起打拼、一起成功，如何利用自己的优势促进中非之间的经济合作、文化交流，令人敬佩。

【专家点评】

　　习近平总书记指出:"生活在我们伟大祖国和伟大时代的中国人民,共同享有人生出彩的机会,共同享有梦想成真的机会,共同享有同祖国和时代一起成长与进步的机会。"个人的梦想,与国家的梦想紧密相连,国家的梦想就是让百姓的梦想成真。从张光宇的故事里,我们真切感受到的是,国家综合实力和国际影响力的与日俱增,为人民施展抱负和才华提供了更加广阔的空间,个体梦、群体梦与中国梦是辩证统一的,中国梦既是国家之梦,也是个人之梦;既是长远之梦,也是近期之梦;既是宏大抱负之梦,也是温馨康乐之梦。

中共浙江省委办公厅　周峰林

高继生：光与影的痴狂

记者：邹雯、李潇月
摄影：丁巧巧、尹秋霞
编辑：华冰

【人物名片】

高继生，1943年10月23日出生于苏州，6岁跟父母来到杭州，资深老相机收藏家。1993年创办新中国第一家照相机博物馆——杭州高氏照相机博物馆，收藏有2500台古董相机：从1810年嘉庆年间的千里眼镜匣，到1850年的湿版照相机；从英国维多利亚女王时代的罗斯相机，到1959年杭州仅产3台的西湖样机……涵盖了整个摄影发展史历程，很多都是世间绝无仅有的孤品、珍品，这也是高氏家族祖孙三代人长达80多年收藏积累的成果。

高继生

这台钢印号为490001的老相机，是1949年苏联生产的第一台基辅4M型照相机。它的意义非比寻常，是1949年中华人民共和国成立时，苏联送给国家领导人作为庆祝新中国成立的献礼之物，存世仅一台。这是60多年前，高继生的父亲花了几百块钱，从上海一家国营调剂店重金购得的，也是高氏

相机博物馆的镇馆之宝之一。

2019年5月底,几位外国摄影家找到高继生馆长,想高价购买这台相机,被老爷子一口回绝。"一个是乌克兰的,一个是新西兰的两个摄影家,让我开价好了,说他们钱都带来了。我说不卖,这是我们中国的宝贝、杭州的宝贝。1949年新中国成立时的国家级政府礼品相机啊,这不是金钱可以衡量的。"高继生说。

这不是高继生馆长第一次拒绝别人的高价收购了。但凡想从他手里买到一台藏品,几乎是不可能的事。收藏相机60年,高继生没有卖过一台,他对老相机的喜爱已经到了近乎痴狂的地步。

所以有人称他是"富有的穷人":因为他藏有众多珍世孤品老相机,随便拿出一台,换一套杭州主城区的学区房都绰绰有余。但他从来不卖,还是守在杭州米市巷一处相当简易的民居里,每天吃点粗茶淡饭,穿也不讲究,和

杭州高氏相机博物馆

老伴过着清贫节俭的日子,每个月还靠儿子给的养老补贴支撑着这家免费的公益博物馆。

开馆 27 年来,高氏照相机博物馆曾先后 9 次搬迁,最远曾搬到南京。直到 2006 年,拱墅区政府安排,才在杭州拱北

永和坊 7 幢安定下来,这里展出了高继生将近一半的藏品(剩下的都存放在位于米市巷的老房子里),已有来自 30 多个国家、超过 40 万名相机爱好者慕名而来。每天早上 7 点到下午 3 点,都是高继生馆长接待游客、当解说员的时间,还提供免费相机鉴定和专题讲座,没有收过 1 分钱门票。

高继生的人生就如同他的藏品,有太多故事,太多经历,堪称传奇。

年少时期相机成最好玩伴,第一台相机花了一个月工资

高继生与相机结缘还是因为父母。那时他的父母亲是淞沪会战时期的战地记者,供职于报馆,家里有 20 多台相机。年少时的高继生因为家庭出身不好,形单影只,别的小孩跳皮筋、玩康乐球,他就一个人躲在家里鼓捣相机。"小学初中的时候,我已经在研究相机的光圈速度、焦距怎样变化,为什么会出现这样一个状况。那时候照相行业属于特种行业,要公安局批准的,所以只能偷偷摸摸地玩,就更容易全神贯注,消除一切杂念钻进去了。"

初中毕业,高继生便辍学了。1960 年,18 岁的他在德胜桥小学当代课老师,教语文和数学,第一个月拿到工资 30.5 元,立刻兴冲冲地买了一台蔡斯相机,"那台相机很怪,用的是 135 的胶卷,一般都只能拍 36 张,它却可以拍 45 张,它的胶片是正方形的,24×24。"也

高继生拥有的第一台相机——德国蔡斯相机

正是这台相机,开启了高继生长达半个多世纪的收藏生涯。

换过 30 多份工作,差点为一台相机搭上命

也是因为家庭成分逊色,很快代课老师这个工作也做不下去了。为了找口饭吃,高继生跑去德胜坝码头当装卸工,精瘦的他当时才 90 斤重,码头一个包有 300 斤,两人抬,结果第一天就连人带包掉进河里,工作又没了。

"我就琢磨,教书不能教,凭力气呢,我个子小,力气又不大,所以我只能通过手中的技术来混饭吃。"高继生脑筋一转,决定揽技术活。于是,他跑遍安徽、江苏、浙江等地,到铝制品厂做过白铁工,到浙江话剧团做过灯光制作工,到卫生所、防疫站做过消毒员,修过棉花机、喷雾器、显微镜、血压计……小到精细的钟表零件,大到几十吨重的水泥电杆模子,高继生都能修;水泥厂、砖瓦厂、机械厂、发动机厂、防疫站、林场、茶场……都留下了他的足印。

那时 3 个月签一次合同,高继生最长干不过 9 个月就会被辞退,6 年里换了 30 多份工作。不过拿高继生的话说"有时候坏事也能变好事",这反而让他快速成为一个技术全才,每换一份工作,他都拼命学习技能知识。

虽然换过这么多工作,但是唯一没变的是他对相机的喜爱。1963 年的夏天,高继生在萧山城厢镇发现了一台其貌不扬的 120 罗莱双反相机,视之如宝。可是要 200 块钱,相当于不吃不喝 7 个月的工资!高继生一摸口袋,只有 10 块钱,怎么办?于是他用仅有的 10 块钱付了定金,约定月底来买。出了店门,心思活络的高继生就到处寻找,还真被他在萧山党湾找了份米钱的活——改装捷克喷雾器,赚的钱正好够买相机。可谁料想,喷雾器曾经被用来喷洒剧毒农药,结果炉子一生火,药水残余蒸发,高继生浑然不觉,倒地不省人事。直到第二天早上才被工友们发现,急忙将他送医院

几乎让高继生搭上性命的 120 罗莱双反相机,现藏于高氏照相机博物馆

抢救。而他醒来的第一句话竟然说:"明天可以拿相机了！"工友都骂他:"命都快没了,还照相机!"

当炉前工遇到能包容自己的一生挚爱,为买相机竟挪用老婆买结婚礼服的钱

"孙悟空在八卦炉里炼,我竟然先后在三个炉子里炼过。"说起那段吃苦头的经历,高继生显得特别风趣。他说的这"三个炉子",就是汽车发动机厂的电炉、杭州钢铁厂的高炉和杭钢的转炉,他在厂里做的都是炉前工,是当时最苦最重最累的活。

不过命运有时候就是这样,让你吃尽生活的苦,也会让你尝到人生的甜。在杭钢,高继生认识了自己一生的挚爱——妻子单美娟。那时候,单美娟在杭钢做财务,身高1.70米,长相标致,书香门第出身,家里四个党员,拿高继生的话说,两人差距太大了。"我是炉前工,个子也比她小,相貌又比她差,她家经济条件也比我家好得多。"或许是看中高继生聪明、上进、肯吃苦,1968年,单美娟不顾家人反对,跟高继生结了婚。

即使好不容易娶了美妻,高继生依然改不了对相机痴狂的"毛病"。结婚前,妻子拿出87块钱给他,让他去上海出差

因为买老相机没拍结婚照,30年后电脑合成的迟到的结婚照

时买套像样的衣服,在婚礼那天穿。这是妻子每个月存下的积蓄。高继生嘴上答应,可到了上海淮海路,就不由自主地逛进了相机店。加上自己的十几块钱,一共九十几块钱,买了3台相机,有蔡斯的,柯达的,30多一台。高继生说,当时他也想过会被老婆骂,而且严重程度可能会引发一场"12级台风",但就是忍不住。婚礼那天,高继生是穿着杭钢的工作服结婚的,拿他的话说:"杭钢18000人里面,我是开了头炮了。"婚礼现场,妻子哭了,抖落的

眼泪比"12级台风"更让高继生愧疚。

80年代提前退休下海创业，一套店面房换来一台老相机

如果说孙悟空在八卦炉内炼出了火眼金睛，那么高继生则在命运的锤炼中锻造了超越时代的眼光和远见。

1974年，儿子高峻岭出生。也许是从小耳濡目染，高峻岭读小学的时候已经是杭州有名的小小摄影家了，还举办过个人影展。搞摄影可是一个烧钱的爱好，但为了支持儿子，高继生相当舍得下血本。"拍照片、洗照片、买胶卷，还有差旅费，住宿费，一年花1万块钱都还是打底的，80年代那是一个万元户的价格，而且这些花费都是长期的。"

当时的万元户可不得了！而为了培养孩子一掷千金，在那个年代几乎是很少有人去做的事。高继生和妻子那时的工资和奖金全部加起来也只有200块钱，为了省钱，全家只能每天吃冬腌菜、滚豆腐。

后来，在改革开放的浪潮下，心思活络的高继生又有了大胆的想法。"用现在的话说，我觉得自己创业的技能都已经具备了，我就想跑到外面去闯闯。"1986年，43岁的高继生办理了提前退休，离开杭钢，正式下海创业，从此全职折腾相机，先后在南京、苏州、杭州、临平开了10家照相馆和器材店。"那时候生意真的很好，因为我跟摄影界、收藏界的人很熟悉，能拿到比较便宜的相机，再运到杭州卖。这家店资金积累了一部分，想办法再凑一点，又开第二家、第三家……这样七八年里面开了10家店。"高继生成了收藏界第一批个体户，这也为他日后的收藏照相机事业打下了经济基础。

有一次，高继生看中了湖墅南路一套楼上楼下的老房子，100多平方米，2万块。

1986年书坛泰斗沙孟海老先生在看高峻岭的老相机作品

高继生挤火车从天津买来的英国罗斯木相机

正在和房东谈的时候，突然听到一部1850年前英国罗斯相机在天津将出卖的消息，他立刻改变主意，直接买了火车票，奔去天津。"我老伴把2万多块钱，前面1万后面1万，缝在我的棉毛衫里边，外面再穿毛线衫和棉袄、军大袍，是这样去的。"这趟旅程着实让他遭了不少罪，车厢里挤得水泄不通，连厕所都挤满了人。好不容易到了旅馆，是七八个人的大通铺，他怕钱被偷，连衣服也不敢脱，裹着大衣眯了一宿。卖这台相机的是天津的一家照相馆，老板开价3万。高继生在那磨了两天，第三天，他在老板面前把衣服一脱，摊牌了。"能够出高价的话，你也早就卖掉了，我一共就20300块，你同意我就买，不成我就回杭州。"最后生意成交，高继生喜滋滋地把它扛回了家。妻子一看，就这么个木头东西要2万？但高继生讲起来却是头头是道："它最特别的地方是镜头，是英国维多利亚女王时代的，全铜的，有接近20厘米长，10厘米宽，纯铜外面再镀金，精加工的，要车床车出来的，车好再外面镀金，这个成本非常高，只有维多利亚女王时代才做得起，那时的英国是最强盛的时期。"

不忍古董相机流出国门，办起中国第一家相机博物馆

20世纪八九十年代，中国的古董相机收藏在一些大城市开始起步。当时国营商店出售的老相机只卖几百块钱，而在国外却要卖到几千几万块。中间近百倍的差价，让不少老外纷纷来中国淘老相机，古董相机源源不断地流出了国门。"当时北京、上海、南京、成都，都有老外在买老照相机。为了唤起人们的注意，我就想开个博物馆，把我们中国的宝贝留在国内。"

1993年5月18日，在朋友的帮助下，高继生父子在绍兴路的一间拆迁过渡房里挂牌开馆，当时展出了300多台古董相机，引起不小的轰动，媒体纷

高继生鉴定古董相机

纷来采访,全国各地的爱好者慕名而来。由于古董相机价值不菲,高继生从不敢把相机交给别人修理,博物馆大大小小的事也都自己打理:从讲解、相机鉴定、修理,到钳工、电工、仪表工,再到网站和微博文章的文字、摄影、排版,都由77岁的高继生一个人包揽,一个人顶五个人用。

27年来,一个家庭支撑着一家纯公益的博物馆,高继生坦言很辛苦,却又乐在其中。在他看来,一台相机包含200到600个零部件,涉及机械学、材料学、光学、数学、物理、化学等学科,复制的难度相当大。小小相机,包罗万象,代表着当时最先进的科技生产水平。他守着这些老相机,就是守着一个巨大的科技知识宝库。"我这2500台相机,就好像我的子女一样,我要让更多的人了解它的历史文化内涵,了解它的科技知识含量,我们原来这方面比较落后,现在应该给它补上去。"

【记者手记】

每天早晨5点左右,高继生老人就早早地从米市巷的家里出发,坐151路公交车,6点不到就到达位于拱北上塘路1056号的高氏照相机博物馆。因为经常有国内外客人鉴定、参观,要赶火车、赶飞机,所以高继生干脆7点以前就开门了。年复一年,整整27年,全部免费。

高继生2500台老相机中,1300台放在拱北馆,那里有250平方米,面积大,是他讲解接待和维修鉴定的地方,剩下的1200台就放在位于米市巷的家里。与其说是家,不如说是博物馆的一个分馆。50平方米的

这是全世界仅存一台的西湖样机
（毛源昌眼镜店 1959 年）

房子除了一个小房间供他和老伴日常起居，剩下的地方都用来存放各式各样的老相机，但凡目光所及，无不是相机和关于相机的照片，连废弃的鱼缸里都堆了十几台。高继生甚至还专门腾出了一间卧室，用玻璃展柜布置成"相机陈列室"。什么叫"陋室藏珍"，在这家简易民居改造的博物馆分馆里，一面墙的莱卡相机都算不上稀罕物，光是编号 0001 的孤品就有多台，随便卖出一台，给老两口在市中心换套豪华居所绰绰有余。可高继生一台也不卖，所有这些都是他心中的无价之宝。

其实关于高继生痴迷于相机的故事还有很多。

1959 年，杭州光学仪器厂为了庆贺建国十周年，筹建了照相机试验小组，当时的组长叫周凤宝，胡秋江是杭州资格最老的相机维修师傅，他们打造了三台西湖牌相机的样机，这可是代表了当时杭州的最高制作水平。这三台样机，一台送给省里报喜，一台送给市里报喜，还有一台胡师傅自己留着的。高继生打听到，多次上门求购，但都被胡秋江拒绝，连看都不让看一眼。但是高继生不死心，跟他磨了四年，最后两人成为好朋友了，1974 年以 800 元转让了这台相机。高继生说，那时的 800 元可是他一年半的工资，在附近都可以买到一套 100 平楼上楼下的房子了。为了帮他凑钱，母亲甚至卖掉了三枚以前的金戒指，也才卖了 110 块钱。"你说这台相机要多少金戒指去换？因为我母亲也是搞这一行的，她懂，所以她说，既然你喜欢，你就拿去。"

高继生说，现在他手里的这台是唯一存世的西湖牌相机的样机，称得上是世界级的孤品。今年是新中国成立 70 周年，这台相机还在西湖博物馆、京杭大运河博物馆、中国低碳科技馆和高氏照相机博物馆四个馆展出，这在全国也是绝无仅有的。

> 采访结束时，高继生馆长告诉我们一个好消息——杭州拱墅区委区政府正在大运河东地铁站旁建高氏照相机博物馆，高氏家族第四代传人、正在读小学四年级的高继生的孙子也在背着相机学习摄影，这笔宝贵的财富正在一代一代传承下去，高氏相机博物馆将迎来更好的明天。

【专家点评】

爱好是发自内心喜欢做的事，每个人都会不一样。爱好是指当人的兴趣不是指向对某种对象的认识，而是指向某种活动时，人的动机便成为人的爱好了。兴趣和爱好都和人的积极情感相联系，培养良好的兴趣爱好是推动人努力学习、积极工作的有效途径。所谓"打锣卖糖，各爱各行"，就是说人们的爱好是多种多样、各有特色的。在实践活动中，爱好能使人们工作目标明确，积极主动，从而能自觉克服各种艰难困苦，获取工作的最大成就，并能在活动过程中不断体验成功的愉悦。

有智者，都会充分了解自己的特长，并且经营和发挥好它，使自己的事业得到良好的发展。如果一个人能够确知自己适合做什么事，那他就一定能在某个领域取得卓越的成就。有些人忽视了自己的特长，从而败在自己不擅长的事情上。所以，人只有先认清自己的特长，然后才能通过准确的努力使自己得到提高。

兴趣和爱好，其实就是对某些事物痴心喜好的一种情绪。常说，我们在哪些方面存在兴趣，也就能体现出我们在哪些方面的求知欲。古人说，"知之者不如好之者，好之者不如乐之者"以及"乐此不疲"就是这个道理。兴趣是人生奋斗的强大动力之一。所以，有兴趣的人会以苦为乐，能长久地保持热情和干劲。

高继生和他的相机博物馆，就是一种迷恋、一种痴狂、一个对自己深爱事业不懈追求的故事。

中共浙江省委党史和文献研究室　朱健

谭启晓：记录杭州变迁的 54000 张照片

记者：刘浩、林洁仪

编辑：农书荣

【人物名片】

谭启晓，1938年生于浙江萧山，杭州铁路设计院退休工程师、中国民主促进会会员、杭州古都文化研究会研究员、杭州市滨江区老年书画摄影协会顾问。他几十年如一日，用镜头记录下杭州这座城市的点点滴滴，大到关系杭州民生的重大工程和重点事件，小到家庭的欢笑与生活。2017年，他将所拍摄的54000多张照片、底片，35本摄影记录本全部无偿捐赠给了杭州市档案馆。

谭启晓

来到谭启晓的家里，入目的是大量的书籍、档案，整整齐齐地码放在几个书柜上，或堆叠在房间里，极具冲击力。

谭启晓说，过去十年里，他平均每年整理100份左右的档案，从关系民生的重大工程和重点事件，到记录家庭的欢笑与生活，都以照片、报纸、手记备案等形式，留存下了变迁的印记。两年前，他将

谭启晓家中的档案（部分）

自己从1957年起拍摄的54000多张珍贵照片、底片和35本详细记录了每张照片拍摄的时间、地点、光圈大小、快门速度等信息的摄影记录本，无偿捐献给杭州市档案馆。正是这份特别的"礼物"，让许多人知道，在杭州，有一位摄影爱好者，以百姓的个人视角记录了杭州宝贵的城市记忆，反映了杭州近50年来的发展历程。

一个人给一座城最好的礼物

今年82岁的谭启晓是地地道道的杭州人。20世纪50年代，在北京铁道部设计院工作的他，因领导交代的要为苏联专家留一份特殊纪念的任务，接触到了摄影。让他没想到的是，这照相机一拿起来就是60年。"我把他两年来在中国的工作、学习、生活等方面拍了下来，从那时起，我对摄影产生兴趣，也意识到，照相是一种很重要的纪录方式。"

1974年，谭启晓回到故乡杭州，在杭州铁路设计院担任工程师。1982年，他拥有了属于自己的第一部海鸥4B照相机。于是没有花哨、没有修图，他以最真挚的视角留下了记录杭城几十年变迁的珍贵照片。在他的镜头下，除了平凡生活中的趣事，更多的是关于城市的"成长记录"。杭州城站的变迁、杭州东站的崛起、西湖申遗、杭州奥体中心的"前世今生"……在他的摄影记

谭启晓拍摄的杭州东站

录本中，道出了一个又一个城市"大事件"。

因为在铁路工作了 40 多年，谭启晓对铁路有着特殊的感情。无论是上班时，还是退休后，他都喜欢去拍拍火车站，看看铁路的发展变化。翻开自制的摄影集《铁路杭州东站诞生记》（1992.4.1~2010.1.19），他如数家珍："杭州东站最初是个'过路站'，在 1992 年 4 月 1 日正式启用，我在 7 月 22 日拍了这组照片。起初车站也就是一个两层楼的建筑，每天只有四对列车，旅客很少，冷冷清清的。1997 年 6 月，由于杭州城站拆除重建，客流一下子都涌入了东站，你看这张图片，是不是特别拥挤，和现在完全不能比。"杭州东站的变化，被谭启晓用相机一一记录了下来。

而建于 1906 年的杭州清泰火车站（杭州城站火车站的前身），是杭州建成最早的火车站之一，先后历经一次迁址、三次重建。1999 年 12 月 28 日，该站第三次建成投入使用。1993 年，因在铁路设计院工作，谭启晓提前获知杭州城站火车站将拆除并原地重建的信息，7 月 7 日，他拍下了繁忙运营中的城站正门全貌，这张反映城站旧貌的经典照片，后来多次在省、市摄影比赛中获奖。

城站拆除过程中，他几乎每隔几天就到现场拍摄，上千张底片保存下了这座具有日本奈良风格建筑物的最后"身影"。为了探寻老城站的面貌，1999年 6 月，他还到南京国家第二历史档案馆进行了翻拍。

几十年来，谭启晓见证了杭州铁路的发展，展望未来，他无比自豪。2018 年，在接受采访时，他说杭州铁路实际上是我国铁路的一个缩影，自己也想坐一坐高科技的"复兴号"去北京看一看，来感受一下我们祖国发展的

谭启晓拍摄的杭州城站火车站

面貌。但至今,还未能成行。"人老了,不会特地去一趟北京,一般都是有事才出远门。希望有生之年能早日实现这个愿望。"

除了关注铁路,谭启晓还用了10多年时间,拍摄5000多张照片,记录下了杭州奥体中心的"前世今生"。2006年年底,他从媒体报道中获知,离他家5公里的滨江区七甲闸村将建杭州奥体中心,当即萌发了用镜头记录其施工全过程的念头。

2006年12月30日,谭启晓带上照相机,骑车来到七甲闸村,拍下农田和农居现状,为旧貌变新颜保留了最直观的资料。在村庄房屋被拆平后,他找到还未搬迁的村委会,询问有没有七甲闸村的地图。"他们准备打包当作废品卖掉,我说自己找一找,这个地图非常重要,如果你不保留下来,原来的整个面貌大家就都不知道了。光靠记忆是没有说服力的,一定要有相片、图纸。"

谭启晓拍摄的七甲闸村拆除过程

谭启晓拍摄的杭州奥体中心

拍摄的过程充满艰辛和困难。谭启晓买不起专业相机，起初用的是海鸥双镜头照相机，几年后换成了单反相机。而工地为保证施工秩序和施工人员安全，建立了严格的保安制度，起初拒绝他拍摄。他只好通过各种渠道与工程指挥部沟通。最终，他的诚意和执着感动了指挥部领导，渐渐获得了施工单位的信任和配合，每次他去拍摄都有人陪同，有时还把重要施工信息提前通知他。

此后近10年里，他不畏辛劳，往返奔波了44次，全方位地拍摄了杭州奥体中心施工的全过程，为杭州奥体中心的建设保留了一套最齐全的影像资料。2015年夏天，已完成主体结构的8万人主体育场，犹如一朵绽放在钱塘江畔的白莲花，吸引了无数眼球。"我没有航拍器，还是在附近某在建楼盘安全监理人员帮助下，登上刚刚封顶的32层楼顶，才拍到一张满意的'白莲花'外观全景照。"回忆往事，谭启晓感叹道。

得诸社会，还诸社会

谭启晓总说自己只是个"平凡、乐观、生活充实的退休老人。"了解他的人都知道，他有文艺、体育、摄影、收藏、考古、导游、天文七大爱好。从杭州铁路设计院退休以来的21年里，各种爱好伴随着他退休生活每一天，并且取得了许多令人羡慕的成果。20世纪90年代末，他参与编辑、出版了《中国铁路通信史》等4部书；2007年，应邀担任"江墅火车站"遗址重建的技术顾问；2011年8月，在杭州图书馆举办了"一位市民的西湖申遗情结"展；2014年被评为杭州市志愿服务先进生产者；2016年G20峰会前，他花了一年多时间整理了一套"峰会与我,文明礼仪"的资料,在滨江长河街道中兴社区里给居民们进行知识讲座,还将范围扩大到街道、区里甚至杭州市……现在,还担任着社区"金秋合唱团"的顾问。

除了发展兴趣爱好,谭启晓还热衷于公益事业,如担任杭州城市建设义务宣讲员;亲自收集地图资料、实地测量,为滨江区的中兴社区、月明社区、江汉社区绘制社区平面图;坚持测量西湖水透明度43年,为杭州西湖申遗成功作出贡献等。

谭启晓说,他能够安心地做自己喜欢的事情,离不开一个温暖的家庭。"如果家里不和谐,吵架还来不及,哪有工夫搞这些东西。老伴对我是很支持的,我不太会用电脑打字,她使用电脑比我熟练,是我的好帮手、好助手。"谭启晓的老伴郑映霞比他小1岁,他曾笑称两人是天作之合:一个是"拂晓的启明星",一个是"映满天际的朝霞"。两人结婚已有57年,其中有14年,因谭启晓在北京工作而像牛郎织女一样两地分居。那时谭启晓每年只有12天的探亲假,其余时候只有依靠书信往来。正是有这段经历,让两位老人格外珍惜现在的生活。2004年以来,在老伴郑映霞的支持帮助下,谭启晓在民进浙江省委机关刊物《开明》季刊上发表了《城站的由来》《钱塘江大桥与茅以升》《江墅铁路古今谈》等47篇史料性稿件。

而在谭启晓的影响下,老伴郑映霞也对考古产生了兴趣。早在1964年,她就从奶奶赠送给她的礼物中,发现了一面清朝的"国旗"——黄龙旗。后来,经专家考证,这面羽纱质地的黄龙旗是当年官衙挂在大门前旗杆上的正规标识,相当于现在的国旗。据说除北京故宫博物院外,这是唯一流落民间的清朝"国旗"。此事引来了省市媒体的竞相报道。谈及之后的生活,郑映霞说

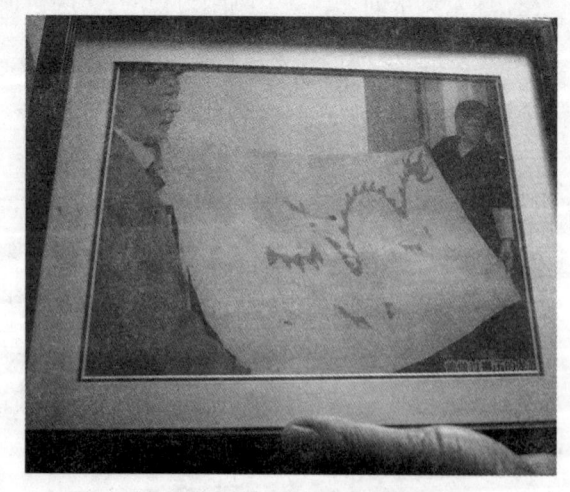

谭启晓家中展示黄龙旗的照片

会继续支持丈夫。而谭启晓则表示，自己还会坚持拍下去，坚持热爱的事情。对于存在家里的一份份档案，尽管不舍，他还是说："从小受到老师的影响，我就明白整理档案的重要，于是我收集了很多的东西，但子孙后代没有切身经历，不会有我这样深的感情。唯一的方式就是捐赠出去，这样我几十年下来，总希望为国家，做一点事情。"

"得诸社会，还诸社会"，是谭启晓给自己定下的为人原则，他期盼祖国一点一滴的变化，不仅仅在他的眼里、心里、相机里，还能存在于后代的记忆里。

【记者手记】

采访那天，刚到谭启晓家中，他就递上了一张自制"名片"，接过来一看，着实惊叹，这是我目前为止见到的最特别的名片。上面密密麻麻画的竟然是滨江的地图，并且还是谭启晓自己手绘的。

没见到谭启晓前，其实很困惑，一个人怎样才能把这么多的事情做到极致。见到他后，所有的问题都有了答案。他太好学了，知识储备特别的丰富，许多跨越几十年、千百年的历史，他能够不假思索娓娓道来。而对于喜欢的事情，他始终乐在其中，全身心地投入。

在拜访他之前，我从未想到，一个普通市民的家里，能够有这么多珍贵的档案。除了文中提到的，谭老伯还整理了《中央电视台春晚资料及实录》《签名封里的故事》《我与女排精神40年》等许许多多的档案，就连每位访客，他都认认真真记录下来。过去十年，上千本厚厚的档案，谭启晓的"存档"意识令人敬佩。这些档案见证了祖国点点滴滴、方方面面的变化，其中很多甚至连相关部门都没有这么齐全的材料，这是多么宝贵的一笔财富！

【专家点评】

"无限的过去都以现在为归宿，无限的未来都以现在为渊源。"

纪实摄影具有深刻的力量，来源于生活和真实，有记录和保存历史的价值，所以，纪实摄影具有作为社会见证者的独一无二的资格。每张照片都是一段历史，让我们跟随镜头回望来时路。对谭启晓来说，几十年时光，一台相机，用镜头记录一座城。火车站的变迁、城市道路的更迭、地标性建筑拔地而起，杭州的一点一滴变化都在谭启晓的眼里、心里、相机里。

　　70年来，无数摄影师用手中的相机记录了共和国的沧桑巨变，这些难忘瞬间凝结成影像，形成一部珍贵的"国家记忆"。在漫长的时代发展洪流中，我们的祖国发生了翻天覆地的变化，大到综合国力、经济水平，小到居住水平、百姓生活，有心的摄影师们将这些点滴变化一一记录下来，汇聚在一起形成了具有划时代意义的影像志。

浙江广播电视集团　项勇

李长平：从"铁饭碗"到民间收藏家的三次选择

记者：邹雯、农书荣

编辑：华冰

【人物名片】

李长平，1964年出生于杭州，1979年参加高考。1981年参加工作，先后担任灵隐派出所民警、副所长等职务。1993年李长平调离岗位进入房地产企业，随后成为自由职业者。2018年5月5日，李长平担任浙江省收藏协会会长。

李长平

这张照片，拍摄于1988年2月17日的灵隐寺，当天是农历大年初一。图中可以看到，湿漉漉的地面上积雪正在融化，远处光秃秃的树枝上挂满了雪，颇有些银装素裹的景象。从灵隐寺大雄宝殿的门口到广场，聚集着许多人，他们有的在上香祈福，有的则是来自各地的游客。人群前方，当时24岁的李长平身着警服，挺直身姿，双手相握，目视镜头，拍下了这张照片。

在灵隐派出所当民警 6 年，对李长平来说年三十、大年初一值班早已是家常便饭。但当时的李长平没想过，他的人生也就是从这一年开始发生着巨变。"我在自己 50 多年的经历中，真实地感受到随着我们国家的发展，大家的生活发生了很大变化，切身体会、感触良多，对国家和个人来说都是巨变的大时代。"

选择一：派出所

出生于 1964 年的李长平，父亲是"南下"干部，自己跟母亲落了农村户口，对他来说，高考是改变命运的最好选择。1979 年，15 岁的李长平参加高考。"我小学五年半，初中和高中都是两年制，加上我读书早，15 周岁的时候就高中毕业了。高考是 1977 年恢复，我 1979 年参加的高考。"李长平说，自己当时的成绩不错，"老师帮我分析，说你考上大学有百分之七八十的把握，但你考中专是'三个手指捏田螺'十拿九稳，最终的选择你自己决定。"

在当时，中专生选拔严格、录取率低，但是待遇也相当优厚，部分学校包学费、包分配，上学时有粮油供应和货币补助，毕业后是"铁饭碗"和干部身份。"我当时是农村户口，想先解决农村户口问题，所以报中专，考进了浙江省公安学校。"1981 年李长平毕业，被分配到西湖公安分局，1982 年 4

月调到灵隐派出所。"刚到灵隐所里安排我去学摩托车,当时学摩托车也是一个很荣耀的事情。摩托车少,驾驶员很吃香。会了之后,我天天住在派出所,因为只有我一个驾驶员,无论大事小情,都需要我在。"

李长平说,当时派出所人员不多、辖区不小,作为所里的民警兼驾驶员,这些年经历了大大小小的各类案件。当时全国通缉两名持枪亡命之徒,有一天,居民举报在灵隐派出所辖区内看见有两个人和通缉令上的人很像。李长平负责开车,所长带队出发去查实消息,后来发现居民认错了人。

"虽然后来是认错人了,但是我们去的时候必须把对方当成是真的嫌犯,做好应对的最坏打算,一切严阵以待,充满了变数,很可能你冲进去的时候枪打过来了。"1988年,就在李长平拍下这张照片后,妻子怀孕,第二年女儿出生,工作上也有了变动:"当时我女儿出生还没满月,一天接到电话叫我回去开会,我被提拔当副所长。"

选择二:下海

李长平25岁升任派出所副所长,随后出任区局法制科科长,手捧"铁饭碗"。但在1993年,李长平却令人感到意外地主动申请离岗"下海"。

"为什么要下海?一是收入太少。我跟我太太都是警察,两个人都是固定工资,那时父亲已经不在了,母亲没有工作,靠我们夫妻两个警察的工资养老养小,实在是不够。第二是太忙,两个人都忙,年三十家家团圆,我们家就剩我母亲跟小孩,我和太太都去加班。感觉既对不住老的,也对不住小的。"夫妻俩商量,觉得还是要有一个人顾家。当时想让妻子辞职下海,但他们联系了多家单位,对方都表示招男不招女。最后,李长平辞职去了浙江省房地产开发公司。"我们也做了最坏打算,我说我会开车,实在不行就开出租。"

1994年,《国务院关于深化城镇住房制度改革的决定》发布实施,住房公积金制度开始全面建立,房地产行业又有了新的发展。"到那边我从最基础的员工做起,公司刚组建我在开发部,后来公司慢慢扩大,成立子公司,我去负责子公司的商贸部。"

下海的经历,让李长平见证了房地产行业的发展,也为自己积累了一定的经济基础。

选择三：民间收藏家

李长平说，收藏紫砂壶的历史要追溯到刚开始当民警的时候。20世纪80年代中期，灵隐派出所辖区内有几家卖紫砂壶的小店，游客购买时偶有真假之争，闹到派出所，他去调解过几次，一来二去，自己也迷上了紫砂壶。

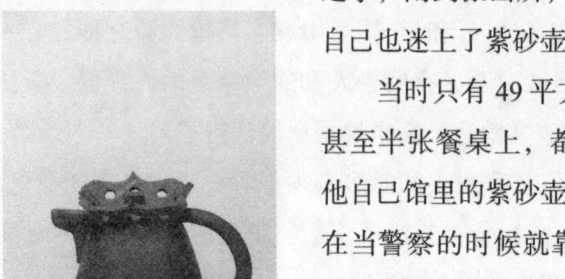

当时只有49平方米的家里，鞋柜上、冰箱上甚至半张餐桌上，都被他摆上了紫砂壶，到如今他自己馆里的紫砂壶数量已经超过了1000把。"我在当警察的时候就靠省吃俭用买。我女儿有一句话，说我总是以给她们过节为名为自己买东西。比如说我女儿过生日，我就买了一把，然后我太太有什么节日，我用这个作为借口去买把紫砂壶回来。"

李长平说，自己收藏紫砂壶有一个口碑，那就是只买不卖。"我收藏了30年，从没卖过。有些壶给的利润非常高，有一把我3000多块钱买的，有人最多开到15万，我都坚决不卖。很多朋友劝我把普通壶卖掉，然后再去买些更好的壶，以藏养藏。我这个人很死板，就是不卖，到今天已经成了一个口碑。"

对紫砂壶的痴迷，对于常人来说可能不可思议，而对李长平来说一切都再平常不过。一次，李长平在宜兴一紫砂壶友家中，看到了一把已有少许裂纹的有大亨印章的仿鼓壶，对方开价20万元。"我跟太太讲这个壶，她说女儿要高考了，上大学需要各种费用。晚上女儿下自修我去接，我跟女儿讲了这个壶的重要意义，她就说老爸你不用说那么多，你想买就买。我说资金是问题，你妈在说你高考后要给你买四大件，你这四大件能不能不买？我女儿想了想，说另外的可以不买，笔记本电脑

要么把你旧的给我。"

就这样,李长平和妻子第二天一早赶在大亨壶去台湾修复之前,把它买了下来。事后,李长平一直觉得,这壶与女儿甚是有缘,2007年,女儿"救"得此壶后,当年高考成绩名列浙江省理科第一名,由北京大学委培一年后赴香港大学学习。

2008年5月,经杭州市园林文物局、杭州市民政局审核批准,李长平着手创办的华夏紫砂博物馆作为民间博物馆正式开馆。当时是国内外唯一一家以古代紫砂为主题的博物馆。"我小时候连饭都吃不饱,我和妹妹两个人的学费要分月交,父亲这个月发工资交掉一个人的学费,下个月发工资再交另一个人的。在那种情况下收藏紫砂壶是不可能的,我工作以后接触紫砂壶、喜欢上紫砂壶、收藏紫砂壶,这一路的经历,都是因为国家的经济发展了,人们生活水平提高了,我们都是搭上了时代发展的快车。"

【记者手记】

> 李长平性情爽朗,开口声若洪钟,聊起天来轻松愉快,对自己的过往以及收藏紫砂壶的经历如数家珍。他至今历经三次大的人生选择,每

次都有许多往事细节，是非常好的采访对象。

　　李长平说，自己的经历更多其实是踩着改革开放的步伐和节奏推进的。高考恢复后第三年参加高考，很大程度上改变了自己的命运。在从警的生涯中，侦办过各类案件，也救过许多为情所困寻短见的人，还曾开着摩托车汽车丈量过景区里的每一条道路，见过社会百态和人情世故，这极大地丰富和丰满了自己的人生。选择下海，虽然有其原因，但又何尝不是因为国家的改革开放，国家的大发展，自己赶上了"潮流"，而且在其中乘风破浪，使得自己的人生有了另一个层次的体验。最后成为自由职业者，钟情和专注于自己的兴趣爱好，同时也是自己新的事业——收藏。没有社会的发展、时代的进步，自己也不可能从过去一步步走到今天。

　　李长平心态特别好，采访中说起自己收藏紫砂壶"东西一堆，但没有现金"，说起为了一把钟情的壶，可以跟太太一再沟通，可以把女儿大学开学"四大件"进行"减配"。但是也正是一家人的和谐齐心，才能支持他专注于自己的爱好，走着自己想要走的路。一个其乐融融的大后方，一个幸福美满的家庭，一个优秀懂事的女儿，让他欣慰不已、自豪不已，也令人羡慕不已。

　　走进李长平的紫砂壶博物馆，琳琅满目，整整齐齐，记者虽然没有火眼金睛，但是身处其中还是能感受到这是一种历史的档案，是一种文化的印记，同时也是记录时代的点滴。工匠精神和文化内涵的结合，才能产出巧夺天工的作品，这是文化的幸事，也是时代的幸事。

【专家点评】

　　李长平三次人生选择折射出了时代的变迁，也从一个侧面反映出我们国家经济社会的巨变。1979年，李长平为了解决农村户口的问题，报考了浙江省公安学校，毕业后进了公安部门，从此捧上了令人羡慕的"铁饭碗"。20世纪90年代初，为了增加收入和照顾家庭，在"下海"浪潮中他去了房地产开发公司。随后成为一名自由职业者，同时，随着经济的宽裕，他进入了收藏领域，专门收藏紫砂壶，且只收不卖，并创办了华夏紫砂民间博物馆。这是一个烧钱的行业，但他却能坚持，表明此时的他并不缺钱，也表明国家的经济在蓬勃发展。

　　李长平的人生经历告诉我们：个人的命运与国家的命运是息息相关的。改革开放以来，我们国家的政策发生了显著的变化，经济社会也取得了长足发展，这不仅让人民有了择业的自由，也提高了人民的生活水平，还满足了广大人民群众的个人兴趣爱好。生活在这样的盛世，是何等的幸福！

中共浙江省委党史和文献研究室　俞红霞

黎力：舞动在艺术之巅的兄弟情

记者：李轶男
编辑：黎越

【人物名片】

黎力，原名黎英寿，号沱江子，1929年生于四川自贡富顺，1948年考入杭州国立艺专（今中国美院）。参加人民解放军30多年，曾任中国美院今艺社理事长、浙江省书协理事、省老干部协会主席，现为浙江省政协诗书画之友社理事，浙江省及杭州市新四军历史研究会书画院、浙江省钱江书画院等顾问。多次应邀在美国举办讲座及展览，讲授中国书法艺术。黎力的哥哥黎英海，是中国当代著名作曲家、音乐理论家、音乐活动家、中国音乐学院教授、中国音乐学院副院长。是中国音乐界具有影响力的音乐家之一。

弟弟：

　　收到我们的结婚帖子吧？很对不起今天才给你写信。我们是去年十二月中离开中大的，本来预备到上海音乐学院或者北京中国铁路文工团，结果给这边拉住了。

　　这里是四野暨中南军区的部队艺术学

黎　力

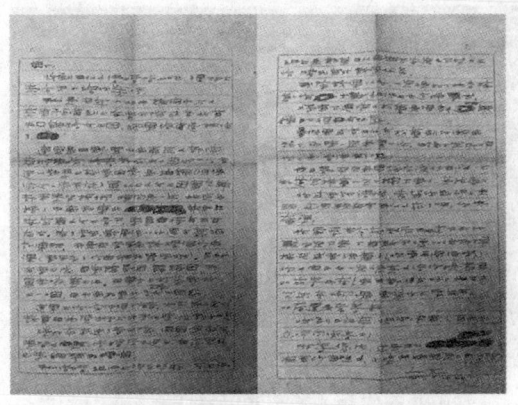

哥哥黎英海写给弟弟黎力的家书

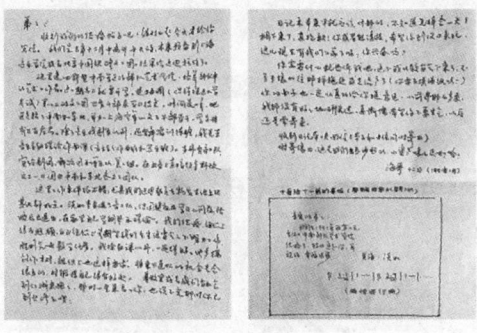

哥哥黎英海亲自制作的结婚喜帖，上面的五线谱是《婚礼进行曲》片段

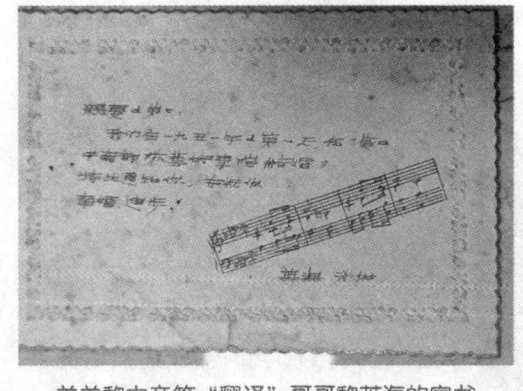

弟弟黎力亲笔"翻译"哥哥黎英海的家书

院，培养部队中的艺术工作者。这一期马上就要开学了，是抽调（但得经过入学考试）军以上文工团业务干部来学习技术，时间是一年，地区包括了中南和东北，并加上海空军的文工干部骨干，学员将有三百左右。除了音乐戏剧系以外，还有舞蹈训练班，我是在音乐系教理论作曲课（音乐系分作曲班和器乐班）。另外有部队实验剧团、舞蹈团和军乐队、美工组。在业务上直接领导野政文工一、二团及中南和东北各文工团队。

这里工作条件很不错，尤其我们这些教员在物质生活上比其他都好点。淡如本来进了音工队，但因健康及学习的问题，结婚后已退出，在家里自己学钢琴和理论。我们结婚，组织上很是照顾，反正组织上是期望我们在生活安定之下努力工作，胜利完成教学任务。我除教课以外，一定得好好地多搞创作才对，组织上也这样要求。将来下连队的机会是会很多的，对锻炼自己很有好处。

暑假里或者我们有机会到浙江来跑跑，那时一定来看看你，也说不定那时你已到台湾去啰！

日记本本来早就应该付邮的，不知道怎样会一天天搁下来了，真抱歉！你或者能请假，希望你到汉口来玩，这儿现在有我们的家了呢！你兴奋吗？

黎英海先生及《黎英海钢琴作品集》

你需要什么就告诉我吧，这下我比较安定下来了，不至于像以往那样拖延或者流浪了（你要五线谱纸吗？）你的曲子也一定认真的给你提意见，以前寄那么多来，我都没有好好地研究过，真惭愧。希望你不要生气，以后还是常寄来。

收到日记本快回信（本子和这信同时寄出）。

附寄相片，这是我们去长沙照的，小资产味儿足吧？哈！

海哥十二日（1951年1月）

黎力与哥哥黎英海合影

这封信写于1951年元月，从图片上能看到很多当时的新文字，所以识别起来会比较困难。不怕！黎力先生给咱"翻译"好了。

哥哥黎英海排行老10，黎力在家中排行11，当时黎家的家境贫寒，父亲是小职员、川剧爱好者，母亲有一副好嗓子，唱起四川民歌来犹如天籁。黎英海受父亲的影响，自幼就被川剧等民间音乐熏陶，并跟母亲和姐姐学会了很多民歌。小学时期，黎英海的音乐才华出众，不仅器乐演奏出色而且歌唱条件也很好。1937年抗日战争爆发后，有一天被老师安排在全县最盛大的民众大会讲台上，让他登台演唱抗战歌曲《热血》《松花江上》。黎英海的歌声振奋人心，轰动全场。但好景不长，为维持生计，母亲要他去做学徒赚钱养家。对音乐充满热情的黎英海不甘心，偷偷跑去了不收学费的川南师范学堂，并且遇到了他人生的贵人——王立三。

《中国男儿血》《献金歌》等抗日歌曲的创作者王立三老师发现了黎英海，认为他是不可多得的音乐奇才，于是便精心教导，为黎英海音乐事业的发展奠定了坚实基础。在王老师的帮助下，黎英海于1943年考入了重庆青木关国立音乐院，从此进入专业的音乐领域深造。1949年南京解放后，他在南京文工团从事创作工作。1950年12月至1952年调任上海音乐学院之前，在中南部队艺术学院任教。前面我们所看到的"黎英海写给弟弟黎力的家书""结婚喜帖""笔记本""1951年元旦贺卡"便诞生在这个阶段。

弟弟黎力，并没有哥哥黎英海那么好的运气。黎力因家境贫寒，中途辍学，17岁就跑去三峡煤矿做学徒谋生，十分艰难。"在我哥哥黎英海的感召下，我从煤矿跑出来，坐木船出了三峡。我印象非常深刻，那场面真是命悬一线啊，我可是从浪尖上漂过来的！"勇敢坚强的黎力就这样离开了养育他的故土，只身来到南京国立音乐学院投奔哥哥黎英海。黎力从小就天资聪慧，在学生宿舍寄宿的他非常好学，不放过任何一次进步的机会。经过三个月的挑灯夜战，竟然考上了杭州国立艺专（今中国美术学院）。

解放战争时期，黎力不畏恐惧、不怕打击，积极参加艺专水手合唱团、亲自演猴舞讽刺揭露国民党的残暴统治，一下成为高校学生阵营中的大英雄。后来，黎力凭借过人的文艺才华加入了部队教导团，经历严峻的挑战与考验，屡次立功，文武双全，成为一名出色的干事。"当时我不懂啊，干事干事，干就是了呗！"当时，前线文工团、浙江军区第七兵团都纷纷向黎力约稿，黎力创作的"谁敢发动战争，坚决把他消灭净！"等抗美援朝革命音乐被中国音乐家协会出版的《人民音乐》第五期刊发，他的作品口语化强、朗朗上口，更加贴近冼星海、聂耳等作曲家的音乐风格，轰动一时。

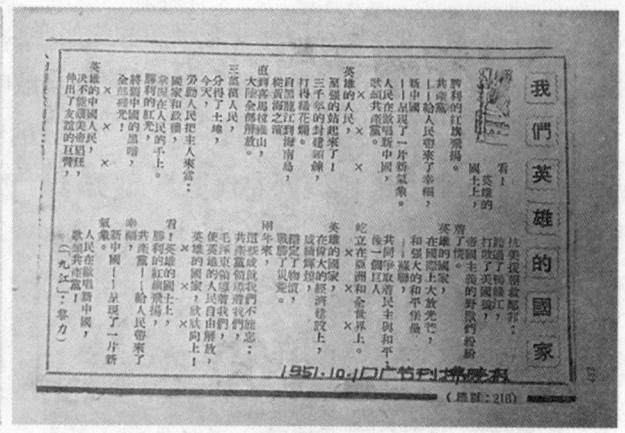

黎力作品《永远跟着你——伟大的党》1951年7月1日刊发

黎力创作的抗美援朝诗歌《我们英雄的国家》1951年10月1日刊发

　　从哥哥黎英海给弟弟黎力的这封家书可见，兄弟二人都是我国文艺海洋的掌舵人。

　　黎英海曾说他的音乐入门有三个门，其中最重要的一个门就是入了革命音乐的门。他还经常在教学中强调：和人民的关系要很好地解决，为谁写，给谁听。黎英海创作的《汉族调式及其和声》《五声音调钢琴指法练习》《钢琴民歌小曲五十首》开创了国内钢琴艺术先河；钢琴独奏曲《夕阳箫鼓》《阳关三叠》等作品已成为中国钢琴作品中的经典；经他编配改编的民歌《小河淌水》《在银色的月光下》《嘎俄丽泰》等作品已成为艺术院校声乐教学的范本，培养了谭盾等一大批闻名世界的音乐家，为中国音乐事业作出了杰出贡献。在这些成就面前，他却一直谦虚地说自己的工作就是教学，然后结合民族音乐再搞一些创作，搞创作的时候，很重视民族特点，一直追求有中国民族特点的创作。

　　弟弟黎力在部队工作时，省吃俭用，每个月都会存上"四万八千元"的工资，以备不时之需。当然，这里说的"四万八千

《黎英海钢琴作品集》

元"跟现在的48000元可不一样,黎力幽默地告诉记者:"48000就是4块8!哈哈哈!""我上学的时候,都是哥哥帮我。现在我稳定了,我又不抽烟、不喝酒,我也要为哥哥尽力。""哥哥调到上海音乐学院以后,他需要买钢琴。我把我的积蓄全拿了出来,赞助哥哥搞事业。""那时候我也要给我的姐姐们寄钱,我们家兄弟姐妹14个,我们的出身很可怜的!黎英海是我十哥,我排行十一,十二弟3岁就死了。我们家14个孩子,新中国成立后只剩了4个。到现在(2019年)就剩我1个了!"

黎力(中)与记者(左一)、编辑(右一)合影

黎家兄弟互帮互助,共同进步,都努力成为共和国的重要建设者。家书抵万金,也如实印证了那个热血澎湃的年代,谱写了那个激情燃烧的岁月。

今年是中华人民共和国成立70周年,90岁高龄的黎力老先生收到了颁发的"庆祝中华人民共和国成立70周年纪念章"。黎力老先生万分感慨,激动地流下热泪:"哎呀,为了国家,牺牲了那么多自己的同志,他们都没享到福啊!看到国家这么强大,我感恩啊!我四次手术都是全麻,现在还这么幸福,是新中国养育了我,挽救了我!我还能保持着人生的快乐和乐趣,我感恩啊!"

90岁高龄的黎力老先生,神清气爽,走起路来依旧昂首挺胸、迈着正步,时不时还会撒娇:"这个老天爷真气人,把我的耳朵搞坏了,听不清喽!不过,我的脑瓜子还是相当好用的!"

黎老先生可以相当娴熟地使用电脑和智能手机。老先生说:"90年代给远在海外的儿子打

黎力书法作品《感恩》

左起吕国璋、黎力、郑朝

电话,太不方便了,要跑到邮政局打公用电话,电话费好几十块钱,连上好长时间才能通话,还挺贵。我们中国人一聪明起来,比谁都聪明,动作比谁都快!现在这个手机方便了,拨个视频就能面对面喽。但是,我感慨呀,手机用多了,不好。机器人最根本的还是要听真正的人指挥,没人编程它怎么用?手机俘虏了很多人啊,吃饭看、骑车看、上厕所也看、睡觉也看,现在要大声疾呼——用手机要适可而止。"

90岁高龄的黎力老先生,40年代就开始创作诗歌、散文。50年代后的《新年锣鼓响》《不落的红旗》等歌曲在北京、上海、南京等地发表、演出,广播电台教唱。近年来着力于篆隶结合的研究,出版有《唐诗诗词名篇钢笔书法》(合著)、《黎力文艺拾零》(音乐卷)(美术-素描速写卷)(书法卷)等。目前正在整理他的个人回忆录,他说依旧喜欢用传统的方式,拿起笔和纸记录生活。

【记者手记】

年华总有老去的那一天,但亘古不变的是我们拥抱生活、勇于挑战的那颗心。最后与您共享黎力的长寿秘诀:每天5点半起床——从头到

> 脚用双手按摩——垫上运动半小时——6点开始爬山——尤其是闻见那浓重的桂花香，桂花香都钻到你心里面去了，豁然开朗。黎力老先生很喜欢大自然，他说："大自然赋予你的，你不享受，太可惜了。老天爷也有对不起我的时候，搞聋了我的耳朵，但是老天爷给了我更多的就是幸福，儿孙满堂，多幸福！朋友战友，多幸福！看到不满意的，你让它去，老天爷总有不公平的时候。做人呢，知足常乐，自得其乐！"
>
> 愿黎力老先生健硕康乐！

【专家点评】

新中国成立70年，是个人、家庭大踏步赶上世界潮流的大时代。70年中，国家涌现了一批又一批的人才，他们曾为国家和时代的发展，在各自的领域作出了贡献。在这些人中，有一些特殊的人群，他们同宗同源，却同为国家之才。他们或许是兄弟情、姐妹情，因为家庭血缘关系情感纽带的维系，一起共同成长，共同勉励，共同促进，最终成长为有益于国家、时代和民族的人。

历史进程中的作品，有的会在时间的酝酿中弥久醇香，有的则会随着时光的流逝而尘封。黎英海先生自20世纪40年代开始专业音乐创作的经典之作，涵盖了先生主要创作领域声乐、钢琴音乐中的代表之作。这些作品以中国民族音乐为素材，以中国古典文化为依托，弘扬了民族音乐文化，经演不衰。

黎英海先生以继承和发展中国民族音乐为己任，作品中所涵盖的民族精神和意欲振兴"中国民族乐派"的艺术情结令人感动，而他所挖掘的民族音乐精华必将在后辈中发扬光大。兄弟之间相互促进，共同成才，这种兄弟情，令人钦佩。

浙江广播电视集团　项勇

寿小钧：老唱片里的新中国

记者：邹雯、冯正阳
摄影：丁巧巧、赵睿
编辑：华冰

【人物名片】

寿小钧，中国老唱片资深收藏家，中国收藏家协会理事。1951年出生于浙江桐乡，原桐乡广播电台职工。20世纪70年代开始收藏，40年收藏了1万多张黑胶唱片，涵盖清朝、民国、新中国成立后等各个时期。著名相声演员姜昆为其家庭收藏室"留声阁"题名，后被授牌为华东师范大学设计学院中国近现代设计文化和设计史教学研究基地。

这是2019年年初，寿小钧在自己的工作室"留声阁"举办的庆祝中华人民共和国成立70周年老唱片展——《让声音告诉未来》。

作为红旗下成长起来的一代人，寿小钧有着共和国同龄人独特的家国情怀。他从1万多张老唱片中整理出了新中国成立70年以来，所有以"歌唱祖国"和"歌唱人民"为主题的红色老唱片，分篇章布置成一本能翻页的巨幅大书，每翻开一页便有历

寿小钧

史的声音传出,这是他花了大半年时间整理的成果。

从这些老唱片中,我们可以倾听到一个新中国的发展史。

"天上布满星,月牙亮晶晶,生产队里开大会……"

上紧发条,摇起手柄,小心翼翼地将老唱片轻轻放上,唱针一圈一圈划着,久远的声音从大喇叭里传来,眼前的留声机仿佛成了一台时空机,瞬间将人带回那个峥嵘岁月。

这是寿小钧最惬意和享受的时光。

平日里,他在杭州帮女儿带外孙,周末就回到嘉兴桐乡老家,一头钻进那小小的"留声阁",整理查阅他收藏的老唱片和留声机历史资料,约上三五好友,或从全国各地慕名而来的发烧友,一块儿品赏吟唱,回忆往事。

如今唱片这种传统的载体已经退出历史舞台,但是唱片里记录的那些声音却成了历史最好的见证。而寿小钧现在做的,正是抢救这些时代的声音文化,留住最真实的声音档案。

新中国成立初期国歌

1949年9月27日,中国人民政治协商会议第一届全体会议做出决议,以《义勇军进行曲》暂代国歌。

据上海《解放日报》记载:《国歌》唱片于1950年1月21日公布。这张唱片非常珍贵,意义非凡,是中华人民共和国成立之后第一张《国歌》唱片,

由上海大中华唱片厂录制的。唱片的片芯用红字印刷，歌名等还是手写到片芯上去的——

  典礼音乐，管弦乐《中华人民共和国国歌》，聂耳曲，林超夏编曲，上海市人民政府交响乐团，片号为 38254-A

当时，由于上海刚解放，受生产条件限制，平均每月只出版 1000 多张唱片。数量非常稀少，没有在市场销售，专供已经解放的地区电台使用，包括：天津、徐州、南通、苏州、杭州、上海等地的广播电台播放。

1951 年，人民唱片厂还录制出版了由铜管乐和管弦乐合奏组成的粗纹唱片。

寿小钧说，每一个时期演奏的国歌，都会因为时代背景的不同而产生不同的听觉效果，这就是一份活生生的历史档案。

"收藏这些国歌唱片的目的，也是传给后代，让他们知道国歌从什么时候诞生，以前唱国歌是呐喊，现在国家强大了，国歌是从悲壮唱到了辉煌！"

"多拉快跑"老司机

在唱片收藏界，寿小钧也算是有些"另类"。用他的话说，他的有些收藏都比较"偏题"。

人家喜欢追伟人的讲话、明星的唱片，但是寿小钧却更喜欢生活化的、更接地气的内容。

中华人民共和国成立之后第一张《国歌》唱片

比如20世纪50年代的唱片《英雄的汽车司机员》就有着鲜明的时代烙印，歌里面唱的"多拉快跑"的响亮口号在当时非常流行。

当时新中国刚成立没多久，汽车还是很稀有的交通工具，作为建设祖国的强大交通工具，汽车拉的货物越多，建设的速度就越快，所以那个年代，无论是田间小路还是康庄大道，货车飞奔、货物高耸、奇形怪状，都是最盛行的景象。"50年代这个老司机是不得了嘞！他有这个自豪感，你们都不会开，只有我来开，我多么神气，为建设祖国出了多少力！"寿小钧说，这歌曲就像渔工号子，越唱越有劲，干活更有气势。"用力啊！我要快！我要多拿一点，我抓紧一点赶快建设起来我们新中国，我为祖国出的力越大越好，那劲就来了！"

说起这些往事，寿小钧心潮澎湃。

煤气使用安全宣传

在那个没有录音机、没有电子设备和网络的年代，任何声音的收录都要靠唱片这种特殊的载体，所以唱片的用途不只是听歌曲，还包括政治、经济、文化等社会方方面面的宣传。

寿小钧的藏品中就有这么一张70年代的特殊唱片——《安全使用煤气，

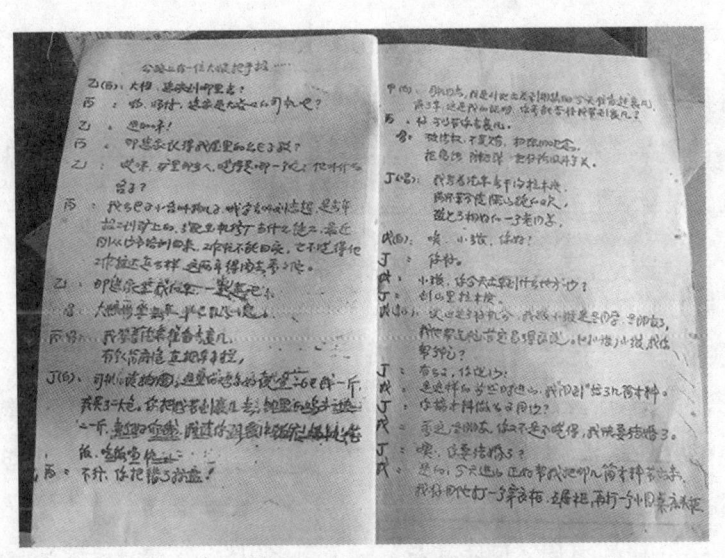

《英雄的汽车司机员》歌词

保障人民生命安全》。

那时候煤气刚刚取代煤炉,开始进入城市家庭,这个新奇、方便却暗藏危险的钢铁大家伙该怎么用?很多人并不知道。于是一张指导如何安全使用液化气的唱片便应运而生。"为了保障人民生命安全我们煤气公司需要对煤气用户加强有关安全使用煤气的宣传,希望煤气用户能掌握好安全使用煤气的常识……"高亢细尖的播音腔,一股浓浓的时代感扑面而来。"煤气一出来,操作这么简单,但是老百姓还没接受。而且好是好,危险啊,煤气泄露要中毒的,要死人的。这张唱片就配合宣传了,煤气怎么点、管道怎么接,它教你,你把唱片听完,你就知道怎么使用煤气。"寿小钧说,这张唱片他保存了两个版本,一个是普通话版本的,一个是上海话版本的,"当时民用液化气的新事物是在上海市先有的"。

除了液化气安全使用说明,还有用电安全、留声机使用方式、雷锋事迹宣传、外语教学、军号唱片,等等,这些在收藏圈比较冷门的种类,都是寿小钧钟爱的藏品。在他看来,这些老唱片更能见证时代的兴衰发展和生活的变迁轨迹,是老百姓自己的历史记忆。

什么时代唱什么歌
歌声中的70年记录国家沧桑巨变

"什么时代唱什么歌,老唱片的声音是跟着时代发展的。"寿小钧说,每首歌无论是歌词还是旋律,都有着深刻的时代烙印,这些老唱片其实就是一部新中国的发展史。

比如50年代的唱片《兄妹开荒》和《夫妻识字》。那时候新中国刚成立,好多土地还没开发,《兄妹开荒》唱的就是边区热气腾腾的"大生产运动"。而《夫妻识字》唱的是当时轰轰烈烈的全国扫盲运动。

"那个年代还比较落后,文化水平高的人不多,那就要学习、读书,年纪很大的人也要读书、要识字,文盲不行啊!"寿小钧说,"50年代我们国家刚成立,是朝气蓬勃的,所以歌曲都是我们要怎么发展、怎么建设祖国,带着这个味道的声音。"

到了60年代,一首中国唱片厂出版的《采茶舞曲》更加鲜明地印刻了时代的特点。这首浙江人很熟悉的传统民歌经历了两个版本,背后还有着鲜为人知的故事。寿小钧介绍说:"当年周恩来总理听了以后,跟作词家说,你这个词要改一下,太辛劳了,你要轻松一点唱。他提议让作词家去体验生活,再去改这个词,所以后来歌词就是轻松愉快的丰收景象。之后不是学'两个先进'吗?'工业学大庆,农业学大寨',那么歌词也改了,就是一边学大寨,一边采茶。声音就是体现在每个时代当中,根据时代唱的。"

改革开放之后,歌曲的风格、旋律更多样化、生活化,拿寿小钧的话说,"已有这些软一点的抒情之音了",像《妹妹找哥泪花流》,可以唱爱情了;还有《再见吧,妈妈》《十五的月亮》,背景是当年的对越自卫反击战。

"每张唱片每首歌都是对应着那个时代,社会的方方面面都是借用唱片来宣传,当时需要什么,就生产什么唱片。"

20世纪50年代唱片《兄妹开荒》

收藏唱片源于爱听歌

寿小钧，1951年出生于浙江桐乡。他从小喜欢听歌，20世纪60年代家里条件有限，买不起收音机，为了听歌曲、了解国家大事，他就找广播站、电影队里边的机修人员，学习无线电技术，用打工赚来的钱买零件，自己动手组装收音机。

"当时电台播放的是每周一歌，有的时候每日一歌，像马玉涛唱的《见了你们格外亲》，才旦卓玛唱的《共产党来了苦变甜来》，那时候很受欢迎，歌词也写得很好，我们就听这个歌。"寿小钧说。

歌好听，可是电台基本上只放一遍，还想再听怎么办呢？于是寿小钧就从电影公司购置了一台报废的留声机，自己修了修凑合着用，然后跑到杭州，一口气买了好几张唱片，包括《见了你们格外亲》《我为祖国守大桥》等，从那以后，便一发不可收拾，仿佛着了魔一般。"我想，我现在已经有了这么多唱片了，我是不是再收集一点？后来想，我要追一个源头，我们中国最早的唱片有什么？最有名的是什么？好，那我就开始有目的地收集。"

为了探究每一张唱片背后的故事，寿小钧买了1000多本书、上网找资料学习来补充，每一个细枝末节、来龙去脉，都要搞个明白。对他而言，这些老唱片不只是生动的声音档案，更是浩瀚的文化宝藏。

把爱好变成责任
希望为老唱片建流动展馆

每一个时代的人，对自己经历过的年代都有着难以割舍的情怀，寿小钧亦是如此，而他留住时代记忆的方式，就是收藏老唱片。

寿小钧的工作室"留声阁"位于他所住小区门口的沿街店铺，不到20平方米，两张旧桌椅，几部留声机，几叠老唱片，这是他的会客厅和藏品展示厅。

而事实上，他真正的"馆藏"是在位于5楼的家中。

一进门，我们就被震撼了：整套跃层的房子如同一间博物馆，各年代的留声机，插电的、手摇的、大喇叭式的、桌面式的，以前只有在影视剧里才能目睹；上万张老唱片，一摞摞齐刷刷地叠放在架子上，每一套藏品都完整地包含了唱片、封套和唱词。

留声阁展示的部分藏品

那泛黄的封面,沾惹的尘埃,浮动着岁月的痕迹,仿佛诉说着被时光尘封的往事。

有些唱片因为年岁已久,每听一次都会有损伤,所以大部分时间它们都是静静地躺在特制的樟木箱里。"别说听了,这些唱片看一看、摸一摸都开心啊!"说这话时,寿小钧两眼炯炯有光,恨不得让你深刻体会他的这份热爱。

浙江省收藏协会会长李长平说,寿小钧已经把对老唱片的这种爱好变成了一种致力传承的社会责任。"他把为数不多的退休工资,基本都用在了唱片收藏,已经从一种本能的喜欢变成了一种责任感,就是要让历史的声音记忆和文化代代传承。"

历史有痕,岁月留声。

寿小钧说,现在他最大的梦想就是能建一个流动展馆,让更多的人听到

寿小钧家中藏品

寿小钧播放老唱片

老唱片，了解唱片背后的那段历史，真正把难得的老声音留存下来。

"唱片记录的都是历史的声音，是民族的精神和文化，是一笔宝贵的文化遗产啊！所以我要去抢救它，留住它，传承它，这也是我余生最大的追求！"

【记者手记】

声音是最真实的历史档案。

科技的飞速发展使得音乐载体迅速改朝换代，老唱片随着老式留声机一起退出历史舞台，却成为收藏市场上不可多得的"古董"，更成为见证历史和社会变迁的珍贵档案。

寿小钧说，在某些特殊历史时期，很多老唱片也遭遇了破坏、摧残，正是有人冒着生命危险来保护，才使这些珍贵的文物得以幸存。在他眼里，老唱片与其说是"古董"，不如说是"文物"来得更贴切，它的社会价值、历史价值是不言而喻、不可替代的。而寿小钧现在做的，就是挽救这些声音文物。

收藏界流行"以藏养藏"，就是抛售掉部分增值空间不大或者自己已经感到厌倦的藏品，再用所得资金去进新货，一边赚取收益一边"玩"，用较少的投入"玩"到很多的藏品。

但是对于寿小钧来说，这种情况从来不存在。他对老唱片仿佛有一种天然的使命感，一种朴素的情怀，拿他自己的话说"已经钻进去了、完全成为生命的一部分了"。

做有价值的事，做自己想做的事，做大众未必会做的事，这或许就是一种境界。

> 寿小钧说，他现在最大的苦恼就是场地不够，十几平方米的留声阁面积太有限了，根本容纳不了多少人，他希望能找到一个几百或者上千平方米的地方，办一个展馆，然后不定期地办几场流动展览，让更多的人看到、听到，听唱片，听故事，回忆时代，回忆岁月过往。

【专家点评】

黑胶唱片，俗称"胶木唱片"。人们之所以称之为黑胶唱片，也许是因为胶木唱片中大多数是黑色的，但是也有存在其他颜色的黑胶唱片，比如黄色、透明、荧光、白色。

黑胶唱片的历史可以追溯到1877年爱迪生发明留声机所用的圆筒唱片，而真正可以被称为唱片之父的是德裔美国发明家艾米利·伯林纳，以改进电话技术和留声机唱片而知名。正是他发明了圆盘形唱片，并研发了可以作为播音和录音媒介的扁圆形涂蜡锌版，后来又研制出虫胶，取代了蜡，今天的黑胶唱片正是由虫胶唱片发展而来。

最初的黑胶唱片是转速定为每分钟78转的粗纹唱片，每面可录约4分钟。1931年美国无线电公司(RCA)试制成功了33+1/3转密纹唱片，每面大约可录6首歌。1948年，33+1/3转速的唱片正式投放市场，在整个黑胶唱片的发展历程中持续的时间最长、发行的数量最大、声音品质也最好，现在通用的唱片几乎都是33+1/3转。黑胶唱片作为一种声音和音乐的载体几乎占据了整个20世纪，直到1982年CD诞生。

黑胶唱片是一种声音的载体，但黑胶唱片更是一个时代文化的记忆。正像本文主人公寿小钧所说的，他已经把对收藏老唱片的这种爱好变成了一种致力传承的社会责任。

中共浙江省委党史和文献研究室　朱健

王文君：从 3000 多封婚书中看新中国巨变

记者：邹雯、尹秋霞、张柯一
编辑：华冰

【人物名片】

王文君，台州路桥人，民间婚书收藏家。1999年，在一次逛古玩市场时偶然淘得了一张民国时期的结婚证书，因其做工精美，深深为之吸引，从而开启了婚书收藏之路。20年来王文君已收藏了婚书3000余份，成为记录历史的珍贵档案。

"结婚证是一种象征着婚姻关系的凭证，它代表着夫妻法定的关系。而在过去，结婚证则是以一种婚书的形式存在。不管是结婚证还是婚书，在大部分人的眼中，这是一个既简单又正式的东西，它基本只出现在两人结婚和离婚之时，在平时基本没有人提及这类物件。"

而在台州路桥，有这样一个人，他收藏了近3000份婚书。这3000多份婚书，最早至清道光二十年，历经民国时期、新中国成立初期、改革开放直至当代现今。

王文君

他，就是王文君。

王文君是一名公务员，在路桥街道办事处工作，平时做着和档案研究展示相关的工作。谈起婚书收藏，王文君说他第一次和朋友在路桥当地的古玩市场闲逛，就和婚书有了第一次的偶遇。正是这次偶遇，开启了自己婚书收藏的大门。

新中国成立初期杭州地区的第一批婚书

这是新中国成立后浙江省杭州市的第一批婚书。

1950年5月1日，新中国颁布了第一部法律——新《婚姻法》。同年12月，这份来自杭州地区的结婚证书成为首批登记的结婚证书，编号为73号。这是一份经由杭州市人民政府民政局盖章登记、局长签字审批把关的婚书。这样的婚书在五六十年代其实并不多见。

这份婚书，犹如一张奖状。婚书的正上方画着红色五角星，四边缠绕着鲜花和红旗还有庆祝胜利和喜庆的铃铛。受西方和合文化的影响，左右上方还各有两个金发天使。奖状式的婚书图案也是建国初期婚书的一大特点。

"婚书跟那个时代是紧密结合在一起的。"这张婚书的正上方还贴有结婚人双方的照片以及结婚登记的盖章。照片正下方写着结婚人的名字：章萌、顾芰英。其中顾芰英就是《大公报》著名爱国报人顾建平妹妹。结婚人左侧盖

1950新中国杭州第一批局长签订的婚书

有杭州市人民政府民政局局长冯萌东的签字印章。冯萌东，他是中共地下党情报人员，他的传奇是在抗战时期，多次潜入上海的情报工作，那不是一般情报员的工作，而是带有战略性质的。

结婚人的右侧还写着结婚人的出生年份和年龄，并有"双方自愿结为夫妻，经审查与中华人民共和国婚姻法的规定相符除予登记外"这样的官方书面字语。婚书的最左侧记载着婚书的登记时间：1950年12月15日。

"林三角地妹"背后的两次婚姻

婚书像是一台时光机，诉说着它那个年代的故事。王文君透过婚书和婚书里的新人进行着一次次穿越时空的交流。一幕幕，一帧帧，像是电影画面，婚书里的人，婚书传递的情感故事，不论是幸福的，还是波折的，都早已是过去式。而留存给王文君和我们的，却是像剧本一样，处处都是值得解读的动人故事。

"林三角地妹"这是个女孩的名字，也是一个独一无二、绝无仅有的名字，其中林是她的姓氏。据王文君介绍，"是三角形的三角，土地的地，妹是女字旁的，小妹、妹妹的妹。三角地妹，这是女的名字，然后我再分析的话，有可能是当时弃婴，就是女孩被父母丢弃在这三角地的位置上，那么这户人家就把她捡回来了。"

这是关于"林三角地妹"的两份婚书。

随着新中国的成立，新《婚姻法》的颁布，婚姻变得自由，女性在婚姻

1952年6月"林三角地妹"在仙居城关办理的结婚证书

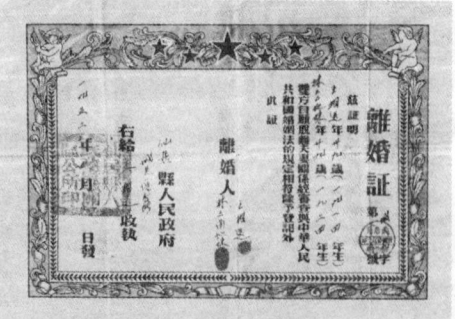

1952年4月"林三角地妹"在仙居城关办理的离婚证书

里的地位得以尊重，50年代开始了第一次离婚潮，成为一个划时代的变化。

1952年4月，在台州仙居城关办理的这则离婚证书就是"林三角地妹"的。和结婚证书不同的一处细节是，婚书左右上方原本的丘比特天使折断了象征爱情的弓箭。而就在同年时隔两个月的6月，在同一婚姻登记机关，"林三角地妹"办理了又一结婚登记手续。证书的正中间用红字印着"团结友爱"四个醒目大字，四周仍是这一时期浙江地区结婚证书典型的婚书图案风格。

双语婚书、消失的省份

这一张结婚证书来自一个如今已经不存在的省份——辽西省，婚书的公证以及公章都是辽西省锦县人民政府签署的。而这让人既熟悉又陌生的辽西省实际上就是在解放军解放锦州之后，于1949年1月成立的省份。

时间推移至1954年，新中国重新进行区域划分，存在了4年的辽西省与辽东省重新合并成了现在的辽宁省。于是乎这份婚书上的省份便是已经消失了的。

这份新中国成立之初的婚书也具有浓烈的时代特色，边框由代表丰收的玉米编制而成，正上方象征新婚的"喜"字下就是两面五星红旗飞扬，下方还有着"互敬互爱"这样口号式的标语。奖状式的形象正是当时婚书的主流形象。

而另一件则是一份1968年的双语婚书，来自内蒙古包头市青山区婚书。同样是奖状式的模样，由丰收的硕果点缀组成边框。

而令人称奇的是，婚书右侧是汉字，左侧则是蒙古文字，汉字横排，从左到右书写；蒙文竖排，从上到下罗列。

诸如此类的特色婚书还有许

辽西省锦县婚书

多,根据王文君的说法,新中国成立之后的婚书收藏占了他三千婚书的一半左右,特别是五六十年代,正是婚书变样的"大观园"。

而随着时代变迁与社会发展,婚书的样式也在不断变化,王文君从自己收藏的婚书当中总结:"我们这么说的时候,最开始是普遍以奖状式的,然后慢慢变到尺寸小了一点,携带方便一点,就是本子式的。到现在我们称它是护照式的。"

新中国成立之后的婚书,外形经历了从解放初期普遍的奖状式,再到改革开放后的本子式,以及现如今小巧方便携带的护照式,总的趋势是体积由大变小,并且有了水印、防伪标志等科技证明。

婚书,一个时代的窗口与象征

王文君收藏婚书起始于婚书的高颜值,那么二十年来如一日不曾间断的收藏热情则源于对婚书背后时代与文化内涵的洞悉。

婚书古已有之,《周礼·地官·媒氏》:"媒氏掌万民之判。凡男女自成名以上,皆书年月日名焉。令男三十而娶,女二十而嫁。凡娶判妻入子者,皆书之。"

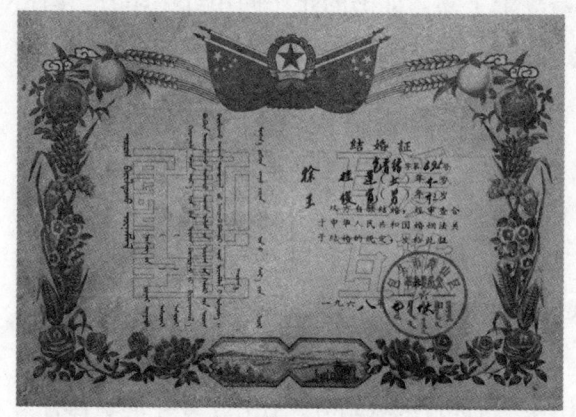

内蒙古地区的双语婚书

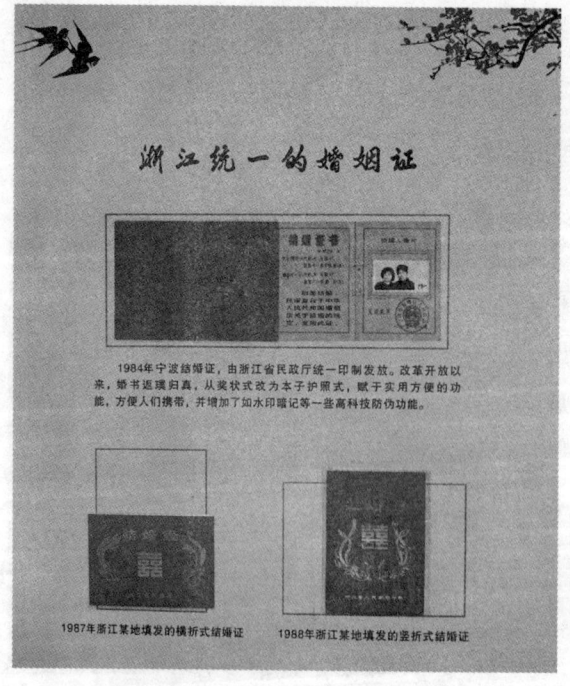

改革开放后浙江统一形式的婚书

作为传统社会乃至现今男女婚姻的凭证,在王文君眼中极具时代性,"婚书其实也是一个时代的窗口和象征,一个时代都能够在婚书当中反映出来"。

王文君的收藏,从清代道光年间直至今日,这200年来风雨变迁,在婚姻形式不断取精去糟,变得合理合法,婚书也是因时而变,从最初的繁杂冗长的形式简化为如今统一制式的结婚证。

如果以新中国成立为分界线,清代乃至民国时期的婚书大多做工华丽,并且种类样式纷繁,各具特色;而新中国成立之后,婚书在功能上更多地转变为一种代表婚姻凭证的工具,样式也从奖状式发展到便携的本子护照式。

欣赏着各具特色的婚书,边听着王文君先生的介绍,70年来婚书变化在我们面前铺展开,而形式各异的藏品确乎能够体现时代文化在其中留下的印记。

"70年是围绕一个主线,这个主线就是第一部婚姻法,"王文君总结了这70年来婚书的特点,"结婚证书是一个法律特征的充分体现。"在新婚姻法为主线的前提之下,一方面,男女在婚姻方面的自主得到保障;另一方面,婚书样式也随着社会生活而不断改变。

王文君对于婚书形式的转变有着多角度的认识:传统婚书大多做工精美,因此具有传统文化内涵与特色,具有丰富的收藏价值;

20世纪20年代初的婚书

50年代河南省的离婚证书

红万字会婚书

王文君收藏的各式各样的结婚证书

王文君收藏的部分婚书

而现在的结婚证却是以简单便携为特点,更大意义上是一种男女婚姻关系的凭证和属性,同样具有时代特色。

王文君的收藏甚至作用到了自己的工作生活,他常常会为台州当地一些文化展览出谋划策,也会捐献自己的婚书藏品,用他的话来说:"多多少少为我们中华传统文化的保护作一些贡献。"

而当被问及退休之后的打算,王文君坦言收藏是自己不变的爱好,婚书这样有些冷门的收藏,"因为有像蚂蚁一样的这些人,好多东西才得以留存下来,如果没有这些热心的收藏爱好者去收藏保护的话,早就消失了。"如果退休之后,他认为自己可以投入更多的时间到收藏研究上,乃至全部的时间与精力。

据王文君所讲,如今婚书收藏的群体也不断增加,"现在这个群体越来越庞大,保护的意识也比较强,再加上这几年对文化的重视也越来越普及……所以在全国各地收藏婚书的群体也在不断发展。"对于这样的变化,王文君是乐意看见的,更多的目光投入与收藏意愿,相信婚书这一伴随中国漫长历史的信物也会绽放更多的光辉。

王文君擦拭婚书宣传板(采访视频截图)

【记者手记】

> 新中国70年的记忆,是国家和全体人民共同的时代记忆,在这些记忆中,王文君这样的民间收藏家,其实是一个记忆的集中点,他们是这些记忆体中一个非常闪亮的点。
>
> 婚书,在寻常百姓家中是重要的纪录,它是一个家庭结合或者分离的凭证,它记录着一个个小小的家庭的建立和变迁,而且还打着深深的时代印记,在它为数不多的文字中,总能记录着这个时代最鲜明的特色之一,因此具有十分重要的意义。
>
> 王文君收藏这些婚书,将它们一一分门别类,一一去寻访这些婚书背后的故事,已经成为研究时代、研究历史的一个十分重要的素材库。我们在跟王文君接触的时候,他对自己收藏的这些婚书如视珍宝,专门的存放,专门的封存,即使来参加我们的发布会的展出,也是小心翼翼,一切亲力亲为,这种精神也的确令我们感动。

【专家点评】

一纸婚书,是一辈子的承诺,从此执子之手,与子偕老。王文君,自称"收藏幸福的人",从1999年开始至今,在20年间收藏了从清代嘉庆年间直至今天的婚书3000余份,让我们共同见证了历史流转,不同时代婚姻习俗与形式的嬗变。

婚书是一个时代的窗口和象征。从清代的手写红纸墨书,到民国时期图案精美的婚书,再到如今民政部门颁发的结婚证……不同时期的婚书,不同的图案、不同的尺幅、不同的文字,背后蕴含着的是丰富的文化内涵,折射出的是各地的风土人情及其背后的时代和故事,有的还能反映出结婚人的文化程度、家庭背景、社会关系等,其记载着的是岁月的沧桑变迁。所以不同时期的婚书相连,不仅是一部中国式的婚姻发展史,也是向来注重"家文化"的中国人传统精神的延续,因而也显示出其独特的价值。

中共浙江省委党史和文献研究室　俞红霞

浙商传奇

沈爱琴：她让中国丝绸走向世界

宗庆后：一份承包合同书中的浙商传奇

李书福：一张「准生证」「生」出千亿国产汽车巨头

南存辉：40年「烧好一壶水」的改革先锋

叶建华：废除「投机倒把罪」的亲历者

郑元忠：「我投机倒把的行为，有关部门要负一定的责任」

茅理翔：浙商传承「创一代」要「放权」

王振滔：从火烧奥康鞋到获中国质量奖提名奖

凌兰芳：50岁下岗终成「风云浙商」

吴国平：要做正宗杭州味道的Uncle吴

金月华：贸易战中完胜美国「双反」第一人

王碎奶：「纽扣大王」的改革传奇

张新夏：百年老字号的「85后」掌门人

浙商：我的浙江我的家

沈爱琴：她让中国丝绸走向世界

记者：刘浩、邹雯

编辑：农书荣

【人物名片】

沈爱琴（1945~2016）杭州笕桥人，中国共产党优秀党员，第九届、十届全国人大代表，全国劳动模范，中国民营经济发展的先行者，中国丝绸产业功勋企业家，万事利集团有限公司创始人、董事局荣誉主席。1975年，创办万事利集团的前身——杭州笕桥绸厂。经过多年的艰苦奋斗，将一个农村小厂发展成为中国屈指可数的"丝绸王国"。

沈爱琴

1975年，30岁的沈爱琴临危受命接下了濒临倒闭的杭州笕桥绸厂，这也是万事利集团的前身。当时厂里只有17台老掉牙的铁木织机，22位刚刚放下锄头的农民，3600元的资金和数万元当时堪称"巨额"的债务。她咬紧牙关，开始艰苦创业。面对无资金、无技术人员的创业境况，沈爱琴首先想到的就是通过传帮带的方式培养一批有技术的工人，国营绸厂的退休技术骨干是她的首选目标，她又带领一些青年职工去上海等地先进的厂家拜师学艺。

万事利集团副总裁张祖琴当时还是车间的挡车工："沈厂长还是看得远，因为当时我们只是一家最底端的丝绸织造厂，生产的是半成品，厂长看到商机决定要做成品。半成品的利润低，只能赚一点微薄的加工费。一条1.8米到2米的丝绸被面，当时来料加工费只有8毛钱，如果制成成品的话，就有相当于5块钱的利润。所以当时沈厂长也是马上拍板，准备筹办包括染丝、印花在内的多个工厂，每个工序都派了人去学习，我被派往上海学习染丝技术。"

1985年，杭州笕桥绸厂为了追赶发展潮流，准备建设自己的染丝车间。在厂长沈爱琴的带领下，全部工人在不耽误生产的情况下，夜以继日地投入到染丝大楼的建设中，以每7天一层楼的速度向前推进，在浙江冠绝一时，《杭州日报》史无前例地用头版头条的规格特别刊载《"深圳速度"在笕桥》的长篇报道，引起各界对乡镇企业发展的关注。

为了能尽快投产，沈爱琴专程赶到上海苦口婆心地一个个求着已经从国营大厂退休的21位老师傅到厂里进行技术把关指导染丝技术。

但是两个月后出现了变故，1985年的一天清晨，笕桥绸厂陷入了孤独无援的窘境，一夜之间，21位专程从上海请来指导印染技术的老师傅，不见了！

张祖琴："前一天晚上（老师傅）还在车间指导，第二天上班发现他们一夜之间都撤走了，只留下了个纸条，上面写着当天的工作安排，当时都蒙了。"

原来，被视为"专家"的老师傅们，不论是在理念上还是在具体生产环节，或多或少跟厂里决策层要求不符，有时候也有些技术指标会出现偏差，生产了很多次品，张祖琴说："当时的次品几乎堆满了几百人的食堂，老专家说又说不得，一气之下全都走了，厂长就安慰我们，鼓励我们，说我就不信我们搞不起来！"

让专家们集体撤离的导火索是因为一件新品。当时沈爱琴接了一个涤纶丝染色的订单，但厂里从来没有做过这种产品。专家们认为，绸厂设备不先进、人才技术不过关，局限性太大，做不出来的。况且，要是失败了传出去，专家们的个人名声可就不好听了！但沈爱琴认为，要想发展好，就要出新品，新产品才能创造高利润率，市场变化莫测，老产品很快就会被淘汰。至于困难，就是拿来克服的！于是，意见不统一的专家们当了"逃兵"……

之后的100多天里，沈爱琴和技术员们一起努力，跑上海、学技术，单程8个小时，路途颠簸，顶着巨大的压力开始了创新之路。

一次尝试失败，没关系，再来一次。她总是这样安慰职工，也安慰着自己。屡战屡败，屡败屡战。终于，在三个月时间的高强度攻关之下，新产品的指标达到了优质水平。沈爱琴的眉头舒展了，在项目表彰会上，她说："你们比上海人牛，他们吓跑了，我们做成功了！"从当初的亏损社办企业，到实现媲美"深圳速度"的发展梦想，沈爱琴用了10年的时间。

20世纪80年代中期，作为外汇储备的重要来源，丝绸行业迎来了发展最兴旺的时代，几乎是个丝绸厂都能赚钱。正当人们忙着扩大生产时，沈爱琴却看到潜在的危机：产品的档次低，即使出口的，也是半成品的坯绸。所以工厂技改势在必行。

这是1992年4月21日，浙江省计划经济委员会关于杭州笕桥绸厂引进喷水织机技改项目初步设计的批复。

为了拿到这个批复，当时杭州笕桥绸厂厂长沈爱琴费尽了周折。沈爱琴的弟弟、现任万事利集团监事会监事长的沈柏军是当时的项目负责人："光是（各种审批）印章就盖了185个！"

沈爱琴经常出国，目的就是开眼界、长见识，好引进国外先进的设备、技术。20世纪90年代初，有香港商人在杭州推销日本生产的喷水织机，但该设备所需资金过大，设备推销商在杭州四处碰壁。但沈爱琴曾在出国考察时见到过这种设备，喷水织机是当时世界上最先进的织机，可以将纺织工序由四道减为三道，提高原料利用率，提升产品档次和质量。沈爱琴下定决心：一定要拿下喷水织机！

沈柏军："因为改革开放以后，服装出口量开始上升，国内需求量也开始增加，这个设备（喷水织机）进来以后，劳动力可以降低，效率可以提高，像我们以前一人管1台设备，这个设备一个人就可以管8台。"

沈爱琴几经辗转联系上了推销商，双方达成合作意向——笕桥绸厂计划引进108台三菱喷水织机。但对沈爱琴来说，真正的闯关才刚刚开始。

沈爱琴要上喷水织机项目的消息像一颗重型炸弹，震动了区里、市里甚至省里的部门和中国纺织行业。因为该项目需要500万美元外汇，这个数字是当时整个笕桥镇乃至江干区都很难扛得动的数字，再加上1000多万元的配套资金，笕桥绸厂真的可以说是小蛇吞大象了！钱是一方面。另一方面，还有上级领导是否同意的问题、企业"身份"的问题。项目上报立项申请时，有些领导坚决不同意盖章，认为乡镇企业实力不足，立项存在很大风险。沈柏军："我们是镇办集体企业，镇上这个项目风险太大。我们只能不断地跟领导做工作，解释为什么要这么做。没办法，只能——磨。"

就这样一天天地磨、一遍遍地说，沈爱琴带领同事逢山开路的闯劲、滴水穿石的韧劲、锲而不舍的干劲打动了相关部门的领导，让他们对这个项目有了新的认识。

完成立项后，沈爱琴还没来得及歇口气，新的难题又在前面等着她。

当时国家外汇非常紧张，各行各业全面引进国外先进技术和设备，都急等着外汇，国家只好用额度进行控制，谁都想先得到外汇额度，笕桥绸厂向农业银行贷款，国家外汇管理局接到笕桥绸厂的用汇申请，马上就给退了回来，理由是：农业银行目前根本没有向国外结转外汇的部门。

沈爱琴以一个银行信贷客户的身份，多次走访农业银行，强烈建议中国农业银行根据形势的发展、企业的迫切需求，马上设立国际信贷科，开展国际信贷业务。事实上，中国农业银行决策层早已意识到这个问题的急迫性，已经着手研究相关问题。不多久，设立国际信贷科得到了央行批准。中国农业银行得到央行批准获得国际信贷功能后，主动与国家外汇管理局联系，经过多方促进，终于获得了500万美元的外汇额度。

这是中华人民共和国成立以来，第一次向一家乡镇企业拨放这么大一笔外汇。接下来，是向中国农业银行申请5000万元额度的人民币贷款。中国几大银行，从没有向哪家乡镇企业发放过这么大的贷款额度，尽管农业银行对这个项目很支持，但谁也不敢拍这个板。农业银行的领导说得很清楚，必须有足够的资产抵押担保，提供担保者不能够是政府部门，也不能是国有资产。

5000万元的贷款，必须要有超过5000万元的抵押资产来担保，笕桥绸厂的资产尚未超过5000万元，没有担保资格，担保人只能在私人老板和乡镇企业里找。那个时候，杭州超过5000万元资产的私人老板凤毛麟角，找不出几个来。即便有，谁又愿意为一家与自己没有切身利益的乡镇企业作担保？

唯一能找的是乡镇企业。杭州范围内实力超出笕桥绸厂的乡镇企业只有一家，那就是鲁冠球掌舵的万向节厂。从不向朋友张口求援的沈爱琴给鲁冠球打了电话，鲁冠球二话没说，从北京回到杭州，下了飞机就直奔笕桥绸厂，直接在提供5000万元额度的担保书上签了字。当时沈爱琴还半开玩笑问鲁冠球："你就不怕我这个项目失败，笕桥绸厂破产倒闭吗？"鲁冠球说："你沈爱琴认准的事，下这么大决心在做的事，一定错不了！"

就此，喷水织机项目得以一步步向前顺利地推进，从日本引进的108台喷水织机投入生产后获得了空前成功，生产规模大幅提升、产品档次明显提高。从此，"抢占别人未曾染指的第一个制高点"成了沈爱琴的新目标。

1993年，以杭州笕桥绸厂为核心，跨行业、跨地区联合了33家工商企业、科研机构、大专院校组建"浙江万事利轻纺工贸集团公司"，并于1996年8月正式更名为万事利集团公司。"万事利"的品牌开始在丝绸界扎根。1993年，沈爱琴投入1亿元从德国、瑞士、意大利引进真丝印花生产线；1995年5月，从韩国、法国等国家引进18台全电脑针织大圆机……新技术的使用使得企业从原来单一的织造胚布，迅速发展成为集"织造、印染（染色、印花）、砂洗、服装"为一体的综合性丝绸服装制造业。

1999年12月，由沈爱琴亲自定名的"万事利"商标被国家工商局评为当时中国丝绸行业第一个驰名商标。

几年以后，万事利集团有限公司的各种丝绸产品和服装已出口到欧洲、美洲、亚洲等30多个国家和地区，年出口丝绸服装几百万套，出口值达到2亿多元，成为全国的外贸出口先进单位。

2001年5月，按照国家经贸委的要求，万事利为参会APEC上海峰会的各国领导及配偶生产了300套"唐装内衣"，一度风行了国内外服装市场。

2008年8月8日，北京奥运开幕。浙江企业在奥运经济中分得一杯羹。万事利的"青花瓷"系列礼服及纪念礼品甫一亮相，全场惊艳。沈爱琴常说，丝绸这样的产品，需要一定规模的企业来做。因为它需要品牌，规模扩张了以后，市场波动大，做不出精品。

2013年，万事利战略合作法国百年丝绸名企，为万事利丝绸走向世界舞台，开拓国际化战略奠定基础。

2016年万事利丝绸深度参与G20杭州峰会，为大会提供了丝绸国礼、丝绸艺术品、丝绸礼服、丝绸新材料等20多个项目总共8000多件定制文创精品，向各国来宾展示了丝绸之府的国际魅力。万事利丝绸还成为首批参会2016年B20峰会的企业之一，作为中国企业代表与来自全球工商界代表共同研讨全球经济发展中的重大问题。

2018年万事利丝绸率先成功仿制"直裾素纱禅衣"，比长沙马王堆出土原件的49克轻了3.50克。同年，万事利丝绸与微软达成合作进行技术研发打造智能工厂……

重振中国丝绸的灵魂人物——沈爱琴，凭借她对丝绸难以割舍之情，把握一个个契机，将杭州笕桥绸厂从一家丝绸小作坊，发展成为中国丝绸产业生产规模、产品质量、品牌信誉都名列前茅的大型企业集团，傲然挺立在波澜壮阔的经济大潮中，她也成为改革年代中国丝绸产业的领军人物。

【记者手记】

在我的印象中，沈柏军真诚、直接、勇敢。一开始听说沈总是沈爱琴的亲弟弟，采访后才对沈总刮目相看。搞技术出身的人都简单直接，他的职业生涯，却显得异常"复杂"，之前的"委屈"也罢、机会也罢，沈总当时就早已看淡。采访时他说，正是因为是老板的亲弟弟，所以自己才不敢有一丝懈怠，怕被人瞧不起。当时作为引进喷水织机的项目负责人，为了拿下喷水织机项目，他付出了很多。采访中沈总不论讲到哪里，但凡是自己切身感受的体会，就会特别跟我们年轻人再强调一遍，"在其位谋其政"踏踏实实干好本职工作就是成功。

相比沈总，采访中张祖琴显得含蓄、内敛、果断。张总几乎可以说是从最基层的技术工人干起，一步一步跟着万事利的发展脚步走到了现在。当年被当作优秀人才派往上海去学习新技术的情形张总记忆犹新，当年厂长讲过的话他至今也难以忘怀，掌握技术、知识产权至关重要，虽然已经退居二线，但张祖琴曾带领团队进行的技术革新，推动产品迭代、技术研发，都是万事利发展道路上不可或缺的一环。

【专家点评】

沈爱琴是中国丝绸传人,她戴着太多太多的光环,全国劳动模范、全国优秀女企业家、全国"三八红旗手"等,她在事业上经历的各种挫折和她创造的种种奇迹被传为佳话。她身上饱含一代浙商敢担当、能吃苦、很坚韧等优秀品质,同时也拿得起放得下。2012年1月,沈爱琴将万事利集团全权交由女儿屠红燕,自己师从名家,专心研究书画,"放心、放手、放权、放开",也许为困扰许多老浙商的传承话题找到好的一个样本。G20杭州峰会、"一带一路"国际合作高峰论坛、金砖国家峰会,她倾注所有的万事利丝绸在世界舞台上大放异彩,"赢得生前身后名"。马云曾评价沈爱琴:"当年改革开放的第一批企业家里,女中豪杰少之又少,沈爱琴是一个。"

沈爱琴身上的浙商精神早已凝聚在绚丽新颖的万事利丝绸中,融合在万事利全球布局的豪迈步伐中,如今的万事利承袭"女帅"的传统,在振兴中国丝绸、中国文化的征途中不断前行。

浙江广播电视集团　项勇

宗庆后：一份承包合同书中的浙商传奇

记者：邹雯
编辑：华冰

【人物名片】

宗庆后，1945年10月12日出生，娃哈哈集团创始人，现任集团董事长兼总经理。他42岁创业，白手起家创立娃哈哈，让当初只有3名员工的一家校办工厂迅速发展成为中国最大的饮料企业，创造了中国饮料品牌的奇迹，三次问鼎中国内地富豪榜首富。

"承包产值30万元，承包利润3万元，其他要求：全年承包利润7万元。"下方是杭州上城区文教局代表傅美珍和杭州市上城区校办企业经销部代表宗庆后的签字盖章。

这是1987年6月3日娃哈哈《校办厂经济承包合同书》原件。这份合同的签订，标志着当年已经42岁的宗庆后正式下海创业，由此开始，白手起家打造出价值上千亿的饮料帝国。

宗庆后18岁到农场当知青，先是在舟山马目农场运石头、修堤坝，后到绍兴茶场种茶、插秧、种田。

宗庆后

直到33岁时，宗庆后才回到杭州顶替母亲在校办工厂当工人、干供销员，卖过白厂丝，做过电表和电风扇。1986年，宗庆后已经41岁了。也就是在那一年，一个偶然的机会来了。

当时，随着改革开放的步伐越迈越大，"联产承包责任制"在一些城市企业也逐渐得到了推广。杭州市上城区文教局想把下属的校办企业经销部承包出去，开出的条件是每年上缴利润4万元。当时的校办企业经销部名头听起来可不小，但是对很多人来说，这个机会却很纠结。因为校办企业经销部实际上加上经理在内只有3人，经费4万元，借款却高达14万元！这在当时可不是一笔小数目，意味着承包者要自己赚钱来偿还这笔借款。

大部分人都不愿意接下这摊子。但是宗庆后觉得这是一个机会，他看到的

娃哈哈校办企业经销部的原址，现娃哈哈集团总部

1987 年的宗庆后

宗庆后踩着三轮车送货

是"自己决策经营"的前景，加上在之前的工作中积累的丰富市场销售经验，他对自己、对当时的市场都有信心，所以他表态："我要交 10 万！"主动将承包利润指标由 4 万元提升到 10 万元。

最后，在分管领导的支持下，他拿到了承包权，在 1987 年 4 月被上城区教育局正式任命为经销部经理。42 岁的他，紧紧抓住了人生中最重要的一次机会。

承包经营的第一年，他们就靠代销文具、冷饮、中国花粉口服液等产品超额完成了 22 万的利润！

浙商博物馆馆长杨轶清说，浙商的发展，第一阶段就是"做人家不愿做的事"。而这份承包合同见证了传奇企业娃哈哈艰难创业的最重要的第一步。当初宗庆后就是从这么低的起点开始，一步一步，成为内地首富，并且三次问鼎中国大陆富豪榜第一。

创立 32 年来，娃哈哈累计销售额 7200 多亿元，利税 1439 亿元，上缴税金 611 亿元——这是宗庆后创造的奇迹，也是这个时代的奇迹！

2018 年，宗庆后在看《共产党宣言》

【记者手记】

宗庆后的创业故事,几乎家喻户晓,其教科书式的奋斗历程至今仍激励着一代又一代的创业者。在他身上,有太多的标签:"传奇实业家""浙商常青树""布鞋首富""改革开放杰出民营企业家"……这些标签和名号当然都不是轻松得来的,作为一个"从底层崛起的凡人",背后是多少个日夜的辛劳付出,是多少次狠狠跌倒又笑着爬起,是多少试错的勇气和伟大的坚守,又是多少过人的胆量和超群的智慧。

我曾经在一次娃哈哈的新品发布会上近距离接触过宗庆后,被一群记者包围接受群访的宗总依然是白色衬衫、黑色裤子,脚上一双黑色的老布鞋。他的眼中虽有疲惫,但脸上的笑容依旧和蔼可亲,对记者的提问也都耐心回答。眼前这位74岁的老人,让人肃然起敬。

在《宗庆后:万有引力原理》一书中曾有描述,"宗庆后保持每天工作16个小时,一年中,200多天奔走在市场一线,宗庆后用脚板来了解市场,接人气、接地气,直至一手打造出价值上千亿的娃哈哈商业帝国"。

"用脚步丈量市场"的宗庆后,依然活跃在市场第一线。他经常独自乘坐飞机、高铁出差,到全国各地考察;但凡娃哈哈有新品发布,他必定亲临现场;国际国内的重量级论坛和会议上,也都能看到他的身影。

如果要问74岁的宗庆后为什么能一直"红"到现在,可能答案只有一个:生命不息,奋斗不止。

【专家点评】

一部浙江改革开放史,也是浙商的拼搏史、企业家精神的淬炼史。改革开放以来,浙商创造了一个个商业传奇,宗庆后将娃哈哈从一个3个人起步的校办企业发展成为中国饮料行业的领军企业。浙江企业走过的路，正是中国经济向产业链高端奋力攀升的缩影，凝聚着几代浙商的求索与顿悟、奋起与自强，在这辉煌商业历史的背后，都以浙商所具备的独特精神作为引领和支撑。浙商精神是天下浙商的最强纽带，经典的"四千精神"是时代的底色和本色。

在发展新时代，新的浙商精神延伸为广大民营企业家要弘扬坚韧不拔的创业精神，敢为人先的创新精神，兴业报国的担当精神，开放大气的合作精神，诚信守法的法治精神和追求卓越的奋斗精神。放眼未来，浙江要在创新驱动发展中继续走在前列，新时代浙商精神，大胆创造新科技、新模式、新平台、新商业规则，加快传统产业改造提升，大力培育发展新兴产业，与时代共舞，让新时代浙商精神发扬光大，为中国经济发展的壮阔新征程增光添彩。

浙江广播电视集团　来钧

李书福：一张"准生证""生"出千亿国产汽车巨头

记者：邹雯

编辑：华冰

【人物名片】

李书福，1963年6月出生于浙江台州，1986年以制造冰箱及冰箱零配件开始创业历程，白手起家。1994年进入摩托车制造业，1997年进入汽车制造业，使"吉利"成为中国第一家生产轿车的民营企业。2010年以18亿美元收购沃尔沃汽车，震惊世界；2018年又收购戴姆勒股份公司9.69%的股份，成为奔驰母公司最大股东。2018年12月18日，党中央、国务院授予民营汽车工业开放发展的优秀代表李书福"改革先锋"称号。

李书福

这是国家经贸委在2001年发布的关于车辆生产企业及产品（第六批）的公告，里面就包括了如今的国产汽车巨头——吉利。由此开始，吉利正式进军汽车领域，成为中国首家民营汽车企业，创造了今天为世人所赞叹的汽车品牌，又收购了沃尔沃并成了奔驰母公司戴姆勒的最大股东。因此这份公告，也被认为是全国第一张民营企业汽车生产许可证，是吉利汽车的"准生证"。

"请允许给我一次失败的机会"

20世纪90年代，中国汽车制造业遍地开花，几乎无一不是国企背景，而对于李书福这样洗脚上岸的农民要造车，许多人纷纷摇头质疑：第一，他只有1亿元左右的现金，如何进入一个资金和人才高度密集型的行业？第二，吉利之前是做摩托的，没有任何汽车业的经验积累。第三，也是更为重要的一点，造汽车可是国家要做的事情，一个民营企业家没有政府的支持，连"准生证"都没有，怎么能做得成？

"没有准生证，就像人没有户口，你是不能上牌的。"为了拿到这个许可证，李书福几经周折。当时他向政府表态："请允许给我一次失败的机会。"因为那时候在民营企业造汽车是不可想象的事情。

青年时期的李书福

吉利生产的第一台汽车——集合奔驰和红旗轿车元素的"吉利一号"

其实在这之前，吉利制造的第一辆汽车就已经面世了——"吉利一号"，据说这是买了辆奔驰E级拆解仿制，同时又使用了一汽红旗轿车的底盘、发动机和变速箱，拼凑起来的"新车"。

由于比较粗制滥造，而且当时也没汽车生产许可，这台车没怎么见光。

1998年，吉利在临海建成了第一个轿车生产基地，当年第一台吉利"豪

吉利"豪情"

情"轿车完成下线。李书福搞了一个下线仪式,发出去700多张邀请函,却没有人来。然而,这并不妨碍吉利豪情一面市,就掀起了一场血雨腥风。当时中国轿车的定价大多在10万元以上,最便宜的天津夏利售价近9万元,而吉利"豪情"的价格仅为5.8万元。它的出现把汽车从神坛上拉下来了,使汽车离老百姓越来越近。

直到2001年10月31日,吉利"豪情"才登上国家经贸委发布的中国汽车生产企业产品公告,获取轿车的"准生证",吉利集团从此成为中国首家获得轿车生产资格的民营企业,名正言顺地扛起了民族汽车工业大旗。正如李书福所说:"要让中国的汽车跑遍全世界。"

【记者手记】

李书福特别低调,鲜有公开露面接受采访,但是他做的事却一点都不低调。从收购沃尔沃到收购戴姆勒股权,无论在国内还是国际市场,都掀起了巨大波澜。

其中最为人所津津乐道的就是9年前以18亿美金收购沃尔沃汽车,使吉利一跃成为中国汽车业第一家真正意义上的"跨国公司"。

说起来,这段业界传奇的并购案,整个过程也是很有趣的。

因金融危机出现资金链短缺的沃尔沃在被吉利收购之前曾被福特收购过,或许当时沃尔沃对福特这棵大树给予了厚望,但福特最终没能挽救和改变沃尔沃的命运,为了保全自己,只能将其放弃。

这时候,吉利出现了。因为9年前的吉利,名气还很小,虽然倾尽家产来收购沃尔沃,但并不被人看好。沃尔沃嫌它不入流,好歹人家福特还是百年车企,"门当户对"呢;外人笑他

"蛇吞象"。

然而让所有人大跌眼镜的是,"小草根"最终逆袭成了"高富帅"。吉利已经从当年不被看好的小企业,成长为车企大佬,多年来一直跻身世界500强。而吉利和沃尔沃也磨合出一种最和谐的状态,既独立,又相依,产生了巨大的化学反应。

据媒体报道:"9年过去了,当年18亿美金收购的沃尔沃品牌价值已经暴涨了10倍有余,沃尔沃不仅在中国市场找到了自己的价值,更是让世界见识了什么叫中国制造。而现在的吉利不仅换了新车标,成立了高端汽车品牌——领克,其产品更是远销海外,更让世人惊讶的是,成了奔驰母公司戴姆勒股份公司的第一大股东。这种成功不仅仅是中国的骄傲,更是国际汽车史上的一次完美逆袭。"

一组最新的数据显示:2018年吉利汽车的营业收入达到1066亿元人民币,比上一年增长15%;净利润达到126.7亿元,比上年增长18%。吉利帝国的崛起之路必将成为一条康庄大道。

【专家点评】

怀揣着"做老百姓买得起的好车"的梦想,20世纪90年代末,在没人相信民营企业能造汽车的时候,从一个小县城以制造冰箱及冰箱零配件起家、进而进军摩托车制造业的吉利集团的掌门人李书福,以"请允许给我一次失败的机会"的豪情,进入汽车制造业。2001年,获取轿车的"准生证",吉利集团从此成为中国首家获得轿车生产资格的民营企业,名正言顺地扛起了民族汽车工业大旗。

2001年,中国加入世界贸易组织,在一阵阵"狼来了"的声音中,中国汽车行业也面临前所未有的挑战。然而,摸爬滚打多年的李书福却从中抓到了机遇,在十多年的时间里,吉利在世界汽车市场版图中布局求变,并逐渐赢得主动,积极推动中国汽车工业"走出去"。如今,吉利已成为世界知名汽车企业沃尔沃集团、戴姆勒公司第一大股东。"小草根"最终逆袭成了"高富帅"的吉利集团从此名扬中外。李书福本人也因此成为民营汽车工业开放发展的优秀代表,在庆祝改革开放40周年大会上,被党中央、国务院授予"改革先锋"称号。

  李书福的创业故事告诉我们:有梦想、有追求、敢于尝试,既脚踏实地,又锁定目标不放弃,梦想终将渐行渐近。正如马云所说:梦想还是要有的,万一哪一天实现了呢!

中共浙江省委党史和文献研究室 俞红霞

南存辉：40 年"烧好一壶水"的改革先锋

记者：应月衡、刘丽

编辑：农书荣

【人物名片】

南存辉，1963年7月生，浙江温州乐清人。现任全国政协常委、全国工商联副主席，正泰集团股份有限公司创始人兼董事长。他热心社会公益，集团迄今为各类社会公益事业捐资捐物累计超过3亿元。荣获"改革开放40年百名杰出民营企业家"称号。2018年12月，党中央、国务院授予南存辉改革先锋称号，评价为"温州民营经济的优秀代表"。庆祝中华人民共和国成立70周年大会上，南存辉受邀乘坐"改革开放"篇章"春潮滚滚"方阵彩车，以亲历者身份，见证伟大时刻。

南存辉

南存辉有一个理论，叫"烧好自己那壶水"

"烧好自己那壶水"，具体是这样的："说起正泰的经营之道，其实我们也没有什么秘诀。我只知道，水要烧到100℃才会开，如果你烧到99℃，就撂下它另起炉灶，新的一壶还没开，原有的就已经凉了。"看似简单朴素的道理，细琢磨，却是蕴藏着大智慧、大学问。

烧一壶怎样的水？这壶水由谁来烧，怎么烧？用近40年的时间，坚持"只烧一壶水"，这定力从何而来，又有几人能做到？这一连串的问题，我们试图从南存辉的一些侧面找寻答案。

40年烧一壶水

20世纪80年代初，乐清柳市镇街头。一个简易电器柜台后面，四个年轻人忙得脚打后脑勺。他们每天一大早开工，忙到凌晨两三点钟。一个月下来，只赚了35块钱。来钱太慢啊，还不如去替人搞推销！几个合伙人非常泄气，纷纷打起了"退堂鼓"。

可是，不到20岁的南存辉却意外地发现，毕竟没有亏本嘛。在此之前，他走街串巷做过三年修鞋匠。虽然每月能挣个两三百块钱，但并不觉得是份长久的事业。"更重要的是，我看到了前景，看到了人生的另一种可能。"南存辉这样想。

改革开放初期，在柳市镇的大街小巷，这位农家少年敏锐地感受到"时代正在发生变化"。那时，还在做修鞋匠的他就觉得镇上兴起的"电器热"是一次千载难逢的机会。1984年，南存辉贷款5万元，和朋友一起创办了"乐清县求精开关厂"，也就是正泰的前身。当时的柳市镇上遍地都是家庭作坊，产品根本不愁卖，南存辉却提出用赚到的钱买检测和试验设备，申请生产许可证，还专门到上海去请技术员。

南存辉说，那时候很多人都觉得他很傻，但他想做电器行业，一定要心存敬畏，敬畏质量，敬畏规

1984年，南存辉创立乐清县求精开关厂

则,一定要做高品质。正是凭借着在产品质量上的不断投入,他带领的企业在市场竞争中脱颖而出。1994年,南存辉招募了柳市镇的40多家电器企业,正式成立了正泰集团。当年的35块钱成为南存辉创业的"第一桶金"。在之后数年里,他带领正泰一再拓宽事业版图,这壶水越烧越多,但始终没有偏离"电"。

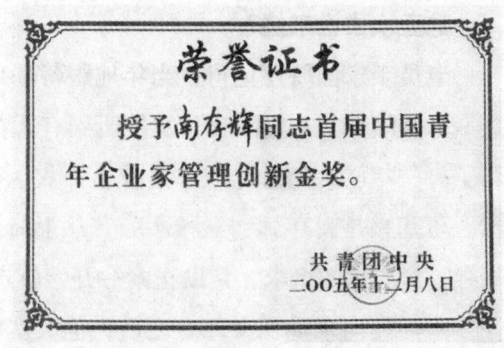

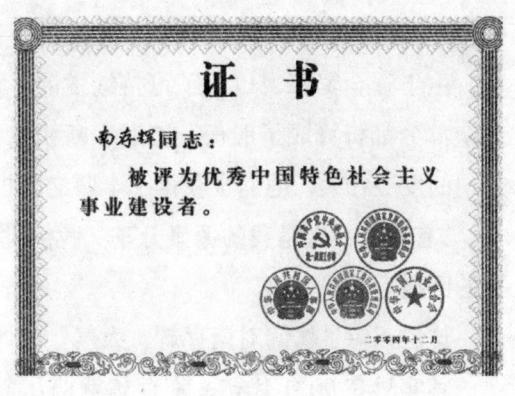

应该说,南存辉骨子里是稳重的。当别人都说不行的时候,他想留下来再试试。正如等水烧开,少不了这"临门一脚"的耐心和坚持。这份定力,在日后被一再印证。2009年年底,正泰集团的一次董事会,气氛凝重。这次会议事关集团已投入十几亿元的薄膜太阳能电池产业何去何从。

那时,全球光伏产业正如"过山车"般跌宕起伏。正泰的薄膜技术虽高,但成本下不来,逐渐丧失了竞争优势。一系列的事情把南存辉推到了风口浪尖。还要不要继续在新能源领域追加投资?董事会上,有人提议及时止损,这些钱不如投到房地产市场,赚一笔又大又快的钱。而在房地产大热时,也曾有几家大银行拟联合向正泰授信几百亿元。南存辉态度坚决:"我心里非常清楚,房地产不是正泰的主业。"对于这项经过五六年反复论证、并非拍脑袋跟风而做的决策,他认为:大方向没问题,但要用平常心去做。新技术、新产业的机遇很多,风险也很大,这时候要量入为出。做产业不是做短期投机,一定要有长期打算,不断投入、不断探索,既要大胆创新,又要稳步向前。

南存辉"赌"对了。随着商业模式的成功转型,市场的回暖,光伏产业虽然竞争激烈,但前景看好。2016年年底,正泰新能源板块成功注入上市公司"正泰电器"。

这壶水由谁来烧？

老员工宋国峙还记得，当年他跟蒋基兴（正泰创业初期的"技术三元老"之一）住隔壁。三更半夜，总能听到有人在外面喊："蒋工呀，那个热继电器坏了！"年已六旬的老人总是披上外衣，微笑着跟随工作人员去车间解决故障。蒋基兴是南存辉"三顾茅庐"从上海请来的退休工程师。老一辈的敬业精神、对质量的追求，帮助正泰一开始就走在了正道上。

南存辉向来重视人才。之后，他又实施多渠道的人才引进联动机制，招揽海外高端人才……他们在正泰发展的不同阶段，都发挥了重要作用。那些年，由于资金紧张，也为了可持续发展，一些老人虽然工资少领了一些，但剩余部分都折算成了股份。经过不断积累，很多人都成了正泰的股东。随着公司的发展壮大，他们也获得了丰厚的回报。

"有人说，这是我的慷慨分享。我倒觉得，这是早期创业者们无私奉献应得的回报。"

这也正应了坊间对南存辉"大气"的评价。

其实早在 90 年代初，南存辉就把几个创业股东控制的核心资产拿出来，进行股份制改造，逐渐稀释个人股权，推行股权配送。就这样，核心企业股

乐清县求精开关厂内部生产流水线

东人数从当初的10来人，发展到100多人，南存辉个人的股份下降至20%多。此后，他又通过管理入股、技术入股、经营入股的方式吸纳各方人才。他说："'财散人聚，人聚财聚'，这是很值得的！"

2018年南存辉获得改革先锋奖章及证书

说到"大气"，就要说到对南存辉影响很深的两个人，他的父亲南祥希和族伯父南怀瑾。

在南存辉眼里，父亲辛劳一生，赚钱不多，对钱却看得非常淡。儿女给的钱都攒起来，街坊邻里有困难，社区街道修桥补路，他总是慷慨解囊。父亲生病期间，老家的村支书来看他，说起村里连个老人们活动的场所都没有。老人当场表态由他出资，支持村里建老人活动场所。最初预算需要50万元左右，结果花了将近200万。父亲拿不出这么多钱，只好找几个子女支持。最后建起了个老人乐园，遂了父亲的心愿，也是给村里做了一件好事。

父亲常说，没钱的时候拼命挣钱，有了钱不要做"守财奴"，要多为社会做些好事。

族伯父南怀瑾亦有此教导。他曾赠予南存辉一副对联，上写：须知道义无价宝，切记富贵有尽期。显然，这些都潜移默化促使南存辉思考，作为一名企业家，怎样处理与他人的利益关系，又怎样看待名利与社会责任。这道选择题，考验着一个人的气度，也决定着一个企业能走多远。俗话说，众人拾柴火焰高。烧好一壶水，还要让这把火燃得更旺。

2008年爆发全球金融危机，有一家和正泰合作近20年的经销商，出现了资金链断裂的风险。帮，还是不帮？有人说，这是他们自身经营不善导致与正泰无关，可以借机淘汰。但是南存辉选择了帮。

除去20年合作奋斗的情谊和企业家的社会责任，南存辉还有一个考量，那就是"当今市场竞争不再是单个企业单个产品的竞争，而是整体产业链的竞争"。正泰集团产业链上有2000余家供应商、2000多家经销商，只有"以大带小"共同发展，良好的生态链才能更好地反哺正泰。深谙"舍得"，何尝不是南存辉的胸怀和智慧。

怎样烧好这壶水？

怎样才能烧好一壶水，首先就要弄明白一个问题：这壶水为谁烧？

南存辉开过六年的电器门市。不懂技术，没有先进设备，凭手工操作"小打小闹"。"那时候最怕碰到熟人，尤其是怕碰到客户。"原来，就是怕对方来说他们哪个产品出了质量问题，要求赔偿。从那时起，对质量、对规则的敬畏之心，在不到20岁的南存辉心里扎下了根。

1984年7月，正泰前身"求精开关厂"创立之时，国内低压电器还没有技术标准，没有专业工艺，假冒伪劣盛行。但南存辉没有选择"随大流"，反而花巨资置办了检测和试验设备，以提高产品质量为生存之道。他"三顾茅庐"聘请老工程师，面对"要'票子'还是要'牌子'"的拷问，他选择了更长久的生存之道：先有"牌子"，自然会有"票子"。

此后几十年里，南存辉始终坚守"质量第一"的创业初心。事实证明，这也成为确保正泰稳健发展的优质基因。

对质量的追求，可从一个细节窥见：在开发低压电器"昆仑"系列产品之一塑壳断路器时，光模具就做了800多套，为设计一个小小细节，做了36套方案，最后优中选优。

这种工匠精神，源于对规则的敬畏。正如南存辉所说，"创业四十年，我最深刻的体会是一定要以客户为中心，对规则心存敬畏"。

他有一个理念，就是要求大家牢固树立"客户永远是对的"意识。"即使你认为客户是错的，也要遵循这一理念，就是要倒逼产品设计和质量跃上更高层次。如果你想不通，以这句话为准。"

一次，正泰电器一个分公司的产品在顾客使用过程中出现故障，顾客找上门来要求赔偿。事后了解，是客户安装过程中操作不当，把线接反了。如果以不负责任的态度来对待，可以一推了之，但南存辉没有这样处理。"质量没问题不等于没有责任，因为你没有教会客户使用方法。而且，公司在设计产品时就应该考虑让其'格式化'，不符合这个'格式'就无法安装，这样就

正泰集团位于温州柳市的现代化工业园区

不会存在客户操作出错把线接反的问题了。"听了南存辉一席话，经理觉得有道理，采取了补救措施，得到了客户的信赖。对客户的尊重，对规则的敬畏，本质就是对质量的极致追求。

1995年前后，正泰一批产品出口希腊，已经装箱完毕准备起运。质检员在最后一次检测中发现了一个很小的缺陷，某件产品颜色偏黄，按规定不能发货。相关部门考虑到如果退回返工，耽误了交货期限要受重罚，不敢下决心，于是上报到公司。南存辉知道后，要求开箱重检。赶不上这班轮船，就用航空快运。核算下来，这批产品加上航空运费，成本足足增加了80万元。他对员工说："算小账更要算大账，比起正泰的国际声望和品牌价值，损失80万元不算什么。失信于人，那种损失是多少个80万元也找不回来的。"

今天，南存辉把这

正泰集团作为承办单位之一的国际工业与能源物联网创新发展大会上，南存辉做主题演讲

壶水越烧越多。在他看来，变革创新才是企业发展的基因。多年来，南存辉带领企业主动促进传统制造业转型升级，培植新兴技术与服务产业，向能源互联网服务企业跨越发展。正泰实现了从工业电器到电力设备、从新能源到"一云两网"的战略布局，全球员工超3万名，如今的正泰集团在北美、欧洲、亚太设立三大国际研发中心，年销售额突破700亿元，产品和服务覆盖140多个国家和地区。

但是他又努力让自己保持清醒。《过秦论》中一句话"亡秦者，秦也"，令他感触很深：不管是做人还是做企业，最难的是自我否定和自我超越。

他说，现在还不是谈成绩的时候，更多的是要重新审视自己：保持谦虚谨慎，不忘艰苦奋斗，守住创业初心。

愈是繁杂热闹，愈是清醒自知，是智者所为。

【记者手记】

匠心精神和义利并举成就了今天的南存辉。

没有一个人的成功是无缘无故的。在很多人眼里，南存辉是典型的"温州人"，敢为人先、锐意进取、诚信守则。假货横行时他是"业界良心"，炒房成风时他仍然深耕实业。

在南存辉坚持"烧好自己的那一壶水"的理论中，我们看到了南存辉带领正泰企业秉持的匠心精神，正泰40来年的事业版图不断扩张却不曾离开电，靠的就是南总始终坚持不惜损失做好产品质量把关，不断投入产品培植新开发，设计制作精益求精创造好口碑。

从"修鞋匠"到作为"中国500强企业的领航者"，南存辉40年来带领着正泰企业在改革大潮中不断经历一次次跨越和腾飞发展。到如今仍然闪耀屹立在国内外市场风潮中心，南存辉无疑是最成功的"温州商人"代表。

经济学家钟朋荣曾将"温州人精神"概括为四句话，即：白手起家、艰苦奋斗的创业精神；不等不靠、依靠自己的自主精神；敢于创新、善于创新的创造精神；闯荡天下、四海为家的开拓精神。温州人的这四大精神无一不在创业的南存辉身上得以体现和彰显。

今天我们再以现代企业家标准看他，南存辉从小耳濡目染深受父亲"利他"思想，以及成年创业后也深受族伯父南怀瑾先生"义利并举"教导的影响，在他后期投资择业中表现出的敏锐洞察力和远见卓识，以及他寻找合伙人的那种睿智豁达，为人的谦卑诚恳，义利并举投入公益……这些无不成就他今天的所是。

民营企业从小到大，从弱到强，历经摸索，逐渐成熟，与时代同步，与改革同频，成为中国特色社会主义市场经济的重要组成部分，也是中国经济持续健康发展的重要力量。在政策的鼓励与支持下，中国大地焕发出前所未有的活力，激发了一代又一代人创业、创新的激情和动力。作为改革开放的前沿阵地，温州的探索实践点燃了中国民营经济发展的"星星之火"，而无疑，南存辉带领下的正泰集团，是那最明亮、最闪耀的火焰之一。

2019年11月1日，国内首个冠以"民营企业家"的地方法定节日——"温州民营企业家节"在温州世纪公园开幕，正泰集团董事长南存辉作为温州民营企业家唯一的代表登台，温州市委书记陈伟俊向南存辉颁发纪念徽章。南存辉心情激动，他说："这不仅是民营企业家本身的荣耀，其实这是党和政府、社会各界对民营企业家作出贡献的一种认可。我相信温州的民营企业家一定会在这种勉励下，在新时代高质量发展要求下，一定会做得更好。"

是的，40年的坚持，坚持做好电器产业，坚持"烧好自己那壶水"，民营企业家南存辉是这么说的，也是这么做的。

【专家点评】

　　南存辉生于浙江温州，是改革开放后第一批成长起来的民营企业家。80年代初期，春潮涌动，万象更新。作为改革开放的前沿阵地，温州的探索实践点燃了中国民营经济发展的"星星之火"。当时，年轻的南存辉贷款5万元，创办了正泰的前身——乐清县求精开关厂。从小到大，从弱到强，历经摸索，逐渐成熟，与时代同步，与改革同频，小商品大市场，小资本大聚集，敢为人先的温州人民催生了温州民营经济，把传奇写在世界的每一个角落。改革开放40周年，党中央决定表彰一批为改革开放作出杰出贡献的个人。最终产生100名"改革先锋"称号获得者，南存辉是唯一获此殊荣的温州人。从南存辉的故事里，我们能清晰地看到，新中国成立70年来，尤其是改革开放40年来，是怎样改变了一个人、一座城，甚至一个时代的。

浙江广播电视集团　来钧

叶建华：废除"投机倒把罪"的亲历者

记者：袁方正、方清梅

编辑：农书荣

【人物名片】

叶建华，1949年生于乐清柳市前街村。20世纪80年代初，他为柳市五金设备拍摄、整理产品目录，卖给各地供销人员。1982年，叶建华与乐清其他七位个体经营者一起，被以投机倒把的罪名判刑，史称"温州八大王"。1984年，"八大王"获平反，从此以温州为代表的个体经营模式迅速向全国推广。

叶建华

这两份分别是浙江温州市乐清县人民法院出具的通知书和乐清县公安局出具的释放证明书，落款时间均为1982年，那一年是国家实行改革开放的第三年。现今在浙商博物馆有相关展出。

媒体评论，这份档案在改革开放至今的40多年历史中有里程碑意义，温州模式正是从关押"八大王"的监牢里走出来的，这两份公文档案的主角就是"八大王"之一的"目录大王"叶建华。

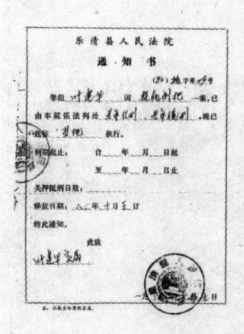 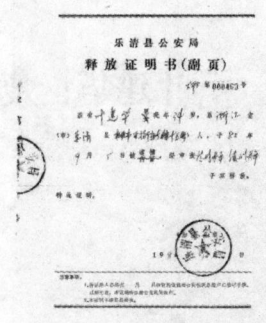

叶建华的法院通知书和公安局出具的释放证明书（图片来源：浙商博物馆）

1980年前后，温州柳市出现了很多个体作坊，也就在那时，叶建华开了一家照相馆。1978年后，国家才允许个体户存在，叶建华兴高采烈地领到了工商局颁发的营业许可执照，想到自己终于可以合法经营，应该露出笑容面对未来的生活，于是为自己的照相馆取名"笑笑照相馆"。"当时我有三个孩子，一个儿子两个女儿，也是为了生活，我没办法呀，大公司我没有技术也没有本钱，就开个照相馆，当时我就是想把生活过好点。"

养家糊口的压力，使他得去赚更多的钱。

20世纪80年代，随着乐清家庭工业户的兴盛，供销员全国各地跑销售，但每个工厂能做什么、客户需要什么，没有产品目录成了行业的痛点。叶建华从中看到了商机，他就帮这些作坊的产品拍照，用拼音字母编号，加上说明，再写上是哪家作坊生产的，集结成册印刷。《产品样本》和《产品价目表》的出版深受大家欢迎，供不应求。叶建华"目录大王"的名号也迅速传了开来。

那两年，随着叶建华的目录供不应求，全家人的日子确实好了起来。1980年，全区共有五金电器企业238家，家庭工业户近千户，加上柳市镇上开设的50多间门市部、两个废旧市场，共同形成了柳市五金电器业供产销一体的局面。

据浙江省档案馆资料记载，当时，在柳市五金电器市场，出现了"五金大王"胡金林、"螺丝大王"刘大源、"矿灯大王"程步青、"目录大王"叶建华、"合同大王"李方平、"机电大王"郑元忠、"线圈大王"郑祥青、"旧货大王"王迈仟等8位名声在外的工商户，合称"八大王"。其中，又以胡金林和郑元忠两人生意做得最大。

1981年，胡金林的年销售额达到120万元，他也成了柳市首富。

但是，1982年1月11日，中央下发《紧急通知》；同年4月13日，中央又下发《关于打击经济领域中严重犯罪活动的决定》，要求坚决打击"走私贩私、贪污受贿、投机诈骗、盗窃国家和集体财产等严重犯罪活动"，"不管是谁，不管属于哪个单位，不论其职务高低、身份如何，都要一视同仁"。

叶建华旧照（摄影：朱跃）

在当时，温州被认为是重灾区。1982年夏天的一个晚上，正给儿子洗脚的叶建华被带走，说是去谈话，很快被关进一个废弃仓库。

学习班关了42天后，叶建华被关进看守所。想到当时投机倒把严重要被枪毙，叶建华睡不着也吃不下。看守所住了30多天，叶建华等人被铐上手铐，在柳市小学公开宣判。1982年，给当地产品拍照并制作"产品目录"而闻名的叶建华，被以"投机倒把罪"判处有期徒刑三年、缓刑三年。

当时，在个私经济发源地温州，因此被判刑的，并不仅仅叶建华一人。"五金大王"胡金林、"矿灯大王"程步青、"螺丝大王"刘大源、"合同大王"李方平、"旧货大王"王迈仟、"电器大王"郑元忠、"线圈大王"郑祥青以及"目录大王"叶建华等8人被列为重要打击对象，被称为"八大王"事件。

然而，20世纪80年代中期，经济发展的温州模式引起了社会的普遍关注。《人民日报》和新华社记者专程来到柳市进行调查采访。1983年12月，《人民日报》刊发报道，大篇幅介绍了柳市五金电器市场的情况和经验，肯定了个体经济和乡镇企业发展的方向。

1984年，中央下发一号文件《当前农村经济政策的若干问题》，温州市也组织了联合调查组，对"八大王"事件等相关案卷进行全面复查，得出最终结论——除了个别偷税漏税现象外，"八大王"所经营的产业，符合中央文件精神。

随后政法部门对"八大王"采取了取保候审或无罪释放措施,恢复名誉并归还所有被没收的财产。

出狱后,叶建华重开照相馆,此后又连续开广告公司、汽车修理厂等,"目录大王"终成前尘旧事。

一转眼,改革开放已40多年。柳市,这个在改革开放的浪潮中率先探路的乡镇,如今已高速成长为浙江经济强镇、"中国电器之都"。

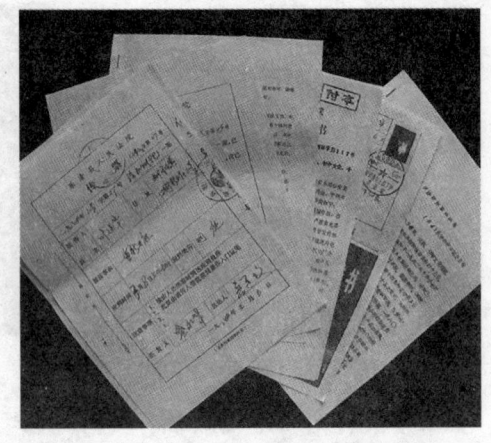

法院给叶建华开具的重新开庭的传票

在柳市,"八大王"虽已不再风流,但历史上的这一特殊群体仍值得人们再审视与怀念。从市场经济的弄潮儿,到被打击对象,再到平反后的全国推广,他们的命运被深深地打上时代烙印,成为中国经济改革发展过程的一个缩影。

【记者手记】

浙江商人对中国商业文化的创新作出了自己独特的贡献,并且对浙江的人文精神有了新的提升。它的独特性表现在三个方面:一是讲求速度,常常是非禁果即入,觉得一个差的结果也比没有结果好;二是善于创新,常常是无中生有,而这恰恰是在浙江几乎零资源的前提下对经济文化的创造性提炼;三是善于独创"创富模式",最典型的是遍及各地的块状经济产业生态链,这正是对浙江人人文性格内涵进行整合的天才创造。

浙商以独特的创业实践创造了独有的浙商文化,其中不得不提到的就是温州精神。而温州人敢为人先的精神,最早得从20世纪80年代去寻找答案,同时这一切和编者在浙商博物馆看到的叶建华的法院通知书和公安局出具的释放证明书有着千丝万缕的联系。

记者在浙商博物馆看到的两份材料的落款时间均为1982年,那一年是国家实行改革开放的第三年。这份档案在改革开放至今的40多年历史中有里程碑意义,温州模式正是从关押"八大王"的监牢里走出来的。从市场经济的弄潮儿,到被打击对象,再到平反后的全国推广,他们的命运被深深地打上时代烙印,成为中国经济改革发展过程的一个缩影。

通过一份文件,揭开尘封的历史,当历史的车轮不断地转动,有些事情是我们不能忘记的,正因为有他们在改革开放中不断进取、努力生活的缩影,才慢慢形成了让浙江人引以为傲的浙江精神,就是我们此番在浙商博物馆看到的这两份文件的意义。

【专家点评】

提到浙江的改革开放,不能不提到"温州模式"。20世纪80年代"温州模式"的崛起引领了中国市场经济改革的潮流,而"温州模式"脱颖而出,与乐清的"八大王"事件密切相关。1982年年初,中央下发打击经济领域犯罪活动的紧急通知,浙江以"投机倒把罪"抓了一批站在市场经济"风口浪尖"的人,而"八大王"首当其冲,被列为重要打击对象。这一事件产生的影响很大,给当地的个私经济造成了极大压力,直到"八大王"被平反后,干部群众才逐步消除顾虑,精神更加振奋,思想更为解放,温州的市场经济才全面活跃起来。在改革开放中,必须坚持实事求是、与时俱进,这是经过实践检验了的真理。

中共浙江省委办公厅　周峰林

郑元忠:"我投机倒把的行为,有关部门要负一定的责任"

记者:袁方正、方清梅
编辑:农书荣

【人物名片】

郑元忠,1952年出生于浙江柳市。他于1973年开始创办实业,成为"柳市八大王"中的"电器大王"。受1982年打击经济犯罪风潮的影响,"柳市八大王"均以"投机倒把"的罪名遭受打击,之后"八大王"在1984年得以平反,郑元忠被无罪释放。1996年成立庄吉集团,郑元忠任集团董事局主席。

岁月在人生的长河中流逝,但往事的记忆不会轻易消逝。

我自10月20日被收容审查,至今已一月有余。短暂的一个月,我觉得多么漫长啊,精神上痛苦与心灵上的创伤,对你们一时难以诉说。

近些年来在社会上受资产阶级思想精神污染,跟随社会上五金行业大流而行,

郑元忠

（档案来源：浙商博物馆）

头脑中装着一切向钱看的坏思想，经受这次收审教育，使我认清了应走的道路，也好使我在人生今后的工作生活中勿再误入歧途。

但在有时候我的理智和情感上无法平衡，觉得身负重债、关进牢房，为此失去了生活的信念。曾觉得自己是在社会的道路上正常行驶，怎么会无意中独自出轨？而再可耻的是，如今被扣上"投机倒把"的帽子步进牢房。

我曾回想起过近几年来在社会上的经历，因在语言和行动上的错误，导致今日的后果。但有时候头脑当中的偏见阻碍我改造思想。譬如讲，在近几年里有私人合股经营以及私人开设门市部。在这期间，大多数都很明显地摆在有关部门的眼前，至今还处在热潮之中。虽然也进行了企业整顿，但是换汤不换药，换了和尚但念的经还是旧的，甚至还比以前少了几道手续，比较起来性质更严重。

在1980年和1981年企业评比大会上，还以业务额为前提，对先进单位和个人发奖鼓励。根本未提出这种私人经营方式是非法的或其中存在着什么问题，如果有关部门早指出正确方向与错误的存在，我早已悬崖勒马，绝不会到今天的地步。到如今讲我投机倒把的行为，有关部门要负一定的责任，有很多实事求是的道理以证明上述类似问题，在此不多提。

我在头脑清醒时是不会再这样想下去的，否则一错再错酿成大错，因上述情况是我改造思想中的障碍物，必须从我心底里驱除出来，以解我心中烦闷。

我现在醒悟过来，觉得有关部门对我这次审查很有必要，当我人生进入误入歧途时政府挽救我重归正道，否则到人生的终点，不知要犯多大的错误，后果不堪设想。

这是一封狱中来信，现藏于浙商博物馆，信的落款时间是1983年11月24日于乐清收容所。此时，写信人郑元忠已被收容审查一个多月，在信中他对收信的友人写道："短暂的1月，我觉得多么漫长啊，精神上痛苦与心灵上的创伤，对你们一时难以诉说。"

郑元忠1952年出生于浙江柳市，20岁出头便开始创办实业，也是改革开放后的第一代个体户，当时被称为"柳市八大王"中的"电器大王"。

1982年的柳市还是一派杨柳依依、河水潺潺的田园风光。创业已经10年的郑元忠办了几间电器作坊，盖起了一栋三层小洋楼，买了一辆罕有的摩托。

但是，1982年打击经济犯罪风潮席卷全国。1982年1月11日，中共中央发出紧急通知，传达中央政治局常委会会议关于对一些干部走私贩私、贪污受贿、把大量国家财产窃为已有等严重违法犯罪行为采取紧急措施的指示。

1982年5月20日，工作组进驻柳市。"八大王"均以"投机倒把"的罪名遭受打击。

1982年年初夏到1983年中秋，郑元忠一直在被迫逃亡，他的通缉令遍布全国。一年多后，郑元忠被逮捕入狱。

郑元忠文笔极好，在收容所里，他用几层报纸，裹着圆珠笔芯写出了大量的书信，在被收押的180多天中写了40多封信。在这些信中，他也不断跟朋友们讨论，觉得自己在社会的道路上正常行驶，怎么会在无意中独自出轨？"近几年里有私人合股经营以及私人开设门市部。在这期间，大多数都很明显地摆在有关部门的面前，至今还处在热潮之中。虽然也进行了企业整顿，但是换汤不换药，换了和尚但念的经还是旧的，甚至还比以前少了几道手续，比较起来性质更严重。在1980年和1981年企业评比大会，还以业务额为前提，对先进单位和个人发奖鼓励。根本未提出这种私人经营方式是非法的或其中存在着什么问题，如果有关部门早指出正确方向与错误的存在，我早已悬崖勒马，绝不会到今天的地步。"

1984年2月，中央作出重大决定，宣布继四个经济特区后，14个沿海港口城市先后开放，其中就包括温州。中国的对外开放由点及面，最终形成了沿海全面开放的格局。

1984年，中央发布一号文件，提倡农村发展商品生产、搞活流通。里面提到，"在工作中要注意划清界限，不可把政策允许的经济活动同不正之风混同起来，不可把农民一般性偏离经济政策的行为同经济犯罪混同起来。对经济上的问题，主要采用加强引导和管理的办法解决；对思想上的问题，主要用正面教育的办法解决，都不可简单从事。"

1984年3月27日，郑元忠被无罪释放。听亲友们说是中央一号文件救了他，他没立即回家，先去理发店理了发，刮了胡子，然后跑到柳市镇工商所，细细研读一号文件。随后，郑元忠重操旧业，创办了乐清市第一家规范化股份合作企业精益开关厂。

这一年，温州开始走上以"小商品、大市场；小规模、大协作；小机器、大动力；小能人，大气魄"为主要特征的经济发展之路。到1985年，全市已有80多万农村劳动力离开耕地，转向经营家庭办和联户办的工业、商业、交通运输业和其他服务行业，家庭工业企业达13.3万家，被称为"中国农民经济史上的一个创举"。媒体报道后，逐渐开始有了著名的"温州模式"这一说法。

1992年，40岁的郑元忠背起书包走进了温州大学国际贸易系，成为当时温州大学年纪最大的大学生。大学生活之后，郑元忠离开低压电器领域，创建了庄吉集团有限公司——温州服饰业中投资较大和起点较高的中外合资企业。

随后庄吉集团经历了快速的发展，庄吉服装也占领了不小的市场份额，1996年被列为中国服装行业"双百强"，2000年又被评为中国民营企业500强。

1998年，郑元忠被评为"温州改革开放20年十大风云人物"，他对媒体记者说："从十几年前被四处追捕的投机倒把罪犯，到今天的改革开放风云人物，这不仅仅是我个人身份的转变，而是一代人思想观念的变化，是一个时代的进步在一个人身上的聚集体现。"

郑元忠的经历浓缩了一个时代的缩影。"八大王"是中国改革开放后的第一代个体户的代表，在他们身后，新一代的温州商人、中国商人茁壮成长。

1982～1984年虽已远去，但人们从不忘记。

【记者手记】

"不自杀,不跑路,欠钱慢慢还。活着就要拼,生意可以重来,人不能倒下。"这是2015年庄吉集团董事长郑元忠在庄吉集团正式申请破产之后在媒体面前说过的最后一句话。庄吉之前,温州已有大量制造业企业倒闭,郑元忠的困境是他这一代温州企业家的困境。但是纵观郑元忠的一生,可以看出,这次的破产并不会真正的打到他,想当年他在被拘留时,在狱中仍坚持写信,一方面澄清自己的想法,一方面坚定想走自己要走的路。

岁月在人生的长河中流逝,但往事的记忆不会轻易消逝。郑元忠虽然消失在了媒体面前,消失在了企业家中,但是当记者在浙商博物馆看到郑元忠的这篇狱中来信,更坚信了他能够卷土重来。

1982年年初,"八大王"事件满城风雨,在个私经济发源地温州,五金大王胡金林、矿灯大王程步青、螺丝大王刘大源、合同大王李方平、旧货大王王迈仟、目录大王叶建华、线圈大王郑祥青以及电器大王郑元忠等几人被列为重要打击对象,以"投机倒把罪"抓了这一批走在市场经济"风口浪尖"上的人。

1984年3月27日,郑元忠被无罪释放。期间郑元忠在狱中写了30多封信,在浙商博物馆被珍藏的就是其中一封。正是通过这封信,让我们看到了一个温州商人敢为人先、百折不挠的精神,就是我们此番在浙商博物馆看到这封信的意义。

【专家点评】

"八大王"事件的发生是浙商发展历程中必须要经历的一个探索和反思的阶段,改革开放之后很长一段时间,温州都在"姓资还是姓社"的质疑中负重前行。他们是中国经济改革发展过程中的一个缩影,从弄潮儿到被打击对象,再到平反后的全国推广,"八大王"的命运既体现了温州商人的进取精神和不断谋求变革的勇气，也闪耀着政府的智慧力量，温州民营经济从无到有、从小到大、从弱到强，走过艰难曲折的征程，创造了许多的"中国第一"，这其实是群众创造、政府支持的结果。如今在柳市，"八大王"虽已不再风流，但历史上的这一特殊群体仍值得人们再度审视与怀念。

浙商研究会执行会长、浙商博物馆馆长　杨轶清

郑元忠：「我投机倒把的行为，有关部门要负一定的责任」

茅理翔：浙商传承"创一代"要"放权"

记者：刘浩
编辑：华冰

【人物名片】

茅理翔，1941年生，浙江宁波人，高级经济师，浙江大学、北京师范大学等高校兼职教授。曾做过10年会计、10年供销员；1985年45岁时创办慈溪无线电元件九厂，被誉为"世界点火枪大王"；1995年55岁时二次创业，和儿子茅忠群创办方太，是家族企业解决好接班人的典型。2005年方太创业10周年，茅理翔从方太董事长一职退休，2012年，茅理翔不再担任方太集团董事长，转任名誉董事长。

这是1989年茅理翔在广交会上的照片。照片中的木箱子里摆放着各式各样的电子点火枪，茅理翔也是因为它，首次被人们熟知。

"最近在读《钢铁是怎样炼成的》，记不清楚读过多少遍了。"如今已经79岁高龄的茅理翔在接受记者采访的时候，刚接待完上一批访客，由秘书搀扶引导到沙发。这位老人上身一袭白麻布衫、下身

茅理翔

穿着深色长裤,脚蹬一双黑色布鞋,显得朴素、从容而精干。由于年龄的原因,他的背部稍显弯曲,但走起路来依然能感受到老爷子"腰杆很硬"。

虽然眼睛不太好,但茅理翔每天都还坚持听新闻、看报纸,床头总是放着几本书。

曾在当地中学任教的茅理翔年轻时期就爱好文学、博览群书:"年轻的时候写过诗、写过剧本,当时也很喜欢看各种小说,古今中外的都看!"茅理翔说。

但此后由于类风湿性关节炎导致瘫痪,茅理翔不得不走下讲台。在那个痛苦的时期,茅理翔甚至感到自己的生命是否已经走到了尽头,但妈妈给了他战胜病魔的勇气:"你一定要为茅家争气,你一定会好的。"除了亲人的支撑,《钢铁是怎样炼成的》主人公保尔柯察金也给他带来信心。在缺医少药的条件下,茅理翔开始钻研自学中医,阅览《中医学概论》,背诵《药性赋》,自己开方子、学针灸,最终治好了自己的病。

之后,茅理翔当了10年的会计,后来又开始跑销售。随着20世纪70年代社队企业的逐步放开和壮大,1973年到1974年期间,社队企业越来越多,给国有企业加工零配件的企业也越来越多。从塑料加工、胶木加工,到五金加工,几乎每个生产大队都有这样的厂,竞争非常激烈。社队企业从诞生的那天起,就完全靠自己去拉订单、跑销售;社队企业的工人是否有收入、收入的高低,全凭企业的销售业绩说话。

所以当时出现了一个非常特殊的情况：销售员极度短缺。能够到全国各地跑销售、拉生意的人本来就很少，同时具备市场经验、口才好、善于交际等素质的人更是没几个。但没有销售订单，社队企业就只有死路一条。正是在这样的情况下，做了10年会计的茅理翔开始转行做销售。

由于出众的才能和拼搏精神，还不到半个月，茅理翔便在山东潍坊拉到了一笔生意。"那是一张有几万块的合同，也是我有生以来得到的第一张合同，虽然不多，但对我而言是非常宝贵的。"茅理翔谈成生意后，立即带着样品、图纸赶了回去。大家马上开了模具，再去交样，合格了马上生产。从来没有跑过销售的茅理翔，突然之间一炮打响。从那以后，工厂就决定让茅理翔去跑销售，做销售科长，也带几个销售员。

就是在这样的情况下，茅理翔真正开始了他10年的销售生涯。一年365天，将近有265天都在外面跑，有时候甚至要跑300天。而这个"跑"，并不是小范围的跑，而是到全国各地去跑，一家一家地去跑，人称"高级叫花子"。"为什么叫高级叫花子呢？因为我们的收入仍然很低，每个月的工资还是跟原来做会计的时候一样，只有20块一个月。年底奖金也很微薄，所以我就自嘲乡镇企业的销售员都是'五子登科'，什么是'五子登科'呢？就是销售员'跳上火车像耗子，跳下火车像兔子，走到对方单位像孙子，回来的路上像驼子，报起账来像呆子'。好歹能够拉回一点业务，但全厂依然处于吃不饱的地步。"

跑销售时，茅理翔的身体状况依旧不佳。由于忽隐忽现的关节疼痛，他每天都要吃药。为了省钱，他只买便宜的"阿司匹林"，药效虽好，但对胃和神经的刺激很大。

茅理翔就这样忍受着各种痛苦，却从来没有怨言。他深深地知道，大家都在等着他回去。"做销售员的这10年，我含了10年的止痛片。现在想想，大概就是因为止痛片吃得太多，影响到视觉神经，到我70岁的时候，才突然之间看不清了。"但茅理翔不后悔，"我也不怨，因为我的事业起步了，也为社会做了点好事，我的人生就应该是这么一条路。"在跑销售的过程中，茅理翔也实实在在地增长了见识，同时，深深认识到民族工业的落后。

机会来了。1978年，党的十一届三中全会之后，改革开放的春风吹向茅理翔心中，吹来了创业的种子。茅理翔回忆："党的十一届三中全会公报发表以后，我就下定决心创业。当时儿子女儿还在读小学，我就跟他们说，爸爸以后要创立茅氏集团，为振兴我们的民族工业作出贡献。"

经过筹备，1985年，茅理翔以六台机床起家，自己筹资创建了他人生中的第一家工厂——慈溪无线电元件九厂。

最初，慈溪无线电元件九厂主要生产黑白电视机上的一个零配件定触簧片。但1986年国家进行宏观调控，黑白电视机产业向彩色电视机产业转型，原本市场前景极佳的黑白电视机配件定触簧片转眼间被市场抛弃，慈无九厂顿时陷入了第一次危机。

此时的茅理翔陷入了思考："光给人家加工零配件不够的，必须要转型，必须要有自己的产品。我就跑出去找新产品，最后搞到了一个电子点火器。尽管它是煤气灶的一个部件，但它是个独立的产品。我们对这个产品进行二次开发以后，就有了电子点火枪。所以在我第一次创业的十年间，还是以电子点火枪为主要产品。"

1989年，随着经济发展，慈溪市的出口形势非常好，茅理翔也想出口电子点火器。在和外贸公司商量之后，决定把点火器升级成电子点火枪，在广交会上碰碰运气。虽然距改革开放已经过了10年，但当时的广交会还是由国有企业垄断，民营企业依旧没什么地位。

茅理翔到广交会的时候，根本拿不到展位，甚至拿不到进馆证。急中生智，通过坐出租车及装作与老外认识，茅理翔"混"进了广交会。受茅台酒"一摔成名"的启发，茅理翔灵机一动，从箱子里面拿出两支枪，一支点火枪，一支脉冲枪，"啪啪啪""哒哒哒"现场演示起了电子点火枪。他一边演示一边招呼前来参加订货会的外籍商人："Hello！开司雷塔（gas lighter）！ Hello 开司雷塔！"

这种不寻常的推销模式令老外耳目一新。很快，走廊上就涌满了来看点火枪的老外。

但这里三层外三层的围观人群惹急了旁边的一位钟表公司经理。他的钟表生意原本就不好，被茅理翔这么一搞，更没人去光顾了。于是这位经理马上通知了保卫科。保卫科一看茅理翔没有进馆证，就没收了点火枪，罚款300元。

但茅理翔并未打退堂鼓，回到旅馆之后，立刻去百货公司买了个箱子。

茅理翔就在广交会门口大摇大摆地摆起了地摊。恰好被一个马来西亚华人看到，试用后觉得产品好，就与他签订了 1.8 万美元的订单合同。从此，茅理翔打开了点火枪的局面。

广交会后，点火枪的销量急剧增加，供不应求。茅理翔大量招募工人，又建起新厂房。

20 世纪 90 年代初期，茅理翔组建飞翔集团。当时他的电子点火枪产值已经达到了 1.5 亿元，并且一度占据全球点火枪市场 50% 的份额，连续 6 年保持世界产销量第一。茅理翔因此被誉为"世界点火枪大王"。

有人只看到了"名号"下的风光，但茅理翔一直保持着危机意识。1993 年起，电子点火枪行业掀起了激烈的价格战。茅理翔越来越清醒地意识到，点火枪的入行门槛太低，必须进行二次创业，从贴牌转向创牌，创立一个属于自己的品牌。"我就把刚从上海交大研究生毕业的儿子叫回来，进行二次创业。"

人是回来了，但具体怎么干？父子之间有了不同的意见。

父子俩把产品目标聚焦在微波炉和吸油烟机上。茅理翔倾向于选择微波炉。一来是当地政府支持，且微波炉当时在国内还十分新鲜，市场前景广阔；二来是微波炉生产对技术的要求更高，在当时的浙江省，还没有一家能够生产微波炉的企业。反观吸油烟机，全国有超过 250 家生产商，这些企业大多集中在长三角和珠三角地区。茅理翔认为，相较于介入竞争激烈的吸油烟机行业，选择还处于蓝海市场的微波炉肯定错不了。

但他的儿子茅忠群却倾向于选择吸油烟机。他认为，尽管国内的吸油烟机市场已经不再是蓝海，但仍存在巨大的市场需求。而且，中国人的饮食习惯决定了其对吸油烟机存在较高的需求，但是当时市场上的产品主要还是模仿欧美。而由于中外烹饪习惯不一样，当时欧美的油烟机不适合烟熏火燎的中国厨房。

茅忠群便和两名浙江大学的毕业生一起，针对千名吸油烟机消费者进行了调研。他们发现，国内吸油烟机普遍有"滴油、漏油、不美观、噪音大、吸油烟效果不强、拆洗不便"六大问题。因此，茅忠群下定决心，要生产一款自主研发的、符合中国人烹饪习惯的高端吸油烟机。

很快，茅理翔被茅忠群和他的调研报告说服了。1996年，茅理翔和茅忠群毅然投资3000万元，正式进军吸油烟机行业。

但是分歧又来了，茅理翔希望继续用"飞翔"作为品牌名；而茅忠群认为，"方太"含有"方便太太"的意思，容易让人联想到女性用户和厨房电器。最后，茅理翔还是被儿子说服了。

随后，方太厨具正式成立。茅忠群聚焦"专业化、高端化、精品化"的战略定位，创新设计了第一代大圆弧线型深型吸油烟机，并将工业设计引入油烟机机型研发。投产当年，第一代方太油烟机A型机就售出3万台。后来，方太又推出吸油烟效果更好、噪音更低、外观更时尚的T型机，单款机型销量超过40万台。这份成绩单奠定了方太在吸油烟机的行业地位。茅理翔也顺理成章地逐渐放手，把事业交给茅忠群去打理。

接班后的茅忠群一直在研发上大力投入，每年的研发费用不少于公司销售额的5%。目前的吸油烟机市场中，占据主流地位的欧式机和侧吸式机都是方太首创的。创新的技术、精湛的工艺也获得了消费者的认同，企业也迎来了快速发展。

2015年，方太还推出了水槽洗碗机，开创性地将水槽、洗碗机、果蔬净化机三大功能融为一体，不仅能洗碗，还能去除果蔬农残。这款洗碗机可以说是"横空出世"，打破了近20年以来国内洗碗机市场普及率不足3%的尴尬局面。现如今方太水槽洗碗机的市场占有率约为四成。从慈溪无线电元件九厂到飞翔集团，再从飞翔集团到方太，茅理翔从草根工业的奋斗者，逐步成为家族企业创业者，并顺利完成了交接班。

创业难，守业更难。茅忠群这位创业二代，从某种程度来讲已经超越了茅理翔。他立志：方太要成为一家伟大的企业，为了亿万家庭的幸福而奋斗。在接受媒体采访时，提起儿子，茅理翔非常自豪。但是他更关注的是中国更多家族企业的传承问题："改革开放以来，第一代企业家逐渐老去。如果他们的子女不能顺利接班，不仅会影响员工就业和社会稳定，也会损害40多年来改革开放的发展成果。许多企业家朋友都向我咨询这类问题，往往是创一代和创二代都很痛苦。所以我下定决心为解决这一问题出力。"

茅理翔通过大量访谈和书籍阅读，发现创二代接班难，存在几方面原因。

其中，最普遍的原因是第一代企业家"不放权"。他介绍，有的爸爸70多岁了都不交权，儿子很痛苦，让我去做他爸的思想工作。两代人的分歧很普遍，年龄、性格、教育、经历、资历、用人理念都不同，这些分歧严重影响了接班。另一种状况是父母想交班，但儿女不想干。年轻人有自己的追求，有自己的想法，而且很忌讳外界给自己加"富二代"的标签。

2011年开始，茅理翔带着团队研发了一套《企业传承战略规划》。同时又用自己的实例，向其他企业家分享经验。茅理翔用三个"三年"总结提炼方太传承与转型的过程，即"带三年、帮三年、看三年"——

带三年，完成产业转型与产品转型；

帮三年，完成营销转型与品牌转型；

看三年，完成管理转型和文化转型。

茅理翔曾在一篇文章中详细论述过各阶段方太的实际情况，其中最后一个阶段则是文化转型：从"小家文化"转向"大家文化"。

2002年，方太将企业使命确立为"让家的感觉更好"，首先让"顾客、员工、合作伙伴、社会"家的感觉更好，最后才是让"股东"家的感觉更好，这是一种具有强烈社会责任感的企业文化理念。为了实现这个使命，方太又提出了核心价值观，即人品、企品、产品"三品合一"。要求所有方太人捍卫"三品合一"。

"大家文化"在两代企业家之间传承并升华。茅忠群接班后，方太的核心价值观始终不变。2018年，方太的企业使命升级为"为了亿万家庭的幸福"。亿万家庭不只包括顾客的家庭，还包括员工的家庭、合作伙伴的家庭、方太大家庭、祖国大家庭等。

茅理翔说："在带三年阶段，我们父子两人成功完成了传承重任，也完成了方太'五大创新'和'六大转型'，确立了方太的愿景、使命与核心价值观，组建了一支现代管理团队，构建了一套特色管理体系，创造了自己的品牌。而茅忠群在逐步全面管理企业的过程中，也充分展现了一个领导者的凝聚力、掌控力、决策力以及企业家的责任和精神。"

茅理翔回忆，他始终坚持"三三制"规划，除了带三年、帮三年、看三年之外,第一代企业家还要做到"三交"——大胆交、坚决交、彻底交。

2006年,彻底交权之后,茅理翔在66岁时开始第三次创业,创办了宁波家业长青民企接班人学院。

茅理翔经常对来访者说:"我有一个'双百梦':第一个'百',我要成为健健康康的百岁老人,那么我还有21年时间可以和企业家交流,为他们服务;第二个'百',方太要做成百年老店,接受我帮助的家族企业也要做成百年老店。"

【记者手记】

> 很难想象本该颐养天年的茅理翔却还在"创业期",茅理翔在家族企业传承方面梳理总结了成熟的经验。采访中,能够感觉到茅老说话有点吃力,但中气十足,讲起话来思路清晰,说得很慢,但是很认真,整个人身子骨非常的硬朗。聊到后边才知道,原来他每天早上起床之后,要蹲马步,生活作息非常规律,每天的时间也安排得非常充实,除了看新闻读报纸之外,睡前还要读会儿书,工作和接人待客之余,其他的时间要么是在锻炼身体,要么就是在看书。
>
> 读书获新知,茅老获新知的途径不止于书,走进茅老的办公室时需要经过秘书办公室,令人惊叹的是几位秘书都很年轻,甚至有刚毕业不久的大学生。采访中才得知,茅老就怕自己思想落后,所以喜欢跟年轻、有活力、有朝气的青年人在一起工作,不论是待人接物还是聊天交流,或是问题讨论,年轻人的想法、看法、思维、逻辑和乐观、无畏的状态也是茅老汲取养分的重要来源。"学而不厌,诲人不倦。"这就是茅理翔,一个年轻的老人。

【专家点评】

改革开放以来,中国的民营企业蓬勃发展,民营企业的兴旺发达也为中国的经济社会发展作出了不可磨灭的贡献。而民营企业往往以家族企业的形式出现,家族企业在创业早期表现出了极大的活力,但随着第一代企业家逐渐老去，中国家族企业如何走上一条可持续发展的健康之路？后创始人时代，企业又该何去何从？这些都困扰着面临传承的大多数民营企业。茅理翔与茅忠群父子通过十多年的探索与实践，成功地开创了被人们称之为"创业式传承"的独特模式，成为中国家族企业解决传承难题的典范。茅理翔用三个"三年"总结提炼方太传承与转型的过程，即"带三年、帮三年、看三年"。带三年，完成产业转型与产品转型；帮三年，完成营销转型与品牌转型；看三年，完成管理转型和文化转型。

茅理翔父子的这种创业式传承的模式是一种创造，开创了家族控制和职业化管理相结合的现代模式，对于很多处于传承过程中的民营企业来说具有一定的可借鉴性。

中共浙江省委党史和文献研究室　俞红霞

王振滔：从火烧奥康鞋到获中国质量奖提名奖

记者：刘浩、林洁仪、方清梅
编辑：农书荣

【档案名片】

浙江奥康鞋业股份有限公司是中国领先的皮鞋品牌企业之一，从1987年火烧温州鞋，到1999年火烧假冒奥康鞋，奥康始终坚持"诚信创牌、质量立市"。2018年，奥康以"诚信文化为核心的质量管理模式"获得中国质量奖提名奖，这是我国皮革行业首家企业获此殊荣。

王振滔

亲爱的王叔叔：

您好！

我是"子弟夏令营"里的一员，我每天都生活在这里，这里的气氛融洽，有好多好多知心的朋友，他们忧我之忧、乐我之乐。在这里，我第一次懂得了"人心齐，泰山移"这个道理。以前每年暑假我都只能在家里玩，并且作业不会做也只能空着，可谓是无聊中的无聊。今年到了夏令营来，以前一切的烦恼都烟消云散了，而且还学到了很多书本上学不到的知识……

第一个——"在家靠父母，出门靠朋友"。

以前的我，是个很自以为是的家伙，一心认为自己的力量是最强大的，是根本不需要别人出手相"救"的，可我刚到了夏令营几天，这个想法就彻底改变了。我们不是每天都要坐汽车上下学吗？但是车门一般都很窄，要一个一个来。但我这人天生性子急，长得也稍微有些胖，只要我到了车门口，我旁边的人都进不去。我们都是两个两个进，我也只好按着规矩来了。我们两个人一到车门就死死卡住了，当我们俩都动弹不得的时候，与我并行的那个人便做出了让步，让我先上，这是多么高尚的行为啊！试想，我们俩都不动，还是死死卡住，那后面冲上的人必然会撞到我们，不管撞到哪儿，我们俩一定会摔倒了，如果再磕到尖的物体上，那是多么的可怕啊！谢谢那个让步的人，是他让我懂得了"在家靠父母，出门靠朋友"这个伴随我一生的道理。

第二个——"你走，梦想离你很近"。

我这个人，看起来很壮、很强大、很大胆，可真正的我，胆子却像老鼠一样，连向路人问个路都不敢，更别提在公众面前演出了。

"噩梦"还是来了……

第一次的才艺演出，我还是被选上了。就因为我喊了几嗓子老师，便把我选为节目《白龙马》的演唱人员，尽管我万分推辞，我，还是被选上了。可能是因为我天资聪慧吧，一下子就把歌词全部记住了，老师在想动作时，我也连出金点子，结果我想的动作被全部选上了，就连老师也为我连连叫好呢！我非常的自豪，毕竟，这是第一次嘛！后来因为种种原因，我们的节目没被选上，但我还是很高兴的，因为我跨出了自信的第一步。假如当时我没有参加这个节目，就不会有那时的自豪、那时的高兴了。就像您说过的："你走，梦想离你很近。"谢谢！

因为时间的关系，我就先写到这了。感谢您为我们提供了这么好的一个环境，让我们明白了"感恩，感动，感谢"，谢谢您！
　　祝
　　生意兴隆，
　　身体健康！

营员：张宇轩
2010 年 8 月 16 日

　　这是一封奥康员工子女写给奥康董事长王振滔的感谢信，感谢信的背后，要从奥康的经营理念说起。

　　许多熟悉温州皮鞋的人都知道"两把火的故事"。第一把火发生在1987年，杭州的武林门广场上，5000多双温州劣质皮鞋被付之一炬。一时间，温州鞋成了假冒伪劣的代名词，被上海、南京、武汉、沈阳等几十个大城市的商家驱逐出市场。1988年，受火烧"温州鞋"的风暴的影响，温州许多皮鞋厂改旗易帜，而那年23岁、正在武汉推销着皮鞋的王振滔却"顶风"而上，办起了"永嘉奥林鞋厂"，想以此证明温州人能把鞋做好。

　　目睹了温州鞋惨痛遭遇的王振滔明白，没有诚信就永远没有市场。自办厂起，他便把诚信放在首位，确立了"以质优取信于顾客，以价廉竞争于对手"的经营方针。渐渐地，奥康因一直坚持诚信经营，以质量取得了消费者的认同，生意越做越红火，但与此同时，大批假冒奥康开始充斥市场。为了维护自己辛苦打造的奥康品牌形象，1999年12月15日，王振滔在杭州市郊中村亲自点火，将全国收缴的假冒奥康鞋付之一炬，这把火让温州鞋挺直了腰板，时任温州市市长的钱兴中曾感慨："这把火应该被写入温州的历史。"

　　从1987年火烧温州鞋，到1999年火烧假冒奥康鞋，奥康始终坚持"诚信创牌、质量立市"。而在奥康的成长过程中，除了深入人心的"诚信"外，它的"人本"理念同样为人称道。王振滔曾多次表示："员工不是打工仔，同是奥康一家人。"

为"小候鸟"系上暑假的"安全带"

回到感谢信本身,这封写于 2010 年的信,出自某奥康员工的孩子——参加了第一届"奥康员工子弟夏令营"的张宇轩。信中写道:"以前每年暑假我都只能在家里玩,并且作业不会做也只能空着,可谓是无聊中的无聊。今年到了夏令营来,以前一切的烦恼都烟消云散了,而且还学到了很多书本上学不到的知识……"像张宇轩这样,在参与夏令营后写下了感谢信的小朋友,还有不少。

一直以来,奥康以"诚信、创新、人本、和谐"作为企业核心价值观,王振滔也不止一次在员工大会上真诚地说:"你们是我的兄弟姐妹,你们的父母子女也就是我的父母子女。"

王振滔的话从来不是嘴上说说而已。当每年暑假来临,不少上班族的家长担心孩子没有人照看怎么办、怎样安排才能让孩子不虚度光阴时,奥康的员工们就没有这样的烦恼,他们会把孩子送进公司举办的员工子弟夏令营中。

2018 年 7 月 9 日,奥康第九届员工子弟夏令营在永嘉县慧才小学开营,主题是梦想家园"向上吧·少年",200 多名奥康员工子女们从全国各地飞来,同父母团聚。

在夏令营,小营员们会在老师的指引下学习语数英、美术、音乐、安全教育和亲子课程,高年级的孩子们还有老师进行暑期作业辅导。同时,孩子们还能去博物馆、科技馆等开展实践活动。

多次在夏令营度过暑假的晋珩说:"我的爸爸妈妈都是奥康的员工,我参加夏令营已经 7 年了。在夏令营里,我认识了很多小伙伴,每年外出活动都很有意思,让我增长了很多见识。每年都特别好玩,我想我会永远记得在夏令营里的欢乐日子。"而首次参与的雷顺则表示:"这里的一切都让我感觉非常有意思,我希望明年还能来。"

时光流转,2019 年暑期,7 月 9 日,奥康的员工子弟夏令营如期而至,170 名来自全国各地的"小候鸟们"在奥康过上了一个特殊的"红色"假期。当天早上,每一位小营员都收到一份精心准备的礼物,有小国旗、蜘蛛侠玩偶等。

据了解,为期一个多月的夏令营中安排了国学、英语、美术、音乐、手工等丰富多彩的课程。此外,为庆祝新中国成立 70 年,这次夏令营还安排了"闪闪的红星"特殊教育环节,让孩子们在唱红歌、颂诗篇等红色教育中传承并弘扬根植于民族文化中的红色基因。"在奥康,有相当一部分员工来自外地,而他们的孩子却在遥远的家乡。所以员工子弟夏令营是解决这个问题的最好方式。"奥康团委书记冯芳芳介绍道,"企业站出来主动为员工解忧,员工就可能将企业当作自己的家,就可能对企业产生真正的归属感,从而培养出主人翁意识来。"

据悉,自2010年开始,作为关爱员工的创新之举,奥康员工子弟夏令营已经连续举办10届,累计投入500多万元。如今,每年的夏令营成了奥康员工们最为期待的日子,既能和孩子相聚团圆,也能给孩子一个安全、舒适的学习和生活环境。

谈及举办员工子弟夏令营的初衷,奥康国际董事长王振滔曾表示,举办夏令营关爱新温州人子女,旨在提升"新温州人"的幸福感,让更多优秀的人才踏踏实实地留在温州,共同建设幸福温州。具体来说,孩子们既可以在夏令营结交朋友、学习知识、体验社会,还能了解父母的工作环境和奥康的企业文化,在充实的教育课程中享受一段意义非凡的亲子时光。

将"宠爱"员工进行到底

王振滔经商的最大特点就是诚信,在他看来,企业的诚信,就是要对自己的员工讲诚信,没有员工、没有人才就没有企业的发展。可以说,奥康的诚信之本在于善待员工,以员工的核心利益为企业的核心利益。在为员工创造就业机会时,更要为员工创造舒适、安心的就业环境,让每个员工都成为企业的主人。

因此,除了每年夏天出资数十万元举办员工子弟夏令营,帮助一线员工解决"后顾之忧"外,奥康还有为员工举行集体婚礼、包飞机送员工回家过年等暖心的活动。

在王振滔的办公室,最显眼的莫过于他身后的一块字匾:言必信,行必果。王振滔经常告诫员工"言而无信,行之不远",只有诚实守信才能走向成功,才会越来越受到社会的赞赏和尊敬。因此,一直以来,奥康不仅以诚对待消费者,也始终以诚对待员工。"善待员工、以人为本",在王振滔这里,从来就不是一句空话。

【记者手记】

　　关爱员工体现了一家企业及企业家的社会责任，能够在企业获得家的归属感，应当是员工们的心之所向，而浙江奥康鞋业股份有限公司就是这么一家企业，多年来，公司始终实实在在地帮助员工实现家庭幸福。

　　奥康董事长王振滔对"人才"有着自己独到的见解，他认为不仅仅具备高学历、高级专业技术人员才叫"人才"，普通一线员工也是"人才"，因为只有他们以辛勤的工作、敬业的精神和热情的服务态度才能生产出一流的产品，并推向市场，让消费者认可，他们也是企业的主体。秉持这种理念的奥康，一直用心提升员工的幸福感。

　　很多人觉得，让员工喜欢企业，真正把企业当成家，把自己当成家的主人，是一件很难的事情。但这并不是一件做不到的事情，关键还是要看企业怎样做。

　　就比如奥康，为了员工幸福，推出了员工子弟夏令营、爱心基金会等许多关爱员工的举措，切切实实让员工感受到企业及管理者的真切关爱。

　　当员工把企业当成"理想国"，又何愁他们不会真正地热爱企业，积极地为企业付出呢？而对企业来说，能够获得员工的认同和赞美，又是多么宝贵的一笔财富。奥康的成功，可以说和奥康善待员工有着密切关系。31年来，奥康和奥康员工，都在良性循环、彼此成就，实在是一件可贵的事情。

【专家点评】

　　习近平总书记指出，文化自信是更基础、更广泛、更深厚的自信，是更基本、更深沉、更持久的力量。坚定文化自信，是事关国运兴衰、事关文化安全、事关民族精神独立性的大问题。企业作为创造社会财富、促进经济发展、增强综合国力的重要推动者，提升企业核心竞争力的重要性和紧迫性越来越明显，而企业核心竞争力的最重要支撑就是优秀的企业文化和核心价值观。

奥康集团始终坚持把面向人、尊重人、关爱人放在重要位置，这正是企业"诚信、创新、人本、和谐"核心价值观的生动体现，也是企业能够可持续良性发展、在市场竞争中立于不败之地的根本保证。

中共浙江省委办公厅　周峰林

凌兰芳：50岁下岗终成"风云浙商"

记者：刘浩、方清梅、林洁仪
编辑：农书荣

【人物名片】

凌兰芳，1953年出生于浙江湖州，17岁进入浙江蚕丝绸企业从事育蚕工作。2002年，在蚕丝绸行业工作了30余年后，年近50岁的他面临下岗。随后，他带着20多名员工开始创业，并接手了任职30余年的丝绸企业，带领企业扭亏为盈，现任丝绸之路控股集团董事长。

这是凌兰芳和妻子两人2002年下岗时收到的解除劳动合同证明书和经济补偿金发放明细表。

"直到今天，我才搞清楚当年下岗后，33年的工龄补偿金是28050元，以前接受采访时都说成了28500，给自己多算了450元。"2012年，在浙商文化博物馆筹建启动新闻发布会上，丝绸之路集团董事长凌兰芳这样解说自己捐赠的藏品。

17岁进入国企工作，33年后却收到了一封下岗通知书。那一年，凌兰芳已经50岁了，33年工龄

凌兰芳

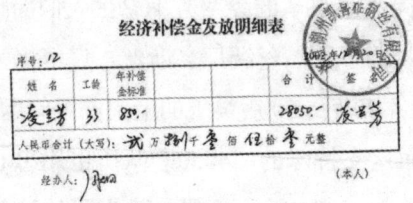

凌兰芳和妻子两人2002年下岗时的解除劳动合同证明书和经济补偿金发放明细表（档案来源：浙商博物馆）

17岁那年，迫于生计，凌兰芳踏入丝绸行业，并在这个传统产业的国企——浙江茧丝绸企业里整整干了33年。然而，20世纪90年代初，这家老国企没能适应时代变化，濒临倒闭，他也被28050元的补偿金"买断"工龄。

"当我33年的工龄被28050块钱买断的时候，我强烈地感受到了弱势。"

只得到28050元的补偿金。看着一同下岗的妻子和成千工友，凌兰芳想到了创业。不甘就此沉沦的他领着下岗员工，靠着借贷，抱团买下了工厂。可以说，一张被凌兰芳妻子"压箱底"珍藏的下岗通知书，"逼"出了如今的丝绸名企。

干一行，爱一行

1953年出生在浙江湖州的凌兰芳是生在新中国、长在国旗下的一代人。曾经，他和许多平民百姓一样，有着诸多梦想。比如入学之初想当天文学家，上电大时想当数学老师。

然而，实现梦想并不顺利，现实总是让他的梦一次次夭折。天文学家的梦想因"文革"破灭，老师的志向因岗位调动没有实现。那时，命运仿佛和他开了一个玩笑，他此前从未想过自己会进入丝绸行业，而且一干就是一辈子。

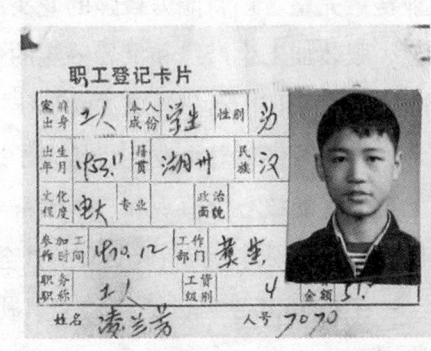

第一张工作证

凌兰芳回忆道。这种弱势感让他极度不甘，于是带领着 20 多个原先的国企员工开始了漫长的创业路。

创业初期，凌兰芳经历了常人无法想象的挫折和苦难。进入钢铁销售行业后，恰逢国家宏观调控，受此影响，一批钢材从每吨 5000 元暴跌至每吨 2000 元，公司整整损失了近 2000 万元。又因自营运煤海轮沉没，凌兰芳接连损失千万。短短两年不到的时间，凌兰芳带头创立的公司负债将近 3000 万元，而员工也只剩下 21 个人，公司面临生死存亡。尽管当时的国家体制下，银行和他的国有公司之间的债务可以核销，他依旧坚持向银行承诺，所有的贷款一分钱都不会少。

正是因为这样的诚信，凌兰芳感动了客户和银行，许多大中型的国有企业向他提供价值几千万元的煤炭、焦炭、炉料、火车车辆和钢材等，允许他卖掉后再给钱。就这样，凌兰芳和他的企业重新站了起来。然而，企业步入正轨后，凌兰芳曾经工作过的国营丝绸企业面临改制，曾经和他朝夕相处的几千名员工面临重新就业的难题。深知下岗买断艰辛的凌兰芳不忍工人们面临生存难题，从 2002 年到 2004 年，他接连收购了永昌丝绸厂、浙丝二厂等多家面临改制的国有企业，一肩挑起了近 3000 名 40 后、50 后员工的上岗安置问题。

凌兰芳称他们为"我的兄弟姐妹"，而这支特殊的"4050"队伍也用忠心和汗水为企业创造出强大的凝聚力与竞争力：2006 年，丝绸之路集团的销售额达到 7.2 亿元，利润达 4500 万元，旗下曾经濒临倒闭的国有企业，也在凌兰芳的苦心经营下逐渐重焕光芒。

今天的丝绸之路控股集团，已发展为我国丝绸制造业生产规模最大、产业链最完整、创新能力最强的龙头品牌企业之一，拥有国内最先进的自动缫丝、服装加工生产线和世界一流的丝绸织造生产线，丝绸工业基地分布在湖州、广西、四川多地，并成为爱马仕、Prada 等国际顶级服装品牌的生丝供应商。

凌兰芳带领着企业逐步培育了以"实业报国，产品利民，勤劳养家，文化育人"的核心价值观和"奉献奋斗"为指导的"丝绸之路"企业文化。在做好集团的同时，担负起更多的社会责任。

在 2006 年度风云浙商颁奖典礼上，评选组委会给了凌兰芳这样的颁奖词：

丝绸，
是他为之敬业一生的产品，
轻柔绵长。
面对与他风雨同舟的兄弟姐妹，
他的内心也有那么柔软的一角，
千丝万藤路漫情长。
他破釜沉舟，
解决了5000名职工下岗再就业，
为他们撑起了一片晴朗的天空。
他三年收购七家国有丝绸企业，
为五千年传承的湖州丝绸，
编织出一曲霓裳盈扬的，
曼妙华章。

凌兰芳在丝绸行业里足足干了49年，用他的话说："干一行、爱一行、专一行，我早就'丝定终身'了。"

做丝绸复兴的守望者

近年来"丝绸之路"的倡议在全球化日益深化的过程中，被不断提及和深化。对此，从未离开过丝绸行业的凌兰芳有自己的一些独到看法。他想象不出自己离开丝绸还能干什么。"我是很热爱丝绸的。"他时常这样说。在他眼里，丝绸经历了无数次的跌宕起伏："丝绸5000年的历史，我们中华民族垄断了3500年，后来土耳其两个人在我们这里偷了蚕种，偷了我们桑树的种子才传到了地中海……新中国成立以后，我们的丝绸还落后于日本，无论质量、产量、总量都在日本之后，日本是世界第一丝绸生产大国，我们是第二。到了80年代我们赶上了日本，超过了日本。现在中国是一个大国，但还不是一个品牌强国，我们离品牌强国有很大的距离，现在真正的丝绸精品是做不过日本，做不过法国和意大利的。"

一直以来，凌兰芳都在思考如何做出好的品牌。装备、工艺比较落后，

诚信和专注度有差距，研发和创意、质量和服务也和品牌强国存在很大的差距，这是凌兰芳多年来思考的结果。"我们还有很多的工作要做，但不管怎么样，中国是一个丝绸大国，是全世界第一位的，我们自己也有信心在新世纪新时代为这个国家的丝绸创立民族国际化品牌贡献自己的力量。"

为实现做大做强品牌的梦想，凌兰芳摸索出了两条路：第一条是让丝绸走进百姓家里；第二条是让丝绸走进纽约、巴黎。为此，他不断引领企业革新。丝绸之路集团成立之初，面对设备陈旧、技术落后、工艺低下等诸多问题，集团坚持把增强技术研发能力和科技创新作为主攻方向，逐步把老设备、老技术、老工艺改造为新设备、新技术、新工艺，全面推行无梭化生产和数码织造技术，彻底改变传统丝绸行业劳动强度大、环境差、生产率低、收入不高的局面。

为改变"为他人作嫁衣，为国外品牌做苦力"的路子，集团建立了研发、制造、品牌、营销四大中心，倾力发展自主品牌，将原湖州华绫服装厂整体转型为家纺公司，悉心培育"欢莎"家纺品牌。2009年至今，"欢莎"家纺已强势入驻北京燕莎、上海八佰伴、杭州大厦、武汉国广等国内顶级商场，并频频在国内外大型展会上亮相。另外，集团还大力构建营销网络，积极发展电子商务，努力建立国内国外、线上线下完整的营销渠道。

而现今，集团的纺织车间，基本达到了无人化，如棉、毛、麻、化纤等设备自动化程度很高，纤维断了，捻一下、融一下就快速接上了。尽管如此，

丝绸之路工业园

工艺上还是面临着困境，如茧丝是蛋白长纤维，断了，必须手工接上。"像这样的机器目前难以替代的工序，缫丝环节还有4个，一一攻克或者全盘颠覆，还需时日。"凌兰芳说，一直以来，他们都在想办法攻克难题，任重道远，但是绝对不会停下脚步。

谈及自己做国际品牌的梦想，凌兰芳认为，世界上的十大品牌，阿玛尼、爱马仕、香奈儿、皮尔卡丹、路易威登等都有丝巾，都有丝绸，可是我国的丝绸没有十大品牌，这使他的内心很负疚，也感到自己很软弱。"所以我一定要创建一个民族市场品牌，用上几十年的时间，哪怕在我退休以后，在我生命结束以后，我们的下一代能够继续我们的事业，把我们国家的丝绸推向世界，推向国际化品牌，来完成我们的梦想。"

【记者手记】

> 对于丝绸，凌兰芳曾说自己干一行、爱一行，"丝"定终身。的确，从17岁进入国企后，他就再也没有离开这个行业了，并且全身心地投入，做出了太多的成绩。
>
> 从2002年下岗时的解除劳动合同证明书，到如今丝绸之路控股集团董事长，一步步走来，凌兰把自身的不甘化作创业的动力，担起了许许

多多他的"40、50"兄弟姐妹们的生计，成就了一代浙商传奇。

在凌兰芳身上，有太多值得学习的地方，他希望做出自己的丝绸品牌的梦想，尤其让人动容。对他来说，我国作为丝绸大国，却没有十大品牌，这使他的内心感到很负疚，也感到自己的无能和软弱。于是，他把丝绸复兴的使命扛在了身上，并且从不止步。相信有他这样的商人，有一代代的传承，我们国家一定能够早日发展为丝绸品牌强国。

【专家点评】

凌兰芳是一位人文情怀和知识分子气质浓郁的浙商，他用实践证明诚信是一个人最大的资产，务实是一个品牌的立足之本。他忧国忧民，每遇心潮起伏，笔下便是风雷激荡。他情感细腻深厚，侠肝义胆，眼界和胸怀又超越了一个企业经营者的局限，使命感和社会责任感极强。为丝绸事业奋斗到底，真正的春蚕品格，金梭人生。

浙商研究会执行会长、浙商博物馆馆长　杨轶清

吴国平：要做正宗杭州味道的 Uncle 吴

记者：王庆华、刘焕

编辑：农书荣

【人物名片】

吴国平，毕业于浙江大学，外婆家餐饮集团有限公司创始人，优秀企业领导人。1984年吴国平由杭州塑料工业公司普通职工做起，经自身努力，逐步晋升为公司董事。1988年加入中国共产党。1989年前往德国接受培训。1990~1992年在浙江大学管理学院进修。1992~1997年连续7年被评为杭州市二轻优秀共产党员。1998年开始创办外婆家餐饮集团有限公司，担任董事长至今。

吴国平

人生的第一步，我走得很踏实

"这张照片给我的记忆最深刻了，当时我们的厂里进口了两台机器，可以说是国内最先进的，来了以后我们整个车间都很兴奋，大家说和机器合一张影吧，我记得当时还有老外跟我们一起。现在看来这张照片对我来说意义太深刻了，所以我把它放在湖畔大学的展示墙上。"说这句话的时候，吴国平微

照片里的吴国平（右三）还不到30岁，在杭州塑料工业公司上班

微抬起眉毛，眼里放着光，不时地感慨两句"那两台机器是真的很好，运转到现在还很流畅"。

"我爸爸是手工业者，和我妈摆了个小摊。父母从没进过单位上班，他们对我唯一的要求是，乖乖待在国营企业，好好干。"

1984年吴国平到杭州塑料工业公司劳模组上班，28岁公派到德国培训，1992年去浙江大学管理学院进修，回来就做了车间主任。

在国营单位看似稳定，其实很穷，"我一个月1000多块钱工资，太太只有500块。福利就是夏天发发西瓜，冬天发点肉。口袋空空，一贫如洗。结婚是父母拿钱操办的。有了孩子，每个月父母还补贴我们80元钱，外加两箱酸奶。"

"1994年，我和太太还住在公司宿舍里，有天太太跟我说要交电费8块钱，但我俩摸遍口袋也凑不够8块钱。没办法，只好搬去丈母娘家住。他们家有两间房和一个露台。我们搬进去后，还没结婚的小舅子只能睡在露台上。"1996年，单位分房，他们1分钱积蓄都没有，只好又向父母拿钱。第一次拿了2万块钱，后来发现还差一张吃饭的桌子，又厚着脸皮去拿了几千块。

1998年，单位下属的劳动服务公司开了一家餐厅，叫水晶饭店，开了一年就倒闭了。单位贴了布告，让全体员工去投标。"太太知道后，鼓励我去。

我说不行的,我是车间主任,属于干部,需要领导同意才行。"

厂长说:"你这个车间做得很棒,整个公司60%的利润都是这里产生的,但我只能发你基本工资,不可能给你更多钱了,我自己也只有2000多块工资。你想干就去试试吧。"

吴国平和太太东拼西凑了2万块钱,盘下了这家餐厅,在天目山路东海宾馆对面。1998年5月,他们撤下原"水晶饭店"门头,改成了"外婆家家乡面馆"。定位是普通人也能消费得起的餐馆——"好吃不贵"。针对的顾客就是收入3000块以下的年轻人。"我把单价定得很低,麻辣豆腐2块,啤酒2块,青菜2块,拌面也是2块。"

店里就两个厨师,两个服务员,十张桌子。服务员是两个年轻小姑娘,一个安吉的,一个丽水的,吴国平亲自挑的。他带她们到杭大路一人买了一件黑色汗衫、一条牛仔裤,换上就开始上班了。厨师是父亲托关系从"四海楼"请过来的。

菜单就是一张红纸,他自己手写,酒菜面饭四大类,一共十几个菜。太太做收银员、服务员、采购员、跑堂、打荷……

店就这么开起来了。

成为千家万户的厨房,让每个客人吃得开心快乐

渐渐的店里的生意有了起色,一个月后,一到饭点,店门口就排起长龙。晚饭时间,窗台从这头到那头,排满了啤酒瓶。年轻人已经把下班来"外婆家"吃饭喝酒,当成了一种习惯。"我和太太都没经验,就是一门心思对客人好,服务好每一位进门的客人。"

吴国平总结了"成功之道":给顾客惊喜。惊喜来自三个方面:好吃的食物、优雅的环境、低廉的价格。总结起来就是四个字"好吃不贵"。这三点,他到现在也一直坚守着。"外婆家"的使命就是:成为千家万户的厨房,让每个客人吃得开心快乐。

"外婆家"刚有点名气的时候,有一次,来了一位五十多岁的客人,他点了碗面。看到服务员给包厢大桌的客人送餐后水果,就问:"他们大桌有水果,我为什么没有?"吴国平太太坐在柜台里,二话不说也给他上了一份。他才

说:"我是专门从望江门赶过来吃'外婆家'的,你们的服务还不错。"这个客人一直到今天,还是外婆家的忠实粉丝。

机缘巧合之下,有了马塍路店的"一飞冲天"

因为天目山路拓宽,这家店开了1年零1个月就关了。这也算是一个改变的契机,吴国平拿到了一笔拆迁赔款,找到马塍路有一家红墙大酒店,只做早点和午餐,晚上不做。吴国平就去找店老板:"这个店转让吗?"1999年6月,吴国平向亲朋好友借了15万元,加上自己的5万元,一共20万元钱,把这家店盘了下来。

快要装修了,原来的老板很幽默,说:"兄弟啊,我们店不赚钱的,你输掉不要怪我,不要还给我啊。"吴国平说:"不会的,我自己做,自己知道的。"

这算是"外婆家"第二家店——马塍路店。一开业,各项事情就顺利地运转起来,再到后来的城西兰桂花园店,再到第四家、五家店……到了2008年以后,吴国平感觉机会来了,因为点餐系统和后厨系统都进来了,这时候刚好全国各地的Shopping Mall发展起来,改变了原本百货商场里没有餐饮的传统,"外婆家"从此走向全国。

这股"杭儿风",一刮就是20多年。现在,"外婆家"已经开到了60多个城市,100多家商场,200多家分店。

能和全国人民分享杭州的美食和生活方式,我还是蛮骄傲的

2013年,吴国平把"我家就在西湖边"确定为"外婆家"集团的slogan,希望"外婆家"开到哪里,就把西湖的美带到哪里。

从1998年到2006年,吴国平一门心思扎在"外婆家"身上。2007年开始试水新品牌。市场是喜新厌旧的,传统餐饮行业变化才不会死。传统"性价比"策略已经很难玩出新花样,今后的餐饮市场势必走向个性化和细分化。借着这波革新的浪潮,吴国平把脑子里的新奇点子一一付诸实施:从"指福门""第二乐章""杭儿风",到专精单品系列的"炉鱼""你别走""蟹小宝""猪爸"……从以烹饪方式细分的"动手吧""锅小二""蒸年青""锅殿",到针对高端市场的"宴西湖"等。

2007年到2019年,吴国平创新了近20个子品牌,算上"外婆家",门店在全国开了200多家。有做得很不错的,也有输得一塌糊涂的。但是他不怕,餐饮就是像打仗一样,有输有赢、有波峰也有波谷才有意思。

健康的快乐的,才是最有用的

吴国平的人生目前有三个阶段:

第一个阶段是"全力以赴"。在他是一名塑料厂的工人以前,还是一名中长跑运动员。后来因为身体条件的限制,才去了塑料厂当工人。可是这段经历吴国平是全力以赴的,他没有后悔过,到现在还有很深的体育情结。

第二个阶段是"证明自己"。证明自己是可以的,再苦的也能干,从普通工人到车间主任再到厂长,吴国平是升得最快的。这证明了他的能力。

第三个阶段便是更"丰富多彩"了,从1998年开店至今,外婆家已走过21个年头。这么多年,只做了一件事情:把家里面烧饭的人解放出来。而吴国平要做的,就是要让自己更快乐,让外婆家的员工更快乐,让每一位来外婆家消费的顾客更快乐,快乐这个东西,真的很有意思。

【记者手记】

就在本次采访之前,中国饭店协会发布了2018中国餐饮集团百强排名,外婆家餐饮集团有限公司名列第7,成为中国餐饮界的头部阵营中的一员。但在本次采访中,外婆家创始人兼董事长吴国平最多提到的是"改革"。一家餐饮企业绝对不能止步不前,满足于现状。因为市场是在变化的,大众的口味也都一直在变。如果你不"变",你就会被市场淘汰。整个企业说倒就倒。

说这番话的时候"Uncle吴"收起了轻松愉快的表情,开始变得严肃深沉,整个人的气场都变得强大了起来,这就是"头部阵营"的气场。

一个人的成功绝对不是偶然,当有幸采访到这名"成功人士"的时候,我被他的"幽默"所感染,"认真"所打动,"执着"所折服。回顾吴国平先生的创业经历,正是新中国成立70年来的一个发展的缩影。他说:"我是赶上了一个好时代。大众消费的观念在发生着翻天覆地的变化,而我们就是在变化中不断迎合大众,才有了今天的成功。"

如今的杭州,正在被人们称作为"创业创新"之城,每年都会有众多怀揣梦想的创业青年来到杭州,开始自己的梦想,而吴国平的经历,正是通往成功路上的一盏明灯,照亮了每一个创业者,也告诉每一个创业者只有踏实走好每一步,才能有最后一大步的腾飞。

【专家点评】

　　打造核心竞争力是企业在竞争中脱颖而出的关键。对于餐饮企业而言，核心竞争力的打造方向是产品竞争力、环境竞争力和服务竞争力。好的产品、好的环境和好的服务，不仅是企业持续适应市场竞争的根本保证，更是企业是否具有社会责任担当的具体表现。如今的餐饮企业发展面临诸多机遇和挑战，迫切需要夯实食品安全主体责任，规范经营行为，发挥行业自律，并在此基础上，让每一位消费者更快乐，更有获得感。

中共浙江省委办公厅　周峰林

金月华：贸易战中完胜美国"双反"第一人

记者：邹雯、张柯一
摄影：尹秋霞、李潇月
编辑：华冰

【人物名片】

金月华，嘉兴嘉善人，浙江裕华木业有限公司董事长，北京林业大学技术顾问。1978年白手起家，从工地油漆承包工程做起，1997年，创立裕华木业，凭借独到的眼光和勇于创新的精神，把一家不起眼的民营小企业，打造成为具有国际竞争力的实木复合地板龙头企业。2010年12月6日，金月华主动应诉美国商务部"反倾销、反补贴"案，经过近两年时间，把"双反"打成了"双零"，使裕华成为加入WTO以来完胜美国"双反"调查的第一家中国企业！

这是2010年到2011年，浙江裕华木业为应对美国对中国进口的实木复合地板进行反倾销和反补贴调查，花了约半年整理的4000多页应诉材料，堆起来足足有半人高。

正是这厚厚一沓的材料，不仅让裕华木业彻底完胜美国"双反"调查，在美国市场终身享受反倾销、反补贴"双零"税率的最佳待遇，更是挽救了

金月华

整个中国地板出口产业。

不当"鸵鸟"当"出头鸟"
"自找麻烦"主动单挑

认识金月华的人都知道，他有个外号，叫"冒险王大叔"。

20世纪90年代，受东南亚金融危机的影响，金月华关掉装修公司，转行在并不生产木材的嘉善开起木业公司，开始了他的冒险之路。凭着一股勇往直前、不服输的冒险精神，从当年的"包工头"变成了龙头企业掌门人。

但没有人会想到，"冒险王大叔"会冒这么大的险——单挑美国国际贸易委员会和美国商务部。2007年至2009年，美国从中国进口的复合木地板总量增长了76%。美国地板企业认为，中国出口的木地板定价过低，有违公平竞争原则。2010年10月，美国对从中国进口的实木复合地板进行"双反"调查，中国169家企业涉案，一旦败诉，国内相关企业将被迫缴纳高达242.2%的惩罚性反倾销税。

"242.2%是什么概念？就是你出去卖100块钱，要交242.2块钱的税，这不是亏本倒贴吗？太荒谬了！"金月华说。当时裕华木业出口美国市场的比例占到总出口量的90%，一旦被判惩罚性关税，就意味着丧失了整个美国市场，不止是对裕华，对所有出口美国的中国木地板企业都将是毁灭性的打击。

其实，起初裕华木业并不在涉案名单里，但面对美方来势汹汹的"双反"调查，"冒险王大叔"选择主动站出来应诉，花了1000多万人民币，重金聘请美国和国内两个律师团队，这相当于企业

一年多的利润。有人说他是"自找麻烦、以卵击石、不自量力",但在金月华看来,"覆巢之下安有完卵",当"鸵鸟"只会被团灭,没人能独善其身。"没有退路。你不跟他打官司的话,就是你连说话的权利都没有,那人家就给你惩罚性关税,你的产品也根本出不去了。"

小到外包装的纸屑、塑料膜也查

"冒险王大叔"背水一战应对美方最严苛调查

"这个官司你如果没有勇气,根本不行。打,不一定会赢。赢了,也不一定有效。很复杂。"

"冒险王大叔"这次冒险,显然是"背水一战"。

不过金月华更喜欢称自己为"将军"。在他看来,"冒险王"和"将军"之间最大的区别就在于"将军"不是空有一腔热血和一往无前的勇气,而是有底气和策略的。金月华的底气来自企业过硬的产品质量、完善的产业链、高附加值和创新专利的工艺技术:最贵的木地板标价达到每平方米上万元;普通板材木地板可以做出珍贵板材效果,附加值高出同行50%;参与了15项国家标准和1项国际标准的起草与制定,拥有23项自主专利(现在已有148项

美国商务部官员实地调查"反补贴"

专利）；还通过了美国制定的 CARB 二期认证，这是对甲醛释放的全球最高标准。

不过光有底气还不行，如何证明我们的出口不靠低价和补贴，得拿出证据。金月华回忆说："我们要从原始资料开始，仓库、财务、车间，一系列的数据都要整理出来，美国商务局根据这个数据来倒推，如果数字不对，就是惩罚性关税。这个工作量非常庞大，'反倾销'调查相当于我们要把将近一年的资料都整理出来，而'反补贴'要 10 年的资料，全部都提供给他。"

金月华说，他们花了 1 年的时间来整理这些资料，光问卷总结就有 4000 多页那么厚，而所有资料加起来放满了五六个 1.8 米高的档案柜。

当然，庞大、复杂的资料整理工作还不是最难的，金月华说，最大的难点还在于细节。美国商务局的调查非常细致严苛，小到外包装的纸屑、塑料膜都要在精密仪器上称重，以计算成本。"比如说一个集装箱里面的木托架，有个打包袋，外面又有一个打包壳。好，你的这些纸屑、塑料膜、油漆，就是木材、主材、辅料，你地板用的材料能不能一一对上，如果对不上，可能就是成本升高了，他就会说你是倾销，因为你是亏本卖的，说明政府给你补贴了。就是连外包装这么细小的东西，他都全部来查的。"

甚至还有更出其不意、让人捏把汗的情况——调查人员都已经准备离开了，还会突然杀个"回马枪"。"他们准备走的时候，再回到仓库里再去测你的东西。还好咱们准备充分，而且我们所有的东西本身就是做得很好的，所以不会给他们抓到把柄。"

完胜"双反"调查并非一劳永逸
"冒险王大叔"想当"常胜将军"

2011 年 10 月 13 日凌晨，美国商务部宣布对中国生产的多层木地板最终税率，裁定浙江裕华木业有限公司的反倾销税率和反补贴税率均为"0"。由此，裕华成为中国加入 WTO 以来完胜美国"双反"调查的第一家中国企业，也成为迄今为止美国对中国"双反"调查中唯一在原审中获得"双零"税率的企业。

这场来之不易的胜利，带给金月华的不只是在美国市场开始终身享受双零税率的最佳待遇，还有每年 30% 左右销量的递增，而其自主品牌"鹦鹉"

地板更是相继"攻占"美国地面材料专卖店，并全面登陆美国三大地板超市。

但是这一切并没有让金月华沾沾自喜、停下脚步，他很清楚，打赢"双反"并不是一劳永逸。"双零税率的最佳待遇虽然是终身享受的，但是美国会时时刻刻出台不一样的法律法规，定期设置一系列贸易壁垒，像美国'莱氏法案'等，所以我们一直在面对贸易摩擦的挑战。"

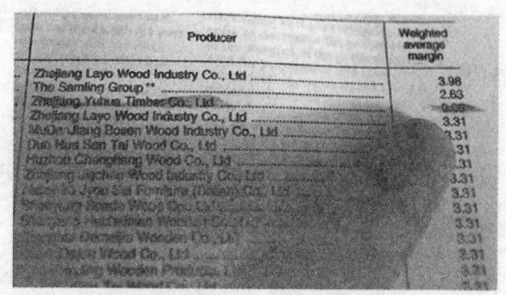
美国国际贸易法院最终裁决公告

裕华木质新材料研发中心实验室，还是北京林业大学的博士后流动站

喜欢当"将军"的金月华当然不想只打一次胜仗，他更想当一个"常胜将军"。所以这些年来，他不断带领企业转型升级、扩建项目、建研发楼；从原来单纯做地板，到如今整体家居订制，完善生产工艺链并建立起非常完整的数据库；提纯木材中的有益物质，研发新工艺，生产功能型地板，向产业链高端发展；同时积极开拓全球市场，除美国之外，在欧洲、日本、东南亚地区都有布局。最近，他们在马来西亚设的一个分厂就刚刚开工建设。

虽然当前的中美贸易战形势很严峻，裕华木业也面临着前所未有的挑战，但是面对"双反"贸易壁垒，金月华并不慌，积极应对。如果说8年前打赢那场贸易战更多需要的是勇气和底气，那么现在金月华有的则是更大的自信："我们最大的法宝实际上就是我们的国力，不像从前了，我相信我们伟大的国家！"

【记者手记】

从打赢美国"双反案"到现在已经过去整整8年了,当年的这场官司在如今仍是业界佳话,尤其是在中美贸易摩擦频繁的当下,更能增强企业应对的信心。

就在2019年7月,国家商务部贸易救济调查局来访裕华木业,调研企业外贸出口发展情况和关于完胜双反调查的成功经验。调研组说,当年的成功案例给企业吃了一颗定心丸,让他们有信心深耕木业产业,对下一步应对贸易战有极大的借鉴作用。

8年前的这场"双反"调查,让低调稳重的金月华"一战成名",而"冒险王"和"将军"这些名号的背后,更多的是"拼命三郎"。

2019年4月金月华在国外采购

熟悉金月华的人都知道,一年365天,只要他不出差,那就肯定在公司,大年初一也不例外;一天下3次车间,雷打不动;微信朋友圈里的步数他永远都是第一名。2018年年底,因为意外导致臂膀骨折,金月华一天也没休息,第十天就跑去德国考察市场了。

成功都是奋斗出来的。当被问及"会不会成为一位'常胜将军'"时,金月华的回答很坚定:"会!因为我做事情是持之以恒的,沿着一件事情要做到底,把它做好、做细、做扎实。"

【专家点评】

反倾销、反补贴(简称"双反"),与保障措施是WTO规定的三大贸易救济措施，属于合规性贸易壁垒。反倾销是指对外国商品在本国市场上的倾销所采取的抵制措施。一般是对倾销的外国商品除征收一般进口税外，再增收附加税，使其不能廉价出售，此种附加税称为"反倾销税"。反补贴是指一国政府或国际社会为了保护本国经济健康发展，维护公平竞争的秩序，或者为了国际贸易的自由发展，针对补贴行为而采取必要的限制性措施。包括临时措施、承诺征收反补贴税。

例如，中国对A国出口初级产品，价格低得离谱，1000美元的成本，你100美元就卖了，别人就认为你这是在倾销。A国对你这个倾销就不乐意了，就开始征收反倾销税，高得离谱，你不提高价格就不行。这个就是反倾销了。

又如，向欧盟出口纺织品，中国觉得其纺织品的价格太高，所以给予出口商家一定的补贴，就是说给钱，让你的价格降下来，由政府埋单。这个就是补贴。欧盟进口中国的纺织品，发现中国政府给纺织品出口有补贴了，觉得你这个不行，价格太低了，我们自己的工厂没什么优势了，就要多征收你的税，抬高你的价格，让你这个补贴不起作用。这个就叫反补贴。

反倾销和反补贴都是进口国为限制此类商品的进口、维护本国该类商品生产企业，对此类进口商品征收较高的税额，提高其价格，以限制其进口的一种极端措施。

中共浙江省委党史和文献研究室　朱健

王碎奶："纽扣大王"的改革传奇

记者：祝佳佳
编辑：潘康康

【人物名片】

他们，在20世纪80年代初，冲破传统观念，走出灶台、走向柜台，大胆投身到市场经济大潮中去，和一批有商品经济意识的开拓者，在温州永嘉县桥头镇，建成了中国第一个农村专业市场——桥头纽扣市场。王碎奶就是其中之一，她作为桥头纽扣市场"元老级"创业者，用纽扣缔造了改革的传奇。

王碎奶

小小纽扣，改变她的一生

"八山一水一分田"，是改革开放前人们形容的桥头镇，地少人多。今年72岁的王碎奶，出生于永嘉县桥头镇黄堡村。年轻时候的她，跟普通山区的妇女一样，守着几分地过着艰苦的日子。而仅凭两分田地，一家8口人连温饱都难以维系。

当时，村里的队办企业生产各种塑料装饰品，有一些供销员就拿去外地销售。有的供销员从邻县销完货回来，顺便带了当地的纽扣等商品回来销售。

王碎奶很快发现，相比塑料装饰品，纽扣卖得更好。

"每个人都要穿衣服、每一件衣服都需要用纽扣，纽扣肯定更好卖。"王碎奶当时把这个想法跟家里人商量了一下。起初，丈夫也是很担心，从没一个人出过远门的她，能行吗？但是王碎奶那会也是下了决心，叫上大儿子、堂叔，三个人一起去了江苏。"那时候我家穷，没什么钱，我跟我老公两个人加起来，也就100多一点，又跟邻居亲戚朋友东拼西借，凑足了500块钱。那时候的500块钱是真的值钱。"

人生地不熟。到江苏后，王碎奶经历了一些坎坷，光找厂家就花了三四天的时间。而且那个时候，纽扣还是专供供销社、商店，个人根本拿不到货，王碎奶非常执着，跟厂家软磨硬泡了好几天，最后撒了一个小谎：是服装厂让她来带一点的。可能也是被王碎奶"烦"到了，厂家就把积压的纽扣卖给了她。

就这样，王碎奶一口气进到了80斤的纽扣，随即搭乘火车先到金华，再坐面包车回到桥头。回忆当初，王碎奶说："80斤，真的很重，用麻袋扛回来的，但当时真没有意识到这点。"令人欣喜的是，仅仅一周，这些纽扣就被抢购一空，王碎奶拿着赚到的80元钱，异常兴奋。这80元钱，也成了王碎奶的第一桶金。之后，王碎奶卖纽扣的心意也就更加坚定了，但也是提心吊胆的时候，因为怕被扣上"投机倒把"的帽子，所以只能偷偷摸摸地到各地进货。

看着王碎奶的生意越做越好，附近的邻居、小姐妹也开始蠢蠢欲动，央求王碎奶带他们一起去进货。王碎奶也没有保留，于是慢慢从最开始的2家，一个月不到的时间，马上发展到了42家。当地很多妇女走出家门，开始做起纽扣生意，桥头镇的纽扣摊也从桥上"蔓延"到了街道两旁，形成了"纽扣一条街"。生意火了，嘉兴、上海一带的人也来了，桥头镇也渐渐形成一个区域性的贸易集散地。1986年，在距离王碎奶摆摊的石板桥不足百余米的位置，纽扣交易大楼建起了。此后，纽扣市场迅速发展，"东方第一大纽扣市场"就这样诞生在这座偏僻的浙南山坳里。

浑身是胆，诚信经商

1984年，浙江省政府召开个体经营户会议，时任桥头个体协会副会长的王碎奶，"勇敢"地去参加了会议。在那个年代，个体户都是谨小慎微，就怕政策有变，但是王碎奶却很自信："十一届三中全会的精神就是鼓励农民生产致富，农民富了国家才能强盛啊！"但很多人并不相信。王碎奶还记得，那个会议51个参会人员，只有她1个女的，开会时领导要她发表意见，她不会讲普通话，只能用当地方言说，大家都夸她"讲得实在，讲得好"。

参加完省里会议后，王碎奶的劲头更大了。她不满足到处进货，而是掏钱买设备，自己做纽扣。她的老公也辞去大队会计职务，回家帮她，公公也每天帮她守摊位。1993年，王碎奶拥有了自己的厂房，有了意大利的进口设备，开始流水线作业，生产的纽扣数量、品种，都在不断地提升。

在王碎奶的影响下，她的子女们也都陆续走上了办厂经商之路，大儿子在广州、温州都办起了纽扣厂，二儿子开办了皮件厂，女儿和小儿子也各自办起纽扣厂，他们家生产的纽扣销售到世界各地，全家人的日子越过越红火。

当时的桥头镇，交通不方便，桥头纽扣市场该如何吸引客户、如何发展，成了一个问题。作为当地个体协会副会长，王碎奶想到了一个方案。在她号召下，市场成立了一个小组，4个大组长、32个小组长，一星期要开3次会议，除了传达上面的文件精神，还会商讨如何经商。作为桥头个体协会会长的王碎奶坚信只有"文明经商、诚信经商"，才能把市场做大、做强。王碎奶说："我们是先走了一步才有今天，要想赚钱赚长久，做生意就要讲信用，规定一包纽扣100粒就100粒，1粒都不能少，还一定要明码标价。"

从1993年起，当地政府和工商部门每个月都要开展"无假冒伪劣商品一条街"活动，王碎奶积极配合参加不定期检查，平时还通过市场广播向个体户宣传有关条例，讲销售假冒伪劣商品的危害性。

在各方不懈努力之下，桥头纽扣市场的发展势头也越来越旺。桥头纽扣市场连续四届被评为全国文明集贸市场，6年中三度被评为全国文明市场。而王碎奶功不可没。

退而不休，一门心思做公益

在纽扣的世界里摸爬滚打了数十年，退休后的王碎奶，生活依然多姿多彩。73岁的她，组建了一支平均年龄在60岁以上的旗袍秀队伍，穿着合体的旗袍，脚蹬高跟鞋，在镜头前美美地展示自己。

现在，王碎奶更多的是把自己的热情投入了公益事业。五水共治宣传、中考义工后勤服务活动、菇溪河清理公益活动、禁毒宣传活动等，凡是桥头镇的公益活动，基本都能看到王碎奶的身影。除了自己捐钱出力，王碎奶也会动员家人出资捐款。

虽然已经退休，但王碎奶的头衔比退休前还要多：桥头镇绿色环保志愿者协会名誉会长、桥头镇巾帼服务队长、桥头镇红十字志愿者服务中心志愿者、桥头镇义工团名誉会长……王碎奶笑称："我的'帽子'很多，风一吹都能吹走。我做的事是没有什么惊天动地的，我很平凡。为国家为社会，我只想着多做一点了，我做一个好人，给人们有个好的形象。"

【记者手记】

低调，是记者对王碎奶的第一印象。从金丽温高速的桥头出口下去，一路是新造的小高层，以王碎奶的身价，至少也会是小洋房起步；但她现在住的是普通得不能再普通的房子；进到客厅，简单的一套中式沙发、一张八仙桌，刷白的墙壁上挂满了各种照片，有她在桥头纽扣市场的工作照，更多的是跟领导人的合影。当然，里面还有一张全家福，王碎奶很是自豪："这是我的孙女、孙女婿，我孙女婿是奥运冠军朱启楠，我的孙女也是体操教练，他们都在用自己的努力为国争光。"

这次去采访，碰上了王碎奶在家休养。之前因为跟朋友爬山，她不小心摔断了腿，我们去采访的时候，她在家已经休息了5个多月。王碎奶非常热情，拄着拐杖出门迎接。在跟她沟通的时候，一点冷场、尴尬的场面都是没有的，一个多小时里，王碎奶侃侃而谈。她说，这些都是自己40多年的亲身经历，如果要讲完，一天一夜也不够。王碎奶也很心细，沟通中发现我们有听不懂的地方，她就先笑自己普通话不标准，然后耐心地解释。也是这份细心、这份真诚，才让这位普通的农村妇女走出了一条辉煌之路。

【专家点评】

党的十一届三中全会后,温州家庭工业蓬勃兴起,并开放了一批专业市场,逐渐形成了"小商品、大市场"的"温州模式"。80年代中期前后,国内关于"温州模式"姓"资"还是姓"社"的争论不绝于耳。1992年邓小平发表南方谈话指出:"计划多一点还是市场多一点,不是社会主义与资本主义的本质区别。"同年,党的十四大报告确立了我国经济体制改革的目标是建立社会主义市场经济体制。永嘉县桥头镇纽扣市场,是"温州模式"探索中发展起来的"十大专业市场"之一,王碎奶无疑是其中最具有典型意义的人物之一,她身上浓缩了温州人艰苦奋斗、敢为人先的创业创新精神。正是这笔巨大的精神财富引领着温州的改革开放,并将进一步推动新时代温州经济更好更快发展。

中共浙江省委办公厅　周峰林

张新夏：百年老字号的"85后"掌门人

记者：邹雯、张柯一
摄影：崔珍荣
编辑：华冰、刘浩

【人物名片】

张新夏，"85后"海归，杭州富阳人。小学五年级时随父母迁往上海居住，毕业于复旦大学广告系，曾在意大利学习奢侈品管理，在瑞士学习酒店管理。2015年10月，她正式接管百年老字号"张小泉"。

爸爸：

别人都说我们俩很像，但是他们只看到了五官外貌的相似，其实我认为我继承您更多的是对音乐艺术和信仰的敬畏。我的文艺范儿，应该是从您那儿继承过来的，而这种对美好艺术的热爱所带来的内心富足感和对生活的感恩，则是再多的财富也换不来的，大部分父母希望教会子女如何

张新夏

生存，而您教会我的是知足常乐的人生态度。带着这种态度去面对生活中的磨炼和挑战，无论是成功还是失败。都能淡然处之，不骄不躁。我想这是您教会我的人生最重要的一课，谢谢您。

新夏

2018年1月8日

2018年1月8日，在公司年会上，杭州张小泉集团有限公司董事长张新夏以视频的形式，给父亲录下了这段信。

2010年还在"张小泉"实习的时候，张新夏就发现了这个"老字号"的很多问题，2015年正式从父亲手里接棒"张小泉"之后，张新夏的目标就是：让老字号焕发新活力！

提起"张小泉"，大家都不陌生，走在杭城街头，几乎随处可见，对于街巷里的"老杭州"们，张小泉的剪刀、王星记的扇子、边福茂的鞋、孔凤春的粉……早已浸润到老底子"衣食住行"的文化中，为人们所津津乐道。1949年5月3日杭州解放，百废待兴。各作坊商号纷纷复业，为了让张小泉这个传统的民族品牌保存下来，从1953年始，在政府部门的组织下，相继成立了五个张小泉制剪生产合作社，生产品种各有不同。

1956年，为了在社会主义改造中更好地保护民族传统工业，毛泽东在题为《加快手工业的社会主义改造》的讲话中特别指出："提醒你们，手工业中许多好东西，不要搞掉了。张小泉的刀剪一万年也不要搞掉，我们民族好的东西，搞掉了的，一定都要来一个恢复，而且要搞得更好一些。"根据这一讲话精神，中央政府很快做出决定：在杭州建设一家具有一定规模的张小泉剪刀厂。同年，杭州制剪生产合作社恢复"张小泉"名称，统一筹建杭州张小泉剪刀厂项目的国家拨款获批准。至此，"张小泉"这个传统品牌的重新崛起已初露端倪。经过"张小泉"几代人半个世纪的努力奋斗，这个传统品牌得到了真正的发扬光大。

1997年，"张小泉"被评定为中国驰名商标，也是刀剪行业中最早获得中国驰名商标的企业。2002年，获原产地注册保护。2000年，企业顺利通过转

90年代的上海张小泉门店

制,杭州张小泉集团有限公司宣告成立,向现代企业制度迈出了决定性的一步。2008年,张新夏的父亲张国标收购了老字号"张小泉",此时,面临毕业的张新夏在"张小泉"实习了3个月,这也是她初次加入"张小泉"。

2018年,"张小泉"完成了股份改造,迈向老字号企业资产证券化的历史发展高度。同时,也向着打造具有自主知识产权的国际知名品牌的目标积极进取着,已全方位进入电商化、智能化、现代化发展新时代。张新夏:"那个时候是在市场部,因为我念的是广告系,所以也是跟市场相关的工作,但当时做的这些东西,都是一些比较基础的市场工作。"虽然实习时接触到的都是基础性的工作,但张新夏每天都在总结分析,品牌模糊及市场推广匮乏,产品线较为冗长、老态,这是当时"张小泉"给张新夏留下的印象。

的确,随着时代的变迁、市场的变革,不只是"张小泉",不少"老字号"的发展也都遇到了新的问题。

张新夏的父亲张国标意识到,想要发展,就要与时俱进,未来的"张小泉"不只是一个传统的刀剪品牌,而要在传承"良钢精作"的祖训、保留老底子技艺的基础上,能将新鲜事物结合到品牌中,贴近人们的生活,才能让"老字号"焕发新活力。2013年,"张小泉"推出了一个全新的子品牌——泉品,来吸引年轻的消费者。遗憾的是,"泉品"在产品开发、渠道拓展及市场营销的过程中,都遇到了瓶颈。2014年张国标收购了"上海张小泉",从而实现了品牌的统一。恰逢张新夏留学归来,父亲便给她出了一个实践的难题,让她给"泉品"把把脉。

张新夏很清楚父亲的初衷:"他希望听一些年轻人的意见,因为(当时)张小泉不仅是管理层的老化,消费层也在老化,很多买我们产品的及对品牌有很高认可度的,都是爷爷奶奶辈或者是阿姨叔叔辈的人群,而年轻人比较少。"

张新夏留学期间与父亲张国标合影

2014年刚留学归来的时候,张新夏意识到,"泉品"这个子品牌是一个崭新的品牌:"所以我有很多的空间可以去想象,可以大胆地去做,也遇到了一些困难,因为'泉品'一开始对标的是无印良品,我们聚焦厨房的生活场景,开发了一系列厨房乃至家居生活的衍生品,比如:汤婆子、铜壶等铜制品,骨瓷做的餐盘、杯碟等。虽然得到了部分人群的喜欢,也从一些方面颠覆了大众对于'张小泉'的刻板印象,或许是前期一系列准备的过程不够充分,所以产品的开发、市场的推广等遇到的瓶颈让我们开始反思。事实也证明要打造一个新的品牌比维护老的品牌成本要高得多,这或许也是我职业生涯中实践给我上的第一课。"

事实上压力还不只是这些,张新夏说,当时只有一家线下门店,跟一个线上微店的"泉品",在销售方面完全不占优势。在父亲收购"上海张小泉"后,她把"泉品"的部分产品引进到上海的两家门店中,发现年轻的消费者开始对"张小泉"的品牌感兴趣了。这也让她下定决心,暂别子品牌,聚力"张小泉"品牌本身,从品牌形象、产品开发、渠道开拓、市场推广等多方面下功夫。张新夏发现,在整个改革过程中,员工们对"张小泉"品牌的感情非常浓厚,不可避免地,一些传统的、老派的观念也在他们心中扎下了根。这与张新夏力求突破原有的条条框框、创新求变的发展理念产生冲突。"他(父亲)是抓大放小的类型,在一些细节上面还是比较放权,就是让我们大胆地去做。在一些大的方面，比如说品牌调性的把控上面，希望我们可以再沉下来。"

在张新夏的带领下，一批批"高颜值、有文化、多功能"的产品不仅赢得消费者的喜爱，受到了市场的肯定，还获得了父亲的肯定。2015年正式接管"张小泉"后，"张小泉"每年以超过30%的速度增长。如今，"张小泉"全新的品牌形象，大到品牌视觉形象、门店SI体系的建立，小到每一个产品的展陈、每一个设计画面的把控和指导等，张新夏几乎都要参与其中。

此外，在张新夏的带领下，品牌团队在线上建立了自媒体矩阵，通过微信、微博、抖音、小红书等平台加强与消费者的互动，线下则通过高铁、地铁、公交等户外广告投放及展会等做品牌露出，并通过品牌事件营销的方式取得线上和线下的联动，从而实现品牌从"无声"到"发声"的全新转变，成功颠覆了大家对"张小泉"传统、刻板的印象，让品牌焕发新的活力。

事实上，这些年"张小泉"在品牌重塑的同时，在生产技术、市场拓展及智慧工厂的转型等方面都有着不少创举。在生产技术上，"张小泉"始终传承"良钢精作"的祖训，不断精进制剪技术的同时，制刀技艺可谓青出于蓝胜于蓝。2018年随着大马士革钢刀的成功面市，标志着"张小泉"已经拥有高端刀具自主研发的能力。在市场拓展上，"张小泉"在现有的电商、门店、流通、外贸等渠道上不断做结构的优化、渠道的渗透。目前张小泉已进驻韩国、马来西亚、泰国、印度尼西亚、英国、美国、新西兰、加拿大以及澳洲、非洲等40余个国家和地区。

如今，张小泉股份有限公司立足于自身占地271亩的现代化五金科技园，同步规划新建张小泉华南智慧工厂，不断提升产能，革新技术，为海内外消费者带来了家居厨房用品、个人护理用品、园林农艺用品、酒店厨具用品等1000多种优质产品，实现智慧工厂的转型。

"我父亲之前把张小泉定义

为'如你所需的生活五金制造者'。它首先是一个国民品牌，我们虽以做剪刀起家，但我可以想象未来我们的产品绝对不止剪刀，而是遍布在生活各个场景下的生活五金用品。我们不仅要成为中国人的张小泉，更想成为世界的张小泉，让国民品牌走向世界舞台焕发中国光彩。"张新夏信心满满。

【记者手记】

> 跟印象中的女总裁形象不同，张新夏本人不仅优雅、有礼，说话时也很温柔，像个邻家女孩，清新可爱、举止大方，采访中一聊起工作，能够感受到张新夏的认真与专注。眼前这位自信的女孩毕业于复旦大学，张新夏说，父亲就是复旦毕业的，也希望她成为自己的"学妹"。在能力方面，张新夏丝毫不输父亲，但她也有自己的专长，正是在她的突破创新下，张小泉积极打开了文创市场，如何占领年轻人、赢得年轻人是这个年轻姑娘的目标，也是在她的带领下未来"张小泉"的目标。除了文创领域，张新夏还十分注重情怀的打造。
>
> "汤婆子"是一种十分古老的取暖器具，虽然早已被暖水袋、暖宝宝淘汰，但把握怀旧的情感，就需要勾引出对老底子事物的情怀，于是"汤婆子"的生产与销售也正式重启，新的设计新的产品脱胎于老物件旧情怀，在市场上也更多了一份优势。
>
> "中华老字号"在她手中，褪去一分古朴的同时也绽放了新生。

【专家点评】

中国企业平均寿命仅为3.9年，张小泉剪刀这个品牌能够长存百年以上，应该是张小泉剪刀厂的骄傲，也是杭州的骄傲。一个百年老厂，一定有它内在生长、发展的机理与动力。这种机理与动力很多是一种文化精神上。一个企业只有打造出一种独有的文化精神，一个品牌只有包含内在的企业所独有的文化精神，才能具有恒久的魅力与张力，才能创造出一种文化价值、文化意蕴的品牌。而张新夏的信让我们看到了这种企业的文化精神。那就是对美的追求与对生活的感恩。张小泉剪刀满足人们的日常生活需求，又在人们日常生活需求中不断创新，不断精益求精，使张小泉剪刀在激烈的市场竞争中绿树常青。因此，不一定要将生活中的五金产品做全，但求将张小泉剪刀像瑞士军刀、瑞士手表一样做得更精美，更便捷，更实用，用途更宽广，更富有文化意蕴，使张小泉剪刀作为一个百年文化品牌长盛不衰，永葆魅力。

浙江省社会科学院智库首席专家　杨建华

浙商：我的浙江我的家

记者：袁方正、方清梅、林洁仪
编辑：农书荣

朱张金

【档案名片】

2014年1月11日，为响应浙江"五水共治"决策部署，在主题为"创业创新闯天下，合心合力共发展"的全国浙商华北峰会上，山东省浙江商会会长章鹏飞率领多个省份的浙商商会共同发起了《助力"五水共治"，建设美丽家乡》倡议。倡议提出了三条支援家乡建设的举措，以实际行动表现了各地浙商对家乡"五水共治"工程的支持。

这是一份主题为《助力"五水共治"，建设美丽家乡》致广大省外浙商的倡议书。倡议书的背后，是广大浙商支持家乡环境保护的拳拳之心。

熟悉浙江的人都知道，浙江是江南水乡，省域内河流众多、水系发达，境内有钱塘江、甬江、苕溪、瓯江等八大水系，因水而名、因水而生、因水而兴。习近平同志在浙江工作时，因地制宜，对浙江发展作出"八八战略"、生态省建设等重大决策部署，提出"绿水青山就是金山银山"理念。

2013年年底，为解决水资源短缺和水生态环境恶化、产业升级缓慢影响水环境保护工作等"水乡

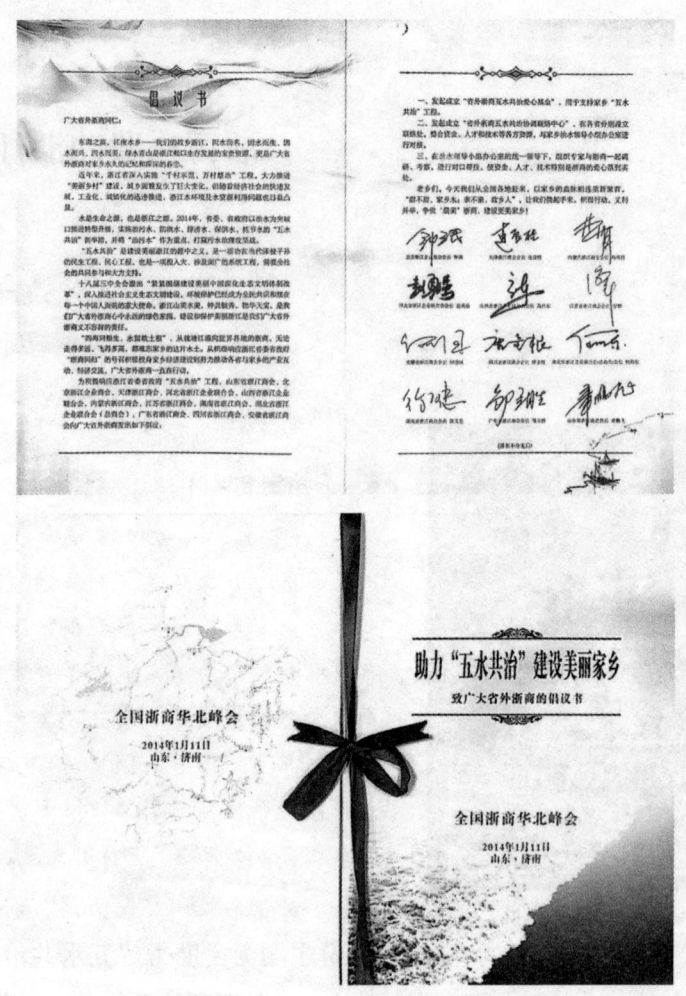

《助力"五水共治",建设美丽家乡》倡议书

之困",浙江省委、省政府作出了治污水、防洪水、排涝水、保供水、抓节水"五水共治"的决策部署,随后,各地浙商踊跃参与其中。

情牵家乡,浙商争做治水先锋

"绿水青山是浙江赖以生存发展的宝贵资源,而建设和保护美丽浙江是我们广大省外浙商义不容辞的责任。"这是2014年,现代联合集团董事长、山东省浙江商会会长章鹏飞告诉记者的一番话。

当天是1月11日,章鹏飞在主题为"创业创新闯天下,合心合力共发展"的全国浙商华北峰会上,率领山东省浙江商会、北京浙江企业商会、天津浙江商会、河北省浙江企业联合会、山西省浙江企业联合会、内蒙古浙江商会、江苏省浙江商会、湖南省浙江商会、广东省浙江商会、四川省浙江商会、安徽省浙江商会共同发起了《助力"五水共治",建设美丽家乡》倡议。

倡议提出了三条支援家乡建设的举措,包括:发起成立"省外浙商五水共治爱心基金",用于支持家乡"五水共治"工程;发起成立"省外浙商五水共治协调联络中心",在各省分别设立联络处,整合资金、人才和技术等各方资源,与家乡治水领导小组办公室进行对接;同时,在治水领导小组办公室的统一领导下,组织专家与浙商一起调研、考察,进行对口帮扶,使资金、人才、技术特别是浙商的爱心落到实处。

"我带头来做这件事,我祖籍绍兴上虞,所以包干包片从老家开始,更具体实在一点。我们已经协调好了,春节以后就启动这个工程。"会后,章鹏飞激动地说。

对于浙商们积极参与"五水共治"工程,时任浙江省经合办副主任的郑宪宏表示,浙商们对家乡的号召很积极,响应也非常及时,并且落实很到位。

在省外的浙江商会积极行动时,省内的各级商会也不甘落后,他们充分利用商会这一平台,为"五水共治"活动献计出力。浙江省工商联就结合自身的独特优势,及时制定出《浙江省工商联系统深入开展"千企联千村、合

力治污水"专项行动的方案》，并于2014年1月14日在杭州召开十届三次执委会议。

根据会议部署，2014年全省工商联系统将积极响应浙江省委、省政府关于动员全社会力量打赢治水攻坚战的号召，集中力量开展"千企联千村、合力治污水"专项行动，积极发挥行业商会、异地商会、基层商会和海外浙商团体等平台作用，组织动员广大海内外浙商造福桑梓，通过捐助、投资、认建等多种形式，以三年为治理周期，积极参与千个以上行政村的治水行动，切实助推全省美丽乡村建设，吹响了浙商参与"五水共治"活动的进军号。

会议后，各商会积极响应。丽水市工商联发动134家县级商会、异地商会、直属商会及会员企业捐款捐物，为"五水共治"捐款捐物超5650万元；温州市工商联推出"百会联百村、合力治污水"活动，以商会为单位，集中会员企业的力量，帮助103个行政村开展污水整治；台州市工商联积极发动市级异地商会为治水捐款近3000万元。而这些，不过是活动伊始的数据。

从我做起，向我看齐，民企勇做生力军

在全省上下都在为"五水共治"努力之时，浙江民营企业成为一道亮丽的风景。2014年6月6日，浙江民企联合会、浙江省市场协会、浙江省个体劳动者协会共同向全省民营企业家、个体工商户和商品交易市场广大民营企业家和个体工商户发出倡议：迅速行动，从我做起；示范带动，向我看齐；励精图变，加快转型；自觉担当，生态发展。

这番倡议并不是空话，此前，全省就有不少民营企业实实在在地行动起来，积极投身"五水共治""两美"浙江建设。如浙江东大水业集团投入近4000万元研发出聚四氟乙烯中空纤维膜，可在瞬间把污水变干净；浙江金哥针织投入2.32亿元，将区域所有印染企业整合入园，推进整体减排。

此外，众多浙商企业家还当起周边河道的"临时河长"。嘉善县斯麦乐集团董事长莫国平等322名企业家认领重点"三河"141条；温州精诚鞋业董事长郑新策主动承包企业周边的一条150余米长的河道，将岸边建成绿树成荫的滨河小公园。

还有不少企业为"五水共治"慷慨解囊。如"三通一达"四家民营快递企业和中金国际集团发起设立的"五水共治"生态公益金，募资了1.2亿元。据不完全统计，截至2014年5月底，全省各级民企联合会以及个体劳动者、市场协会积极发动会员为治水捐款超过10亿元。而最新的数据显示，截至2018年，浙江民企、个体工商户等捐赠总额超过16亿元，2014~2018年，全省"五水共治"各类社会资金投入累计约6200亿元。

在民营企业等社会各界的助力下，"五水共治"举措破解了浙江多年治水的难题，治出了环境改善、水清岸美的新成效，治出了各方点赞、百姓满意的好口碑。

截至2018年，浙江全省共清理垃圾河6500公里、黑臭河5100公里；新增城镇污水处理能力近300万吨/日，建成城镇污水配套管网1.6万余公里。因治水，2013~2018年，浙江省GDP年均增速8.4%，经济总量从2013年的37757亿元增至2018年的56197亿元，迈入增长中高速、发展中高端的轨道。

"'五水共治'是浙江经济转型升级的组合拳之一，是经济发展打破路径依赖的创新之举，是贯彻'两山'理论的生动实践，对全国不乏借鉴意义。"2017年北京两会期间，全国人大代表，中国最大的皮革产品生产商和软体家具制造商——卡森国际董事长朱张金在谈及"五水共治"时这样说。

作为一名积极参与"五水共治"的浙商，他在分享"河长"经历时表示，河水变清倒逼岸上转型，要保持河水的清澈，岸上企业的转型必不可少，这也推动着地方产业的转型，从低小散、脏乱差，走向高大上、高精尖。只有这样，社会发展才能走向良性循环。

【记者手记】

如今提到浙江，人们可能不约而同都会想到"五水共治"。从2013年到现在，"五水共治"已经逐渐成为浙江省在全国的"金名片"，它彰显了浙江省建设美丽浙江、创造美好生活的决心，标志着浙江进一步打通了"绿水青山就是金山银山"的转化通道。

而在浙江推行"五水共治"的过程中，浙商确确实实做出了很大的支持。曾经有记者在做"浙商治水"专题的时候，写下这样一段话：浙商是一支特殊的队伍，他们具有很强的经济活力、凝聚力以及社会责任感，他们更具有一腔深厚的故土情！经济建设，他们干在前；抗震救灾，他们冲在前；在浙江开展"五水共治"活动中，他们同样走在前！这大概，是每一个了解浙商人的心声吧。

当问及浙商参与"治水"的感受时，他们可能会说这是情牵家乡或者"五水共治"与企业发展是同向而行、共生共赢的，破坏环境求发展是一条不归路，保护环境促发展才是一条康庄道。无论为了什么，浙商为浙江环境保护作出的贡献，都是令人动容的。

浙江把"五水共治"做成了一张"金名片"，里面有着无数浙商的心血，而这么多年的行动，让我们有理由相信，有责任有担当的浙商会一如既往为浙江大地的一片碧水蓝天尽职出力。

【专家点评】

作为全国人数最多、比例最高、分布最广、影响最大的投资者经营者群体，浙商的创富形象在中国商业圈内有口皆碑。但创业成功不仅仅意味着有钱，更多的意愿是为社会承担更大更多的责任。浙商群体的社会责任感也是令人动容的，除了在"五水共治"领域作出的贡献，在公益活动中都有浙商的身影，每一年，在中华慈善奖的名单中，都有浙商个人和企业。如果说，创富是浙商的能力，那社会责任就是浙商骨子里的基因。

浙商研究会执行会长、浙商博物馆馆长　杨轶清

纪录档案

「土改」档案：浙江农民领到了《土地证》

「垦荒」档案：斗风斩浪的大陈岛垦荒精神

「婚书」档案：一张「童养媳离婚书」背后的新中国

「法治」档案：1.5亿人次讨论提出百万条意见的「五四宪法」

上羊市街档案：终结保甲制度，新中国第一个居委会诞生

燎原社档案：在中国首创「包产到户」

抗美援朝档案：捐款3390万元可买战斗机226架

「三大改造」档案：浙江开展农业合作化运动

「义新欧」档案：奔跑在「新丝路」上的「钢铁骆驼」

支付宝档案：从手写账本到全球支付平台

"土改"档案：浙江农民领到了《土地证》

记者：张雪原
编辑：农书荣

【档案名片】

这是一张浙江农民领到《土地证》的照片档案，现收藏于浙江省档案馆。新中国成立之初，从1950年12月开始，一场史无前例、全省规模的土地改革运动有步骤、有秩序地展开。至1952年春，除沿海少数岛屿的28个乡外，全省99.5%的地区完成了土地改革，共依法没收、征收地主土地1447万余亩，339万农民分得了土地。

土改

新中国成立前，浙江农村中的大量土地被地主占有，广大贫雇农则没有土地或者只有很少的土地。据统计，只占农村总户数5.23%的地主（包括工商业兼地主、半地主）、富农（包括大佃农），占有的土地（包括"公田"）是总田亩数的44.27%；而占农村总户数53.16%的贫雇农占有的土地只是总田亩数的17.99%。

1949年9月召开的中国人民政治协商会议第一届全体会议通过的《中国人民政治协商会议共同纲领》规定:"凡尚未实行土地改革的地区,必须发动农民群众,建立农民团体,经过清除土匪恶霸、减租减息和分配土地等项步骤,实现耕者有其田。"土地改革的基本目的,就是为了使农村生产力从地主阶级封建土地所有制的束缚下获得解放。1950年6月30日,中央人民政府颁布《中华人民共和国土地改革法》,中央决定,从1950年冬季开始,用两年半或三年左右的时间,根据各地区的不同情况,在全国分期分批地完成土地改革。

浙江历来地少人多,土地关系较为复杂。浙江农村封建地主对农民实施的租佃剥削形式多样,主要有定租制、分租制、预租制、押租制、空头租、小租和永佃权7种。所以实行土地改革,废除封建剥削的土地所有制,是解放农村生产力的需要,也是广大农民最迫切、最根本的要求。

1950年年初,华东军政委员会通过了土地改革方面的规定,指出:"凡社会秩序已经安定,广大农民群众已经组织起来,区乡政权已经改造,领导上又有把握的地区,立即开始进行分配土地。在今年秋收后,凡土地改革准备工作已经完成的地区,立即开始分配土地。凡明年春季以前尚未彻底完成土地改革的地区,可留在明秋以后来完成。"省委根据规定的土地改革条件,分两个阶段部署了浙江土地改革的工作:一是土地改革准备阶段,从1950年2月至11月,主要进行了调查研究、训练干部、典型试验等工作;二是土地改革由点到面逐步展开阶段,从1950年冬季到1952年春季。

土改试点之前,除要求各地区都选择一个乡进行土改试点外,浙江省委直接领导了嘉兴高照乡的土改试点。1949年9月,浙江省委成立省政府农村工作团,由省实业厅副厅长刘剑担任团长。工作团经短暂集训后,即开赴农业大县嘉兴。嘉兴地处沪杭之间,一望平原,江河交叉,盛产水稻、蚕丝,素有"鱼米之乡""丝绸之府"的美誉。工作团于10月到嘉兴,团部驻地东栅口。经调查研究和召开各种座谈会,了解各阶层的思想,并向群众宣传政策后,工作团很快选择了新塍区高照乡作为开展减租减息的试点。由此,一个有计划、有步骤的土地改革工作在全省展开。

至1952年春,除沿海少数岛屿的28个乡外,全省99.5%的地区完成了土地改革。共依法没收、征收地主土地1447万余亩,339万余农民分得了土地。分得土地的农民占全省农村总人口的79%，占农村总户数的67%，平均每户分得土地3.04亩。不仅贫雇农分得大量土地，大部分中农也补进了土地。土地改革后的浙江农村，在政治上、经济上都发生了深刻的变化，根本改变了农村面貌，各个方面都呈现出一派新气象。

文献资料：
1. 浙江省档案馆。
2. 《中国共产党浙江历史的一千个为什么》，中共浙江省委党史研究室编著。

【记者手记】

这是一份和人民息息相关的档案报道，许多图片现在收录于浙江省档案馆中。新中国成立后，农民与土地的关系需要立刻改变。我从当年农户的脸上，看到他们对土地的感情。对于每一位农民来说，拥有一块土地是终其一生的渴望，因为他们热爱、了解这片热土。

仅以高照为例，人均占地3.8亩。在出租的2214亩土地中，地主、富农占了1494亩，占出租地的66%，其他为各种形式的出租土地。这些数据表明，当时的农民想要拥有一块自己的土地，无疑是天方夜谭。土地改革摧毁了封建势力在农村的长期统治，农民终于成为土地的主人。

在采访整理过程中，当看到记录下来的农户手中土地证的时候，感觉到对于他们来说，这不仅仅是一次改革，更是生活质量的飞跃。看着意气风发地参加生产劳动和各种社会活动的农民，我深深地感受到他们破除旧制、建立新规，想把日子过得红火的强烈愿望。因为有了这次改革，才奠定了今日完善的土地制度。

【专家点评】

1950年6月14～23日，全国政协一届二次会议在北京召开，讨论由中共中央建议的《中华人民共和国土地改革法（草案）》。会上，刘少奇代表中共中央作《关于土地改革问题的报告》，对新解放区土地改革的重要意义、《土地改革法（草案）》中有关政策的提出依据以及进行土地改革时应该注意的事项等，作出了说明。

该报告指出：中国土地制度极不合理，是我们民族被侵略、被压迫、穷困及落后的根源，是我们国家民主化、工业化、独立、统一及富强的基本障碍。这种情况如果不加改变，中国人民革命的胜利就不能巩固，农村生产力就不能解放，新中国的工业化就没有实现的可能，人民就不能得到革命胜利的基本果实。而要改变这种情况，就必须废除地主阶级封建剥削的土地所有制，实行农民的土地所有制，借以解放农村生产力，发展农业生产，为新中国的工业化开辟道路。这就是我们要实行土地改革的基本理由和基本目的。这个基本理由与基本目的可以驳倒一切反对土地改革、对土地改革怀疑以及为地主阶级辩护等各种理由。

经过全国政协一届二次会议审议，并对《土地改革法（草案）》作了若干修改和补充，6月28日，中央人民政府委员会第八次会议通过《土地改革法（草案）》。6月30日，毛泽东主席签署命令，正式颁布《中华人民共和国土地改革法》，作为在全国新解放区实行土地改革的法律依据。

中共浙江省委党史和文献研究室　朱健

"垦荒"档案：斗风斩浪的大陈岛垦荒精神

记者：潘康康、林洁仪

编辑：农书荣

敬爱的习爷爷：

您好！

我们是大陈岛垦荒队员的后代，是浙江省台州市椒江区的小学生。"六一"儿童节快要到了，想向您说说心里话。近几年来，我们经常听爷爷奶奶讲起您和大陈岛的渊源：10年前您来到大陈岛视察，看望他们；6年前您给他们回过一封信，赞扬他们，在我们家里，最珍贵的，是您和他们的合影、您的回信以及垦荒的老照片；最难忘的，是您的嘱咐："发扬'艰苦创业、奋发图强、无私奉献、开拓创新'的垦荒精神，建设一个小康的大陈、现代化的大陈。"您的话我们牢记在心里。

习爷爷，我们知道您很忙很忙，但我们多么希望您在百忙之中抽出宝贵的时间，再次到神奇、美丽、充满活力的大陈岛来，看看这儿发生的美好变化。

衷心祝福伟大的祖国繁荣昌盛！祝敬爱的习爷爷工作顺利、身体健康！我们热爱您！

椒江大陈岛垦荒队员后代
张靖怡 高月 陶金铭 邵星涵 金浩阳 张艺琴 胡馨文
袁奕赫 李杭骏 孔舒榆 郭津妤 陈昱灵
2016年5月5日

【人物名片】

张其元，温州人，1936年出生。1956年1月作为第一批大陈岛垦荒队队员登上大陈岛，登岛三个月后成为首批渔业队队员，任渔业队小队长。

李光旦、陈兰芬夫妇，温州人，首批大陈岛垦荒队员。上岛后，李光旦被分配到农业队，因学习刻苦，1958年被推选出席了全国第三次青年代表大会。陈兰芬是养猪场"三姑娘"之一，在岛上工作31年。二人因垦荒相识，后结成伉俪。

王宗楣，1933年出生，温州人，中共党员，曾任大陈岛垦荒队队长。垦荒期间，以身作则，带动队员们艰苦奋斗，一同发展农业、渔业、畜牧业。1973年调职离岛后，每年组织老队员们重回大陈岛。

大陈岛垦荒队员后代给习近平总书记的信——

敬爱的习爷爷：

您好！

垦荒档案

我们是大陈岛垦荒队员的后代，是浙江省台州市椒江区的小学生，"六一"儿童节快要到了，想向您说说心里话。近几年来，我们经常听爷爷奶奶讲起您和大陈岛的渊源：10年前您来到大陈岛视察，看望他们；6年前，您给他们回过一封信，赞扬他们。在我们家里，最珍贵的就是您和他们的合影、您的回信以及垦荒的老照片；最难忘的，是您的嘱咐："发扬'艰苦创业、奋发图强、无私奉献、开拓创新'的垦荒精神，建设一个小康的大陈、现代化的大陈。"您的话我们牢记在心里。

　　习爷爷，我们知道您很忙很忙，但我们多么希望您在百忙之中抽出宝贵的时间，再次到神奇、美丽、充满活力的大陈岛来，看看这儿发生的美好变化。

　　衷心祝福伟大的祖国繁荣昌盛！祝敬爱的习爷爷工作顺利，身体健康！我们敬爱您！

椒江大陈岛垦荒队员后代

张婧怡 高月 陶金韬 邵星涵 金浩阳 张艺蓉 胡馨文

袁英赫 李杭骏 孔舒娴 郭津妤 陈昱灵

2016年5月5日

习近平总书记的回信——

张婧怡等小朋友：

　　你们好！看了你们的来信，我想起了10年前的大陈岛之行，也想起了当时同你们爷爷奶奶交谈的情景。60年前，你们的爷爷奶奶远离家乡，登上大陈岛垦荒创业，用青春和汗水培育了艰苦创业、奋发图强、无私奉献、开拓创新的垦荒精神。正如你们所说，他们是最可敬的人。请代我向你们的爷爷奶奶、乡亲们问好。

　　你们在信中表示，你们是老垦荒队员的后代，决心牢记爷爷奶奶当年的奋斗精神，好好学习，砥砺品格，长大后报效祖国和人民，我感到很欣慰。希望你们向爷爷奶奶学习，热爱党、热爱祖国、热爱人民，努力成长为有知识、有品德、有作为的新一代建设者，准备着为实现中华民族伟大复兴的中国梦贡献力量。

"六一"国际儿童节即将来临，我祝你们节日快乐，祝全国小朋友节日快乐。

习近平

2016年5月30日

"她想，爷爷奶奶给习爷爷写信了，我也给习爷爷写信。"谈起小孙女，今年已经83岁的张其元很是得意。

三年前，张其元年仅10岁的小孙女张婧怡参加了一场"写一封书信"的活动，她写的内容正是张其元他们为大陈岛奋斗的故事。

"我们讲，垦荒队员来也讲，她知道我们去过大陈。"张其元告诉记者，他们是第一批登上大陈岛的垦荒队员，他和老伴戴婕嫈平时经常给孙女讲述当年垦荒的经历。

新中国成立初期，大陈岛上还有国民党军队盘踞。1955年大陈岛解放。1956年，在党和国家的号召下，一批批风华正茂的浙江青年誓言"到祖国最需要的地方去，到最艰苦的地方去"。张其元就是其中一员。但当这些青年登

张其元、戴婕嫈和孙女一起看回信

上大陈岛时,傻眼了,岛上满目疮痍,当年国民党军队战败后,裹挟岛上居民退守台湾,同时把岛上码头、学校、医院等设施及物资全部炸毁。

没有办法,张其元他们一切从头开始,学农牧渔业生产经验,并且在省吃俭用的艰苦岁月中披荆斩棘,让大陈岛这片荒芜的废墟重现生机。

斗风斩浪,以船为家

1956年,响应"敌人破坏,我们去建设"的号召,年仅19岁的张其元毅然报名加入大陈岛垦荒队。这是他曾在日记本上写下这样一句话。

"50年代的思想比较单纯,爱祖国、爱人民、爱劳动、爱科学、爱护公共财物,我们就是受到这样教育的熏陶。我们想的都是为国家争光,不会考虑自己。所以我们这一班人,就是带着这样的思想来参加垦荒队的。"

张其元记忆犹新,登岛后,入目一片荒芜,沿途只剩野草,渺无人烟。住所里最初每人一块铺板两张凳子,铺上稻草,住的是通铺,十来人一间,一盏煤油灯。第二天上街,看到店门大开、招牌东倒西歪,屋内凌乱不堪,有些屋子中吃剩的饭菜发黑、干枯,惨不忍睹。

尽管条件艰苦,但大家精神饱满,外出干活时唱歌,吃饭时唱歌,晚上梳洗后继续围坐在一起唱歌。"团结就是力量,这力量是铁,这力量是钢……"

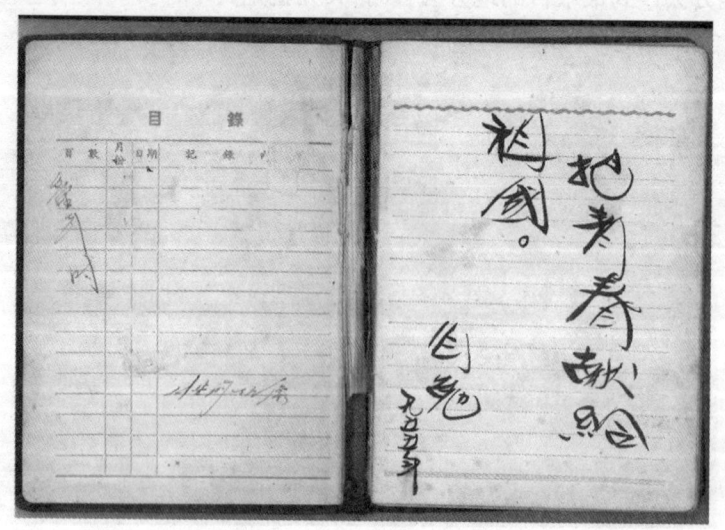

张其元在日记本写下:把青春献给祖国

大家用歌声互相鼓励。"那个时候没有（好的）条件，有饭吃，有用来生产的工具，有睡觉的地方就好了。去建设嘛，不会谈条件的。"

垦荒队上岛后的首要任务是开荒地种粮食，接着是植树造林并发展畜牧业，到了1956年4月，队里筹划海上渔业生产，张其元报名参加。

作为首批渔业队队员，克服晕船是他们必经的第一课。张其元记得很清楚，船上不仅

大陈岛港岙的渔船

鱼腥味很重，熏得人很难受，同时整个人还不停呕吐，吃进去的还没吐出来的多。"当时我想到，是我自愿报名参加垦荒队的，因为是自愿，所以一定要坚持下去，坚持再坚持。"凭着一股信念，张其元咬牙扛了过去。

之后，他又被派往温州、上海的工厂学习机器操作，后担任渔业队小队长，正式开始"以船为家"的生活。

1956年12月的一天，北风凛冽，天气寒冷，张其元和其他队员一样在港湾避风，因为船多港湾窄小，张其元的船与外地一艘渔船碰撞了，当时双方正在争执是谁的责任。突然，因海上风大，队里船上的一条舢板被吹走。"队里的财产，无论如何都要追回来的。"他顾不得谈判，立即纵身下海，与队员周益俊一同奋力追赶，将舢板抢救回来。上船后，两人被冻得哆哆嗦嗦。而当张其元举目一看，想要继续谈判时，却得知外地渔船的船员们已经离开。队员告诉张其元：对方可能被你们抢救舢板的行为感动，主动退步。

在渔业队四年，张其元和队员们一起克服了许多困难，见证了渔业队从使用木帆船到机帆船生产的发展。1960年完成垦荒使命后，他们被分配到黄岩水产公司。

20世纪90年代初退休后，张其元没有闲下来，他和老伴又重新开始创业，

推着小轮车上街叫卖温州松糕，慢慢开起快餐店，如今，连锁店已开出 10 家。

张其元的儿媳詹红军告诉记者："艰苦创业、奋发图强、无私奉献、开拓创新的垦荒精神是浸透在他们老一辈垦荒人骨子里的品质，也深深影响我们这些晚辈。"

风雨同舟，情定大陈岛

在首批大陈岛垦荒队员李光旦、陈兰芬的家里，一张张家庭合影铺满茶几，记录着老两口一路走来的爱情。

当时李光旦 18 岁，陈兰芬 17 岁，两人登岛前都遭到家人反对。李光旦的母亲还藏起了他入选垦荒队的批准书，也不给他准备生活用品。最终在李光旦坚持下，母亲妥协了。因为母亲不识字，所以他们定下了一个特别的约定。"我母亲没有办法，她最后告诉我，要写信回来，如果大陈岛好的话，就画三个圈，一般画两个圈，不好画一个圈。"

作为家中长女，陈兰芬从小备受爱护，登岛后，母亲三番五次前往探望，甚至在来信中装病，恳求她回家看看，均被她"狠心"拒绝。"我是坚决要到大陈岛，在大陈岛就安心建设。青年人到祖国最需要的地方去，那时候都是抱着这样的心情去的。"

1956 年开春，队员们开始在大陈岛上垦荒生产，李光旦被分配到农业队。起初，他分不清农作物，割错麦子、倒插番薯苗，闹出了不少乌龙。后

李光旦、陈兰芬夫妇

李光旦出席了全国青年第三次代表大会

来在农业技术员指导下才渐渐掌握农业生产技术,并通过刻苦学习快速进步。1958年,李光旦被推选出席了全国青年第三次代表大会,加入了中国共产党。"我当时心情非常激动,终生难忘啊!作了一首诗'光旦本是卖饼人,响应号召到大陈,党的培养上北京,永远不忘党恩情。'"

被分配到养猪队的陈兰芬刚开始很怕猪,后来经过一系列学习,她不仅不怕了,还掌握了照料猪崽、给母猪接生等本领。"母猪生小猪的时候,我们晚上住在猪栏里面,被子放在猪栏边。一次我们吃饭回来以后,被子被它叼了进去。以后我们知道,它要生的时候,要先给它把草垫好。"在回忆养猪的趣事时,陈兰芬兴致勃勃。

1958年,原本并无交集的两人因劳作相识。当时农业队里号召支持畜牧队,李光旦主动放弃每周一天的休息时间,帮陈兰芬割猪草、挑猪粪。这一挑,就是五年。"我这样子认识她的,看到她可以的。"爱情自然而然地生根发芽,1962年6月4日,两人登记结婚。

随后几十年,夫妇俩风雨同舟。完成垦荒使命后,他们仍选择留在大陈岛,参与建设。李光旦曾到酿造厂、水产加工厂工作,1964年调入大陈综合商店,1985年离开大陈岛,在椒江第二五交化公司担任经理,直至退休。陈兰芬在1962年年底到了石油公司,晚上和周末时常加班,先后在大陈岛和椒江的企业工作,直到1991年退休。

回顾在大陈岛生活的31年,陈兰芬说:"生活条件上很艰苦,精神上很愉快。大陈岛需要我们年轻人在这里安心建设。"回到阔别已久的家乡温州后,她时常给岛上的朋友打长途电话。"我的朋友都在大陈岛,感情都在台州,什么事情都在台州。"只要身体条件允许,老队员们组织活动时,老两口就会回到大陈岛,看看这个他们为之奋斗、因之结缘的地方。

在第二故乡安心安家

王宗楣今年86岁了,虽然听力有所下降,但身子骨依旧硬朗。

1956年1月27日,垦荒队员集中的前一天,领队干部还没着落。时任温州团市委青年工人部部长的他主动向组织表示:"我去吧。"报经中共温州市委同意后,他接下了大陈岛垦荒队副队长的重任。1月31日,经过5个小时的海上颠簸,王宗楣和队员们终于登上大陈岛,面对满目疮痍,队员们内心有些动摇。

为鼓舞士气,王宗楣和队长一起,带着垦荒队员们登上大陈岛的最高峰凤尾山顶进行宣誓:坚持到底,绝不退缩,与英雄的边防军一起,用辛勤的劳

垦荒队员在大陈岛上(前排中间胸口戴花者是王宗楣)

动,把这个被敌人破坏的海岛变成可爱的家园。"

宣誓后,王宗楣就带领大家投入繁重的垦荒任务中。当年国民党军队溃败逃往台湾之前,不仅炸毁了岛上所有设施,还埋了地雷。王宗楣虽然不会排雷,但他不惧危险、以身作则,每次都第一个冲在前面。"一定要安下心来把大陈岛建设好,不能半途而废。"

1956年8月1日,12级以上的台风席卷全岛。"我们种的地瓜都给打乱了,猪棚、牛棚啊,房屋的瓦片都被打掉了。"得知队员们被困在畜牧场,王宗楣带领男同志冒着风雨,匍匐在地,艰难向前,将人员顺利救出。第二天又带着队员们将跑散的猪一只只找了回来。

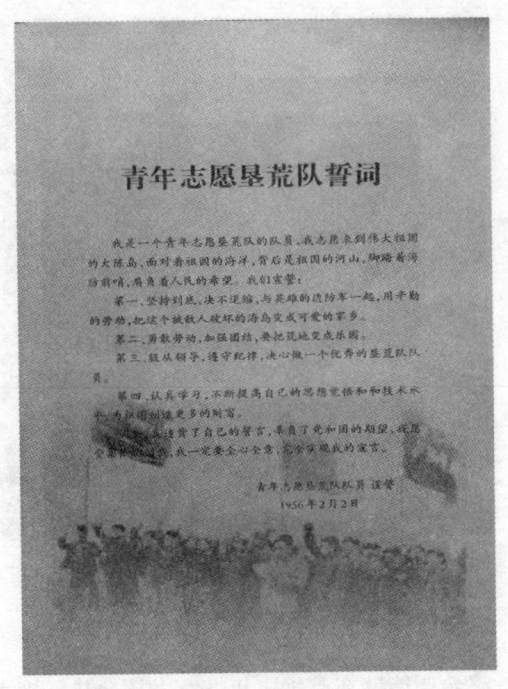

垦荒队员誓词

一天一夜的强风摧毁了队员们一直以来的心血,房屋、猪栏倒塌,作物被连根拔起,但没有摧毁王宗楣和队员们的信心,他们重新投入建设。当年,垦荒队收获了2万多公斤马铃薯,1000多公斤花生,2.5万公斤蔬菜。

1956年秋季,国家动员有条件的青年继续升学,不少队员选择回家读书,队里先后走了60多人,一些留下来的队员也在思想上产生了动摇。"对我来说,其他都没什么,台风也好,地雷也好,主要是人的思想动态,安定人心这个问题对我来说负担很重。"为了让队员们坚持下来,安心留在大陈岛,王宗楣与队长一同在队里摸底,动员共青团员一起找队员们谈心。

1957年5月起,王宗楣担任队长。1958年夏天,他去大连学习海带养殖技术,学成归来后,他开始在大陈岛养殖海带,并把技术教给队员们。

王宗楣在大陈岛上生活了18个年头,带领着队员们逐步发展起农业、畜牧业、养殖业。1973年,他因被调至温州水产局,才离开"第二故乡"。

垦荒队员外出劳作

"从1973年到现在，我每年都回第二故乡，要看看有什么变化，要看看'老战友'。"尽管离开大陈岛多年，王宗楣的满腔热血却从未离开，他始终牵挂着大陈岛的发展变化。

近些年，他带头发起筹措资金，建造了大陈岛垦荒纪念碑、垦荒纪念园林，并组织编写出版了记录垦荒队故事的《无悔的年华》和《爱我大陈》画册。"必要的时候，我们再尽量做点什么事啊。"王宗楣告诉记者，他始终希望能够在有生之年继续发挥余热，把大陈岛建设得更好。

【记者手记】

见到老垦荒队员时，他们都精神健硕，十分健谈。回顾垦荒岁月，都能够讲述出一个又一个生动的故事。当年报名加入大陈岛垦荒队时，他们都不过是20岁不到的青年，却都抱着"到祖国最需要的地方去，到最艰苦的地方去，誓把青春献给大陈岛"的坚定信念。

1955年1月，中国人民解放军首次陆海空联合作战的一江山岛战役后，大陈岛上的国民党军队撤逃时，也带走了岛上几乎所有的居民，大陈岛变成了荒岛。从1956年1月开始，五年间5批447名青年志愿者响应团中央号召，建设大陈。通过几代人的努力，将昔日满目疮痍的荒岛建设成为今日熠熠生辉的东海明珠。

作为第一批登岛的垦荒队员，王宗楣、张其元、李光旦、陈兰芬等面对的是一个毫无生机的荒岛，没有农牧渔业生产经验的他们一切都要从头学起，除了生活条件简陋外，他们还会遭遇台风等恶劣天气。

> 垦荒不易，但他们都坚持下来，在自己的岗位上发光发热，把整个青春献给了大陈岛。如今，尽管离岛多年，他们仍然心系大陈岛，为大陈岛的建设发挥余热。同时，还将"艰苦创业、奋发图强、无私奉献、开拓创新"的垦荒精神传承给后代。
>
> 青春献给大陈岛，老来不忘垦荒情，这种付出，令人敬佩！

【专家点评】

20世纪50年代一批有理想、有抱负、有志气的年轻人响应团中央的号召，自愿来到大陈岛垦荒，筚路蓝缕，艰苦创业，青春奉献，将一个满目疮痍的大陈岛建设成为花果飘香、渔业兴旺的宜居家园。这是第一代大陈岛垦荒人辛勤汗水浇灌出来的美好生活，是大陈岛人用自己的艰辛劳动获得的丰收果实。大陈岛垦荒人在艰辛奋斗中形成了特有的"大陈岛精神"，即"艰苦创业、奋发图强、无私奉献、开拓创新"。这种精神一直激励一代又一代大陈岛人努力拼搏，奋发有为，建设美好家园。这种精神也在大陈岛人的孙辈身上产生了巨大影响，他们耳濡目染，春风化雨，感受着这种垦荒精神的巨大感召力与影响力。大陈岛小学生们在给习总书记信中也表达了这种志向与理想。薪火相传，精神永续，这应该是大陈岛最宝贵的财富。在这种精神动力推动下，大陈岛一定能建设成为一个美丽、富饶、现代化的岛屿，大陈岛精神也是青年人的一种人文精神，它将一直激励一代又一代的年轻人怀揣理想，奋发图强，做美好生活的拓荒者、播种者、耕耘者。

浙江省社会科学院智库首席专家　杨建华

"婚书"档案：一张"童养媳离婚书"背后的新中国

记者：邹雯、李潇月、马迪昕
摄像：丁巧巧
编辑：华 冰

【档案名片】

这是台州一位民间收藏家所收藏的1953年丽水青田的一份解除童养媳关系调解书。调解书的大致内容是：当时青田县油口区的陈家，领养了年仅14岁的女孩孙娇翠，给自己12岁的儿子当童养媳。女孩长大到18岁开始觉悟婚姻的不幸，1953年9月由当地乡政府调解处理，双方同意解除童养媳关系，并分清财产：几分地及百斤粮食。

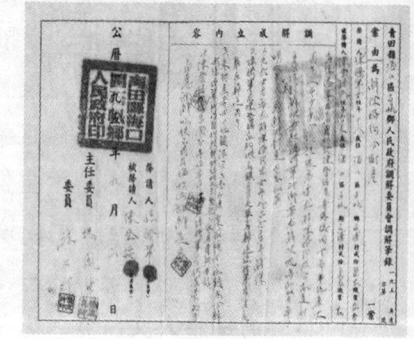

这是一张罕见的保存完好的解除童养媳关系调解书，也是中华人民共和国成立后，妇女摆脱旧社会封建婚姻制度的束缚后的一张具有划时代进步意义的"离婚证书"。

1950年4月13日，在中国法制史上，是一个具有里程碑意义的日子：中央人民政府委员会第七次会议通过《中华人民共和国婚姻法》，并

孙娇翠

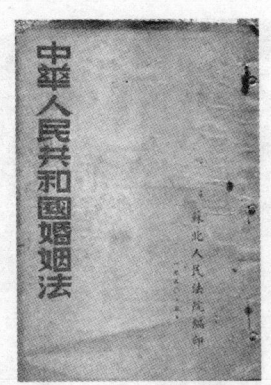

1950年版《中华人民共和国婚姻法》

于当年5月1日起正式实施。这是新中国成立后颁布的第一部法律。

《中华人民共和国婚姻法》明确提出禁止童养媳，保障婚姻自由、一夫一妻、男女平等，妇女的命运和地位被彻底改变，而孙娇翠便是千千万万个从此站起来的妇女之一。

根据这份调解书上仅有的线索，我们辗转找到了半个多世纪以前的这位"童养媳"——如今84岁高龄的孙娇翠老人。

走进丽水青田县腊口镇浮弋村，村道两旁大都是崭新的农民房，偶有几间破旧发霉的土木老房穿插其中，电线在房屋间纵横交错。

村里的年轻人大都外出做生意或打工，留下的多是老人、小孩，偶尔有几只土狗跑来跑去，溜达觅食。

84岁的孙娇翠正在自家门口的水池前洗韭菜。小儿子和儿媳白天在厂里

孙娇翠和家人

上班,中饭就自己一个人简单做点。

尽管年事已高,老太太依然精气神十足,头发往后梳得整齐光亮,干起活来还是那么利索。

如今的孙娇翠已是四世同堂,儿孙绕膝。当年离开陈家之后,她又经历了两次婚姻,和第三任丈夫生了两儿一女,现在已经是5个孩子的奶奶,4个孩子的曾祖母了。

12年前,丈夫患病去世,老太太就一直和小儿子、儿媳一家住在一起,生活平静而安逸。

过去的苦日子,孙娇翠很少提起。因为不识字,当年这份解除童养媳关系的调解书她也未曾见过,若不是阴差阳错被民间收藏家所收藏,那段不幸却又幸运的历史或许就此尘封。

为吃上口饱饭,母亲把她嫁给12岁"小鬼"

到陈家当童养媳那一年,孙娇翠才14岁。

因为父亲去世,母亲裹着小脚,干不了什么活,家里还有一个5岁的弟弟。在那个物质贫乏的年代,尤其是农村,孤儿寡母是很难维持生计的。于是母亲把她送给了同村的陈家,丈夫比她小两岁。

"那家条件好一点。嫁过去有的吃,当时我爸爸死掉了,母亲脚被包起来

了做不来事,不去做童养媳怎么办?"

回忆起70年前的心酸往事,孙娇翠哽咽了,抹起了眼泪。

那个年纪,根本不知道什么叫童养媳,也不知道自己是嫁过去给人做老婆的。连饭都吃不饱,哪里还能有什么选择,一切只能听从命运的安排。那时的童养媳,其实就是变相的丫环。家里什么脏活、累活、重活都由她来干。"去山上砍柴,一天天砍柴、放牛,家里还养母猪,活儿都是我做。"每天烧好饭菜,等夫家人吃完,孙娇翠才能吃点剩菜剩饭。日子虽苦,但至少能吃饱了。至于那12岁的小丈夫,几乎没有正眼瞧过她。在孙娇翠眼里,他就是一个"小鬼",一个有书读、出身比她好的"小鬼"。至于感情?根本不存在的。"他还是个小鬼,他不知道。没有感情,讲话也不讲的了。"

委屈也好,艰辛也罢,日复一日,孙娇翠就这样在陈家待了4年。她从没想过要逃离,村里很多跟她相同命运的女孩,没有人知道什么是未来,也从未想过自己有未来。"这种事情很多的。过去很苦,都是童养媳。做童养媳哪有不苦的。(记者:当时难道就没有想过逃离这个家吗?)没地方逃,娘家也是很苦的,吃饱一点就可以了。"

被夫家嫌弃,她一气之下"休夫"并分得财产

原本以为这辈子就这样度过了,但有些事情却在悄然发生改变。

1950年,新中国第一部法律《中华人民共和国婚姻法》颁布,明令禁止"重婚、纳妾、童养媳"。这无异于一场强震,给那些在不幸婚姻中寂然无助的妇女带来了希望。

可是,外面的宣传贯彻运动搞得轰轰烈烈,从未走出过大山,也没有读过书的孙娇翠却一无所知,更不会想到自己的一生会因此彻底改变。

1952年,随着《婚姻法》在农村的贯彻普及,丽水青田各个乡镇都建立了民主妇女联合会,有出路的童养媳都跑去离婚了。根据当地县志统计,那

1950年宣传婚姻法的板报

一年，丽水青田掀起了离婚高潮，有445名童养媳回到娘家。孙娇翠那时还没有这个勇气。就算回到娘家，还是吃不饱饭啊。但是她知道，至少有人可以为她们做主了。

1953年的一天，孙娇翠照常在家里干活，无意间听到丈夫的姐姐和公公的对话，"姐姐说，现在家里没人干活，弟弟以后书读起来，不怕没老婆娶。不要她在家里，把她赶出去！"这番话让孙娇翠彻底愤怒了！倔强而刚烈的她当天就直奔当时的海口区石矶乡政府，找到乡干部，提出离婚，并要求分家产。

这是她第一次主动和命运抗争。也不知道哪来的勇气。因为和其他离婚的童养媳不同，孙娇翠并没有找好出路，离开了陈家，意味着又得回到三餐吃不饱的日子。乡里找来陈家调解，陈家当然不同意，女人离婚还想分家产，从古至今哪有这样的事？"那时候，都骂起来过，他们不同意东西分给我。"孙娇翠回忆说。

根据当时的婚姻法规定，离婚时，家庭财产的处理要照顾女方的利益。孙娇翠已经不记得乡干部是怎么帮她调解的，但她却很清楚地记得最终分到的家产："100斤番薯干，100斤稻谷，7分田！"

这是她主动抗争的胜利成果。

在调解书上摁上大红手印之后,孙娇翠带着这些番薯干、稻谷,回到了娘家。那一年,她18岁。从那天开始,她恢复了自由身,和"童养媳"这个身份彻底划清了界限。

历经两次婚姻,终于过上"互帮互助"的幸福日子

回到娘家,日子依然贫苦。

女孩始终要嫁人,母亲又把孙娇翠嫁给了另一个村的小伙,比她大两岁。虽然是包办婚姻,不过好在第二任丈夫对她不错,心疼她跟着自己过苦日子,跑去宁夏打工,却失去了联络,再也没回来。这段婚姻在持续了6年之后无疾而终了。

1957年,24岁的孙娇翠经人介绍,嫁给了村里的人民公社社长,这是他的第三任丈夫。此时的孙娇翠再不是当年那个懵懂的小姑娘,她更清楚自己想要什么。

在这段婚姻里,她是一个妻子,有独立的人格和平等的地位,不再是一个伺候别人、受人欺凌的丫环了。

孙娇翠与第三任丈夫

"(记者:丈夫对你好不好?)一直很好嘞!互相帮助,家里面帮我干家务活啊。"说起自己的现任丈夫,孙娇翠脸上洋溢着幸福的笑,不善言辞的她无法描述更多细节,但好日子却是实打实的。

小儿子黄益和回忆说,过年的时候,父亲会给母亲和他们几个兄弟姐妹买新衣服新鞋子,人人有份;刚开始兴起吃营养品的时候,父亲还会专门给母亲买西洋参和红参来补身子,虽然不是很名贵,但都补进了母亲的心里。在他的印象当中,父母亲一直

孙娇翠

是和和气气,很少红脸。"两个人和和气气,吵架是有的,总是不多了。两人吵架,一个人走开,这样子吵不起来。"结婚五十载,夫妻俩没有惊天动地的爱情,却相濡以沫地过了一生,直到2007年丈夫离世。"我爸爸生病的时候,躺了两年,我妈妈去照顾他,(我爸爸)也跑不起来,吃饭都喂他吃。"黄益和说。

黄益和的两个儿子

如今的孙娇翠,身体硬朗,儿孙满堂,村里人都说她福气好。61岁的大儿子在外做生意,已经当爷爷了;58岁的女儿在家务农,也当外婆了;56岁的小儿子在混凝土厂上班,就陪在她身边。

"现在幸福嘞,我妈妈这么大年龄还自己烧饭吃,我们做子女的也很高兴。政府对老人家都很照顾的,养老保险一个月也有2000元。"黄益和心存感激。

如今黄益和24岁的大儿子都已经订婚了,见过准孙媳妇的孙老太心里很欢喜。经历了不幸的过往,摆脱了命运的枷锁,对于孩子们结婚找对象,孙老太似乎比其他同龄老人更加开明:"只要感情好,两个人团结,没别的要求。"

1950年颁布并实施的《中华人民共和国婚姻法》,奠定了新中国婚姻家庭制度的基础

孙娇翠是不幸的,却又是幸运的。

童养媳是中国两千多年封建旧习的一种畸形婚姻形态,尤其在农村、山区更为普遍。丽水青田县党史和地方志研究室73岁的陈岳冰自小见惯了这种现象:"很普遍,穷人家嘛,有的人家重男轻女,觉得女孩子是负担,把她推给人家,特别是我们山区,男人娶不起老婆,就娶童养媳回去了。"

直到1950年5月1日,《中华人民共和国婚姻法》(后文统称《婚姻法》)颁布。中国婚姻法学研究会理事、浙江省婚姻法学研究会名誉会长罗思荣说:"正是《婚姻法》的出台,使童养媳这一陋习逐渐被废止。"

"封建婚姻家庭形态有几个特点，一个强迫包办，一个男尊女卑，第三个就是子女的利益都掌握在家长的手上。童养媳这种形式可以说是其中表现得最为突出的。要冲破封建的婚姻家庭制度，必须禁止童养媳这种畸形的婚姻关系存在，这也是妇女解放的一个最基本的要求。《婚姻法》颁布以后，确立了婚姻自由、男女平等、一夫一妻，还有保护妇女和子女利益的原则，使结婚的男女双方能够完全地按照自己的意愿结婚，对封建的婚姻家庭制度，给予了猛烈的一个打击。"

当然，一纸条文并不能立刻改变几千年来根深蒂固的封建婚姻制度。那时新中国刚刚成立，社会还处在一个重大的转型期，《婚姻法》也遭到了一些旧势力的抵制。

陈岳冰回忆说："过去那些童养媳都是没有文化的，她们只能自己采取措施，逃走的也很多，有办法的都离婚了，有的离婚了生活更没有出路；没办法的，只能维持下去，混下去。"

为了大力宣传婚姻自由思想，中央随后规定1953年3月为"贯彻婚姻法运动月"，各种青年会、家长会、婆婆会、媳妇会、男人会、妇女会不断召开，在全国掀起了一场彻底的婚姻启蒙运动。孙娇翠正是在那一年彻底恢复了自由。

丽水青田县党史和地方志研究室常年编纂党史的75岁的李振波还能回忆起当年那些摆脱童养媳枷锁、重新自由恋爱的妇女结婚时的喜庆场面。"当时结婚很有趣的。童养媳解除婚约，我们两个恋爱结的婚，扭秧歌，戴着一朵花，扭到你的家里，我们俩就这样结婚了。"

当年，像孙娇翠这样解除童养媳关系的调解书到底有多少张，现在已无从考证。但是根据丽水青田县志记载，1952年结合土地改革运动贯彻《婚姻法》，445名童养媳回娘家，845对青年男女自由结婚，132对青年男女解除包

1950年版《中华人民共和国婚姻法》宣传画

办婚约，503对男女离婚。

中国婚姻法学研究会理事、浙江省婚姻法学研究会名誉会长罗思荣说："《婚姻法》通过对封建婚姻家庭制度的否定，实际上构建了新型的一种婚姻家庭制度，当中所确立的一些基本原则，男女平等、一夫一妻、婚姻自由，在现行的《婚姻法》当中都是沿用下来了，奠定了新中国婚姻家庭制度的基础。"

【记者手记】

这是我采访"一封家书·家国档案七十年"以来，甚至可以说是从业十多年来，遇到的一次异常罕见的考验。整个过程就是一个字：难！

首先是找人难。这份解除童养媳关系的调解书是台州民间收藏家王文君老师所收藏，他也是从别人手里购得，具体来源无从知晓。说实在的，一开始我确实没抱希望：仅凭这一纸文书和上面模糊到眼晕的字迹，只能勉勉强强看清当时的乡镇名和落款上的一个名字，靠这极为有限的线索，如何找到六七十年以前的童养媳？她是否还健在？更别说期间行政区域几经迁并、调整、更名，要找到人，简直天方夜谭！！！

但是再难也要试一试，万一找到了呢？我们通过当地政府、民政局、派出所追根溯源，历经坎坷，迂回辗转，始终没有放弃，最后还真让我们找到了这张罕见的"离婚证书"的主人，更庆幸的是，老人家健在且身体健朗。

过程虽艰难，但结果却难以置信的惊喜。

第二难是沟通难。人找到了，老太太还很健朗，记性也不错，但是一开口，我们崩溃了，丽水青田方言完全听不懂啊！而老太太似乎也很难听懂普通话，于是所有的交流只能靠边上的小儿子来做翻译。那段岁月离我们太遥远，语言的隔阂也让我们无法深挖更多细节，加上母子俩不善表达，我们只能通过只言片语、查阅史料，来拼凑出老人家的过往。

最后是寻找资料难。我们走访了当地民政局、县志办公室，除了县志里头仅有的一小段记录，其他都无从考证，也没有人能说清楚当年童养媳的情况，只能通过两位常年编纂党史的退休老师儿时回忆和对法律专家的采访，来还原历史，理解《婚姻法》和这张"调解书"背后的重大意义。

现在想来，正是因为种种的"难"，才让这篇独家采访显得如此珍贵。他们是活着的历史见证人，是最为生动的历史档案，我们有幸找到他们并且记录下来。

有人说，苦难是额头上的一道皱纹，如鏨的纹路刻录的是沧桑与风雨，平静面容的背后是超然与坚忍。我眼前的孙老太就是这样。虽然不善言辞，但从她身上，我们看到了一个婚姻自由、妇女解放的新中国的崛起，看到了岁月峥嵘的大变革时期，更感受到了今天社会和谐、人民安居乐业的幸福。

网友纷纷点赞：不幸的她，也是幸运的她，从旧时代走来，向新生活迈进！他们是新中国沧桑巨变的亲历者和见证者！

【专家点评】

童养媳，又称"待年媳""养媳"，是由婆家养育女婴、幼女，待到成年正式结婚。旧时，童养媳在我国甚为流行。之所以盛行童养媳，一般情况，是由于当时的社会非常贫穷落后，老百姓生活水平十分低下，很多因家境贫寒娶不起儿媳妇，为了解决这个问题，他们就跑到外地抱养一个女孩来做童养媳，待长到十四五岁时，就让她同儿子"圆房"。

但也有一些其他原因，有认为儿子可以传宗接代并增加劳动力，而女儿迟早要嫁人还要赔一份嫁妆，生养女儿宛如帮别人家养媳妇，嫁女儿时还要忍受一次亲人别离之苦，所以富裕家庭把女儿送人家当童养媳的也大有人在。甚至许多人家一生出女儿，即便有能力抚养，也会寻找适合的人家送出去，或交换、买卖、指腹为婚，为小孩预做婚嫁规划等。同时嫁娶或买进来的女孩多半作为儿子的妻子看待，就是所谓童养媳。而自己生下的女儿，也多半会嫁娶买卖或送给别人家做童养媳。这是一种歧视妇女和导致不平等婚姻的陋习。

童养媳现象的记载，最早见于三国时期的史料。《三国志》提道："至十岁，婿家即迎之长养为媳。"而童养媳的婚姻在更早的时代就出现了，如汉昭帝的皇后上官氏，6岁时就被送进宫中成为12岁皇帝的妻子，实际上也是童养媳的性质。宋朝起，历代均有不少文献记载童养媳。直至民国初年，童养媳仍然普遍存在。新中国成立后，国家颁布了《婚姻法》，抱养童养女的陋习在大多数地区（除极少数偏远乡村外）终于得到了彻底废除。

中共浙江省委党史和文献研究室　朱健

"法治"档案：1.5亿人次讨论提出百万条意见的"五四宪法"

记者：潘康康、林洁仪

编辑：农书荣

【人物名片】

沈虎根，1933年9月生于浙江省杭县丁桥街（现属杭州江干区），原名李夫根。少年时在小城镇当学徒。1954年5月加入中国共产党，同年6月，他参与"五四宪法"的群众讨论。1960年6月被批准为中国作家协会会员。作品《小师弟》在第二次全国少儿文艺作品评奖中获二等奖；《金枝玉叶》《我这一家人》等也广受好评。曾任浙江省文联书记处书记、浙江省作家协会副主席等。

沈虎根

这是一本有些泛黄的中华人民共和国第一部宪法，被沈虎根珍藏了整整65年。对他来说，彻底走上创作的道路，还要源于当年那场对于《宪法草案》的激烈讨论。

"我挥泪写出《满师》的初稿"

翻开沈虎根的作品《我之初心——沈虎根早期自传》，可以看到这样一段文字：还在省文代会之前的日子里,报纸上公布了新中国第一部《宪法草案》。这是毛主席在杭州亲自主持起草,因诞生于一九五四年,后来被称为"五四宪法"。上面通知下来要广泛发动群众开展讨论。我重点参加店员工会的讨论……在讨论中职工们一致有感于起草宪法也要经工人讨论这样破天荒的大事,只有在新中国成立后工人当家做主的时代才会有的。接着就很自然地回忆到新中国成立前的牛马般的悲惨生活,形成了对旧社会的被剥削被压迫的控诉会,一个接一个地争着发言。

熟悉"五四宪法"背景的人都知道,这部在1954年9月20日第一届全国人民代表大会第一次会议上通过的新中国第一部宪法,是"开门立法"的经典之作。我国现行宪法确立的许多重要制度和原则都源于此,是对它的继承、坚持、完善和发展。比如民主集中制度、人民代表大会制度等。

此外,从初稿的提出,到最终的通过,1.5亿人次历时3个月讨论提出100多万条意见,直到今天,这组数据听来依然让人震撼。可以说,"五四宪法"通过史无前例的"开门立宪",汇聚亿万民众的声音,奠定了新中国的基本政治和法律制度,开启了中国社会主义宪法的崭新历史。而当年21岁的沈虎根,也曾为《宪法草案》的修改,提出自己的意见。

回忆讨论宪法的情景,沈虎根激动地说:"我们就一天天读,读了好几天,一边读,一边讨论,读到第一条,大家就都感动了,它说:中华人民共和国是工人阶级领导的,以工农联盟为基础的人民民主国家。"之所以对总纲第一条

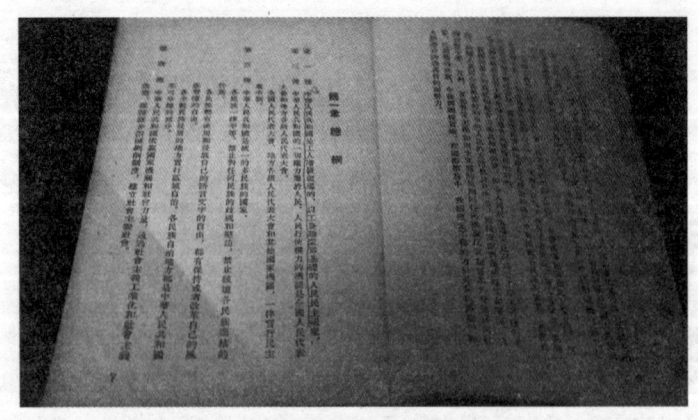

沈虎根在宪法总纲中重点标注第一条

的感触这么深，还要从他儿时的经历讲起。

1933年9月，沈虎根生于浙江省杭县丁桥街（现属杭州江干区）的普通农家。年幼时，父亲长年外出，从事剪羊毛的行当，为活生计，母亲靠替人洗衣挣钱，拉扯姐弟三人。1937年，年仅4岁的沈虎根随母亲在日军侵入的逃难途中与父亲失散，接着传闻父亲已被鬼子杀死，母亲在极度困顿中再嫁。可继父赚钱少，老家还另有妻儿，母亲想方设法让他读了三年多书，就送去当了学徒。

对年幼的沈虎根来说，学徒生涯是一段灰暗的经历。他学徒做得很不顺利，更换过三家雇主，调换四个城镇，直到快要成年时尚未满师（指学徒学习期满，转为职工），受到的大多是身体的伤害与人格的侮辱，如被少东家冤枉"偷钱"，或因活没做好频频挨打。唯一解除苦闷的方式，是机缘巧合下，读到《西游记》《儒林外史》《奔流》等藏书，这也给他心中埋下了一颗文学的种子。

16岁那年的初夏，沈虎根迎来了解放，老板不再能够随意解雇他，也不再干涉他的业余时间，这让他可以自由地离开店里，去参加基层工会开展的学文化、文艺表演、时事宣传等社会活动。倾刻间，他真有从地狱到天堂的感觉。

至今沈虎根还记得，1954年的5月4日，在临平镇当学徒的他，看到一批路过的解放军战士，在店里后门旁席地而坐。"我提了两壶热水请他们饮用，有战士问我：'小朋友，你是这店里的小老板吗？'我说：'我是小学徒。'有人帮着解说：'是替老板干活的，和我们乡里做小长工差不多。'他们就说：'小弟弟，那你就要翻身了。'"

沈虎根说，自己那时不懂"翻身"的真正含义，但知道共产党、解放军来了不会对他不利，于是情不自禁地从胸腔里发出一声吼："我要翻身了！"

因积极参与集体活动，1951年秋至1952年春，沈虎根被镇工会保送到省总工会干部学校学习政治理论。1952年初夏，学成归来的他，当选为临平镇工会文教宣传委员和镇店员工会主席。此后，他开始向报纸投稿，1952年3月至1953年11月间共见报12篇。1954年5月他加入了中国共产党，更加大胆地进行文艺创作，发表了反映工人生活的短篇小说《一支钢笔》。这篇作品

沈虎根在宪法上做的学习笔记

引起了广泛的注意,被省电台连续广播。可对沈虎根来说,真正让他坚定地走上创作道路的,却是随后完成的《满师》。

1954年6月,时任工会干部的沈虎根组织职工们一同讨论《宪法草案》。"大家自然地回忆起旧社会的压迫,情绪越来越激烈,有的小组一个人的哭诉引发一片人的哭泣,个别组有人哭倒在地上。这些虽然不是我的自身经历,但感同身受,每次讨论结束,深夜回到住处,我都久久不能入睡,不知不觉又产生创作冲动。"

于是,他以几个不眠之夜,含泪写出第一篇结构比较完整、人物较多、反映旧社会学徒生活的短篇小说《满师》的初稿。这篇作品后来被跨度50年的、具有"国史""省史"地位的《当代中国丛书》和《浙江事典》列入文学类创作成果,并入选工人出版社和中国青年出版社的《工人文艺创作选集》与《青年文学创作选集》。

"完全可以说,这篇小说是讨论《宪法草案》的产物,没有那场热烈的讨论,便没有这篇小说,而我至今认为它的艺术尝试是超过被人说成我的所谓成名作的《小师弟》的。"《满师》的成功,让沈虎根更加自信,随后他笔耕不辍,至今共完成497篇作品,并且还要一直写下去。

"我为什么泪流满面?"

参与宪法讨论后不久,1955年3月,沈虎根调往地处塘栖镇的省市闻名的崇裕丝厂，内定为厂工会副主席。同年9月，他出席了第一次全国青年社会主义建设积极分子大会。在大会的主题报告中，他与部队作家高玉宝、崔八娃和工人李学鳌一同被列为从学文化到会写作的典型，后接受《光明日报》记者的专访。

青年沈虎根

1956年7月，沈虎根调入浙江工人报社，后又转入浙江日报社。1960年6月加入中国作家协会，不久参加全国第三次文代会。期间，他被选为兼职的杭州市文联副主席和杭州市作协主席，同时，先后担任市政协委员与市人民代表。

1980年夏，他的旧作《小师弟》在第二次全国少儿文艺作品评奖中，获得了二等奖。同年，他顺利地创作了中篇传记文学《我这一家人》，发行量超过六位数，还在其他刊物接连发表了儿童小说《金玉良言》《秘密约定》等。

1986年3月，他调到了浙江省出版总社任副社长，兼任下属的浙江少年儿童出版社社长。1987年，由他主持的浙江少儿出版社与省文联联合，承办了一次"全国毛泽东文艺思想研究会"的大型年会，到会的有公木会长和李尔重、林默涵、周而复等众多有名望的老革命家、老作家和老学者。在工作的最后两年，他被评为正高级（编审）职称。

退休后，沈虎根也始终坚持着创作。而2016年6月的一次延安行，促使他写下一本自传。那次旅行，在导游的建议下，他和同行的妻子、儿女去看了一场"保卫延安"的广场演出。表演的内容包括：延安人民解放得欢乐、蒋介石派胡宗南领大军来犯、八路军主动撤出诱敌深入、延安军民庆祝胜利等。"整场演出，气势恢宏、惊心动魄。然而，我的情绪在第一场的开头就出了问题。当一位年轻女八路打扮的女高音独唱演员情绪高昂、歌声嘹亮地唱出'解放区的天是明朗的天，解放区的人民好喜欢'时，我不禁一下感情爆发，激动得泪流满面。"沈虎根回忆道，那晚在下榻的旅馆里，他给女儿讲起年少时从学徒翻身的经历。当他说了这些往事后，孩子才表示理解。"旅游回来，我为这事想了又想，觉得我们这一代人的经历有其特殊性，儿女们不了解，孙辈们更不了解，若写下来除了有纪念意义，可能还有认识意义。"这就是他的作品——《我之初心——沈虎根早期自传》的由来，作品详细记述了他在1953年到1956年间的人生经历。

沈虎根接受采访

2015年12月3日，"五四宪法"历史资料陈列馆项目正式在西湖边启动，陈列馆由"五四宪法"起草小组杭州办公点旧址——北山街84号大院30号楼和栖霞岭54～58号整合组成。2016年12月4日，"五四宪法"历史资料陈列馆在浙江省杭州市开馆。

得知消息后的沈虎根立即让女儿带着他和老伴前往参观，并向馆内工作人员讲述了当年参与宪法讨论的故事。"我在五四宪法馆参观的时候，很激动，没有'五四宪法'就没有我们的今天，'五四宪法'的精神要一直传下去。"

【记者手记】

在沈老家见到泛黄的"五四宪法"时，厚重的年代感扑面而来。沈老今年已经86岁了，记不清当年与职工们讨论宪法草案时，具体提出了哪些建议，但他清楚地记得，因为宪法讨论，大家自然而然回忆起旧社会压迫时，泪流满面的场景。

对他们这代人来说，因为亲身经历，才更能体会工人翻身当家做主的意义。说起当年看到"中华人民共和国是工人阶级领导的，以工农联盟为基础的人民民主国家"时的情形，老人的情绪是激昂饱满的，眼里是闪着光的。就如他所说，没有"五四宪法"就没有我们的今天，"五四宪法"的精神要一直传下去。

对沈老来说，"五四宪法"改变了他们的艰苦命运，而从小的方面来说，促使他完成了得意之作《满师》，让他更自信、更坚定地走在文学创作的道路上。直到今天,他依旧笔耕不辍。写作,真正成为融进他骨血里的事情,也正因此,我们才能了解到这代人更多的经历。

【专家点评】

  沈虎根是一个历史的见证者,见证了新中国历史上一段非常重要的历史。治国凭圭臬,安邦靠准绳。回顾历史,新中国成立70年以来党和国家事业取得的历史性成就和进步,都离不开宪法的实施,离不开全社会对宪法精神的尊崇。1954年的宪法,是新中国的第一部宪法,在新中国的法制建设上,具有里程碑的意义。这代表着中国各族人民经过长期的艰难斗争,终于有了一部代表自己利益、体现民主原则和社会主义原则的宪法。

  1954年我国第一部宪法诞生至今,我国宪法一直处在探索实践和不断完善过程中。实践表明,宪法只有不断适应新形势、吸纳新经验、确认新成果、作出新规范,才具有持久生命力。可以说,随着党领导人民建设中国特色社会主义实践的发展而不断与时俱进、完善发展,是我国宪法发展的一个显著特点,也是一条基本规律。学习宪法,尊崇宪法,大力弘扬宪法精神,才能更好发挥宪法在新时代推进全面依法治国、推进国家治理体系和治理能力现代化中的国家根本法作用,让宪法为中华民族伟大复兴的中国梦保驾护航。

浙江广播电视集团 项勇

上羊市街档案：终结保甲制度，新中国第一个居委会诞生

记者：张雪原
编辑：农书荣

【档案名片】

这份照片档案现今收藏于浙江省档案馆，它宣告了1949年10月23日新中国第一个居委会——杭州上城区上羊市街居民委员会的成立。当时，杭州市上城区公所有关废除保甲制度初步建立居民委员会的报告，以及1949年12月1日杭州市人民政府关于取消保甲制度建立居民委员会的工作指示，都一并进行了展出。

1949年5月3日杭州解放后，国民党散兵游勇四处逃窜，残余势力在杭州的地下活动十分猖獗，很多保甲长心存侥幸，不配合人民政府工作，居民很难发动，政令无法下达，工作无法开展。

面对这一情况，杭州市政府果断决定，在杭州废除保甲制度，建立居民委员会和居民小组。10月11日，杭州市召开第一次各区民政局长联席会议，中共杭州市市委书记、市长江华宣布，在12月底

居委会

前，一律取消保甲制度，建立居民委员会、居民小组。会议决定由杭州市民政局提出居民委员会的筹建工作方案，在上城、下城和江干区先行试点。

10月23日晚上，杭州市上城区上羊市街居民委员会在西牌楼小学会堂宣告成立。辖区内的2250户居民，推选出220多名代表，参加了居民委员会选举大会。上城区区长田奎荣主持大会并做动员讲话。

他指出：取消保甲制，成立居民委员会，就是要建立人民当家作主的无产阶级基层组织。代表们对21名由群众推选产生的候选人进行了投票。经过当场唱票，选出9名居民委员会委员，其中有工人、手工业者、小商人、知识分子、公务员、工厂经理等，基本上涵盖了各个阶层，具有广泛的代表性。

人力车夫陈福林得票最高，当选为居民委员会主任。

上羊市街在今杭州市江城路一带，其名称一直沿用到1981年。上羊市街居民委员会打破原保甲界限，依照街道自然的形态划分。居民委员会下辖2250户，辖区大致范围为：东到上羊市街；南沿五圣塘、六圣塘到保安桥河下；北到望江门直街；西至中山南路。下属40个居民小组，每组有居民50户左右，公推组长1人、副组长2人，帮助政府传达政令，反映民意，协助处理治安、卫生、生产等工作。同年12月20日，因不符合杭州市政府关于管辖户数的要求，上羊市街居民委员会被拆分为13个居民委员会。其中"上羊市街居民委员会"的名称，从1949年一直沿用至2000年。2001年起，归属杭州市上城区紫阳街道。

继上羊市街居民委员会之后，杭州市政府于1949年12月1日发出《关于取消保甲制度，建立居民委员会的工作指示》，决定在市区全面建立居民委员会。杭州的做法，被中央政府在全国推广，为基层民主政治建设作出了重要贡献。

参照《新中国第一个居民会员会纪实》一书，当时居民委员会成员各有侧重，小到杀虫害、分发腊八粥，大到铺路装灯搞绿化，都有涉及。

2008年6月，民政部在杭州召开"新中国第一个居委会"寻访成果发布会，宣布成立于1949年10月23日的杭州市上羊市街居委会为"新中国第一个居委会"。其诞生的历史意义，标志着封建保甲制度在中国的终结，也标志着基层民主自治正式走上中国历史的舞台。

文献资料：
1. 浙江省档案馆。
2. 《中国共产党浙江历史的一千个为什么》，中共浙江省委党史研究室编著。

【记者手记】

新中国成立的第一个居委会主任，是一位曾经拉过车、做过棉花工人的陈福林。那一年当选的各位居委会成员，时至今日，已经全部离世。我们只能通过后人对他的印象、了解，还原当年成立居委会的不易。

自古英雄莫问出处，从来豪杰不咎既往。因为他从事行业的多样化，反倒让身边共事的人对他的经验十分放心，而他做的第一件大事就是破除了保甲制度。因为保甲制度，所以当时的邻里关系十分脆弱，"保长"权力集中，破除了保甲制度后，才形成了真正"远亲不如近邻"的和睦景象。

我们在采访中，听到他人对陈福林的回忆时用得最多的就是严肃、认真、责任。如今管理着"邻里值班室"的樊建华，在感慨着科技带给居委会工作的便利同时，更在意每一位邻居生活中的点点滴滴。这种态度，也传承在上羊街道居委会每一任成员的身上。

【专家点评】

"保甲制度"是宋朝时期开始实行的一种带有军事管理的户籍管理制度，是中国封建王朝时代长期延续的一种社会统治手段，它的最本质特征是以"户"（家庭）为社会组织的基本单位，而不同于西方的以个人为单位。保甲编组以户为单位，设户长；十户为甲，设甲长；十甲为保，设保长。各保就该管区域内原有乡镇界址编定，或并合数乡镇为一保，但不得分割本乡镇一部编入他乡镇之保。保甲制度的实质是通过"联保连坐法"将全国变成大囚笼。联保就是各户之间联合作保，共具保结，互相担保不做通共之事；连坐就是1

家有"罪"，9家举发，若不举发，10家连带坐罪。民国之初，由于受西方以个人为社会组织单位的政治观的影响，废弃了保甲制度。

民国保甲制度提出于国民党对工农红军进行军事"围剿"之时，蒋介石认为"剿共"不力的原因之一是民众不支持政府，于是在江西开始研究试行保甲制度，并于1932年颁布《剿匪区年各县编查保甲户口条例》，1934年保甲制度由"剿匪"区推向全国。国民党当局虽对保甲制寄望极大，而保甲制的推行却收效甚少，其原因是"一般公正人士多不愿担任保甲长，一般不肖之徒又多以保甲长有利可图，百般钻营"，"正人不出，自然只有坏人的世界，良好的制度也就变成剥削人民的工具，因此民众怨声载道"。1949年，随着南京国民政府在大陆的统治结束，保甲制度被彻底废止。

中共浙江省委党史和文献研究室　朱健

燎原社档案：在中国首创"包产到户"

记者：张雪原
编辑：农书荣

【档案名片】

这是一份工作总结，写于1956年，是中共永嘉县驻燎原社工作组的关于燎原社包产到户的总结，实物收藏于浙江省档案馆。1956年5月，中共永嘉县委在雄溪乡燎原社进行农业生产产量责任制的试验，由此在中国首创了"包产到户"。

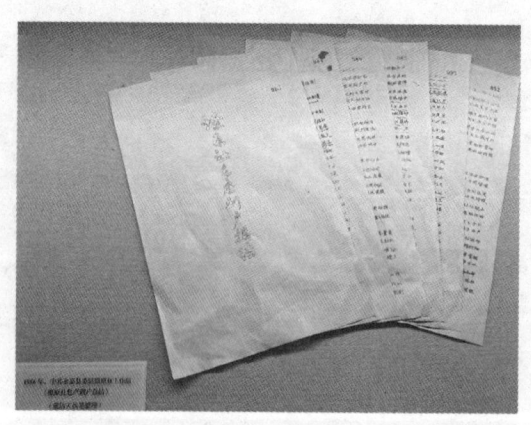

浙江快速实现农业初级合作化以后，急剧扩大的生产规模使相当多的合作社在经营管理上出现不同程度的混乱。针对这一情况，浙江省委于1956年3月发出指示，决定在春耕期间，对已有农业社进行一次以搞好春耕生产、改进经营管理为中心内容的整顿提高工作。省委的指示，在各地得到了响应。

中共永嘉县委率先对农业生产责任制进行了大

温州雄溪乡燎原社

胆的探索。1955年下半年,县委农村工作部干事戴洁天就在仰义乡澄沙桥村的"文武""文庄"两个初级社带领社员进行小段包工、按件计酬的试验。1956年1月,戴洁天又被派到三溪区潘桥基点乡协助建社。他和社干部一起摸索改进生产管理的方式,使全社的生产管理开始走上有序的轨道。

但是责任制如果不同产量相联系,就不可能从根本上加强社员的责任心,调动他们的生产积极性。县委书记李桂茂大胆拍板,决定派戴洁天率工作队到雄溪乡燎原社进行产量责任制试验。经过工作队、社干部和群众夜以继日地讨论和研究,最后确定了"三包到队、责任到户、定额到丘、统一经营"的责任制。县委副书记李云河将这种管理方法命名为"包产到户"。这一办法实行后,社员的生产积极性大大提高,全社耕种面积扩大8%,春粮增产40%,积肥比周围4个合作社的总和还高出3倍。

对于包产到户,广大人民群众认为"好得很",但也有一些人认为"糟得很",由此引发了一场大辩论。11月25日,李云河将《"专管制"和"包产到户"是解决社内主要矛盾的好办法》的专题报告,以个人名义呈送县委、地委、省委、华东局和中央农村工作部,系统地论述了包产到户的必要性和正确性。1957年1月4日,省委召开调查研究座谈会,省委书记处书记林乎加听取汇报后,对永嘉"包产到户"给予肯定。

但此后形势急转直下,认为这是在走"资本主义道路"。面对各种压力,浙江省委也不得不改变原来支持包产到户的态度。3月初,省委明确指示包产到户是"方向道路"问题,一定要纠正。随着全党整风运动和反右派斗争的开展,对永嘉包产到户批判的调子也越来越高,并变成了严酷的政治批判。随后,省委、温州地委和永嘉县对200多名参与包产到户试验的人员做出严肃处理,县委书记李桂茂被撤销党内外一切职务,划为"中右";李云河被定为右派分子,开除党籍,撤销一切职务,下放劳动;而为永嘉包产到户试验付出心血最多的戴洁天受到的处分最重,被定为右派、反革命分子,开除公职,判处管制3年,管制劳动。全县因参与包产到户而被判刑劳改的达20多人。

中共十一届三中全会以后,包产到户终于得到正名,李桂茂、李云河、戴洁天等也得到彻底平反。1956年永嘉县雄溪乡燎原社进行的农业生产产量责任制试验，也被定位为全国"包产到户"的首创之一。

文献资料：
1. 浙江省档案馆。
2. 《中国共产党浙江历史的一千个为什么》，中共浙江省委党史研究室编著。

【记者手记】

> 1956年3月发出指示，决定在春耕期间，对已有农业社进行一次以搞好春耕生产、改进经营管理为中心内容的整顿提高工作，省委的指示，在各地得到了响应。包产到户，经历了不断辩论、研究最终成型。在短期内让粮食产值有了质的飞跃，社员的生产积极性大大提高，全社耕种面积扩大8%，春粮增产40%，积肥比周围4个合作社的总和还高出3倍。
>
> 许多宝贵的文献资料都保留在浙江省档案馆。我们在采访中，见证了那段历史，所有为"包产到户"付出过努力的人，都应该被看见。历史的规律告诉我们，"包产到户"是正确的道路，中共十一届三中全会以后，"包产到户"也终于得到正名。

【专家点评】

20世纪50年代的土地改革，使大多数农民实现了"耕者有其田"的理想，广大农民生产积极性的提高，使农业生产得到迅速恢复和发展。但由于受传统社会主义理论的影响，认为"小生产是经常地、每日每时地、自发地和大批地产生着资本主义和资产阶级"，党内由此形成了共识，即决定对农业实行社会主义改造，引导农民通过互助组、初级社、高级社三种形式，逐步实现集体化或社会主义化。就是把土改中刚刚分配给农民的土地收归集体所有，实现以土地为主的农业生产资料的集体所有制，以达到发展生产力的目的。

但在农业合作化急速发展的过程中,却出现了很多问题。如在浙江,合作社的发展大多数是由干部强迫命令造成,尤其在进入高级合作化阶段后,在所有制形式上追求高级再高级,在速度上要求快而再快,自愿互利等原则基本上被抛弃了,土地、耕畜、大农具完全归入集体,农民不再拥有股份,失去了分红权,实际造成对农民的无偿剥夺。再加上高级社规模庞大,社队干部在生产的组织管理上存在着很大的盲目性和随意性,由此造成的混乱使农业生产不增反降,农民的生产积极性受到很大打击。

地处浙江南部的永嘉县,也存在着同样的问题:突出表现在干活"一窝蜂"、评分"满堂红"的"人海战术",造成管理困难,生产不便,质量下降,劳力浪费。农民群众中流传着:"干部乱派工,社员磨洋工;上工一条龙,干活一窝蜂"。针对农村出现的"生产大呼隆、分配平均主义"的现象,根据省委有关精神,永嘉县委决定把搞好生产管理、办好农业合作社作为农村中心工作来抓,由此开展了指导区、乡进行农业生产责任制的探索。

中共浙江省委党史和文献研究室　朱健

抗美援朝档案：
捐款 3390 万元可买战斗机 226 架

记者：张雪原
编辑：农书荣

【档案名片】

这张图片拍于1951年10月的杭州，现藏于浙江省档案馆。当时萧山县（现萧山区）临浦镇农民卖余粮捐献飞机大炮。从1951年开始，为了抗美援朝，全省城乡开展了制订以爱国增产、捐献武器和优抗工作为主要内容的爱国公约活动。全省人民积极捐献飞机大炮，捐献数居全国各省第一位。

1950年10月，根据中共中央指示，中国人民志愿军开赴朝鲜战场，参加抗美援朝战争。浙江人民热烈拥护中共中央的决策，在省委的领导下，一场全力以赴和规模空前的抗美援朝运动在全省范围内广泛开展起来。

浙江的抗美援朝运动首先以全省各地纷纷举行集会声援的形式开展起来。之后，成立了中国人民抗美援朝总会浙江分会，统一领导全省抗美援朝运动。为了统一认识，澄清思想，增强广大人民群众

抗美援朝档案

的爱国主义热情，在全省范围内广泛开展时事宣传教育。通过时事宣传教育，广大人民群众提高了对抗美援朝重要意义和正义性质的认识，增强了民族自尊心和自信心，增强了反侵略战争必胜的信心。

全省人民纷纷以各种实际行动投入到抗美援朝运动中。全省共有100多万青年农民要求参军，4万多名青年学生报考军事院校，150多名医务工作者到朝鲜前线，600多名铁路员工、汽车司机直接参加了抗美援朝战争。

关于朝鲜战场上浙江籍烈士的公开记载并不多。浙江省档案馆里有一份全省各地在朝鲜战争中牺牲烈士的名单，弥足珍贵。名单显示，烈士们大多是20岁左右的年轻人。

1951年6月15日，浙江省、杭州市协商委员会和省市抗美援朝分会联合举行会议，号召全省人民积极行动起来，捐献飞机大炮。在这场捐献运动中，全省人民捐献的款项达到3390多万元（指旧币），可买战斗机226架，超过原定计划的77%，居全国各省捐献数的第一位。

杭州工人响应总工会提出的捐献"杭州工人号"飞机的口号，原计划半年内完成一架飞机的捐献。但通过组织劳动竞赛、增加产品数量、提高产品质量、节约原料、消除浪费、增加收入等措施，最终决定捐献三架半战斗机。

全省人民响应党中央"增加生产，厉行节约，以支持中国人民志愿军"的号召，将抗美援朝与生产运动紧密结合起来，通过开展爱国主义生产竞赛，提高劳动生产率、增加产量、提高质量、节约原材料、提出合理化建议等，直接为经济建设和国防建设积累资金，支援抗美援朝战争。

从1951年开始，全省城乡开展了制订以爱国增产、捐献武器和优抚工作为主要内容的爱国公约活动，各地自觉订立和执行爱国公约的群众占全省总人口的80%。

全省还开展了向志愿军寄送慰问品和慰问信活动，表达对志愿军战士的关怀和支持。到1952年6月底，共寄送给志愿军慰问袋11万余只、慰劳鞋12.8万双、慰问信16万多封、书籍25.5万多册和书籍代金6100多元，还有毛巾、牙刷、学习簿等约58万件。

在馆藏的一份1953年8月8日《浙江日报》中，有两则军属的故事：奉化县江口区周沈村军属毛珍珠送自己的丈夫王阿宏参军时说："你到前方要勇敢地杀敌人，家里的事情我一人担当。我等着你胜利回来。"丈夫参军后，毛珍珠就参加了互助组积极生产。抗旱时她带头组织妇女挖沟车水，并组织了农忙托儿所，使有孩子的妇女能够安心参加生产；农闲时她又组织妇女打草鞋、打麻筋；当选为奉化县二等劳动模范。

桐庐县三联乡七村烈属高江潮亲自送两个儿子参了军，并一再嘱咐儿子："到前方要好好打仗，保卫胜利果实。"当一个儿子为保卫祖国而壮烈牺牲后，他沉痛而坚定地说："为了祖国牺牲是光荣的。"以后，他在各种工作中更加积极，被选为互助组的副组长，领导全组积极生产。组员有困难，他就把自己的余粮拿出来帮助解决。后来当选为桐庐县一等烈属模范。

抗美援朝运动的开展极大地提高了中国共产党在全省人民心目中的威信，有力地推动了浙江解放初期正在开展的各项工作。

【记者手记】

　　浙江距离抗美援朝的主战场有1000多公里，可是在这场战争中，我们却成为全国各省捐献武器数量第一位。这篇报道中，很多故事和数据现存于浙江省档案馆，走进展馆，历史的气息扑面而来。

　　从文献中了解到，当时浙江省内各界，不断涌现出大量奔赴前线的志愿者。他们中有工人、农民、学生以及技术人员、医务人员，即使不能成为志愿者，他们也参加支前运输和前线医疗工作，到处出现妻送夫、母送子、兄弟争相入伍的情景。

　　时间虽然已经过去了许久，但每一段故事都是一座丰碑。捐献的武器，投身军旅志愿者们，他们成为胜利路上的基石。

【专家点评】

　　新中国成立后，正当全国人民为争取财政经济状况好转而努力生产的时候，1950年朝鲜内战爆发。由于美国派兵进行武装干涉，发动了对朝鲜的全面战争，同时派遣第七舰队入侵台湾海峡，使新中国的国家安全受到了严重的外来威胁。这对于刚刚执政的中国共产党来说,是一场极其严峻的考验。

应朝鲜民主主义人民共和国政府的请求,在反复权衡利弊之后,中共中央作出了"抗美援朝,保家卫国"的决策,毅然派遣中国人民志愿军赴朝作战。经过两年零九个月军事、政治的较量,中国人民取得了抗美援朝战争的伟大胜利。

对新中国来说,朝鲜战争是新中国成立之初不得不面对的严峻挑战,是一场由不受中国控制的因素强加给中国的战争。当战火烧到鸭绿江边时,中国人民以大无畏的英雄气概起而应战。抗美援朝战争的胜利,极大地提高了中国共产党在全国人民心目中的威信,提高了中国人民的民族自信心和民族自豪感;顶住了美国侵略扩张的势头,维护了亚洲和世界的和平,使新中国的国际威望空前提高;由于中国东北边疆得到巩固,国家的经济建设和社会改革获得了一个相对稳定的和平环境。美帝国主义从此不敢轻易地进行欺侮和侵犯中国的尝试。

中共浙江省委党史和文献研究室 朱健

"三大改造"档案：浙江开展农业合作化运动

记者：张雪原
编辑：农书荣

【档案名片】

这张照片，现收藏于浙江省档案馆，它记录了一个重要的历史事件，浙江正在全省开展农业合作化运动。1951年12月，新登县城岭区新堰村许桂荣农业生产合作社宣布成立，这是浙江省第一个农业生产初级合作社。

随着过渡时期总路线的提出和第一个五年建设计划的实施，对农业、手工业和资本主义工商业的有系统的社会主义改造，也在大力向前推进。

浙江农业的社会主义改造大体可分为农业生产互助组、初级农业生产合作社和高级农业生产合作社三个发展阶段。到1956年12月，实现了高级形式的农业合作化。

1951年12月，新登县(今属杭州市富阳区)城岭区新堰村许桂荣农业生产合作社宣布成立，这是浙江省第一个农业生产初级合作社，也是浙江农业

"三大改造"

合作化运动的一面旗帜。

初级农业生产合作社,是农民自愿联合组成的半社会主义性质的集体经济组织,是从农民个体经济过渡到社会主义集体经济的组织形式。

从1951年12月开始,中共浙江省委在组织互助组的同时,就着手进行初级农业生产合作社的试点工作,提出地委以上的领导机关应选择有条件的常年互助组典型试办农业生产合作社。在此情况下,省委直接抓了许桂荣农业生产合作社的试点工作。

许桂荣农业生产合作社是由互助组发展而来的。1950年春,在党的号召下,新登县城岭区新堰村就成立了15个临时互助组,其中就有许桂荣互助组。1951年春,许桂荣临时互助组转为常年互助组,共有11户农户,互助组先后被评为乡、区、县模范互助组。

1951年11月下旬,浙江省委农工部领导在杭州听取了许桂荣的汇报,认为许桂荣互助组已经具备了试办农业生产合作社的条件。此后,省委农工部会同临安地委农工部一起派出工作组,到新堰村具体指导和帮助许桂荣试办农业生产合作社。12月下旬,许桂荣农业生产合作社宣告成立,民主选举了由7人组成的合作社理事会,推荐许桂荣为理事会主任。

许桂荣农业生产合作社一成立,就成为全省的典型。许桂荣出席了在杭州召开的浙江省第二届农业劳动模范大会,在大会上介绍了试办农业生产合作社的好处和经验。他还被命名为省特等劳动模范,被推荐出席华东地区农业增产模范代表大会的模范互助组代表。随后,《浙江日报》多次报道了许桂荣农业生产合作社的事迹。一时间,各地赶去参观学习的人络绎不绝,邀请许桂荣作经验介绍的人争先恐后。

许桂荣农业生产合作社的创办对全省农业生产合作运动的发展起到了积极的推动作用。1952年4月18日,慈溪市岐山乡成立五洞闸集体农庄,成为浙江省第一个高级农业生产合作社。高级农业生产合作社,是以生产资料集体所有制为基础,其意义在于生产资料私有制从此不复存在。1952年至1955年是浙江省高级社的典型试办阶段,五洞闸集体农庄就是在这一背景下创办起来的。

1954年,许桂荣农业生产合作社扩大到35户,并改名为新堰村农业生产合作社，1955年上升为高级合作社。1956年1月，新堰农业社等18个农业生产合作社合并成松溪高级农业社。

至此，许桂荣农业生产合作社几经扩变，最终融入一乡一社之中。

【记者手记】

> 新堰村许桂荣农业生产合作社宣布成立，这是浙江省第一个农业生产初级合作社，也是浙江农业合作化运动的一面旗帜。互助，成了开启合作社的敲门砖，正是因为互助组的存在，许桂荣通过自己的努力成了模范互助组。
>
> 从文献中我们得知，合作社成立于经营十分艰苦的岁月，但是通过全体社员自力更生、艰苦创业，渡过了难关，使农庄得到不断发展。1953年，农庄扩大到55户，农业生产获得全面丰收。大麦亩产125公斤，比庄外农民增收一倍半，蚕豆增产30%，棉花亩产皮棉38.7公斤，比建庄前亩产18.5公斤增长一倍以上。全年获得副业收入5429元，占全庄总收入的14.8%。社员人均收入达到160.70元，比上年增长89%。

【专家点评】

中国是个农业大国，但因封建土地制度的束缚和长期的战乱，整个农村经济处于凋敝状态。新中国成立后，党和政府把农业的恢复看作整个国民经济恢复的基础，强调发展农业是头等大事，通过土地制度的变革，采取组织互助组、兴修水利、发放农贷、城乡交流等一系列措施，帮助农民改善生产条件，发展农业生产。

随着农业生产的恢复和初步发展，土改后的农村出现了新的情况和问题：一是土改后的农民分得土地和其他生产资料后，努力发展生产出现了中农化的趋势；二是少数农民由于生产和生活困难等多方面原因，却导致生活下降而返贫。根据这些情况，党中央十分重视在土改完成后的农村开展各种形式的互助合作，以避免产生新的两极分化。

个体农民要组织起来才能由穷变富，组织起来的远景目标是农业集体化、社会主义化。这两条是党的一贯主张。1951年12月15日，《中共中央关于农业生产互助合作的决议（草案）》正式印发。党中央在通知中指出：这是在一切已经完成了土地改革的地区都要实行的，全党要把农业生产互助合作"当作一件大事去做"。根据这个《决议（草案）》，农业生产互助合作运动很快在全国范围开展起来。浙江省及时组织贯彻中央的方针政策，许桂荣农业生产合作社便是首当其冲，成为浙江农村社会主义改造的一面旗帜。

中共浙江省委党史和文献研究室　朱健

"义新欧"档案：
奔跑在"新丝路"上的"钢铁骆驼"

记者：邹雯
编辑：华冰

【档案名片】

行李箱6585千克，数量2058个，总价18110.4美元，境内货源地瑞安，指运港马德里……这是"义新欧"首发班列第一张海关出口货物报关单（编号：29220140214808118）。

2014年11月18日，首趟"义新欧"（义乌—马德里）铁路班列从义乌鸣笛开出，奔向13052公里之遥的西班牙马德里，开辟了中国东部沿海通往欧洲的第一条国际铁路联运物流大通道，架起义乌对外开放的新桥梁。

火车上运载的货物，大部分来源于小商品之都义乌。除了一些经过新疆时带上的特产，基本都是义乌地区出产的服装、箱包和饰品等轻工业物资。

而当火车开始返航的时候，又会带上沿途国家的各种商品，包括德国、法国、西班牙以及俄罗斯

"义新欧"档案

等,都是这条"新时代丝绸之路"的受惠国家。

"很有幸当时作为义乌市政府的特别代表,被派往马德里去见证首列'义新欧'班列到达马德里的历史性的时刻。列车到达当天,受到了西班牙各界的热烈的欢迎。"回忆起5年前那个激动人心的时刻,义乌市商务局局长王碧荣仍然感觉心潮澎湃。

他说,过去的这5年,"义新欧"班列获得了非常好的发展,成为中国中欧班列当中线路最长的一条班列,有13052公里,是人类历史上到目前为止线路最长的货运班列;也是我们穿越国家最多的货运班列,穿越了包括中国、哈萨克斯坦、俄罗斯、白俄罗斯、波兰、德国、法国、西班牙共计8个国家,几乎横贯整个欧亚大陆。

除此之外,"义新欧"班列也是产品最丰富的一个班列,承载的货物有上万个品种;当然也是效益最好的一个班列,我们"满车去,满车回",效率非常好。习近平总书记曾六次点赞"义新欧"。

据统计,截至2019年8月上旬,"义新欧"货运班列已开通10条线路,辐射35个国家,累计往返开行780多列、发运货物6.3万标箱,是全国运行线路最多、市场化程度最高的中欧班列,2019年预计将开行500列。成为中国跟欧洲之间的一个货运大通道、贸易大通道。

如今,"义新欧"班列已经成为亚欧大陆互联互通的重要桥梁和"一带一路"建设的早期成果,也为浙江开放强省建设作出了重要贡献。这份见证着义乌走向国际的珍贵海关报关单也被浙江省档案馆永久收藏。

2018年10月27日,义乌铁路西站的一辆吊车在为中欧班列(义乌)进行集装箱吊装作业

【记者手记】

2019年10月9日上午10点08分,20多万件来自中国义乌的跨境包裹搭乘中欧班列"义新欧"eWTP菜鸟号,从义乌西站启程。半个月后,这些包裹抵达万里之外的欧洲中心比利时列日市。这是长三角区域首条跨境电商中欧班列。42个集装箱中装有25万个欧洲消费者的阿里订单商品,跨境电商包裹总货值超过29万美元。

从5年前的首趟"义新欧"班列始发,到如今第11条线路开通;货物的价值从当年不到2万美元,到现在超过29万美元;从实体市场到跨境电商,不断提速的"义新欧"、不断扩大的业务和辐射范围,让这匹"钢铁骆驼"越来越展现出强大的能量,如同"流动的河流载动成千上万的沙漠之舟,唤醒了沉睡的丝绸之路"。

义乌市委书记林毅在接受媒体采访表示,义乌跨境电商零售额约占浙江的二分之一,但传统跨境平邮小包存在时效不稳定、无追踪信息、服务不可控等问题。eWTP菜鸟号的开通将有效解决这些难题。同时,通过数字贸易,将实现中欧班列跨境电商包裹规范化、阳光化运输和清关。而通过铁路运输,也将有效解决美妆、大件商品、锂电商品、超重商品等无法空运商品的进出口问题,有效丰富跨境电商品类,促进中欧贸易升级。

这也是国家"一带一路"倡议通过国际大通道实现"义新欧+跨境电商"的完美结合,跨境电商从此迎来了"铁路时代"。

【专家点评】

千里之行,始于足下。从这第一份报关单到现在,"义新欧"已经运行了5年,"酒香不怕巷子深",新"丝绸之路"拉近城市间的距离,让更多的"义乌文化"展现在世界面前,铁路建设带给我们的不仅是便利,更是各个民族之间的文化生活的交融。

"义新欧"全线开行,连接"世界超市"义乌和欧洲最大小商品集散地马德里,这趟作为国内行程最长的中欧班列已经成为沿线国家间经贸合作、文化交流"看得见摸得着"的载体,为沿线国家和民众架起开放合作的新桥梁。保持"义新欧"班列快速增长的重要动力源,离不开义乌这块充满传奇的土地。从"鸡毛换糖"到全球最大的小商品集散中心,义乌被联合国、世界银行等国际权威机构确定为世界第一大市场,为班列提供充足货源。铁路让城市无缝衔接,多彩的画卷映入眼帘,不仅让老百姓真正得到实惠,也让义乌小商品文化呈现在更多人面前,更多城市面前,更多国家面前。

浙江广播电视集团　来钧

支付宝档案：从手写账本到全球支付平台

记者：邹雯
编辑：华冰

【档案名片】

"工行失败，333433，差17元。"

这就是2006年之前，支付宝的手写对账单，笔记本上，一笔一画，记得非常清晰，很难想象如今的互联网电商巨头，当年竟然是用如此"原始"的方式来记录信息。

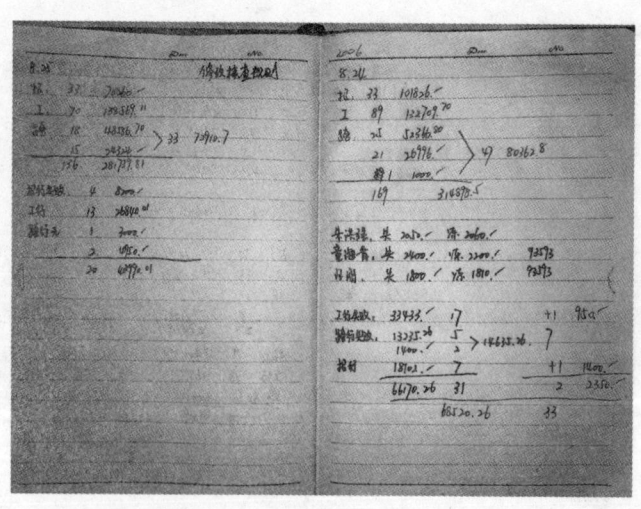

支付宝被誉为"中国新四大发明"之一，它已遍布我们生活的每一个角落，彻底改变了我们的生活方式：坐公交、地铁、打车、吃饭、购物、看电影、充值、水电煤气费……每天数以亿计的庞大的数据量和资金流在平台上来来回回。

但是你相信吗？2006年之前，支付宝竟然都是用笔记本人工记录交易情况、处理异常数据的！！！

支付宝

前不久，阿里巴巴20周年年会上，一部浓缩了阿里20年发展的微电影《唐小菊穿越记》中有个细节：一麻袋一麻袋的各个银行送来的对账单。

在担保支付诞生的2003年，没有现在这么先进的计算系统，只能用手工。一旦涉及跨行转账，就需要客户将银行、卡号、姓名和开户行等信息填全，开户行甚至要精确到分理处，否则只要有一个信息匹配不上，到账的时间就漫无边际，还有可能被退回来，当时的出错率非常高。

"银行的对账单拿过来，一个个对，你的户名跟卡号跟开户行，对不对得上，对不上就有问题，异常信息要记录下来。所以一麻袋一麻袋对，然后一行一行对。"浙商博物馆馆长杨轶清说。

最初，支付宝员工将大部分精力都放在对账上。起初，这种人工的方式还可以维持，但随着交易量的增加，这项工作变得越来越困难。也正是在这一阶段，支付宝自身正在酝酿一次重要的创新，它不再是淘宝的一个结算部门，而是一家独立的运营公司，通过担保交易的功能来解决买家和卖家的信任问题。

如今，支付宝系统早已实现实时处理，并对每一笔交易进行风控，确保安全，目前峰值处理能力为每秒几十万笔，成为全球处理能力最强的支付平台。截至2019年1月，支付宝已经进入了10亿用户时代，覆盖全球54个国家和地区。

【记者手记】

在我整理这篇报道的时候，距离"双十一"还有16天，我和身边的同事早已摩拳擦掌，将购物车填满，就等着"双十一"零点一过，秒点"确认支付"。

在我们肆意"买买买"、拼手速的狂欢背后,是支付宝团队在拼速度,每一年对他们来说都是巨大的考验,每一年都是更大的量级。

有一组不完全的数据:2015年"双十一",支付宝交易峰值为8.59万笔/秒,超越Visa,成为全球处理能力最强的支付平台;2017年的"双十一",支付峰值达到25.6万笔/秒;2018"双十一"交易创建峰值达49.1万笔/秒!几乎每年都以翻倍的速度在加速,每年都在持续地创造交易数据库峰值处理能力的世界纪录。

所以,我们才会在每年"双十一"的天猫大屏上,看到那些极速翻滚的数字:2分05秒100亿,26分03秒500亿元,1小时16分37秒超912亿……

而"零点之战"的背后,是飞速发展的强大技术。

在2019阿里云峰会上海站上亮相的"飞天大数据平台"就是幕后英雄之一,由阿里云创始人王坚和他的团队自主研发的数据处理平台,单日数据处理量达600PB的能力,还可扩展至10万台计算集群,对于"双十一"这样的极限流量场景也能应付自如。

再比如:阿里云自主研发的神龙弹性裸金属服务器在核心系统中解决高峰值流量下的性能瓶颈;新增近千万的弹性计算能力,相当于10座大型的数据中心,创造了"脉冲计算"的新纪录;业界首个百万级IOPS的ESSD云盘提供了数十PB的存储规模,应对史上最大的高并发IO挑战……

看不懂没关系,只要知道它是世界第一、很牛就对了。除非你手机太烂、网络不给力,不然"服务器崩溃、刷新不了"这种抱怨声是不存在的。

所以,当我看到这本罕见曝光的支付宝手写账本的时候,内心是震撼的!谁会想到如今的互联网巨头,一开始竟然是用如此"原始"的方式来记录信息的。而这中间,才不过弹指一挥的十多年而已。

所有的伟大,都源于当初的渺小;所有技术的进步,都起步于当初的初级和繁琐。正是为了摆脱这种原始低级的状态,才倒逼技术的不断

> 创新进步，勇敢智慧拼搏的中国人正在创造一个又一个神话，也在刷新着一个又一个的中国速度！

【专家点评】

支付宝作为如今的互联网巨头，它已遍布我们生活的每一个角落，彻底改变了我们的生活方式：购物、吃饭、看电影、缴水电煤气费、坐公共交通……几乎无所不包、无所不能。但谁又能想到，在2006年之前，支付宝竟然都是用笔记本人工记录交易情况、处理异常数据的呢？为了摆脱这种初级和繁琐的状态，阿里云自主研发团队不断进行技术创新，终于把支付宝变成全球处理能力最强的支付平台。

当前，我们正处在一个"处处是创造之地，时时是创造之时，人人是创造之人"的时代，只要我们既仰望星空，又在脚踏实地中不断变革、创新，我们的民族、我们的国家必将不断进步并兴旺发达。

中共浙江省委党史和文献研究室　俞红霞

时代楷模

谢高华：「开放市场，出了问题我负责，我宁可不要乌纱帽！」

陈定模：缔造「中国第一座农民城」的传奇

章华妹：中国「个体户第一人」

吴小旋：中国第一位女子奥运冠军

徐嘉余：世界冠军、亚运会多金王的一摞家书

许亚萍：抗击最强台风的皮划艇世界冠军

姚玉峰：让3万病人复明的「追光者」

阎宝林：从数控机床走来的指挥家

黄江平：援疆干部的「杭州速度」

钟起沛：援疆路上的追梦人

俞顺年：用灯光秀点亮七彩杭城

王厚鑫：生死排爆手

王　莺：给学生一瓢水，自己要有一桶水

王万林：有着500多名孩子的「最美爸爸」

丁秋美：「中国好人」好在哪里？

周桂凤：台风中的「最美一跪」

陈兰仙：「书记，我要为他们大大点个赞！」

王海峰：在世界第一大港创世界纪录

吕义聪：「80后」工匠要让中国汽车跑遍世界

汪　阳：在中国的土地就应该遵守中国法律

谢高华："开放市场，出了问题我负责，我宁可不要乌纱帽！"

记者：邹雯

编辑：华冰

谢高华

【人物名片】

谢高华，出生于1931年，衢州市横路乡贺邵溪人，曾任浙江省义乌县委书记、衢州市常务副市长、衢州市人大常委会副主任、衢州计生协会名誉会长等职务。他一生敢为人先，力挺农民经商，催生了义乌这一全球最大的小商品市场，为义乌的发展书写了一部传奇。2018年12月18日，党中央、国务院授予谢高华"改革先锋"称号，并获评"义乌小商品市场的催生培育者"。2019年9月，在庆祝中华人民共和国成立70周年之际，谢高华被评为全国300名"最美奋斗者"之一。2019年10月23日，谢高华因病在浙江医院去世，享年88岁。

这是1984年3月4日，义乌市工商行政管理局颁发的首批个体工商业营业执照，持照人叫冯爱倩，是义乌一名普普通通的农妇。从那天起，她告别了"打一枪换一个地方"的游击摆摊生活，在市场中拥有了自己的一席之地。义乌的第一代个体工商户和第一代市场也由此诞生。

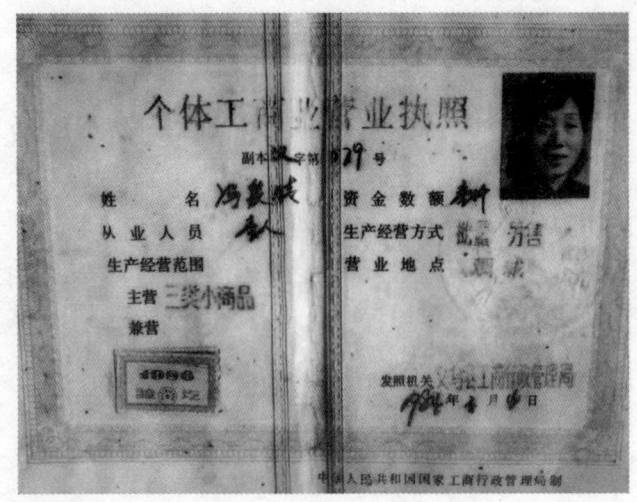

这张来之不易的执照背后,是广为人知的"义乌农妇当街拦县委书记"的故事。这位大胆的农妇就是冯爱倩,被她当街拦下的便是时任义乌县委书记的谢高华。

在当时的时代背景下,允许老百姓摆摊,主管领导要承担着巨大的风险和压力。而时任县委书记谢高华的一句表态掷地有声:"开放义乌小商品市场,出了问题我负责,我宁可不要乌纱帽!"

2019年9月,谢高华在浙江医院接受了我们的采访,再次回忆了当年在县委机关大院外被冯爱倩拦街堵路的故事。当年正是谢老书记的创新精神和敢于担当的为民情怀,开启了义乌发展的传奇脚步。

就在不久之前,谢高华刚刚接过省委书记车俊颁发的建国七十周年纪念章。让人遗憾悲痛的是,一个多月后,2019年10月23日,这位操劳一生的"改革先锋"走了,而我们这段采访也成为他生前留下的最后一段影像。

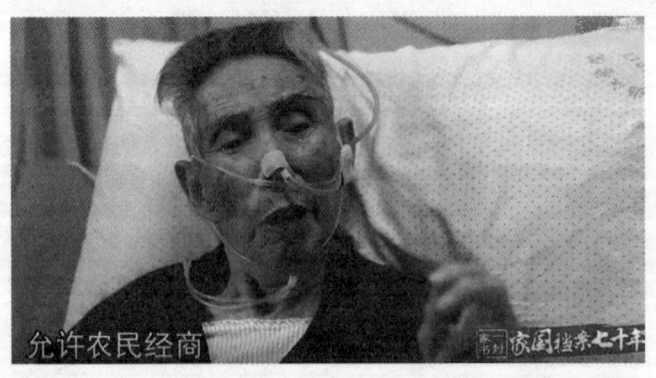

37年前的拦街故事

1982年4月，谢高华到义乌任县委书记时，冯爱倩是一名四处偷偷摆摊的个体经营户。为了养活家里的5个孩子和年迈的母亲，她就靠卖纽扣、鞋带、别针等小百货补贴家用。

当时，摆摊、鸡毛换糖等行为都被视为"投机倒把、走资本主义道路"。政府部门成立了专门的打击投机倒把办公室（简称"打击办"），如果被"打击办"的人查到，摆摊的货物都会被没收。

冯爱倩年轻时的照片

有一次冯爱倩外出摆摊时被查，她卷起塑料布一口气逃了3里路。

1982年5月的一天，在多次被"打击办"的人追赶后，冯爱倩终于鼓起勇气，在义乌县委机关大院外的马路上拦住正要外出的谢高华："谢书记，日子实在过不下去了！你是我们的领导，你管不管？"

当时，冯爱倩说的是义乌话，加上心里有委屈语速很快，谢高华并没有完全听懂，但他已大致知道是因为摆摊被查处的事。谢高华没有让工作人员把冯爱倩赶走或抓起来，而是对冯爱倩说："不要急，走，去我办公室说！"

到办公室后，谢高华请冯爱倩坐在椅子上，又给她倒了一杯茶。冯爱倩从口袋里拿出一包"大重九"牌香烟，从中抽出一支递给谢高华："谢书记，

谢高华与冯爱倩交谈

谢高华："开放市场，出了问题我负责，我宁可不要乌纱帽！"

我的烟没有你的好,要不要抽一支?"谢高华说:"要的!"

于是,谢高华接过香烟,点起火抽起来,冯爱倩也拿出一支香烟自己抽起来。抽完这支香烟后,谢高华从自己的口袋里掏出一包"新安江"牌香烟,递给冯爱倩一支。就这样,两人一边抽烟,一边打开话匣子,谈了一个多小时。其间,冯爱倩详细讲述了生活的艰难和摆摊的辛酸。谢高华听得很认真,问得也很仔细。

冯爱倩离开办公室时,谢高华对她说:"你可以继续摆摊了。如果有人来查,就说是谢书记同意你摆摊的。"

冯爱倩在接受采访时说,义乌市场的开始就是从这句话出来的!"那么好的书记,我们义乌从没有市场到有市场,到现在的国际商贸城,全世界最有名,如果没有当时谢书记'开绿灯',就没有现在的义乌。"

和冯爱倩谈完话后,谢高华和县委班子用了四五个月的时间,对义乌进行调查研究。"市场一定要办,如果要处理我,我就乌纱帽不要,回家卖红薯!"

现任义乌市商务局局长王碧荣说,当时做这个决定,当政者要冒着巨大

1982年6月,谢高华(中)和同事们在县委常委会议上探讨开放稠城镇小百货市场

的风险。时任县委书记谢高华以巨大的政治勇气提出"四个允许"——允许农民经商,允许从事长途贩运,允许开放城乡市场,允许多渠道竞争,义乌的第一代个体工商户由此诞生,义乌的第一代市场也由此诞生。

义乌小商品市场诞生

1982年8月25日,由义乌县政府、稠城镇、义乌市工商局城阳工商所三级部门成立的"稠城镇整顿市场领导小组"下发了"一号通告",宣布将于当年9月5日起,正式开放"小商品市场",一个在稠城镇湖清门,另一个在廿三里镇。

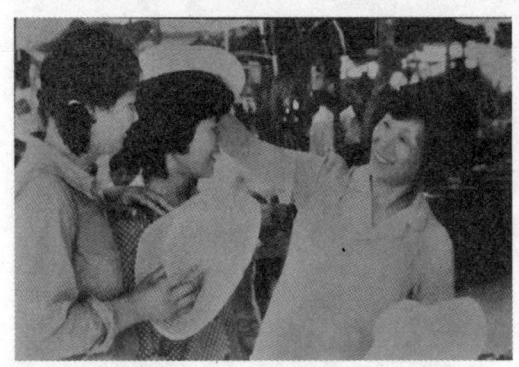

冯爱倩在小商品市场出售草帽

1984年年底,义乌县委县政府率先在全国制定了"兴商建县"的战略,确定商业为义乌市经济发展的第一支柱产业。

也是在那一年,冯爱倩拿到了由义乌市工商行政管理局颁发的首批个体工商业营业执照,幸运地成为义乌第一批取得"鸡毛换糖"许可证的小商贩。1986年,她就被评为全国个协先进工作者。她说:"没有谢书记无私无畏的支持,就没有我的今天。"

义乌第一代市场——稠城镇湖清门小百货市场

1984年年底开业的义乌第二代小商品市场

谢高华:"开放市场,出了问题我负责,我宁可不要乌纱帽!"

谢高华回忆起这段义乌改革开放的经历时曾说:"义乌的市场是人民的伟大创造。我又不会做生意,群众才是真正的英雄。"

【记者手记】

2019年10月23日下午,我的手机突然弹出一条消息:"改革先锋"谢高华走了……

我当时就怔住了!太突然了!怎么可能?!

一个多月前我才在浙江医院看望过他,见我们进来,很热情地跟我们握手,招呼我们坐下;采访前还特意捋了捋头发,整了整衣服;一开始说话,还不时要清清嗓,但是越讲越来精神,尤其说到义乌小商品市场,说起那段为人所津津乐道的改革经历,眼睛都在放光,如果不是鼻子插着氧气管,根本不觉着是一个病人。因为怕他太累,最后我们只能硬生生地打断聊天。

这么一位精神矍铄、和蔼可亲的老人,怎么就这么走了呢?!

记得当时有位护士跟我说,其实谢老很想下床,坐着轮椅到楼下院子跟我们聊天,看看郁郁葱葱的树,闻闻扑鼻的桂花香……以前天气好的时候,家人也会推着他下楼转转,但是后期因为身体比较虚弱,管子不能拔,所以只能躺在床上。而即使卧病在床,只要身体还行,他就坚持每天读书看报。

就是这位让多少人做起生意、发家致富的"改革先锋",自己却至今在义乌没有一寸房产,没有一个摊位,没有一个小商品城的原始股票。据媒体报道,就连有一次,在上海工作的孙女想到义乌考察市场,他也一再叮嘱,不能打着自己的旗号在义乌谋取便利。

88岁的谢高华,孑然一身地走了,所有的荣誉留在身后,所有的"财富"留存于世,正如网友留言:"老百姓记您一辈子!"

【专家点评】

"飞鸡毛引银练无愧先锋，生于斯长于斯情系金衢"，这个时代怀着沉重、不舍之情，轻轻地摇着拨浪鼓，送走了改革先锋、义乌小商品市场的催生培育者谢高华。从贫瘠小县到"买全球、卖全球"的世界超市，浙江义乌的发展堪称传奇。这场变局的开端，是谢高华同志为改革燃灯前行，他是我国改革开放宏大进程中的试水者、探路者、引领者。在他身上，有着改革者的担当、思想者的远见、实干家的执着，赢得了人民群众的广泛赞誉。邓小平同志说过："没有一点闯的精神，没有一点'冒'的精神，没有一股子气呀、劲呀，就走不出一条好路，走不出一条新路，就干不出新的事业。"如果说义乌市场是我国改革开放大潮中一朵美丽的浪花，我们每一个经历、见证改革开放的人，就是大海中一个微小的水分子——既经历过风雨，也见证过彩虹，最终汇聚成"一江春水向东流"的中流砥柱，凝聚起"轻舟已过万重山"的磅礴力量，共同奔向广阔无垠的蔚蓝大海。

致敬谢高华！

浙江广播电视集团　来钧

谢高华："开放市场，出了问题我负责，我宁可不要乌纱帽！"

陈定模：缔造"中国第一座农民城"的传奇

记者：祝佳佳、应月衡
编辑：农书荣、潘康康

【人物名片】

陈定模，1939年2月出生，温州市苍南县钱库镇人。是原苍南县龙港镇委书记、苍南县体改委主任，获得"温州市改革开放十大风云人物""浙江省新中国成立60周年60位最具影响力人物"等荣誉称号，代表了市场经济改革的"民间智慧"。

2019年8月30日，浙江省人民政府正式发布，温州龙港"撤镇设市"获国务院批准，被誉为"中国第一座农民城"的龙港成为全国首个"镇改市"。作为首任龙港镇镇长的陈定模，听到这个消息时热泪盈眶："期盼了30多年，今天终于圆梦了。"

20世纪80年代的温州，绝大部分地区都是穷地方，那时的龙港，是个"灯不明、水不清、路不平"的小渔村，人口7000多，只有一架电话机，没有理发店。而相对龙港来说，当时的钱库区有9个乡、34个村、17多万人口，无论是硬件还是软件，

陈定模

1984年，陈定模和同事研究龙港新城建设

都甩出龙港一大截。

但即便如此，即将调任苍南县城乡建设指挥部主任的陈定模，在1984年5月的一天，主动请缨：用三年的时间造就一个像模像样的龙港镇，完不成开除党籍。

陈定模到了龙港后，马上组织镇、村干部开展有关"建设龙港靠什么"的大调查，最后形成了一个共识：人。"抢人"是龙港建设的第一要务，"当兵、上学、招工、粮票……作为当时的农民，这些都是没有的。农民急于跳出农民圈，成为城市里的人，这就是老百姓当时的迫切需求。我们作为一名共产党员，一个基层领导，我要满足他们的要求。好，到龙港。"

陈定模以中央(84)一号文件中"允许农民自理口粮到集镇落户"这段话为依据，在县委的支持下发了一个通告：凡在龙港镇购地建房、经商办企业的农民，都可以自理口粮迁户口到龙港镇。这在当时是户籍制度改革的大胆创举。紧接着，他又提出"谁建设，谁投资，谁受益"的办法，创造性地进行了土地有偿使用的实践。

当时，陈定模带着12支"农民进城宣传队"，带着手绘规划图，到处动员周边农民到龙港落户、集资建城。一时间，温州南部刮起了一阵"龙港风"，镇会议室里天天人挤人、肩擦肩。老百姓们登门拜访，陈定模给他们看规划图，还让施工队挖土沟，把挖出的土往中间一堆，跟前来龙港落户的人说："你的房子就在这里。"

当时，龙港镇政府规定，落户时间以当年12月31日18时前交地价款为准。起初很多人还在观望；但到了12月下旬，人们争着把一捆一捆的10元面额现金往信用社的柜台里塞；到了12月31日那天，人们排起长龙争相交钱。当时信用社只有两名工作人员，而且还没有点钞机，都是人手工点钞。一直到晚上6点，还有好几百人在排队，百姓都不想错过这次机会。面对百姓高涨的情绪，在没有电灯的情况下，信用社在现场挂起煤气灯，陈定模组织民兵到场维持秩序，并决定将交款截止时间延后到第二天8时。

最后汇总一算，共收到地价款近千万元。大家都说，陈定模一夜之间在龙港建起个"建设银行"。要知道，当时苍南县一年的收入才800万元。而陈定模说：政府在中间不赚钱，人民的城市人民建。因为政策利好，到1989年，龙港人口增加到4万人，以惊人的速度崛起了一座"农民城"。人有了，钱也到位了，陈定模就给龙港的发展指出了方向：发展民营企业。

为提高办事效率，当时的苍南县创新式地把审批权全部下放给龙港镇政府，这也加快了龙港镇建设的步伐。

"人不分东南西北中，经济不分国营、集体、乡镇或个体，来了就一视同仁。"陈定模说，以盖房、办厂为例，填写一份申请表，按规定交了费用后，工商、税务、土地等手续，政府办好后送件上门。

当然龙港的改革发展，也承受着非议。顶着"卖地"的帽子，陈定模多次受到组织调查。关键时刻，时任浙江省委常委、温州市委书记的袁芳烈力排众议，第一个给龙港的改革卸下了包袱，也让陈定模解脱出来。

1989年，陈定模从龙港镇委书记调任苍南县体改委主任。1992年，邓小平发表南方谈话，为社会主义市场经济体制改革指明方向。第二年，"嗅觉敏锐"的陈定模选择下海经商，先后在山西、河北、福建等地办商场、开发房地产，被广西北海、江苏东台等地聘为政府经济顾问、高级顾问，还在一些大学开过讲座。但是，不管去了哪里、干什么，龙港的改革和发展始终是陈定模牵挂的，除了自发去北京、杭州为龙港"撤镇改市"的事情"跑腿"外，陈定模还一直在考虑，怎么为龙港的群众再做些事情。思来想去，还是教育，于是就有了现在的巨人中学。

巨人中学的创办初衷，是让那些考不上公办高中或家里经济条件不好的孩子有个继续上学的地方。从2004年开始，陈定模的主要精力就放在了学校的发展上。到目前为止，巨人中学有在校生1100多人，连续9年荣获苍南县"高考质量奖"。

但陈定模对此依然不满意，在他看来，目前学校的教学质量和水平还处于中下水平。所以他跟北京的华樾教育集团进行了合作，由他们派校长团队过来，进行师资培训、课程改革。目标是用 3 年时间让学校教学水平有一个大提升，6 年内打造成温州市一流的民办高中。"

2018 年，陈定模过 80 岁生日，给自己写了一首"满江红"：滚滚龙江，逐浪高，勇立潮头。破樊篱，力排众议，敢写春秋。三十年鞠躬尽瘁，半生情夫复何求。曾记否，昔日小村落，尽高楼。怀初心，兴国运，谋未来，壮志酬，"巨人"育栋梁，桃李竞秀。沧海横流见本色，浮生起落亦风流。虽耄耋，其实正青春，"80 后"。

回望过去，陈定模感悟很多，作为一个党员干部，最重要的是不忘初心，始终要把人民放在心里。

【记者手记】

> 初见陈定模，是在他的巨人中学，没见到他本人之前，已经被他的照片墙给震惊到了。行政楼三楼的西侧，是董事长办公室，五六米长的走廊里，挂着的是他的经历，有在龙港时期的照片，也有跟领导人的合照。而见到他本人，一度也是怀疑，这位老人已经有 81 岁了，一件白色的衬衫看不出一丝的褶皱，灰色的西装裤，可能是染了头发，除了稍显松弛的皮肤，几乎很难在他身上找到岁月的痕迹。
>
> 去采访陈老的时候，正是浙江省人民政府宣布龙港"撤镇设市"的当天，陈老整个人都是容光焕发，用他的话来说"龙港就像是自己的孩子，撤镇设市，就像是看着它成家了，以后的龙港，还有另一番的天地"。在我们采访的一个多小时的时间里，来找陈老的人不少，一个个都是来道贺的，但是陈老还是耐心地接受完我们的采访，才去一一招呼龙港的老乡，他说："高兴，要跟老乡们去喝个痛快。"
>
> 喝个痛快，或许就是这位老人表达自己感情最真实的状态了，这一生，一直在为龙港的发展奔波，我们祝愿这位老人健康长寿，也祝龙港的明天更加辉煌。

【专家点评】

从陈定模这位具有开拓、担当精神的普通基层干部与龙港城的兴盛事迹中，我们深深感到，中国第一座农民城的诞生与崛起对中国现代化的发展具有特别重要的启示：第一，允许公民自由流动，这对社会发展有着极其重要的意义。水往低处流，人往高处走，人们都会理性地选择流向能挣钱、能有更好就业创业机会、能施展自己抱负的地方。城市是当时农民最向往的地方，由农民转变为市民。这既是农民自身生活水平与社会地位的提升，也是经济社会发展的需要。这种转变能给农民自身以及社会带来极大的创造力。农民城的诞生正是农民这种自由流动的成果。第二，土地是一国繁荣的基础，也是一国财富最重要的部分，还是一国人民富裕程度的重要标识。亚当·斯密说，"土地乃是一切大国的国家财富中最大的、最重要的、最持久的部分"。龙港镇提出了谁建设，谁投资，谁受益的办法，凡在龙港镇购地建房、经商办企业的农民，都可成为龙港镇居民。创造性地进行了土地有偿使用的实践。充分利用了土地资源，并让普通居民共享土地资源，这使得龙港的土地迅速增值，产生了巨大效益，推进了龙港城的建设。第三，基层党政领导一个重要任务要根据中央决策创造性地来为民办实事、办好事。陈定模及其领导的基层党政班子根据中央（84）一号文件中"允许农民自理口粮到集镇落户"，在县委的支持下进行了制度创新，突破了当时严格的户籍制度藩篱，提出凡在龙港镇购地建房、经商办企业的农民，都可自理口粮迁户口进龙港镇。这在当时是中国户籍制度改革的一项大胆创举。这项深获民心的制度改革与创新，解放了农民，解放了生产力，为中国第一座农民城的诞生与发展提供了制度保障。陈定模是令人尊敬的，龙港城是让人钦佩的。这根本原因就是陈定模的改革与龙港城的崛起合乎人性、顺应民心，符合历史发展大潮。

浙江省社会科学院智库首席专家　杨建华

章华妹：中国"个体户第一人"

记者：应月衡
编辑：农书荣

【人物名片】

章华妹，1980年12月11日，19岁的温州姑娘章华妹从温州市工商行政管理局领到了一份特殊的营业执照——工商证字第10101号，竟然成了中国第一份个体工商业营业执照，她本人则成了"中国第一个工商个体户"。2016年12月5日，作为全国先进个体工商户代表，得到了李克强总理的会见。

2019年8月29日，章华妹被授予"第五届全国非公有制经济人士优秀中国特色社会主义事业建设者"称号。

章华妹

中国"个体户第一人"的缘起

章华妹"做生意"，似乎是"命运"的青睐和安排。

那年是1979年，中学毕业后没有工作，章华妹一家人的生活过得很窘迫。"那时候，我家里一共7个兄弟姐妹，父母赚的钱加在一起，也不够我们的基本生活开支。而且,那个年代实行分工的工作制度,我是最小的那个,分配工作根本轮不到我,只好去做生意。"章华妹说。

当时的温州已经有些人开始"偷偷摸摸"地做起了小生意,在新中国成立前有过从商经历的父亲从中看到机会。1979年11月,父亲弄了张桌子,就让待业在家的章华妹在家门摆了个小摊,对外售卖纽扣、纪念章、手表表带等小商品,从而开启了华妹人生的个体经营模式。后来,他们开始自己加工,然后拿出来卖,以致周围的一些人也学起了章家。

不过在当时,有本事的年轻人都会选择进机关、国企,最差也要混入集体企业端个"泥饭碗",只有没本事找不到工作的人才会自谋职业。即使在温州,当时人们也同样看不起做小买卖的,羡慕集体企业、国企。"同学们看到我'沦落'到如此地步,路过我家门口时,都会把脸转过去,免得彼此尴尬。不过,我还是坚持下来了。那时,一个月摆地摊能挣30元左右,比有"正经工作"的哥哥还高,我当时只有一个想法,人家上班是赚钱,我做点生意也是赚钱啊,有什么大不了的!"章华妹回忆说,但是(内心里)自己也总感觉头都抬不起来,做了一段时间后,发觉收入还可以,感觉特别高兴:"人家上班赚钱,我也是赚钱啊!想开了就好了!"章华妹开始自我平衡。

华妹给人的第一印象就是很热情、真诚,第一次来买东西的陌生人都很乐意和她打交道,慢慢地小姑娘还积累了不少的忠实客户,这让章华妹做生意有了很大的信心。

当时温州的鼓楼工商所才刚刚成立,一天,工商部门的人找到章华妹,说现在对做生意放开了,可以去领一个营业执照过来。"1979年的一天,我还守着家门口的小摊位,忽然发现有政府工作人员走过来找我,我想躲没来得及收拾东西就被叫住了,他们告诉我,国家政策放开了,允许私人销售货品,只要我去工商局登记领证以后就可以合法经营了。"章华妹回家跟父亲商量,父亲经验比较丰富,马上就让她去申请领一个,并告诉她,这个执照说明我们的(买卖生意)以后就是合法的了。于是章华马上拿了申请表格,送到了鼓楼工商所。

1980年12月11日,温州市工商行政管理局的鲜红印章盖在一份特殊的营业执照上——工商证字第10101号。执照上清楚地写着:

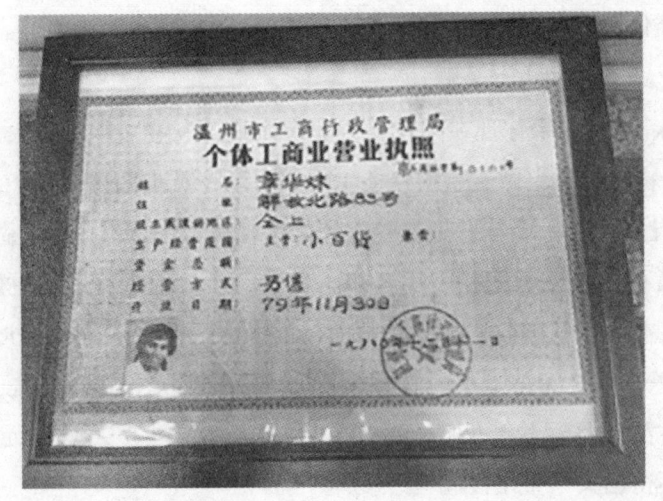

姓名：章华妹

地址：解放北路 83 号

生产经营范围：小百货

（中国第一份个体工商业营业执照）

  实在的章华妹依然将开业日期写为 1979 年 11 月 30 日。这张用毛笔填写的营业执照尘封多年以后，竟然成了中国第一份个体工商业营业执照。多年以后，当章华妹谈起这些事情的时候，依然记得很清晰："没有交钱，只填写了个人信息，我就从温州市工商局鼓楼工商所领到了全国第一份个体工商户营业执照。那年我 19 岁，当时心里只有一个想法：成为合法个体户后，就不需要东躲西藏了，可以大大方方订货卖货，想尽办法把生意做好做大。"

  那时，章华妹并不知道自己在偶然之间已经成了中国"个体户第一人"。在她的印象里，多年以来一直在这样生活，平平淡淡，做好自己的生意。突然成了全国第一个个体工商业营业执照申领者，"一下子还适应不过来"，"真讲不出好在哪里了，大概唯一的好处就是现在客户都知道自己叫'章华妹'了，不再叫我'老板娘'了。"

  温州人敢为天下先，向经营户发出了全国第一批个体营业执照。短短几年内，拿到个体营业执照的温州人超过 10 万，很多人当上老板，成了中国最早的一批"万元户"。

成为个体户后

创业之路有成功也有失败

章华妹说:"如果你现在问我,创业什么最苦?我可以用过去几十年的经验回答你:转行最苦!做生意的路还是需要自己一点点闯出来。"

"持证上岗"后,章华妹把自建房屋的一楼改成门面,找木工做了展示柜,开起小百货商店,主营纽扣、钥匙扣。有了门店,生意比以前更好了,每天有好几块甚至十块钱的收入。到结婚前,章华妹已为家里挣了不少钱。

1982年,章华妹结婚了。婚后,她把小店交给兄长打理,自己只想安心过好家庭生活。但天不遂人愿,1985年,因买房欠下一笔9000多元的"巨债",章华妹逼不得已又"重出江湖"。

家门口的市场就这么大,为了避免跟兄长竞争纽扣生意,她选择了涉足不深的西装拉链生意打算从头做起。章华妹那时候也不知道怎么赚钱,就是看周围做西服拉链、西服装饰品的比较少,就让丈夫余新国到广州去进些货来试试。"说起来也是机缘巧合,我无意中结识了做羊毛衫生意的老板,交流中得知不少地方流行在羊毛衫上做珠片装饰,这种珠片就是镶嵌在羊毛衫上亮晶晶的那种装饰材料,那时候羊毛衫非常流行,但温州还没有做珠片生意的,于是,我又转做起羊毛衫上的装饰物。"

温州生产的衣服上的珠片在温州没有——这就是商业机会,章华妹夫妇成功地抓住了这个机会,只用一年多时间,买房欠下的债全还清不说,章华妹还成为温州市区解放北路市场最大的珠片销售商,成功挤进"万元户"行列。

后来,在温州老城区的解放北路,慢慢做珠片生意的人也越来越多,章华妹的哥哥也同样跟着做了起来,于是章华妹夫妇决定转变经营方向。

一开始他们投资皮鞋——几万元积攒资金全部投进去了,结果全赔了。"当时亏了钱真是难受,辛辛苦苦的血汗钱就这么亏了!"但章华妹依然非常乐观:亏就亏了,不亏就不能赚,重新开始!"我的脾气就是这样。"

1994年,背着一身债,章华妹选择重新做回老本行——服装饰品。于是她在温州妙果寺市场租了间十多平方米的店面,再次投资做纽扣批发。那时候,永嘉桥头纽扣市场刚兴起,她的生意也发展得如鱼得水:从十多平方米的小门店,发展到店铺加上仓库超过200平方米的批发商,最后还成立了温州市华妹服装辅料有限公司。

多次变换创业跑道得出经验：
要稳中求变

在温州市繁华的人民西路的店面后，谁也不会想到，在名牌林立的人民西路竟然蕴藏着中国的"第一个体户"。

像大部分的温州人一样，章华妹说话速度很快，但依然掩饰不了她的口音，她以前都说温州本地方言，后来外地客户多了，开始试着说普通话方言渐少。在章华妹身上别人能感受到有一种非常强的韧劲儿，她眼角渐渐有了皱纹，但精干热情不减当年。

位于温州市人民路的温州市华妹服装辅料有限公司

现在，章华妹的店铺加上仓库已经有200多平方米，主要做批发。货架和墙上都摆满了各种式样纽扣、拉链的样品。

当年，中央电视台要做最具有经济活力城市评选的时候，温州市工商局给章华妹打来了电话，希望她能参加晚会，温州市政府也打来电话，希望她能参加，而且必须参加。"其他人可以不参加，但你是第一个领取个体营业执照的人，必须参加！"

在中央电视台的颁奖晚会彩排时，章华妹说自己都不知道说什么，晚会前的晚上，整个晚上都没有睡好——第二天自己是和一些"大腕"同台竞技啊。"我只是一个个体户，真的感慨万千。"可在丈夫眼里，章华妹已经表现得很好了，"有点紧张，声音有点发颤，我在电视上看的时候，都替她担心。"20多年了，章华妹始终觉得自己只是一个个体户。"我真的想一直做个体户，以前也想过做大公司，但是个体户自由，蛮好的。"

在章华妹的心里，即便如今她的故事被很多媒体当作传奇争先报道，她内心也始终觉得自己只是个普通的个体户。国家有新的政策出来了，她就想着怎么根据新政策把自己的事情搞好，把企业做大做强，为社会经济发展尽

章华妹在温州市华妹服装辅料有限公司向记者介绍纽扣新款样品

一份力:"因为李克强总理说过,个体工商户创造了社会财富,是经济活力的重要源泉,也是我国经济发展的重要力量。"

如今的温州市华妹服装辅料有限公司虽然生意规模不算大,但每年几百万元的营业收入,客户遍布全国各地,不少外地知名企业都慕名前来合作,章华妹说她已经很满足。加上如今服装质量越来越精,他们公司也在思考如何转型升级,要让纽扣的质量、颜色、款式都与时俱进。2007年,华妹服装辅料有限公司开始自主设计纽扣,章华妹还经常"打飞的"去海外学习充电。

"现在大家都在讲'互联网+',像当初我填写信息需要到市工商局领取表格,政府部门则需要到街道办核查信息的准确性,现在这些事都能在网上'一键办理',做生意办证也更便捷了。"章华妹说,"以前做生意是客户上门,现在联系客户基本都是通过网络、QQ、微信,还有一部分不清楚我们就打电话,基本上我们下单接单都是靠互联网。但现在是属于年轻人的创业时代了,我做了一辈子纽扣,也在考虑退休,把生意交给儿子,我和纽扣的这份缘分,一定也会在儿子这里延续下去。"

以"章华妹"命名的面辅料市场迎首批商户

转型升级,无时无刻不在进行。2019年10月21日下午,以"中国第一位个体工商户"章华妹命名的温州华妹服装面辅料市场正式掀开面纱,并迎来以章华妹为代表的首批16家商户签约入驻,以期改善鹿城区服装面辅料经营现状,提升温州服装面辅料经营集聚效应。

2019年年底投入使用的温州市华妹服装面辅料市场位于鹿城区中国鞋都

一期泰力路与鞋都大道交叉口东北角，总用地面积24891.74平方米，建筑面积4.5万平方米，包含商铺407间，场内设有服装面料辅料销售区域、服装设计工作室、网红直播间、多媒体T台秀场、专业摄影棚、商务会客厅、餐饮休闲区，以及章华妹创业创新博物馆和全国第一个民营企业新闻发布厅。按照计划，项目一期和二期将分别在2019年年底和2020年5月投入使用，预计建成后年销售额可达10亿~30亿元。

章华妹说，近年来，大量服装面辅料经营户回归分散经营，失去了原有的集聚优势。为改善温州鹿城区服装面辅料经营现状，进一步完善服装辅料经营服务配套功能，提升温州服装面辅料经营集聚效应，2019年年初，温州市委市政府研究决定建设以她名字命名的服装面辅料市场，她感到非常开心，但是也深感自己"领头羊"肩负的责任重大："这个市场一定会打造成一个有品牌、高品质、多功能、高效益的现代化专业市场。"

章华妹（右）第一个签约

【记者手记】

　　记者曾在2003年见过华妹，到今天再次联络采访看到她本人仍然被她"惊艳"到，但最为纠结的便是对她的称呼。这次见面约在位于人民西路254号她的公司里，远远地就能看到公司大门口赫然地挂着"华妹－中国第一个个体工商户－温州市华妹服装辅料有限公司"的蓝色大招牌。这个大招牌曾为华妹招来许多合作大单子。进入公司映入眼帘的是内墙上、橱柜里无不挂满服饰配饰品的各种新样品，华妹接待客人会热情地介绍这些，如数家珍。眼前的章华妹，仍然着装简单、无一点做作，亲和得如同跟你天天打招呼的邻家阿姨；坐下来跟你畅谈她丰富的阅历分享她睿智的见解，就如同你的一位尊敬的老师；但我仍然决定叫她"章总"。

　　章总，没错！年近六旬的她，眼角虽见沧桑，但步履仍然轻盈，语速仍然飞快，思维仍然敏捷，对市场仍有着异常灵敏嗅觉和判断，在她身上仍流露出一般同龄女性所没有的韧性和干练，使我们无法把她与她的同龄人画上等号。今天她虽然着素色夹克，但利落的短发配上前额挑染了一缕酒红色，脖子上系着一条花色绚丽的真丝方巾，这些跳跃的元素无不透露章华妹年轻的心态，在事业上保持追求不断突破的决心。

　　章华妹"做生意"，按她自己的讲法好像是"时势造英雄"的结果，但我们的感受绝非偶然。因为四十年来的风云变化，章华妹所接触到的日新月异的各种生意场生意经，作为时代的弄潮儿的她根本无法一帆风顺，而是在于她多次关键时刻摸着市场的大方向，敢于挑战、敢于失败，然后仍然作出坚定的抉择和再持续努力坚韧经营的结果。

　　如果说上帝眷顾章华妹，那是因为她天生优秀的品质——她的诚实守信。

　　40年的风风雨雨，使她的人生跌宕起伏。1979年，19岁的章华妹带着年少的懵懂从温州市工商局领到了一张编号为10101的营业执照，不曾想这居然是改革开放后第一份个体工商户营业执照，也在后来成为见证改革开放历程的珍贵标签。从偷偷摸摸卖小百货的"地摊妹"，到合法个体户，再到做皮鞋赔本，其后又借钱东山再起创立公司，甚至还受到总理接见，章华妹的经历，可谓传奇……

面对记者，章华妹感慨，40年前，一批又一批的"万元户"从温州的铁井栏、环城路、木杓巷等"马路市场"走出来，她是改革开放的受益者之一，秉承着温州人不怕苦、不怕累、爱拼搏、不服输的创业创新精神，才能逐渐把企业做大。

在中国改革开放的弄潮儿中，章华妹的经历或许最能代表温州人不折不挠的精神。在这个新时代大众创业浪潮中，也正是因为拥有了无数个像章华妹一样敢闯敢干的温州人，才能续写温州民营经济发展的新传奇。

【专家点评】

个体工商户是指生产资料属于私人所有，主要以个人劳动为基础，劳动所得归个体劳动者自己支配的一种经济形式。个体工商户有个人经营、家庭经营与个人合伙经营三种组织形式。章华妹的自主经营经历，也是浙江乃至全国个体工商户发展的一个缩影。自中共十一届三中全会召开后个体经营开始解冻，浙江个体经济的发展经历了特征不同的三个阶段：

一是计划经济土壤上的艰难再生（1978~1991年），这期间因为个体工商户迅猛崛起且道路曲折；二是市场体制确立中的快速成长（1992~2002年），1992年10月召开的中共十四大第一次明确提出，中国经济体制改革的目标是建设社会主义市场经济体制，实行以公有制包括全民所有制和集体所有制经济为主，个体经济、私营经济、外资经济为补充，多种经济成分长期共同发展的方针，私营企业的增长成为这一时期的主流；三是市场体制成熟中的复归正常期（2003~2009年）。跨入21世纪以后，市场经济体制日趋健全，大大小小的私营企业如雨后春笋般涌现，民营企业步入正轨，逐渐做强做大，实力超越国营企业，成长为市场的主体。

中共浙江省委党史和文献研究室　朱健

吴小旋：中国第一位女子奥运冠军

记者：刘浩

编辑：华冰

【人物名片】

吴小旋，中国女子射击运动员，1958年1月26日生于浙江杭州，1980年进入中国国家射击队。1980年第四届亚洲射击锦标赛代表男子参加气步枪40发项目比赛获得个人和团体冠军。在1984年夏季奥林匹克运动会上，在女子小口径标准步枪3×20的比赛中获得金牌，是我国在奥运会上获得冠军的第一位女运动员。

1984年的小旋：

我时常想起你，在花样年纪，拿下梦寐以求的奥运冠军的你。

三十五年了，其实辉煌的一刻会在记忆中渐渐淡去，如今的我，更多地感受着一份平和宁静。能够照顾好家庭，孝敬母亲，与丈夫及儿孙们一起欢乐、和睦地相处，四代同堂享受着天伦之乐，这让我感到心满意足。

但我始终记得那时的心情，打完比赛的那一刻，十几年训练中所受的苦和累，所有的委屈都仿

吴小旋

佛过眼云烟，只剩下一个信念——一切的付出都是值得的。

因为过于向往，1984年的你在强项10米气步枪中，由于过于认真、苛求自己，反而束手束脚破坏了平时训练的规律，记得有一发子弹，举了7次枪才击发，就是太想打10环了，瞄准，感觉不好，收枪，再瞄准，感觉不好，再收枪……最后，这个项目只拿了铜牌。如今想来，那时的你，是那样的倔强而有毅力，做事认真且要求完美，依旧让我钦佩。即便小口径标准步枪不是你的强项（奥运会前在洛杉矶热身赛打了578环，只获得第三名），你依旧忍着伤痛，凭借惯有的细腻和果断，在比赛中稳扎稳打，取得了581环的总成绩。

赛后，你获得了金钱和物质的奖励，也获得了更多的荣誉。但其实这些都不重要，因为你的初心和梦想就是要当一名优秀运动员，为祖国争光！

后来的我，还是愿意像那时的你，保有一份淳朴的平静。这份平静，是从事射击运动训练的你传递给我的。训练时每天握着枪，卧着、站着、跪着，都是安安静静的，慢慢地，也就把之后的人生过得同样安静。

我记得，那时的你对未来满怀憧憬，我可以稍稍透露些许，你会带着一身伤痛退役，但依旧会为体育事业尽一份力。直到定居美国后，你回归家庭，开启你人生全新的时期。当然，三十五年来的种种，还是要你自己经历。

此外，你所钟爱的射击项目会越来越好，因为国家对体育事业会越来越重视。还要记得，定居美国后要找机会和丈夫一起回国看望教练们，尤其是恩师李素芳教练，她的身体不太好，也一直惦念着亲如女儿的你。也要常回家乡看看，并一直牢记父母的勉励：名利这些东西不要太追求。相信我，就这样一步一个脚印走下去，你的人生价值会按照期望慢慢实现。

吴小旋
2019年6月3日

这是2019年6月3日,吴小旋写给35年前的自己的一封信,所有人都记得1984年8月3日,洛杉矶奥运会女子小口径标准步枪3×20项目中,文静俊秀的杭州姑娘吴小旋,凭借女运动员的细腻和果断,在比赛中稳扎稳打,以581环成绩为中国队获得第7枚金牌,并且打破了这个项目的奥运会纪录。她也成为中国历史上第一位女奥运冠军。

但在拿到这块金牌之前,在她的主项——10米气步枪的赛场上,她只拿到了一块铜牌。吴小旋回忆:"确实是太紧张了,太想拿这块金牌,给自己的压力太大,过于认真苛求。因为太想打10环,所以感觉不怎么好,就收枪,不好,又收枪,重复举枪次数太多,再加上我的腰有伤,那场比赛打得非常艰苦,因为没有调整好自己的心态和比赛的节奏,所以在强项上只获得铜牌。"

拿到铜牌后,深感遗憾和自责的吴小旋在李素芳教练的开导下,心情已平静很多,教练知道小旋的腰伤复发,还亲自帮她按摩放松,并鼓励她第二场比赛只要能坚持打完就算完成任务,但此时的吴小旋却暗暗地下决心,一定要在第二个项目大胆地拼搏一把,休息一天后她参加小口径标准步枪比赛,先打卧姿成绩197环,立姿由于腰部病痛干扰,没有发挥出平时的好水平,只打了187环。虽然这个成绩并不理想,但吴小旋依然保持着信心。只剩下跪姿的20发子弹了,这时,她反而特别冷静,只有一个念头:谨慎细微地处理好每一发子弹。顽强地坚持到最后一发子弹的射击。战胜了自我的吴小旋凭借着女运动员的细腻和果敢,打出了197环的好成绩。成绩在电子显示屏上出现了,吴小旋以581环的总成绩获得了第一名。最终拿下了冠军。当时的国家队教练李素芳难掩激动,在赛场上跟吴小旋紧紧地拥抱在一起。李素芳后来的丈夫就是在本届奥运会上拿下中国首枚金牌的许海峰。

多年以后,吴小旋再次看望李素芳教练时,依然非常感慨。直到2014年11月的一天,突然接到电话得知李教练仙逝的消息,心情十分悲痛,她和先生唐克令立即赶到北京,在教练的追悼会上,他们以亲人身份排在了家属行列,送了恩师最后一程。

在比赛中屡创佳绩的吴小旋,最初学习射击,却是源于一次偶然的机会。

吴小旋:"有一天朋友问我,小旋你要不要去打打枪,我说有什么要求吗?他说视力好眼睛大身材匀称就可以,我想基本符合,所以我就到了杭州市射击室俱乐部，那个时候是在凤凰山上面的，我打了几枪，觉得打枪很好玩，而且打枪需要静心、手稳，压扳机的时候需要保持枪身不动，我很喜欢，也能胜任。当时有位教练问喜欢的话就来训练，我说喜欢。"

就这样吴小旋逐渐开始了射击运动员职业生涯，1974年入浙江队。刚到省队的时候，很多同学不知道她搞射击，只知道她乒乓球打得很好，吴小旋以前在学校还是文艺积极分子，所以小有名气。

自从进入了浙江省射击队后，吴小旋迎来了一举成名的机会。在5年后的第四届全国运动会上，她以386环的成绩打破了女子40发气步枪项目的全国纪录，为浙江队拿下了一块射击金牌，轰动全国。

时间锁定到1980年元月菲律宾马尼拉举办的第一届亚洲女子、少年射击比赛气步枪40发项目，吴小旋夺得个人亚军和团体冠军。紧接着参加第四届亚洲射击锦标赛。说起来，当时的比赛规则比较有趣：吴小旋身为女子运动员，参加的却是男子气步枪的比赛。也正是因为吴

小旋是以女子运动员在第四届亚洲射击锦标赛上横扫了所有的对手，一举夺得了男子气步枪个人冠军和团体冠军，所以她一举成名。当时报纸上称："我国八十年代第一支报春花。"

此后，吴小旋逐步走向了事业的巅峰。

1981年正式入选国家队的吴小旋，将更多的时间投入到备战亚运会和奥运会。1982年在印度新德里举行的第九届亚运会上她又一次代表男子参加60发气步枪项目的比赛，她继续保持着稳定的、高水准的发挥，轻松地以584环的成绩打败所有参赛的男女选手，获得了个人和团体的2块金牌。当时报纸上这样宣传吴小旋："巾帼不让须眉"。

1984年第23届洛杉矶奥运会，她又捧起了手中的国产枪，代表着中国队走进了射击赛场，夺下奥运会冠军。

荣耀还没有散去，吴小旋已经重新起航。1991年留学、定居、工作，凭借多年来运动员坚毅的精神，吴小旋在新征途上打开了一片天地，她上班的公司，很长一段时间里，甚至没有同事知道身边这位努力勤奋的中国姑娘，是举着枪的奥运冠军。当他们知道后，惊讶地询问吴小旋时，她平静地说：那是很久以前的事情了。

如果说傲慢会让人变愚钝，那么是低调让她如此高贵。当她再次进入人们视线，已是2008年，汶川地震后，吴小旋主动捐款，成为208名奥运会火炬手捐款的代表！北京时间2008年5月18日上午11时30分许，吴小旋作为火炬手，接过燃烧着圣火的火炬，奔向杭州黄龙体育馆，并点燃圣火盆。此时的吴小旋是褪去了比赛场上"战士"的印记，她的眼神温柔又专注，拥有一股推动进步的力量！

如今，再次回忆其当年的经历，吴小旋始终记得，是射击训练让她感悟到，人的一生，不管做什么事情，一定要坚持，从失败中汲取教训，从教训中积累经验。她也始终牵挂年青一代的体育健儿们，希望他们能勤学苦练，勇攀高峰，为祖国争得荣誉。

2008年北京奥运会火炬传递杭州站，吴小旋作为最后一棒火炬手跑进黄龙体育中心

祝伟大祖国繁荣昌盛

吴小旋

2019.4.4.

吴小旋寄语

【记者手记】

跟印象中果敢刚毅的射击选手不同，初次跟吴老师接触，发现她非常客气，对于我们提出的采访拍摄请求也非常支持。为了尽快完成任务，我把所有的信息要求，还有需要做的事情整理成了一大篇文字发给了吴老师。确实有点繁琐，哪怕是自己去操作，也很耗时耗力耗精神，但为了完成任务，自己考虑不周，让吴老师承担了过多的心理压力，对此我感到非常抱歉。但吴老师通情达理也非常体谅我，作为一个记者，"打扰""麻烦"别人，其实也是工作需要，尽管我们任务重、要求高、压力大，但是遭到我多次"麻烦"的吴老师还是顶着压力，全力配合我们的采访工作。尤其是成稿之后，需要当事人确认，稿子发给吴老师后，她修改得非常认真、仔细，因为关于稿子中一些时间、事情经过、细节等，很多的表述可能都会存在偏差，由于年代久远，吴老师自己也不敢确定，于是她特地不厌其烦地翻出原始资料——校对、核实，令人敬佩、感动。

【专家点评】

发展体育事业，是社会主义精神文明建设的重要组成部分，对提升人的道德素质和社会文明程度起着非常重要的作用。新中国成立以来，秉承以人民为中心的发展理念，我国体育事业取得长足发展，全民健身蓬勃开展，竞技体育成绩显著，体育改革不断深化。一代代体育健儿在赛场上奋勇争先，向世界证明了"中国人能行"。吴小旋，作为中国第一位女子奥运会冠军，回忆当年的经历，她深切感悟到的是"人的一生，不管做什么事情，一定要坚持，从失败中汲取教训，从教训中积累经验"。这种坚持源于一份初心和责任，更源于以"自强不息，为国争光"为核心的中华体育精神的召唤。每当五星红旗在奥运赛场上冉冉升起，多少中国人心潮澎湃，热泪盈眶，这就是中华体育精神的力量！

中共浙江省委办公厅　周峰林

徐嘉余：世界冠军、亚运会多金王的一摞家书

记者：党君雅
编辑：潘康康

【人物名片】

徐嘉余，1995年出生于浙江温州。2002年开始学习游泳，2008年入选浙江队，主攻男子仰泳项目。2018年雅加达亚运会，徐嘉余夺得5枚金牌。2019年7月22日，韩国光州游泳世锦赛男子100米仰泳决赛，徐嘉余以52秒43夺冠，实现世锦赛卫冕。

爸爸：

您好！

没有想到有机会在11年后给您回信。收到这封信的时候我才13岁，独自离家在杭州训练，那个时候我从未想到自己真的可以成为世界冠军。

这11年里，每当我重看这封信，我都会感受到您对我的期盼。是的！一名真正的运动员需要付出多少努力，我现在已

徐嘉余

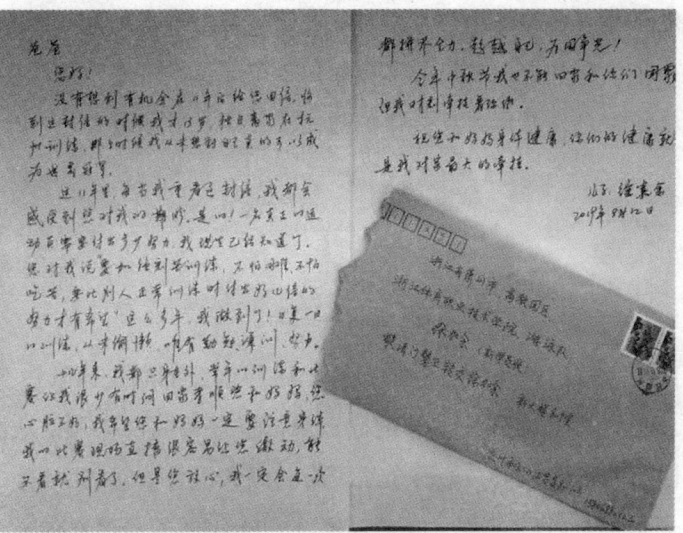

徐嘉余第一次写给父亲的回信

徐嘉余在韩国光州卫冕世锦赛冠军

经知道了。您对我说"要加强刻苦训练，不怕困难，不怕吃苦，要比别人正常训练时付出好几倍的努力才有希望！"这么多年过去了，我做到了！日复一日的训练，从未偷懒，唯有勤勉、谦逊、努力。

十几年来，我都只身在外，常年的训练和比赛让我很少有时间回家孝敬您和妈妈，您心脏不好，我希望您和妈妈一定要注意身体，我的比赛现场直播很容易让您激动，能不看就别看了，但是您放心，我一定会每一次都拼尽全力,超越自己,为国争光!

今年中秋节我也不能回家和你们团聚,但我时刻牵挂着你们。

祝您和妈妈身体健康,你们的健康就是我对家最大的牵挂。

儿子:徐嘉余
2019 年 9 月 12 日

这是徐嘉余写给爸爸的第一封回信,11 年前,那时候通讯并不是很发达,为了鼓励从小就离家在杭州训练的徐嘉余,爸爸每周都会写信从温州送到杭州,鼓励他,由于训练忙,徐嘉余从没有时间和机会给爸爸回信。

但时光是很奇妙的东西,他未曾想过,11 年后的自己真的成为爸爸信中所期盼的世界冠军,而站在这个时间的节点上,自己也终于有机会给爸爸写了一封迟来 11 年的回信……

少小离家 50 封信伴成长

2008 年,年仅 13 岁的徐嘉余离开家乡温州来到浙江省游泳队,拜名教头徐国义为师,开始学仰泳。

少小离家,远在温州的父母心里总是牵挂。妈妈总是担心他营养是否跟得上、生活上是否适应;而爸爸徐进荣更担心儿子能否适应省队激烈的竞争环境,能不能坚持刻苦努力的训练。"毕竟才 13 岁,一个人在杭州人生地不熟,而且那时候训练强度也很大,徐嘉余体力也有些跟不上,队里的伙食可能也不够好。"

自从到了杭州,徐嘉余的妈妈每周都在家里炖好各种补汤,那个时候没有动车高铁,只能周六晚上坐一夜的绿皮火车到杭州,第二天看着儿子把汤喝下,才安心地乘火车回温州。

徐嘉余和父母

爸爸徐进荣的身体不好,不能每周一起来看望儿子,于是,每周和汤一起送到的还有一封父亲的家信。徐嘉余妈妈的爱心餐一送就是两年,直到2010年徐嘉余跟着徐国义赴全国比赛和训练,这才不得不停止。而这两年期间,徐进荣写给儿子的信有近50封,其中让徐嘉余印象最深刻的一封信里,他说爸爸把刊发朱启南2008年北京奥运会获银牌的报纸也附在信中,叮嘱儿子奖牌不易,每一枚奖牌的背后都是运动员日复一日、年复一年的刻苦训练,一定要向他们学习不怕吃苦的精神。

这些信伴随着徐嘉余一起成长,或是循循善诱的教导,或是深切的嘱咐和关怀,一封封信件,让远在他乡的徐嘉余感受到父母的爱和支持,一直鼓励他披荆斩棘、不断前行。

从"爱哭包"到霸气王者

徐嘉余刚开始到省队时,是队里出名的"爱哭包"。面对着高强度的训练,他时常抹泪,甚至会哭着给妈妈打电话说找不到袜子。为此,父亲在信中经常嘱咐要坚强,所以徐嘉余每次哭过之后,擦干眼泪继续咬牙坚持训练。

对于这个徒弟,教练徐国义看在眼里、喜在心里:"爱哭包"(徐嘉余外号)再苦再累都愿意练,这是他最大的优点。在2018年世锦赛比赛前,徐嘉余跟随着国家队去高原集训,每天六七千米冲刺游让他的身体到达极限。好几次,徐嘉余都练到吐胆汁,但吐完后,他又

雅加达亚运会上的"五金王"

重新回到泳池。

"如果别人付出100%进行训练，那我一定要做到150%。"徐嘉余笑着告诉记者，眼前的阳光大男孩突然变得严肃而坚定。

功夫不负有心人！

2013年4月，徐嘉余在全国游泳冠军赛暨全运会上收获两金一铜。

2014年2月，徐嘉余在澳大利亚举行的五国游泳对抗赛100米仰泳决赛中击败日本著名仰泳运动员、现男子100米仰泳和200米仰泳亚洲纪录保持者入江陵介夺冠。

2014年5月12日，徐嘉余在全国游泳冠军赛男子100米仰泳中以52秒34的成绩打破全国纪录并夺冠。

2016年11月18日，徐嘉余在2016年亚洲游泳锦标赛中以1分55秒19获得男子200米仰泳冠军，并打破赛会纪录。

2017年7月26日，在布达佩斯进行的2017年世界游泳锦标赛，徐嘉余以52秒44获得男子100米仰泳冠军，这是中国选手首次在男子仰泳项目上获得世界大赛冠军。

2019年7月23日，韩国仁川世界游泳锦标赛，徐嘉余以52秒43成功卫冕世锦赛男子100米仰泳冠军。

一枚枚的奖牌，见证着徐嘉余的成长，更是对他努力最大的肯定和回报。

时钟拨回到两年前的布达佩斯。那一年，徐嘉余第一次问鼎世锦赛男子仰泳冠军。在领奖台上努力压抑自己的徐嘉余，走

当年在孙队怀里哭的徐嘉余

下领奖台后，在"老大哥"孙杨的怀里哭成了泪人。

卫冕冠军之后，徐嘉余知道这并不意味着结束，而是另一个新的开始，那就是东京奥运会。

【记者手记】

> 这是我第二次采访徐嘉余，2018年他在国外集训，只能通过电话采访，电话里这个耿直的大男孩讲话风趣幽默，直来直往，时常让人不敢相信这就是在泳池里拼搏多年，拿下冠军的"甲鱼"。
>
> 今年终于见面，本人比报道中更加阳光、帅气，当然更有着运动员的那份坚毅。"甲鱼"很谦逊、低调，他说，每天泡在水里十几个小时是常态，自己和其他选手相比条件并不好，个头不算高、起步不算早，所有的成绩都必须比别人更加努力才可能获得。对于恩师徐国义，对于父母，他充满感激，因为他们的支持才有了现在的自己。他说，取得的成绩都只是阶段性的目标，目前正在积极备战东京奥运，而自己将全力冲刺，希望能为祖国、为自己拿下这枚金牌。
>
> 少小离家，每一年的节假日几乎不能回家，徐嘉余说他内心依然牵挂着远在家乡的父母，爸爸的心脏不太好，他的每一场比赛直播爸爸都不敢看，但他会拼尽全力成为他们的骄傲。爸爸的信他还留着，时常翻看，这是一份牵挂也是一份鞭策。
>
> 徐爸徐妈这一次也来到了我们活动现场，当大屏幕上播放儿子读回信的视频时，徐妈眼角泛起了泪光，在舞台上她小声对徐爸说着："能不看就不看。"视频播放全程两位都不敢正视大屏幕，害怕自己的泪水会泛滥。说到儿子徐嘉余，两位既欣慰又心疼，虽然知道儿子承受着体能和心理的双重压力，但他们能做的也只有不去打扰他，支持着他去奋勇拼搏，他们说儿子长大懂事了，他们祝福他能实现心愿，在东京奥运会勇夺金牌！

【专家点评】

习近平总书记说过:"体育强则中国强,国家强由体育强。发展体育事业不仅是实现中国梦的重要内容,还能为中华民族伟大复兴提供凝心聚力的强大精神力量。"

中华人民共和国成立70年来,体育事业得到了快速的发展,新中国体育的70年,是以人民为中心发展的70年,是伴随国家富强、民族昌盛、共享改革发展成果的70年。70年来,新中国体育事业走过了辉煌历程,取得了巨大成就,赢得了世界瞩目。

徐嘉余的个人经历,是新中国体育事业发展的一个缩影,也是一颗闪亮的明星。他的家书故事向我们展示的是,每一个体育健儿背后所拥有的强大支撑,是父母的爱,是家庭的支持,是汗水的积累,是努力的回报,更是自强不息的奋斗精神的体现。因此,这封家书读起来,字字令人感动。

志存高远,不负青春,还有更多像徐嘉余一样的中国运动健儿,正发扬中华体育精神,带头拼,加油干,为中国强、体育强作更大的贡献。世界冠军、亚运会五金王,这些荣耀时刻,这些难忘经典……都是镌刻在国人的美好记忆之中,铸就令人振奋的中华体育精神,化作全民族共有的精神财富。

浙江广播电视集团　项勇

许亚萍：抗击最强台风的皮划艇世界冠军

记者：党君雅
编辑：潘康康

许亚萍

【人物名片】

　　徐亚萍，1982年出生于浙江省湖州市安吉县，16岁开始学习皮划艇，19岁进入国家队。获得2004年世界杯皮划艇总决赛德国站女子四人艇1000米冠军、2005年第十届全运会女子四人艇500米冠军、2005年世界杯总决赛女子4皮冠军。现任浙大体育老师，主导创立浙大皮划艇运动课程。2019年8月10日，台风"利奇马"登陆浙江，台州临海内涝严重，许亚萍闻讯前往参与救援，她是目前亚洲首位国际水上救援R4级女教官。

　　这张高中会考证书再平凡不过了，但对于许亚萍来说，却异常珍贵。因为在她高中毕业的那一年，一般的皮划艇运动员都因为繁重的训练，无暇顾及学业，导致文化课程无法达到高中毕业水平。

　　许亚萍退役后，继续攻读了大学本科、研究生、博士，还到国外留学。很早以前她就知道自己与别人不同，其他人训练拼韧性和刻苦，她说除了这些

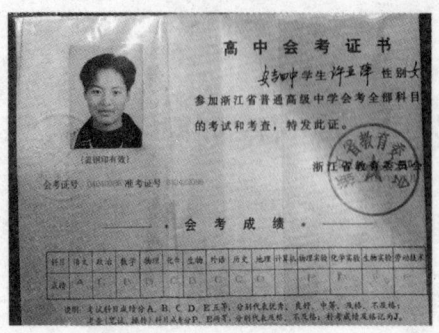

许亚萍的高中会考证书

还得拼脑力,因为她起步晚、基础差,需要不断理解教练的训练要求,不断系统分析方法,才可能赶上别人。能够成为皮划艇世界冠军,许亚萍从不敢想。她说,我是一个出生在农村的黄毛丫头,是一次次命运的转折把我塑造成了现在的自己。

黄毛丫头 初遇皮划艇

许亚萍出生在安吉一个贫穷的小村庄。年幼时,家庭变故母亲离世,那年她才5岁。"冬天我依然穿着凉鞋去上课,吃的菜就是辣椒,我是吃百家饭长大的。"当年,出生于书香世家的母亲执意要嫁给家境贫困的父亲,于是外公外婆一气之下和许亚萍的母亲断了联系。母亲去世后,父亲外出谋生,年幼的许亚萍只能和自己的影子相依为命,这也养成了她天不怕地不怕的性格。

"从小就是个野孩子。属于那种无法无天,跟着男孩子上刀山下火海的,那个时候还剃着光头。"就这样野蛮生长了好多年,直到10岁那年,外公外婆把她带走,才有了新的生活。"外公外婆是师范大学毕业的,外公是校长,所以生活质量、教育各方面一下子变得很正规了,然后再进运动队,这些变化让我整个人脱胎换骨。"

许亚萍说,在外公外婆的陪伴和鼓励下,她从一个调皮捣乱的"假小子"慢慢被调教成一个知书达理的女孩。她自

许亚萍小时候和爸爸

许亚萍的外公

己也意识到学习文化知识的重要性,她一边在外公的指导下恶补知识,一边开拓着新的知识疆域。

虽然生活条件有所改善,但外公外婆毕竟已经退休,年事已高,而父亲打工的薪水微薄,每到交学费的日子,许亚萍就内心紧张,生怕老师前来催促。在她16岁的那一年,学校体育老师在一个湖里发现了好多废弃的皮划艇,平时同学们很难接触到这些运动项目。于是老师向学校领导提议,成立一支皮划艇运动队,当时皮肤黝黑、身材高挑的许亚萍一眼就被老师相中了,老师找到她,说服她加入皮划艇队,并承诺可以减免学费。这对于许亚萍来说简直太诱人了,她立刻点头同意,就这样,她懵懵懂懂结缘了皮划艇这个项目。

贵人来相助 幸运进省队

从初三到高一,许亚萍在体育老师的带领下练习皮划艇,她说很多身上的伤疤都是那个时候留下的。"当时我们甚至都不知道该怎么上这种船,都是爬上去的,因为这船是破的,是玻璃钢制的,玻璃钢有一些口子,都划伤了,所以就留下很多的疤痕。"

同学不懂,体育老师也是自己一边摸索一边教学,带着二三十个孩子,从上船掌握平衡,到可以熟练划船,其中的艰辛只有他们自己知道。许亚萍说,自己有一股劲,要么就做到最好,要么就不做。所以她比任何人都更加刻

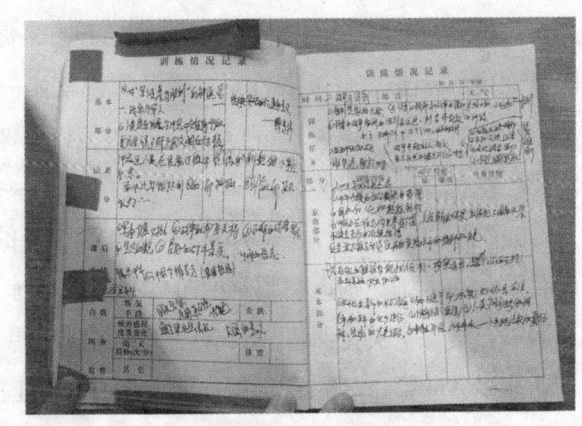

许亚萍密密麻麻的训练笔记

苦。天道酬勤，她的命运也因此转变。

高一，她被学校推荐去参加比赛，一次偶然的机遇，被省体育局的领导看中，还给她写了一封推荐信，推荐许亚萍去报考省队。

就这样，没有经过正规军训练、身体素质不如专业运动员的许亚萍误打误撞进了浙江省皮划艇运动队。许亚萍说，自己是非常幸运的，有时候人生的重大转折点来得猝不及防，你要做的是相信自己，然后抓住这个机会。"我觉得人生有很多的机会是你只要先敢于尝试，试完了之后你要坚定这个目标，可能你会发现在尝试的过程中就会越来越坚定自己的选择。"

初入省队，来自农村的许亚萍敏感而自卑，她甚至不敢在公共澡堂里脱掉衣服和队友们一起洗澡。那个时候，浙江省皮划艇运动队里有一个笑话，说有个土包子洗澡不脱衣服，说的就是许亚萍。她默默无语、沉默自闭。但许亚萍说，正是这样的经历历练了她，让她像一颗种子一样积蓄力量，默默成长。

"也恰恰是这样，才摆低了我自己的心态，你就是要默默无闻地在这个团队里面成长。安吉出很多竹笋，我经常说就像一个笋一样，你得在地里面不见阳光的日子里待很久。"别人练 5 小时，许亚萍就练 8 小时，每天除了吃饭睡觉，就是在训练和学习。

"我要花更多的时间去努力，别人在谈恋爱的时候我在训练，别人在休息的时候我在训练，别人在睡觉的时候我还在训练。"在省队期间，不少队友为了训练，懈怠了文化课程，只有许亚萍一直坚持，完成了高中学业。2001 年许亚萍以省队第二名的成绩考入浙江省体育职业技术学院。

"我也确实感受到了学习的力量，因为教练跟你沟通很多的技能技术，没

左一是许亚萍

有读过书的人，领悟能力和认知能力就会有差距。我幸亏自己读过书，所以会跟教练探讨。"除了吃饭睡觉，许亚萍就是学习和训练。她勤奋努力，大家都有目共睹，金子总要发光，许亚萍开始在大大小小的比赛中崭露头角。

进入国家队 创造新辉煌

2001年全国运动会上，许亚萍在全国皮划艇双人艇比赛获得第6名。而第6名刚好具备了去国家队集训的资格。机会又摆在了许亚萍面前，她必须在五个月的集训里，大幅提高成绩，这样才能获得国家队资格。"那对我来说又是一个新的机会，像火车一样的，你得上了车才能上轨道，所以我非常珍惜这个机会！"

国家队规定每天训练的时间是6个小时，许亚萍早起晚睡，每天偷偷给自己"加班"。由于过度训练，她被测出了血尿，训练强度远远超出了身体负荷。

但就凭着这股子狠劲儿，在一次冠军赛里，她的综合成绩排到了全国第6，又是一个刚好前6名有资格进入国家队的机遇。幸运女神再次降临，许亚萍如愿进

第一个是许亚萍

入国家队。"每1分钟都坚持不下去,因为对于体育运动来说永远都是要自己不停地超越自己的极限,它永远不会让你停滞在一个舒服区。人总是不停地超越自己不可能超越的事情,才能够突破极限。"

就这样,进入国家队的许亚萍披荆斩棘,从2002年到2006年,拿下多个世界冠军,为国家创造了辉煌的成绩。

急流勇退 学习塑造未来

2010年,许亚萍29岁,站在20岁的尾巴上,她第一次开始全方位地思考自己的未来人生。究竟是再拼四年搏一个奥运冠军,还是为自己的运动生涯画上一个圆满的句号,或者探索其他的方向,让自己去尝试不同的生活。"我当时给自己的思考是,我在这个领域能到90分就可以了。有时候遗憾,它也是一种美,而我想要用10分在我下半个人生里面,我想可以在别的领域把这10分圆满了,也就是我现在做的一系列的工作!"

许亚萍做出了人生中最重要的决定之一,退役。

不过她并没有停下脚步,退役后,立刻申请了北京体育大学冠军班,之后,她又随班级去美国交流学习。她说,如果从安吉队到省队是人生最重要的第一个转折;那么来到冠军班学习并去美国交流,则是她人生中的第二个转折。"我当时觉得自己对世界是陌生的,确实很多东西我理不清楚,将来干吗?我得向这个社会向大千世界去问。"

许亚萍读冠军班时的班级纪念册

许亚萍说，自己最佩服的运动员是邓亚萍，一路从运动员读书到海归博士，除了姓，她们的名都一样，希望自己也能和她一样，不断在学习的路上越走越远。退役后，许亚萍像海绵一样吸收知识。在美国威斯康辛大学留学期间，碰上了60年

许亚萍在美国学习

来第一次总统到校演讲，当时总统是奥巴马，他在学校做了4个多小时的脱口秀演讲，许亚萍在台下站了4个小时，从头听到尾。

奥巴马在演讲中多次提到中美体育的对比、体育教育的重要性，尤其是大学体育教育的重要性。这让许亚萍开始思考，中国是体育强国，但中国的大学和美国的大学还是有很大区别，美国大学生热衷于各类体育运动，皮划艇等水上运动在大学里也很常见。中国大学生却很难有机会接触到这类体育项目。

浙大皮划艇选修课的同学们

"我确实发现教育更重要,其实体育教育比体育竞技更重要,它的作用可能对青少年对中国的下一代的影响更大,所以我那时候就坚定地说我应该回国,那时候国家送我们去读书也是为了让我们能够更好地成长,能够为国家再做一点事情!"

结束学业后许亚萍动身回国,她要投身于体育教育事业。2011年,她辗转来到浙江大学任教,浙大紫金港校区刚好有一大片湖泊,于是在她不断地推动下,2014年,浙大终于开设了皮划艇运动课程,全权由许亚萍负责。

"我们的皮划艇运动课程是第一个在全国甚至全世界公开课程的选修课。我很感谢领导的支持,任何一个会游泳的、不会游泳的人都有机会来选择这个课。这是浙江大学开这个课的重要创举。"

现在走在浙大校园内,偶尔会看到平静的湖面上有一艘艘皮划艇划过,水波荡漾起一层层的波浪,波光粼粼的湖面上映衬着一张张青春洋溢的笑脸和在阳光下微微泛红的脸庞,这已经成为浙大校园的一大景观。

首位亚洲女性国际水域救援 R4 级教官 台州救援显身手

2019年8月,台风利奇马在浙江台州登陆,造成临海严重的城市内涝,各方赶赴救援。一张许亚萍拉着救生艇蹚水而行的照片突然火遍网络,那是一张记者抓拍她的回眸一瞬,穿着救援服戴着黑帽子的她已经一天一夜没有合眼。

8月10日,受灾严重的临海,大水淹没了道路和房屋,群众受困。8月10日晚,临海警方通过社交媒体向各界紧急征用冲锋舟。许亚萍看到这个消息坐不住了,她说,有技能的人就应该冲在最前面。救援需要团队作战,她得知湖州蓝天救援队3人小组正计划赶去临海,"据我的专业判

许亚萍在临海救援

断,晚上才是水量最大的时候,必须连夜去。"许亚萍还找来了浙江中医药大学附属第三医院康复科的王静医生。5人组成一个小队,当天晚上9点集结完毕后,携带救援物品连夜赶往灾区。在现场,许亚萍他们经过30多个小时,将20位受灾群众救离危险地带,其中包括一名年逾七旬的老人。

谈到这些,许亚萍有点不好意思,她说民间很多的救援队伍一直在默默奉献和付出,她只不过是做了自己应该做的。

【记者手记】

初见许亚萍,她背着双肩包一路走来风风火火,说起话来快人快语,和记者印象中的"麻辣教练"颇为相似。

许亚萍一直说,自己很幸运,人生的每一步命运之神似乎都帮了她一把。但我仔细品味着她说过的每一句话,却发现哪有什么命运的使然,不过都是在正确的节点上做出了正确的选择,而每一个选择的背后又有着极致努力的付出和思考。

许亚萍是冷静的理智派。她和很多运动员不一样,从很早开始她就知道自己人生中最重要的是什么,所以她一路取舍,一路获得。从运动员转型成为大学体育老师,许亚萍说是美国那段学习经历让她做出了下

> 半生最重要的职业规划和选择。这不是命运的馈赠，而是她不停对知识、对世界认知的探索，最终指引她找到了最合适的人生方向。
>
> 今年，她又将启程去美国学习，她真的如同自己所钦佩的邓亚萍一样，不断地走出国门，不断地提升自我。或许对于她来说，学习的乐趣本身就是学习，就是自我不断的成长。
>
> 而今，为人师的她也希望将自己这种运动员拼搏、上进的特质传递给更多的年轻人。

【专家点评】

2019年8月10日凌晨，2019年第9号台风"利奇马"在温岭城南镇登陆，这是新中国成立以来正面登陆浙江台州的最强台风。台风灾害，牵动着全省乃至全国人民的心。8月10日晚，前皮划艇世界冠军许亚萍和四位志愿者，自行携带全部救灾救援设备，从杭州赶往受台风"利奇马"影响、受灾严重的临海参与救援。两天时间里，他们的救援小分队救助近20位受灾群众撤离危险地带，其中一位是70岁老人。

在灾难面前，我们国家培养的体育健儿们没有缺席，他们挺身而出，与上赛场一样冲锋陷阵、攻城拔寨，与大家一道夺取抗击台风的胜利。体育是一项技能、是一种精神，更是在危难时刻挺身而出。在大灾面前，体育的专业知识和体育精神帮助灾区抗击台风，这着实令人感动。

正如许亚萍事后自己说的那样："比赛，这次拿不到冠军，下次再来。救援只有一次，必须拼尽全力。救援和比赛，相同之处在于，为了明确的目标都要付出相当大的体力，不同之处在于，比赛只有一个冠军，但救援，每个人都可以成为自己的冠军。"这是体育精神的最高境界，也是学以致用的最佳典范！为许亚萍点赞！

浙江广播电视集团　项勇

姚玉峰：让3万病人复明的"追光者"

记者：潘康康、张雪原、林洁仪

编辑：农书荣

【人物名片】

姚玉峰，浙江温州人，1962年5月出生，浙江大学医学院附属邵逸夫医院眼科主任，白求恩奖章获得者、第六届全国道德模范，荣获2019年"最美医生"荣誉称号。从医35年，姚玉峰接诊患者近30万人，通过手术，让3万名患者重见光明，而采用姚氏法进行角膜移植，2500名患者中，排斥反应为0。姚玉峰不仅医术了得，而且他还毫无保留地传授，据统计，参加姚氏法培训的全国眼科医生超过7000人。

姚玉峰

国庆前夕某一天下午，记者见到了姚玉峰，他当时刚完成16台手术，虽然略显疲惫，却依然掩盖不住手术成功的欣慰。据了解，除了这16台手术外，他当天上午还在门诊接待了30名患者。这样的工作强度，一般年轻人都有些吃力，但对于今年已经57岁的姚玉峰来说，已是常态。

2019年8月19日，姚玉峰被中宣部、国家卫健委授予2019"最美医生"称号。此外,他还获2019全国最美奋斗者、白求恩奖章、第六届全国道德模范等诸多荣誉,姚玉峰说:"我回顾自己的过去,做得很有限,还需要更加努力。"

据统计:从医35年来,姚玉峰治疗患者30万人次,其中通过手术,让3万名患者重见光明。他用独创的"姚氏法角膜移植术",为2500名患者进行角膜移植,排斥反应为0。面对患者,他始终坚持"哪怕是有1%的希望,我都尽100%的努力"。

"如果今后能够成为医生,我也应该给别人送光明。"

谈到姚玉峰为什么要从医?这还要从他左眼眶一道细细的疤痕说起。

7岁那年,姚玉峰在一次玩耍时不慎撞伤左眼,经过急诊,左眼缝合了整整19针,险些失明。"我现在为止都还记得爸爸看到我眼睛,说'这个孩子的前途被断送了!'然后就瘫倒在地,这句话对我触动非常大。所以那时候就想,如果今后能成为一名医生,我也应该给别人送光明。"

父亲的惊恐和治愈后的欣喜,让幼年的姚玉峰对医生这个神圣的职业心驰神往。

1979年,恢复高考的第三年,姚玉峰如愿成为原浙江医科大学的一名医学生。20世纪90年代,两次公派赴日本滨松医科大学、日本大阪大学留学的他,在角膜病的基础和临床研究方面取得重要进展。

在日本著名的高等学府大阪大学医学部学习的三年,姚玉峰分离出世界上第一株阿昔诺韦耐药单疱病毒株,也证明了困惑世界眼科医学界16年之

留学时期的姚玉峰(右)

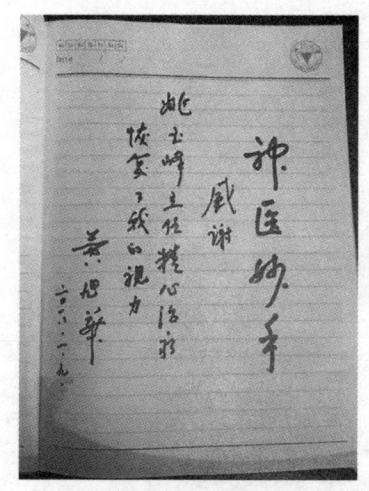

黄旭华为姚玉峰写的感谢词

久的"理查德上皮移植假说",并独创制作了小鼠角膜上皮移植模型,揭开角膜移植排斥反应的精细肌理。因此,他提前两年完成博士答辩,创下日本大阪大学留学生历史上的先例。

在大阪大学留学期间,姚玉峰师从国际眼科界泰斗田野保雄、大桥裕一和井上幸次,深得老师们的喜爱和支持。当时,他有比国内高80倍的薪资,并且拥有资深的研究团队和远远超越国内的学术平台。但姚玉峰完成学业后,毅然选择回国。"那时候国内的治疗水平很差,医生遇到病人,有时候就眼睁睁地看他眼睛烂下去,最后失明,这种场景让人很沮丧。"

对姚玉峰来说,回国是不忘初心:学习国外最先进的医疗技术,建设我国的眼科事业,从而更好地救治角膜病患者。

1995年5月,世界上第一例采用最新剥离术进行的角膜移植手术由姚玉峰主持,术后患者无排斥反应,3个月后视力更是达到1.0。困扰世界角膜界一个世纪的难题终于被中国眼科医生破解,姚玉峰登上了世界角膜移植的巅峰。1998年,姚玉峰到邵逸夫医院筹办眼科,报到第一天就有20多个患者慕名而来。那时姚玉峰手头还没有专业医疗器械,甚至连配发的白大褂还没来得及去领取。"后来我是向邻近的医院借了一个最基本的工具,因为病人找我,我总得要给他们看,我的工作状态始终是有这么多病人需要我。"

在姚玉峰30万患者中,不乏有一些"名人"。比如说"中国核潜艇之父"黄旭华,姚玉峰为93岁高龄的黄旭华治疗白内障,术后,经过休养,黄老双眼的视力从不到0.1恢复到1.0;此外,他还专程赶到江西,为"农民将军"甘祖昌的夫人、96岁的全国道德模范龚全珍治疗眼睛,老人术后双眼视力都达到0.8,实现了能看书和正常生活的愿望。

当记者问及面对高龄病人有风险、为何不婉拒时,姚玉峰说:"从进入医科大学那一天开始,我担负的责任就是要把疾病这个人生的困难给克服掉。

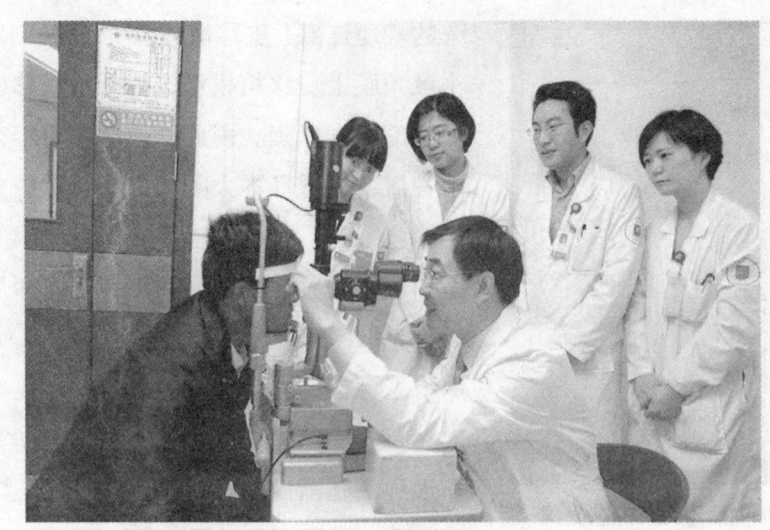

姚玉峰为患者检查

作为医生,我没有权利拒绝患者。"

虽然年龄一年比一年大了,但姚玉峰的工作量却一年比一年重。2017年至今,他的门诊量上升37%,眼科大手术量上升67%。虽然工作强度越来越大,但一个小女孩让他深深感动。

1995年一天傍晚,姚玉峰就诊了一个小女孩,当时这个女孩满脸是血,她的眼睛被铅笔误伤。经初步检查,女孩必须马上手术。但是女孩刚吃过晚饭,达不到空腹要求,不能进行全麻手术,否则容易引起咳嗽、呕吐等症状,导致食物回返到气管中进入肺部,使肺部出现损伤。

姚玉峰走进诊间,耐心和小女孩聊天。"医生叔叔,我不怕疼,你给我做手术好了,我希望今后能看得见。"女孩的一句话让他险些失控。"因为自己小时候的经历,我对小孩眼睛生毛病,有时候说着说着自己鼻子会发酸。"孩子朴实的话语触动了姚玉峰的情感,让他深刻感受到了人们对光明的渴望,更加坚定了医者初心。

"掌握的知识跟技术不是为了让自己独享,是为了服务人的。"

早上6点半起床,8点前到医院,中午吃几口饭后又继续投入工作,时常晚上10点到家后,还要看文献、写报告,差不多凌晨2点才睡,这就是姚玉峰每天的工作和生活。

回国 20 多年，姚玉峰没有休过一次年假。但他还是觉得时间不够用，为此不断压缩吃饭和睡觉的时间。"我们 14 亿人至少有 1000 万的角膜病，我一天才看三四十个，哪怕 24 小时不睡觉也没看多少。"此外，他发现由于专业知识量大、手术操作要

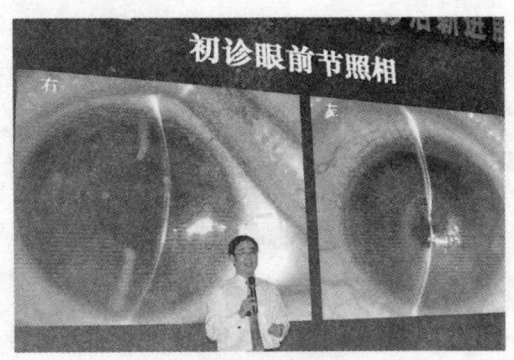

姚玉峰授课

求高，国内角膜病领域面临着人才缺失的困境，角膜病人被误诊、漏诊的现象时有发生，而解决的最好办法就是提升眼科医生这个行业的整体水平。为此，姚玉峰不仅编写了专门的教材，还一次又一次牺牲休息时间站到讲台，把自己的所学所想倾囊相授给年轻的眼科医生们。据统计，从 2009 年起至今，在医学会和医院的支持下，姚玉峰为全国各地医院免费培训了 7000 多名角膜病专业人才，让全国 1.5 万多名角膜病病人受益。

此外，他还无偿献出专利仪器，每年在学习班期间把自己发明的"姚氏法技术"手术器械免费赠送给表现良好的学员们，以便有志学习姚氏法的同

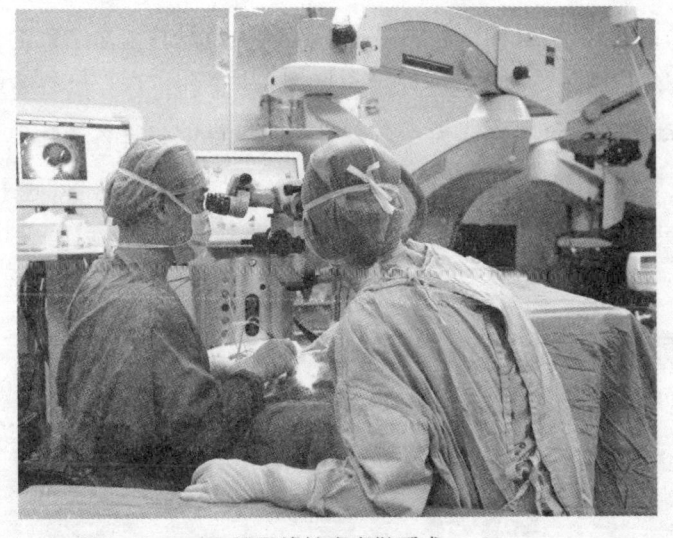

姚玉峰给患者做手术

行在临床工作中应用和推广。

不理解的人说：姚玉峰太傻了！如今市场竞争如此激烈，应该守住自己的"独门秘诀"。可姚玉峰却认为"作为一个医生，掌握的知识跟技术是为了服务人的，不是为了让自己独享，或是让自己获利"。

让他最欣慰的是，越来越多年轻的眼科医生走出学习班，用"姚氏法角膜移植术"照亮祖国各地。过去的20多年里，除广泛授课，亲自培养出19名博士研究生、30多名硕士研究生外，他还积累了15000多角膜病人共20多万张角膜病图像，这几乎是世界上图像数据最完整的角膜病数据库。基于这个大数据，2017年起，他与浙江大学的计算机专家联合攻关，研发人工智能角膜病诊断系统。目前，该系统诊断准确率已达87%。

"全国医生的平均诊断准确率50%不到，每提高1个百分点，意味着10万病人不会被误诊。提高10个百分点，就是100万的病人不会被误诊！"姚玉峰感慨。

目前，由姚玉峰主持的"多重PCR角膜病致病病毒的检查方法"课题正在进行中，未来有望借助这项先进技术，把精准诊断角膜病的方式普及到基层，降低基层老百姓的失明率。"我想至少能做一个合格的医生，有所发明，有所创造，用我个人的潜能在知识的大厦中添砖加瓦。我希望带出一个团队，他们拥有国际的眼光，拥有时代性，能够跟我共同努力。希望我的'台阶'作用，今后能够继续延伸，甚至是发扬光大。当我的生命结束的时候，我会觉得是没有遗憾的。"这是他在回国前为自己定下的目标，如今全都实现了。

回顾从医路，姚玉峰认为一名合格的医生一定要具备"知识、技术、能力、责任、勇气和担当"。在他看来，医学无止境，医生解决的问题永远有局限，这就需要医者怀着一颗虚怀若谷的心，不断学习、不懈追求。

【记者手记】

> 光明使者、医者仁心，许许多多类似的感慨，是无数患者、同行、媒体对姚医生最真诚的赞誉，而他所做的，或许远远不止这些。

采访姚医生的那个下午,他刚做完16台手术,由于器械故障,原定的采访时间推迟了一小时左右。见到记者们,他首先表达了歉意,随后十分耐心地回答了一个个其实已经被问过数次的问题。

最让我感动的是,采访前一天,我们给姚医生发过一份提纲,每天工作已经很辛苦的他十分认真地在文档里回答了这些问题,写到了凌晨1点多。当满满的5页纸递到我手上时,真的感到沉甸甸。

等待采访时,我们在和工作人员聊天中得知,每份报道,姚医生都逐字逐句认真读过,有不恰当的地方立即修改,因为,报道是给大众看的,如果表述错误,就是误导大众,会带来很不好的影响。

一个多小时的采访里,我实实在在感受到姚医生的爱国、细致、谦和、敬业,他不愧是一名勇攀高峰、心向光明的中国好医生。从医35年,他用自己的辛劳与付出点亮医者初心,诠释最美的意义,今后也还会在角膜病领域里发光发热,拯救更多渴望光明的患者。

【专家点评】

人类文明进步的一个重要标志,就是诞生了一个又一个的职业,医生便是其中重要的职业之一。这个职业有很高的准入门槛,他的五个鲜明的特征,注定了医生这个职业是世界上最神圣的职业之一:社会责任重,服务内容广,成才周期长,职业风险高,知识更新快。用一位著名医生的话说,一个好职业如同一次好婚姻一样,不是它能给你带来什么,而是它能不能让你成为更好的人。

唐代医药大师孙思邈在解释其医学著作为何取名《千金方》时说:"人民之重,有贵千金,一方济之,德逾于此,故以为名也。"他认为,人的生命是世界上最重要的东西,比一千两黄金还要珍贵得多。如能用一剂方药来拯救人的生命,所成就的德行要远远超出一千两黄金的价值。这种把人的生命价值放在医学的首位,把维护和保障人的生命和健康作为医学研究最终目标的思想,是孙思邈崇高医德的表现,也是当代医生的楷模。也正是这种精神,支撑并激励着广大医道同仁并肩前行。

医生是一项辛苦的行业，它关系到千千万万家庭的欢乐和幸福，但也是一个与其他职业相比具有明显优势的职业，那就是：反馈及时，医生可以随时得到奖励；终身学习，任何医生都必须一辈子不断地补充知识；受到尊重，被人需要将使你有更多的机会当一个好人。

中共浙江省委党史和文献研究室　朱健

阎宝林：从数控机床走来的指挥家

记者：李轶男

编辑：黎越

【人物名片】

阎宝林（宗衡），1960年出生，1992年到杭州，从事教育事业至今，现为浙江音乐学院教授、国家一级指挥、合唱指挥教学与研究硕导、校学术委员。他是我国著名的指挥家、教育家。中国"八秒"合唱团创始人，国内多个知名合唱团的艺术总监、常任指挥。被誉为"中国合唱新动向指挥"。

阎宝林

阎宝林同志，来信收到。深为你的经历所感动。你对合唱事业的敬业态度和执着精神，我很是敬佩。

我一生对合唱事业的追求，已尽了我最大的努力，我在可能的范围内进行个人奋斗。改革开放后，活动范围有所改善，教好几个学生，同时国际的交往已开始扩大人们的眼界。已逐渐冲破各种教条，开始有所转变。国外留学生渐渐增多，这令

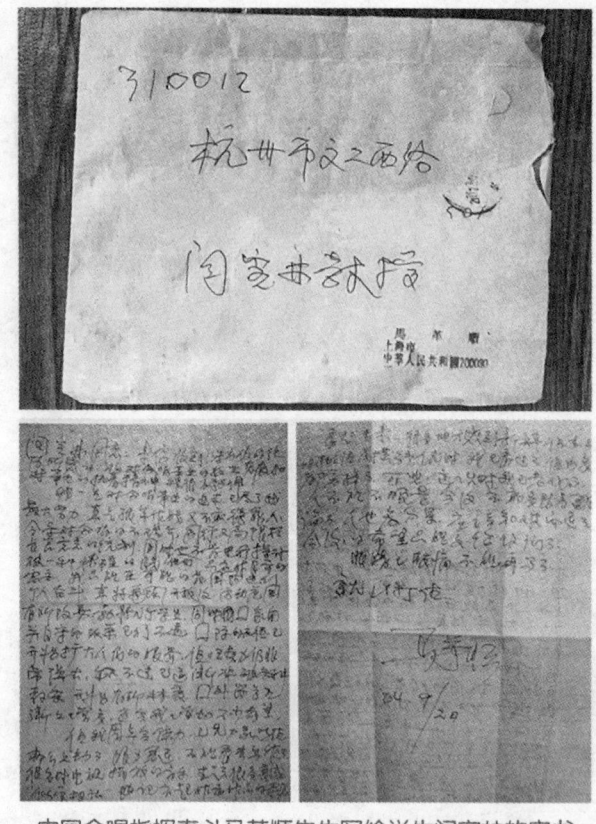

中国合唱指挥泰斗马革顺先生写给学生阎宝林的家书

我增加不少希望。

但我因年龄体力所限，已无力像以往那么上进了。眼力衰退，不能看书写作了。很多时（候）电视播放的音乐，主题很多变成"似曾相识"，记不起作者作品的来源。

看起书来，很多地方感到新鲜，但音乐的批注及横线说明我已看过了，内容却忘掉了，可悲！这说明我已老化了。

人不能不服老，今后不敢多做理论了，人也容易累，应该知难而退了。今后的希望只能交给你们了。眼睛已酸痛，不能再写了。

就此打住。

马革顺

2004.2.9

2019年阎宝林获得全国模范教师称号,受到国家领导人接见

这是中国合唱指挥泰斗、上海音乐学院合唱指挥教授、中国合唱理论的奠基人、维斯敏斯特合唱学院荣誉院士马革顺先生写给学生阎宝林的一封家书,距今已有15年,而当时的马革顺先生已经90岁高龄了。从图片中的纸张上依稀可见似有似无的阴影,那是从背面透过来的另一面字迹。阎宝林告诉记者,先生在生活上的节俭恰恰衬托出他在事业上的高瞻大气。一旦做起合唱来,尤其是教书育人,那可是无限的专注,无私的奉献。这就是马革顺先生的高贵品德。

当然,有其师必有其徒。通过采访发现,马革顺与阎宝林师徒二人都具有同样可贵而精进的艺术追求。

当年,阎宝林从下乡知青考取天津291学院,毕业后成为一名NC数控车床编程及操作员。但从小就喜欢音乐的他从没放弃自己内心对音乐的执着。25岁,阎宝林赶上了最后一批音乐类专业报名,他不顾父亲的反对,毅然辞去令人羡慕的工作,再次参加高考,以优异成绩考入西安音乐学院,成为全校唯一一位主修合唱指挥的学生,先后师从刘大冬、焦望曾老师。1992年,阎宝林以出色的表现,被杭州师范学院音乐系作为人才引进而破格录用。

阎宝林从小就有"一根筋"的毛病,拉二胡,68个人中有67个人转专业,唯独阎宝林坚持学习二胡,而且暗下决心一定要学好。由于父亲不愿男孩子接触文艺的"正统"思维,他在姐姐们的帮助下,用几年的压岁钱悄悄买来二胡,家里不能练,就背着严厉的父亲,每天放学后四处躲藏偷练。有次在常去的幼儿园后院雪地里练琴,陕西的冬天寒风刺骨,阎宝林每根手指头都冻出了血口子。一个划弦下来,手指肚上那种钻心的痛,现在想起来还撕心裂肺的疼。

正是因为当时对艺术的执着与坚守,使得阎宝林成为学校的文艺骨干,京剧、舞蹈、演奏、书画,样样娴熟,年少时的艰辛阅历为他走上更大的艺术舞台打下了坚实的基础。

阎宝林非常固执,只要是自己认准的专业,五头牛都拉不回来。当时的事业在杭城已经非常稳定,但他经常居安思危,必须精进。于是,决定报考音乐学院硕士。中央音院徐新老师建议他考乐队指挥,但阎宝林坚持要考合唱指挥,于是他拜师上海音乐学院的马革顺先生,而马先生只回了句:"不了解你,不带!"吃了个闭门羹。

阎宝林并没有被先生的拒绝吓退,反而坚定了拜师的决心。当时在浙江合唱指挥已大有名气的阎宝林想,索性给浙江歌舞总团合唱团

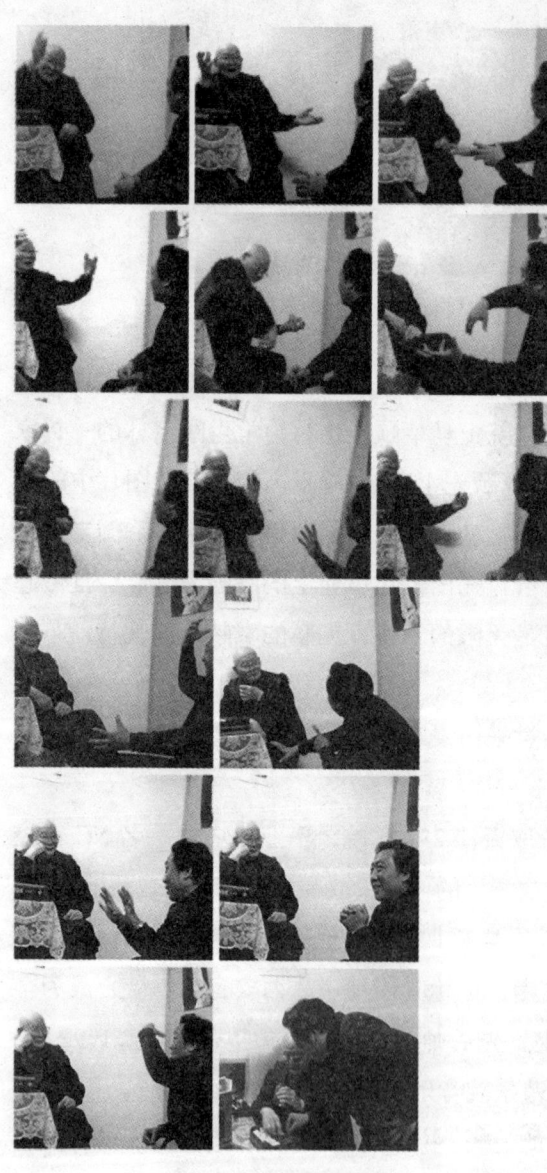

马先生给阎宝林授课

安排一次汇报,再给马革顺先生发一个邀请函,这或许是增进了解、检验成果的好办法。1994年春,阎宝林如愿将马革顺先生请到了杭州。整场汇报,他内心十分忐忑,因为马革顺先生一句话都没讲。即便是当天晚上一起吃夜宵,也未曾探讨专业上的事,而是不停地聊美食、聊风景。就在阎宝林对此绝望之际,马革顺先生突然冒出了一句:"你下礼拜到上海来上课吧!"

马革顺先生给阎宝林上课,简直就是痛并快乐着。痛在马先生给他上一节课,他却有两节课的问题问不完,而且打破砂锅非要论个子丑寅卯。阎宝林的较真经常把80多岁的马先生气得跺脚。有一次,马先生把他拉到书房,边找资料边斥责:"今天我非让你心

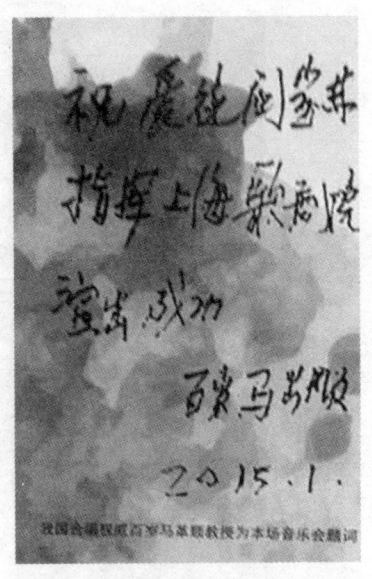

中国合唱权威百岁马革顺为爱徒阎宝林题词

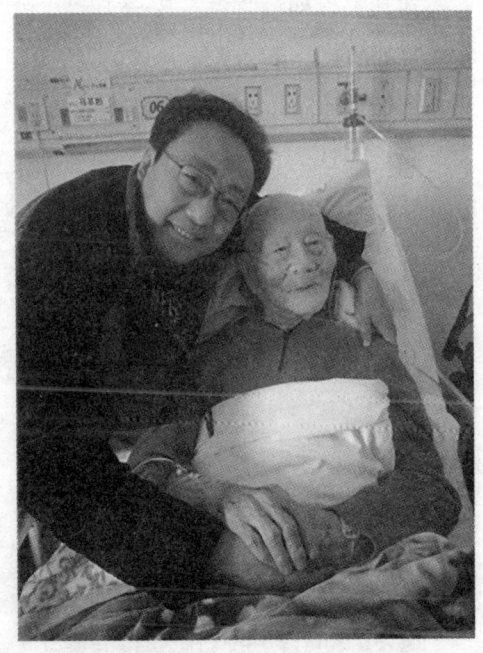

百岁恩师马革顺与爱徒阎宝林

百岁马革顺先生与中国八秒合唱团

服口服!"师徒的争执也给师母留下了极深的印象。多年后,师母见到阎宝林时回忆说:"马先生不止一次说'这个阎宝林,我还没有遇到过这么一根筋的学生,也许他真能成呀'。"埋怨的语调中透出难得的喜欢和赞赏。

在马先生期颐之颂音乐会上"八秒"合唱团是唯一上海之外的邀请团队。在次日的研讨会上马先生最后的发言唯一提到的学生阎宝林,认为这个学生的合唱理念和他比较接近,言语中依然苦中带笑地提及阎宝林提问拖堂的往事。

阎宝林认为,在求索音乐的道路上要不断发现自己的不足,不断充实自己。学生时代的他就是个不折不扣的"疯狂的学霸",只要是自己感兴趣、对专业有帮助的课,不管是哪个系,他都去"蹭课"。

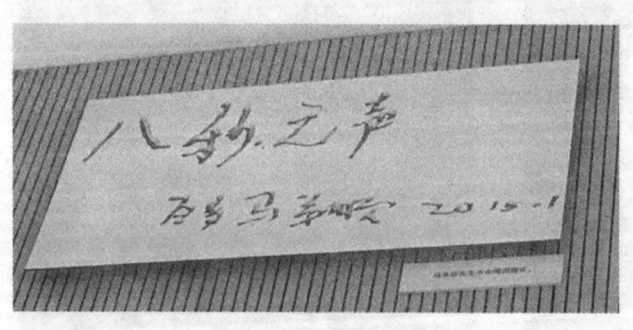

101岁(2015年)的中国合唱指挥泰斗马革顺先生
为爱徒阎宝林创办的八秒合唱团题字

正因为阎宝林几十年来的"疯狂",才换来他在世界艺术领域的独树一帜;正因为他的敬业奉献,才迎来他今天的桃李芬芳、硕果累累。美国2014年ACDA指挥大会"文化使者崇高赞赏"、法国第十届高盖西国际艺术节"出色合唱指挥家"、世界合唱研讨会"杰出贡献"证书等称号,指挥"八秒"等团队获世界合唱比赛冠军、"金钟"大奖等国内外最高奖20余项和优秀指挥单项奖10余次。

说到家书,阎宝林有好多话题。他回忆说:"我人生的前半部分,尤其是我30岁以前,没有BP机、没有家庭电话之前,就是家书伴随我成长的。

"八秒"获2012第七届世界合唱比赛青年混声组世界冠军

当年,我父亲是被国家派送出去的很重要的技术人才,到非洲马里做援外。所以,父亲出去给我们唯一的一个牵线的念想就是家书。家书对我们家来说,那真是一个情感的针线。"

阎宝林的父亲是在穷苦的家庭成长起来的,直到新中国成立后进入扫盲班才有机会学写字、学文化,也为日后给家人写信,提供了相当有意义的保障。每当远在异国他乡的父亲写信回来,阎宝林的姐姐就给全家人念信。信在,父亲就在;信在,这个家就团圆了。

阎宝林上面有三个姐姐,他是家中的第一个男孩,所以取名宝林,意思就是阎家的宝贝要成为树林,不能成为独苗。当时的传统思想在这个名字上就能反映出来,而且远在马里援外的父亲,每次在信中都会特别叮嘱家中的宝贝儿子,要

2016年担任G20峰会《最忆是杭州》大型实景音乐会合唱总指导

好好听母亲的话,等父亲回来。从小他就知道心疼母亲,半夜醒来看到母亲还在灯下缝纫就会给她披件衣裳,上夜班母亲休息时他会赶走窗外吵闹的伙伴。童年记忆中母亲就是"劳作"的代名词,唯一能让母亲停下劳作双手之法就是:"我要写信告我爸,您不要命干活!"体谅母亲的艰辛,甚至把听母亲的话变成了学习的动力,于是,很快他就成了给父亲写信的执笔者。

与援外父亲的书信来往,始终是阎宝林全家的一个念想。那个年代,一封信从非洲的马里往返中国非常漫长,至少也要两个月。况且父亲援外所在地的交通十分落后,火车转汽车,汽车转马车,马车再到父亲手上。这真是一封经历了风霜雨雪、百转千回的家书。这里有个小插曲,那时候的航空信都是红蓝相间边的白信封,菱形的粘贴封口,当时看着特别新奇可贵。当然,最亮眼的还属那枚来自国外、带着邮戳的邮票。阎宝林回忆,当时跟小伙伴们玩摔烟盒、弹玻璃球玩输了,就会被"胜利者"索要一枚,你可知那一枚邮票能换好多个烟盒呢,小伙伴们开心极了。

阎宝林说,现在社会发展了,生活富足了,相比以往的传统书信,我们可以更灵活地使用手机来秒传。现在的一封信,再也不用像小时候等待父亲家书似的,那么漫长,那么久远。但是,不要忘记,那个时代的家书,于爱人,它是依恋;于儿女,它却是另一种形式的言传身教。正因如此,我们更应该珍惜且回味那些来之不易的美好时光。

【记者手记】

采访结束,阎宝林老师带我参观了坐落在浙江音乐学院的八秒合唱团排练厅,这里凝结了他与学生们艰苦训练的每一个瞬间,飘扬着由他指挥出的每一声天籁。阎老师指着几个学生的照片介绍,这个来自云南,那个来自宁波,他们就是我的种子,我把我这套几十年锻造的一点精华全部教给了他们,今后经由我的学生们在各个地方传道授业,开花结果。

得知阎老师的日程已经排到了2020年3月,当时我愣住了。到底是什么让临近退休的阎宝林老师,精力充沛、永远微笑着面对?他说,只要与音乐在一起,就激情澎湃。他还说再忙也会抽空打羽毛球,劳逸结合,身体是革命的本钱。另外,还有一项必须坚持,那就是要多跟学生交流,散散步、聊聊天。因为,聊天的过程中也是在教学。对教育来说,教和育一旦分家,

阎宝林与本文记者、编辑

必然有失偏颇,因为这两者是辩证互为的。

阎老师说:"对我而言,家书,有童年时父亲援外的相思,有老家奶奶要求救济的捎话,有二姐出嫁前我在天津的不舍,更有我与夫人的情书往来,以及与远在英国求学儿子的现代手机短信形式的'家书'……在诸多的家书中,之所以选择了马先生这封,不仅因为'一日师,终身父'的家缘,更重要的是我想用先生当年的嘱托告诫当下的学生们,合唱事业的传承不仅需要我们民族文化的自觉自信,还需要像马先生这样直言不讳、活到老学到老的行动落实!"

阎宝林老师长达八年的《艺术理论宝典(指挥手势与排练技术)》、《合唱集思》专著正在紧张的排版校对中,在此预祝阎老师的新著作能使更多热爱合唱指挥的朋友受益。也祝愿阎老师艺术青春常在,笑口常开!

【专家点评】

阎宝林是一名艺术家,在自己的专业上刻苦钻研,在自己的领域中独领风骚;阎宝林也是一名老师,在教坛耕耘三十余载,留下的足迹写满了勤奋、谦逊,桃李满天下。老一辈艺术家的风骨,在不同的角色中体现得淋漓尽致。

阎宝林作为"从数控机床编程员走来的指挥大师",他的经历就是时代的一个缩影,在大变革时代,个人的命运跟国家的发展紧紧绑在一起,跟随着国家的发展,不断发生着深刻的变化。

另一方面,合唱在我们的生活中并不陌生,它是一种由集体演唱多声部声乐作品的音乐表现方式,因其大众参与性强,音乐表现优美动听,近年来很受欢迎。无论是国内外的音乐比赛还是生活中的大众娱乐,都少不了合唱的身影。它不仅能提升审美能力、艺术修养、协调能力,同时还可以树立集体主义的价值观念。合唱指挥是一个合唱乐队的灵魂力量。合唱指挥不仅是音乐作品的诠释者,也是音乐作品的创作者、指挥者和表演者。

"满足人民过上美好生活的新期待,必须提供丰富的精神食粮。"这启示我们,进入新时代、化解新矛盾、满足新期待,必须在推动高质量发展的基础上进一步繁荣发展社会主义文化。合唱,就是一种非常好的艺术形式,它将提供更加丰富优质的精神文化食粮,更好满足人民日益增长的美好精神文化生活需要。

浙江广播电视集团　项勇

黄江平：援疆干部的"杭州速度"

记者：赵鹏

编辑：农书荣

【人物名片】

黄江平，1974年2月出生。2017年2月参加第九批杭州市对口援疆工作，任杭州市援疆指挥部产业和就业组组长、阿克苏市文化广电体育和旅游局副局长，同时兼任指挥部第三党支部书记、指挥部工会、机关党委委员。

援疆三年，他和50名援疆干部人才面朝大漠，日夜兼程，共实施了77个援疆项目，让阿克苏地区的孩子有学上，百姓有房住、有钱赚，用自己的言行践行着"舍家报国、倾情援疆"的誓言。

从诗画浙江到大漠新疆，除了时差的变化，还有迥异的人情风俗。差异之中，"援疆"如同一条情感纽带，密切两地交流；"援疆"更似一道命令，数以千计的浙江干部踊跃赴疆。作为杭州市首位旅游系统选派的援疆干部，黄江平拿出看家本领，着眼阿克苏丰富的旅游和物产资源，帮助阿克苏引入电

黄江平

商模式,助推当地旅游产业,目前阿克苏电商年销售超过8亿元,旅游收入实现30%以上增长。

援建工作的"杭州速度"

2017年3月28日,黄江平清楚地记得,那天是多浪第一幼儿园项目签署项目责任书和施工合同的日子,从那天起,2017年杭州对口援疆项目全面启动。2017年杭州援疆项目共有24个,其中,阿克苏市多浪街道第一幼儿园是杭州对口援建重点项目,是少数民族聚集的多浪片区的第一所公办幼儿园。设有18个班,可解决540名幼儿入园问题,还配齐了双语师资。

"我们援建的多浪幼儿园,是第八批指挥部为我们安排的项目,全额投入援疆资金2100万元。对于刚进疆不久的我们来说,如何以省会城市的担当,确立杭州援疆在全省援疆工作中的定位,是我们唯一的目标。"倒排工期时间表,建立协调机制;为解决施工用水用电问题,指挥部多次与阿克苏市自来水公司、电力公司等单位协调;基础回填时需要的连砂石得到很远的地方去运,指挥部联系最近的工地"借用",大大缩短了工期……一个个施工过程中遇到的小难题,几乎都是当天解决。在杭州市援疆指挥部杨国正指挥长的带领下,黄江平和全体杭州援疆干部只用了53天,三层大楼封顶,创造了非同凡响的

"杭州速度",一战成名。

"我们项目组组长庄伟庆在督导主体封顶时,被隐藏在木板里的铁钉直接穿透鞋底扎进脚心,但当时就是简单包扎,仍然坚守在工地。"黄江平说,项目施工期间,每个援疆干部都是铆足了劲,撸起袖子、甩开膀子,决心干他个轰轰烈烈,干他个荡气回肠。就这样,项目开工后的第132天,省委书记车俊亲自为幼儿园"交钥匙"。"车书记说,在短短不到5个月时间,能够交付这么漂亮的幼儿园,充分展示了浙江援疆工作的'杭州速度',从中可以看到杭州援疆干部的精神面貌和工作作风。这给了我们特别大的鼓励,也给了我们继续干下去的信心。"对于家门口的免费公办幼儿园,已有三个孩子的阿克苏市民阿娜尔古丽·艾买尔很是感动:"以前,三个孩子每学期私立幼儿园的费用很高,压力很大,现在可以把孩子都送到公办幼儿园,我也能出去打工挣钱了。"

杭州援疆,带给阿克苏百姓的惊喜远不止于此。157天,富阳幼儿园建成,

432名儿童入园；420天，阿克苏市天杭实验学校建成，2700名小、初学生可入学；120天，西湖幼儿园、明德幼儿园建成……

黄江平说："没有一种成果，比群众的灿烂笑脸更丰硕；没有一种使命，比人民的幸福梦想更崇高。回望我们三年援疆工作，援疆重点重心始终坚持民生优先，因为援疆政策的大力支持和每一位援疆干部的不懈努力，这些红利已经成为新疆阿克苏各族群众标配。"

想方设法，授人以渔

新时代要有新思维，新情况要有新办法。随着进疆后考察调研的不断深入，黄江平对于对口支援工作有了一个新的认识。对口支援，不是搞施舍，更不是为了出名挂号，而是要不忘初心为边疆百姓谋幸福，要授人以鱼更要授人以"渔"。"经指挥部党委研究决定，第九批援疆指挥部所有援疆项目，总的原则要做到'四不'要求：不找杭州后方设计、不到杭州后方招标、不用杭州后方施工队、不用杭州后方工人。我们坚持从受援地干部群众内心的真实感受体会做起，我们规定，三年援疆的所有项目一律不在显眼位置刻录'杭州援建'烫金大字。但为了给援疆人所做项目留下一个念想，我们采取在项目的合适位置，放置一个尺寸正好合适的漂亮'杭'字LOGO。"

阿克苏旅游业处于起步阶段，虽然旅游资源禀赋不错，旅游资源与南方差异性很大，但是因为基础设施差，旅长游短，宣传力度不够，品牌意识不强，市场反应平淡。如何助力阿旅游发展？作为杭州市首位旅游系统选派的援疆干部，黄江平拿出看家本领，想方设法实现杭阿两地旅游资源的合作共享。

在阿克苏，没有充足的旅游专业人才，旅游管理人员全部驻村维稳，旅游观念落后，办事效率低。面对种种困难，黄江平没有退缩，用了近半年时间，实地考察、认真调研，帮助阿克苏理清旅游发展思路、明晰旅游发展定位，打造旅游龙头产品、塑造旅游文化品牌形象。在他的推动下，杭州市文化广电旅游局和阿克苏市政府签署《旅游合作战略合作协议》，建议把阿克苏旅游作为杭州旅游推介的一项重要内容；杭州文旅局领导率领数十家大型旅行社来阿踩线，出台多项旅游扶持政策，扶持旅行社引客入阿。黄江平还与各大航空公司和铁道协商，开通了旅游包机1架，旅游专列4趟；邀请杭州旅游专家

赴阿开展专题培训，一系列的组合拳有力助推了阿克苏市旅游产业发展，实现旅游人数年年增长，旅游收入增长达30%以上。

有了黄江平的卖力"吆喝"，来阿克苏旅游的人越来越多。但黄江平觉得，阿克苏丰富的生态和物产资源还有更大的市场，这个市场就是互联网。

黄江平提出将杭州电商优势有效架接阿克苏农产品资源优势，精准定位，助力阿克苏电商产业发展的思路。谋定而后动。黄江平带头推动并成立了阿克苏市电商协会，完成了电商产业园的搬迁和提升运营，打造出"电商＋脱贫攻坚""电商＋十城百店""电商＋创新创业""电商＋教育培训"四大杭州援疆产业发展特色，对阿克苏林特产品经营户、农户等1300余人展开了电商

培训,培育了朱学森、牛牛等电商致富带头人,极大地促进了阿克苏市电商发展生态圈的成长。目前,阿克苏从事电商近万人,商家超1600家,年销售农产品达8亿元,位列全疆首位,阿克苏电商产业园也已成为全疆"网红"。

这期间,黄江平坚持把助推脱贫攻坚贯彻于产业援疆的全过程,推动杭州12家企业及机构与阿克苏市7个贫困村、兵团4个困难连队结对,落实捐助资金110万元;引导电商企业帮扶困难群众,杭阿合作共建"未来农场"果业基地,打造"电商扶贫"新模式;积极推动整建制集体跨省区转移就业,102名阿克苏市民族群众顺利赴杭州富阳日月电器有限公司稳定就业,实现"一人务工全家脱贫"目标,并探索和总结了民族群众集体跨省区转移就业的杭州经验。

万里援疆,没有见上父亲最后一面

当记者问起,三年援疆,你觉得最难的是什么?黄江平说:"我的回答和所有援疆干部一样,三年时间太长,距离杭州太远。"

2017年10月,对黄江平来说是最为黑暗的一月,当时他正在率队陪同阿克苏市领导在宁波参加浙洽会,在招商引资推介会上,他得知父亲病危,因为工作无法脱身,他没能赶回甘肃天水老家。2018年1月10日早,父亲因肝癌医治无效去世,老人临终前始终没有等到他这个援疆儿子的身影。对于家人,黄江平亏欠得太多,妻子在企业负责安全生产,经常加班加点,又要独自照顾6岁的儿子。小孩生病他顾不上,家中装修他也顾不上。因为援疆,他只能将那份护妻和舐犊之情深藏心中,用更多的真情去帮助和守护阿克苏的"亲人"。

2017年,黄江平与依干其乡左热古丽一家结成了对子,从此这户困难的民族家庭就成为他的心头牵挂。他鼓励左热古丽在大队部边上开了一个食品摊子,增加收

入；每逢节庆，黄江平就会给亲戚家送去油、米和各种生活用品，左热古丽家刚出生的小孩也成了他的"儿子"。

和黄江平一样，援疆干部在家里的身份是多重的。在父母眼里是儿子，在妻子眼里是丈夫，在子女眼里是父亲。三年时间太长，他们最大的愧疚是父母需要赡养照顾而没有尽到责任，子女成长缺失父爱母爱的陪伴。距离杭州太远，家里遇有突发情况而不能及时赶到，承受"子欲养而亲不待"的痛苦。

阿克苏市天杭实验学校项目，是第九批援疆指挥部三年来全额投资援建的最大项目。2018年7月，项目正在赶工期，为了保证施工质量，指挥部领导和干部轮流在工地上坚守，凡是有工人干活的地方就有援疆干部在监督，大家连轴转、不休息。

杭州援疆指挥部方重丰副指挥长跑了几天工地，正好又赶上他联系招商引资的后方企业代表团要来一团考察，研究投资相关事宜。他从阿克苏机场一接上代表团一行，便陪同他们一头扎进一团开展洽谈、考察。忙了一天，凌晨接到哥哥的电话："父亲走了，走得很平静。父亲说，你在援疆，忙，不要叫你回来。"自古忠孝难两全。想起手头上为一团招引的项目还没有落地，想起指挥部两个大的项目建设正在攻坚，最后决定还是不回去。他站在一团路口处,面朝东南方向,遥祭天堂里的父亲,愿老人安息。

援疆干部徐真年近七旬的老母亲身患癌症,由于新疆太远,三次手术,徐真因为援疆工作有两次都不能陪伴,内心永存愧疚。

指挥部副指挥长周华说:"当我选择了奉献,妻子女儿必须选择在背后默默支持。"周华女儿在学军中学读书,三年援疆,陪伴屈指可数,送女儿上学更成为奢望。

【记者手记】

上午去果园子给农业合作社员们现场科普技术;中午在电商产业园辅导"蒲公英"电商模式;下午又马不停蹄地赶赴小微企业项目建设工地督查项目进展;晚上则是总结产业援疆推进情况……这就是杭州援疆干部黄江平一天的生活。三年援疆,他和援友们顶着天山明月,不仅收获了个人成长路上精彩纷呈、终身受益的吃苦经历,还收获了阿克苏市的社会稳定和长治久安。

援疆三年来,黄江平先后被浙江省援疆指挥部表彰为"四比四创"团结奖、"产业援疆"先进个人、大调研论文一等奖,2019年被杭州市评为"担当作为好干部"等。虽然媒体关注、组织肯定,但在黄江平心中,自己仍然是一名普通的基层干部。2019年年底,他结束了援疆工作,回到杭州,但阿克苏将成为他心中的第二个家,永远的牵挂。

黄江平在自己的援疆日记上这样写道:"当看到阿克苏电商产业蓬勃发展,优质农产品源源不断销售内地,农民钱袋子越来越鼓,我觉得杭州援疆人创建了'杭州援疆特色',值了!当看到多浪幼儿园有1800名学龄儿童踊跃报名,我觉得杭州援疆人项目建设的'杭州速度',值了!当看到还未交付使用,就有万人游园,争相到天杭实验学校读书,我觉得援疆人打造'十五年美好教育示范线'的'杭州品质',值了!当看到民族亲戚用上干净厕所,日子越过越红火,我觉得杭州援疆人'为党赢得民心',值了!"

【专家点评】

2009年是新疆历史上极不平凡的一年。乌鲁木齐发生了"7·5"打砸抢烧严重暴力犯罪事件。同时，新疆的石油行业也受到国际金融危机和中石油减产计划影响。2009年全区规模以上工业增加值增速同比回落9.4个百分点，石油工业对全区工业增长贡献率"缩水"6.3个百分点，石油开采加工领域的投资减少了48.28亿元，全区来自油气的税收收入则锐减了105.4亿元。2009年8月，中共中央总书记胡锦涛在新疆考察时指出，新疆要一手抓改革发展，一手抓团结稳定。发展与稳定已成为密切相连的两个要素。

党中央决定将以灾区重建模式（2008年四川地震灾区重建模式）扶持新疆，19省市对口支援。2010年3月29日，全国对口支援新疆工作会议在北京召开，会议传递出中央通过推进新一轮对口援疆工作加快新疆跨越式发展的信号。会议确定北京、天津、上海、浙江等19个省市承担对口支援新疆的任务。根据会议精神，19个援疆省区市将建立起人才、技术、管理、资金等全方位对援疆的有效机制，把保障和改善民生置于优先位置，着力帮助各族群众解决就业、教育、住房等基本民生问题，支持新疆特色优势产业发展。

浙江的任务是对口支援阿克苏地区1市8县和新疆生产建设兵团农一师的阿拉尔市。浙江省委书记赵洪祝在浙江新疆对口支援座谈会上指出：援疆是党中央、国务院交给浙江的一项重大政治任务，也是我们应尽的政治责任。

中共浙江省委党史和文献研究室　朱健

钟起沛：援疆路上的追梦人

记者：赵鹏
编辑：农书荣

【人物名片】

钟起沛，浙江省经济和信息化厅政策法规处正处长级督查专员，浙江省援疆指挥部产业组组长，地区工信局副局长。2019年钟起沛获新疆维吾尔自治区总工会"开发建设新疆奖"。

用心浇灌，民族团结之花越开越盛

2017年年初，钟起沛进疆不久，浙江省援疆指挥部组织全体援疆干部到省指挥部结对村——阿克苏市依干其乡尤喀克巴里当村，在"民族团结一家亲"结对认亲活动中，钟起沛和70多岁的老村干部阿布力孜·吐尔迪结对认亲。从翻译那里，钟起沛得知老人的家庭和生活情况。他妻子前不久因病去世，自己单独一人生活，儿子早已分家。

钟起沛与老人聊家常，努力增强他的认同感。在集体认亲活动结束后，钟起沛还来到老人家里，

钟起沛

与民族亲戚阿布力孜·吐尔迪合影

老人用苹果、香梨和花生等土特产品热情地招待他,墙上挂满了毛主席等几代党和国家领导人的照片。

有一次,钟起沛回到浙江召开产业对接推介会,准备返回之时,特意准备了西湖藕粉带给老人,并祝老人家健康长寿。当他把礼品送到老人手中的时候,老人眼眶湿润,然后两人紧紧地抱在一起……"虽然语言交流不畅,但是这些动作,却让我感受到民族团结一家亲的温暖。现在,老人有了入党的意愿,并向党组织重新提交了入党申请书。"

钟起沛的另一家农民族亲戚叫库尔班·尼亚孜依比热依木。一家四口靠库尔班开烧烤店维生,他家有两个女儿,大女儿考入了华南理工大学,小女儿在念高中。"我带上米面油一些慰问品到他家,他妻子温文尔雅,不善言辞,但很热情地端茶倒水招待我,小女儿很腼腆,用流利的普通话帮我们翻译。"在得知小女儿在班上成绩名列前茅时,钟起沛拿出给她买学习用品的钱,孩

与民族亲戚库尔班·尼亚孜依比热依木一家的合影

子激动得流下眼泪，在父母的应允下收下了钱，并表示一定会好好学习报效祖国。

2018年春节期间，钟起沛接到了一个来自广州的电话："电话那头传来：您还记得我们吗？我们是亲戚呢。我听到是一个女孩子的声音，心想在广州我没有亲戚啊，立马回她是不是打错电话了，对方回答：您记得库尔班吗？我是他女儿，我回到阿克苏了，您到过我们家，虽然我们没见面，我父母跟我说过了，感谢您和我家结了民族亲戚，今天是中华民族的传统节日，希望您到我们家来做客。我听着那带着新疆口音的普通话，知道了这是我亲戚库尔班在华南理工大学念书的大女儿。我回答她，我回浙江过春节了，回阿克苏后会去看他们的。"

2018年新疆传统节日古尔邦节前夕，钟起沛带着米面等生活品，来到了库尔班家。临别时，库尔班从房间里搬出早已经打包好的棉被。"我不肯接纳，随同我去走亲戚的同事告诉我，这是最高礼仪，因为做被子的棉花是自己种的，被子也是亲手缝的，我只好恭敬不如从命了。"

与阿布力孜·吐尔迪和库尔班两家的相处，让钟启沛深刻体会到，民族群众的质朴纯真，只要真情沟通、真心往来，团结之花就会越开越盛。一个人的力量是渺小的，就像一颗颗小小的石榴籽非常不起眼，但只要每一个人都在努力，就一定会变成各民族紧紧拥抱在一起的大石榴！

产业援疆，精准脱贫道路越走越宽

伴着车间里缝纫机的"嗒嗒"声，23岁的维吾尔族姑娘阿米那姆·沙吾尔熟练地缝制着衣服。工厂与家相隔20分钟摩托车车程，她在赚钱的同时也能照顾家中患有心脏病的父亲；离服装厂几公里外的电子厂里，27岁的古丽苏姆·麦吾兰正屏气凝神地挑着电线，厂房对面就是她的家，每天中午她都回家吃饭，和父母及两个孩子一起午睡。

像这样的扶贫车间，产业组协调招商引进的企业厂房（车间）有538座。新疆地广人稀，交通不便，产业集聚度较低，农田与家庭限制了当地百姓的就业半径。三年来，已经在全地区112个乡镇（村）建设"百村千厂"工程项目136个，总投资近13亿元，建设解决就业岗位20948个，其中建档立卡户近4000人，初步形成了一人就业、全家脱贫和"小车间"推动"大扶贫"的格局。

新疆阿克苏地区农产品优质，然而物流成本高昂、流通效率低下，农民增收困难。浙江省援疆指挥部创新推出了市场援疆"十城百店"工程，通过构建"疆果东送"的现代物流体系，提升阿克苏特色农产品的市场和经济优势，助力当地百姓脱贫增收。

在钟起沛的组织协调下，省援疆指挥部产业发展与就业促进组还承担了"十城百店"工程和招商促进工作，成为浙江援疆指挥部的亮点和品牌工作。

其中"十城百店"成为浙江经验，新疆维吾尔族自治区政府发文并专门召开经验推广会议，向各援疆省推广"十城百店"工程做法。目前十城百店工程已在浙江各地设立销售终端517个，累计销售阿克苏农产品16.74万吨，销售额达22.86亿元。"十城百店"带动浙江企业到受援地建设基地30个，投资建设农产品精深加工厂10个，生产基地覆盖农民11.4万多人，带动贫困户2.26万人。

他们按照以产业拉动就业、就业促进稳定的工作思路，把招商工作贯穿发展产业始终，发挥浙江优势，立足阿克苏地区实际情况，大力支持发展纺织服装、农产品深加工、商贸物流、文化旅游等产业。联合援疆兄弟省市赴沿海开展组团式招商，加强与各地浙江商会、各行业协会的联系，组织自治区浙江商会来阿克苏地区产业对接，并签订了《服务对口援疆三年合作框架备忘录》，一些浙商还分别与各市指挥部对接走访相关企业和项目，表达了投资的意愿。强化产业招商、专业招商、园区招商，不断发展产业。坚持产业补链、强链、延链相结合，助推园区建设。积极组织受援地企业参加浙江省举办的各类会展或专门为受援地举办项目推介会、经贸洽谈会等活动，组织浙商来疆考察调研，促进企业在受援地投资发展。各受援地抢抓机遇，加大招商引资力度，不断拓展合作空间。三年来累计引进企业292家，落地投资金额264亿元，带动就近就地就业70019人。

浙江创新实施产业援疆"十城百店""百村千厂""万亩亿元"工程，成为第九批援疆工作中最有特色、最具亮点、最有影响力的三大工程。自治区政府办公厅专门发文并召开会议推广浙江"十城百店"的工程经验，浙江成为全国19个对口支援的省（市）中唯一被受援地政府发文推广工作经验的省份。

钟起沛作为产业组工作牵头人和党支部负责人，产业组党支部被省援疆指挥部评为"五星级党支部"，组内干部的优秀代表分表获得浙江省敢担当有作为干部、自治区优秀共产党员、阿克苏地区脱贫攻坚先进个人、指挥部系统产业援疆先进个人等荣誉称号。

钟起沛被三千年胡杨精神感动，在胡杨林中留影

【记者手记】

> 援疆三年里，钟起沛每每来到荒漠戈壁的胡杨林，都会被胡杨林的"三千年精神"深深震撼。千百年来，它们在用身躯阻挡沙暴对绿洲的侵袭，磨砺出"一千年不死、死后千年不倒、倒后一千年不朽"的坚强品格，让钟起沛受益终身。"西域风情和民族文化，让我学会用不同的视角看待社会、思考人生。今后不管在哪里、在什么岗位，都会利用一切机会、场合，当好宣传员、信息员、联络员和战斗员，广泛宣传新疆，宣传阿克苏。助推阿克苏地区与全国一道同步进入小康社会。"

【专家点评】

根据中央统一部署，浙江省从2010年起开始了新一轮对口支援新疆阿克苏地区和新疆生产建设兵团农一师的阿拉尔市。至2017年，浙江已派出九批（自1997年开始）援疆干部，他们把"助推新疆社会稳定和长治久安"作为援疆工作根本目标，开创了真情援疆、精准援疆、实干援疆的新局面。截至2015年8月底（第八批），浙江已累计完成援疆各类项目710个，到位援疆资金72亿元，共选派援疆干部人才1660人次。在全国19个援疆省市中，浙江在援疆人数、到位资金量、实施项目数和建设项目获得的质量奖等方面均名列前茅。

一是民生援疆聚民心。"交支票"项目，已让新疆19万户农牧民搬入新居。实施了一批学校、医院、敬老院"交钥匙"建设工程。浙江"百亿十万"（投资100亿元，就业10万人）纺织援疆工程，已完成投资35亿元。从培训、培育入手，仅阿克苏市就已拥有活跃电商卖家（淘宝网店）超过1600个，电商达7000余人。

二是智力援疆育人才。投资1.7亿元建设2所培训中心，每年派出120名浙江教师，已对阿克苏地区5072名35岁以下中小学教师进行就地集中轮训。2014年启动"人才帮带工程"，200多名浙江教师、医生结对300多名当地教师、医生，建立了24个帮带工作室，新建学科20余个，填补医疗技术空白20余项。赴浙累计培训培养阿克苏当地干部人才2万人次。

三是文化援疆重认同。2014年，浙江省筹资1000余万元，援建新疆10个文化礼堂试点项目，目标是实现乡镇一级文化礼堂全覆盖。开展农村无线数字电视覆盖工程、浙产电视片译制、文化设施设备赠送等文化援疆项目。先后组织浙江10余批作家、艺术家赴阿克苏开展文化交流。

四是严管厚爱强队伍。浙江干部在实践"援疆为什么、在疆干什么、离疆留什么，为国家分忧、为新疆奉献、为浙江争光、为人生添彩"（简称"三问四为"）的援疆誓言中，赢得了当地干部群众的信任与支持。仅阿克苏，2015年有30多个单位和个人荣获浙新两省区"最美援疆干部""民族团结模范"、浙江"最美教师"、浙江省直机关道德模范等荣誉称号。

浙江省社会科学院智库首席专家　杨建华

俞顺年：用灯光秀点亮七彩杭城

记者：党君雅
编辑：潘康康

【人物名片】

俞顺年，杭州钱江新城规划处处长，杭州市高级工程师。曾负责杭州市钱江新城杭州大剧院、国际会议中心、日月同辉等项目，同时还是钱江新城灯光秀的总负责人。2016年，灯光秀在G20峰会上代表杭州形象吸引了世界的目光。

厚厚的《钱江新城灯光秀设计规划方案》在桌面上铺开，翻开内页，曾经的建设历程似乎近在眼前。从2013年年底到现在，俞顺年陪伴着钱江新城灯光秀这个项目成长，从规划到呈现再到升级，每一步都凝结着无数辛勤的付出与汗水，这一点他比任何人都清楚。

俞顺年是杭州萧山人，1985年参加工作后，一直从事城市规划和建设工作。他说，杭州很多的城市项目里都有他的身影，来钱江新城之前做过的最

俞顺年

《钱江新城灯光秀设计规划方案》内页

大项目是杭州城站火车站的广场改造。2001 年，他被调到当时还比较偏僻的钱江新城进行规划建设，在这片土地上他和同事们一起见证了钱江新城的变化与发展。其中，他作为主要负责人规划设计了杭州大剧院、国际会议中心等一批钱江新城的重大项目。

2013 年年底，他被任命负责钱江新城灯光秀项目，该项目在 2016 年的 G20 期间闪亮登场，惊艳世界，目前已成为杭州的一张金名片。

建设全国最大的城市灯光秀　遭遇重重困难

2010 年，杭州钱江新城的庆春路隧道、国际会议中心、市民中心基本上建设成型，进入了交付使用期。钱江新城的城市轮廓逐步清晰饱满，但由于只有一座大型商业综合体，地铁还没有通车、居住人口不多等条件限制，整个新城的活力没有被完全激发。俞顺年回忆道，做这个灯光秀的初衷是为了吸引人流、创造商机。"那么钱江新城建了以后，我们想要一个引爆点。商业的气氛还不够浓，要有什么看点。"

杭州得天独厚的优势就是城市自然景观带丰富，老的市中心有西湖、大运河，钱江新城边上有奔腾不息的钱塘江。从城市的景观带建设上还有大文章可以做，因为当时钱江新城是一个新城，居住人数不多，写字楼、办公楼白天人流大，但一到夜里人去楼空，总是显得冷清，能不能打造一个夜间的项目来吸引人流？这是钱江新城管委会在

俞顺年曾参与的日月同辉项目

2013年年底提出要做钱江新城灯光秀的初衷。

钱江新城沿江的写字楼集中，而且面积非常大，很适合利用楼面做大型灯光投影屏幕，并且与水景呼应，效果一定震撼。想法非常宏观，但落实到细节，负责人俞顺年好几天都睡不好觉。这太难了，当时全国甚至是全世界都还没有做过此类大型的墙体城市灯光秀项目，技术、资金、人力都面临着巨大的挑战。俞顺年开始翻阅资料，各地考察，最后在江西南昌找到了灵感。"南昌已经做了一些尝试了，在赣江边的建筑上做了，简单地做了一些灯光，它也有一些表演的东西、演绎的东西，但是很简单，它启发了我们。"

考察结束，俞顺年带着团队立刻组织了国际招标，和全球各个投标项目组开会探讨需求，一个个方案的对比、优化，招标工作持续了近10个月。最后，选中了的标书方案，从规划的角度呈现出的效果非常令人满意，沿江的50幢写字楼都被规划到方案中，整个幕墙的呈现状态非常令人满意，但还有两个问题让俞顺年有担忧。"要3个多亿。当时这个事情大家意见就不统一。因为觉得这么一个东西，3.5个亿，以后效果怎么样还不知道。"电脑演示的效果和实际的效果毕竟有可能存在差距，钱花出去能不能如期呈现效果，俞顺年也没底，项目只能减缓推行。

一直等到2015年，经过不懈努力，终于，钱江新城灯光秀项目被列为即将在2016年举行的G20的展示项目之一。

克服重重困难 终究完美呈现

被列入G20项目之后，整个灯光秀项目的发展被推上了快车道。当时，每天开会十几个小时是常态，大家反复探讨项目的可行性，从技术到资金再到效果，容不得一点差错。出于经济角度的考虑，最后他们选择了沿江连续的35幢写字楼作为灯光秀的幕墙。当时可以用到的最新技术是4G，但这技术如何落地，让整幢楼这样的墙面不会出现黑屏；幕墙上展现的元素，哪些才能代表杭州、代表浙江、代表中国？一个个新问题又摆在俞顺年面前。

"我们做了三步：一个是城之魂，主要讲杭州的历史的起源，我们讲良渚文化一些历史的东西；还有一个是水之令，杭州地处江南，城市水域资源丰富，且有代表性；还有一个是光之影，数字城市、数字杭州、IT行业、互联

设计中的三大板块

网经济。这三个框架定下以后,把一些杭州的元素、浙江元素、中国的元素放了进去。"

内容和技术都一步步落实。但令人头疼的问题又来了。35幢写字楼外立面的改造从人员安全到技术要求都非常高;另外,每幢写字楼能否对项目支持都需要俞顺年他们一一去协商。只能遇水搭桥、逢山开路。俞顺年每天带领着团队拜访各座写字楼的业主,很多写字楼并不是统一的所有者,又拆分为好多小业主,那就一户户谈、一家家谈!

一开始,大家很惊讶,觉得这个想法太难实现,如果破坏了外立面怎么办?很多业主一开始并不同意。一次不行就谈两次,一次又一次登门拜访。俞顺年说就是要有韧性和毅力,还要带上能做好的决心和底气,向他们保证政府一定会对你的产权负责,一定会给你带来意想不到的效果。为了让写字楼的业主们满意,他们因楼制宜、一楼一规划、一楼一方案,35幢写字楼做了35套方案,对每一幢楼的现状和未来都进行了全面的排查和评估。

"根据他们的要求我们做样板,每个楼做样本,你一个颜色,可能黄的,他的楼是灰的。不同的颜色,我要给他做上去,东西给他。每幢楼的外立面颜色不能破坏,我们安装上去的东西白天看上去要和它原本的颜色保持一致。晚上的效果也要做到尽善尽美,不能有瑕疵。这方面我们做了很多工作。"

俞顺年（中间）在施工现场

这样持续做了三个月的工作，35幢写字楼的业主终于在项目同意建设书上签字了。前期准备工作收尾了，接下来进入施工阶段，而安全问题又尤其重要。

"杭州你知道有西北风的，工人爬上去施工，安全风险很大。万一东西掉下，下面行人也很不安全。这个方面确实压力很大。"俞顺年说他们想了很多办法，安全绳加固、安全栏加大，一次让两个人上去施工，可以靠人自身体重的增加增大对江边风力的抵抗力，同时做好下放的防护工作。每两个小时换一批工人，绝对杜绝疲劳驾驶，专人来负责安全事务。通过精细化的管理和对产品的品质严格把控，不仅保障了施工人员的安全，而且整个外立面的施工也进展顺利。

最后一道关卡就是技术的安全问题了。35幢楼、70万根LED灯、4G无线联动，保证屏幕的播出安全是完美效果呈现的关键。俞顺年说，他们一遍遍演练、一遍遍寻找漏洞，直至整个屏幕没有任何一个黑点存在。4G的网络安全也是项目的重要结点之一，他们请来国内顶级的互联网安全专家和网络安全专家一起反复研讨，最后建立起了最高级别的精密防护墙。

历尽千辛万苦，2016年8月30日晚，钱江新城灯光秀终于成功在G20

峰会亮相,各国领导人们坐在钱塘江里的船上看着眼前这巨大的城市幕墙上展现着西湖、良渚、千岛湖、电商……现场响起了不绝于耳的掌声,霎时间惊艳了全世界。俞顺年说,那个时刻,他感慨万千,团队里的同事们长达两年多的努力终于在这一刻绽放了。

G20当晚钱江新城灯光秀亮相世界

钱江新城灯光秀成为杭州的金名片

俞顺年知道,G20峰会的成功只是一个起点,之后的管理、维护和发展才是他更大的工作重点。

2016年6月25日,钱江新城灯光秀第一次尝试双休日夜里固定三个时间点面向市民开放游览。当天晚上,可谓是万人空巷,整个杭州城近20万人来到了城市阳台一饱眼福,大为赞叹。

"当时我感触很深,我觉得所有的努力都值得了,因为得到全社会这么多人的认可。我觉得很有成就感、很有意义、很感动。那个场面我真没有想到,那么多人。"俞顺年回忆起当时的情景仿佛历历在目。

国庆主题、杭州申办亚运会、良渚申遗、新中国成立70周年……如今,钱江新城灯光秀会根据不同的节点,更换播出内容。钱江新城灯光秀不仅成为到杭州旅游不得不看的项目之一,更成为一张闪亮的金名片。

"在城市副阳台,比如说我逐步加一些参与性体验式的、沉浸式的灯光秀,比如通过3D投影,让游人可以参与灯光秀的演艺、互动,拥有沉浸式的体验。我们还会做一些像海洋世界的投影、声音,让灯光秀有更多立体化的呈现。"

俞顺年知道,成为杭州的一张金名片不容易,更不容易的是要守住它,并让它愈加璀璨夺目。未来,他要做的事情还有很多,钱江新城灯光秀的美好还会继续。

【记者手记】

　　钱江新城的变化是杭州快速变化的缩影。记得很多年前，这里还偏安一隅，和如今的繁华景象不可同日而语。

　　一座座高楼大厦拔地而起、日月同辉相交映，再加上灯光秀的精彩呈现，钱江新城在高速发展着，这其中离不开如同俞顺年一样扎根在此勤勤恳恳奉献的工作者的辛苦付出。

　　你可能看过钱江新城的灯光秀，被眼前的变幻所震撼，但你一定不知道这巨大城市高楼幕墙灯光秀背后的点点滴滴，它的建成凝结了多少人的勤劳和智慧。当了解这一切再去钱江新城看灯光秀的时候，除了震撼，内心油然升起的还有钦佩和感叹。

　　一座城市的发展离不开千千万万的建设者，正是一个个和俞顺年一样的人不断奋斗、创新，才有了杭州这座城市的精彩！

【专家点评】

　　中华人民共和国成立70年来，我国社会生产力水平明显提高，人民生活显著改善。在人们的物质性需要不断得到满足的同时，开始更多追求社会性需要和心理性需要，比如更舒适的居住条件、更优美的环境、更丰富的精神文化生活等。这既是我国社会生产力水平显著提高的必然结果，又对我国未来经济社会发展提出了更高要求。

　　灯光秀则是近年来城市灯光照明领域的聚焦点，不仅成为城市大型地标建筑媒体立面表达形式，它也成为影响城市夜景观的重要因素，是人民日益增长的精神文化需求的一部分。对城市文化来说，灯光秀是超越城市照明的一种城市空间的光艺术诠释和演绎，它不仅完美展现了一个城市的文化内涵，塑造了城市的美好形象，同时赋予了城市新的活力。因此，灯光秀，并非单纯的炫目，而是对城市形象和个性的再创造，赋予城市新的活力。灯光秀是艺术与技术的结合，也是人与城的相遇。

　　因此，就这个意义上来说，杭州城市阳台的灯光秀，既是发展到一定阶段的产物，同时也在给城市赋能，使得杭州在世界面前又多了可以展示的一面。这也对城市的运作者提出了更高的需求，我们要在继续推动发展的基础上，着力更好满足人民日益增长的美好生活需要，更好推动人的全面发展、社会全面进步。

浙江广播电视集团　项勇

王厚鑫：生死排爆手

记者：刘浩、刘琳婕
编辑：农书荣

【人物名片】

王厚鑫，男，1963年6月出生，1979年高中毕业，1981年10月入伍，2002年10月退役，后成为金华市公安局特警支队三大队排爆民警。工作中，他忠诚智勇，舍生忘死，共处置涉爆现场62次，排除炸弹千余枚，曾获"全国模范退役军人""全国模范军队转业干部""二级英雄模范""最美浙江人""金华市道德模范"等荣誉称号，荣立个人二等功1次、三等功3次。

亲爱的丽：

你好！回去还好吗？家里没蚊帐，现在有不少蚊子咬坏了你和我的宝宝了吗？在家住了几天。妈妈来了没有？你回家前一天的信收到了。上面提出这些问题，也许明天或后天就能得到答复。我知道，你要回到水橙后的第一封信就会把家里的情况告诉我的。我们常常会这样，不等对方提出某个问题，自己就好像知道对方会提

王厚鑫

这个问题而提前回答了。因为我们的心是相通的。

丽，我很想你，渴望能和你团聚在一起，你能轻松、舒服一点，我会带宝宝玩，还会做一些其他的事。如果是在金华团聚，

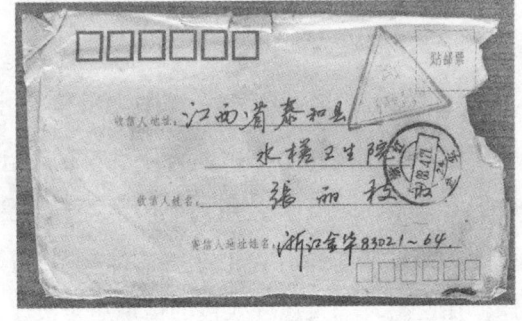

我就能弄好多好吃的给你们吃，你吃胖宝宝也吃胖，那是多么让人惬意的事啊！可你现在为了工作暂时不能来。

天气越来越热了，不过现在晚上还是得盖被子的。我现在正在组织连队打冲锋枪，自己又在打手枪。马上又要组织连队投真手榴弹，这都是危险性极大的工作，特别是手榴弹。

今年我们副营长的命差点丢了。有三位战士投弹紧张而把手榴弹投在了自己的脚下。副营长捡起来赶紧甩出去，前两枚还甩出20多米爆炸，第三枚就太危险了，因为副营长去捡，但是与投弹的战士撞了一下而耽误了时间，捡起弹后刚出手就炸了。若是再晚半秒钟就肯定没命了。我有点担心去投弹，前两天新兵下了连，新兵都比较胆小迷糊，易出错。前两天的军报还登了一位营长，为救战士光荣献身的事，可不要我的名字也上报。好了，不说这样不吉利的

话，我是不会出问题的。丽，我问了一下军医医生说，治坐骨神经痛当前还没什么好药，以前那种红茴香注射液这种药，妈妈也认为效果并不好。而且现在要搞到红茴香还不那么容易。庙下的妈妈在水槎的话，请代我向妈妈问好。希望你们和睦相处。不要有半点不愉快的事。

吻你！
1990.5.29

这是1990年5月29日，王厚鑫在金华服役部队里写给当时刚刚探亲结束回到江西泰和老家的妻子的一封信。

"当时也没电话，主要靠写信，经常是上一封还没到家，下一封又寄出去了。"王厚鑫说，多年来，自己写给妻子的信她都小心收藏保留完好，但有一年妻子跟着自己随军，也离开了老家，担心家里木质家具长久不用会坏掉，就把家具搬到朋友家："搬到他们家就不会发霉不会烂，没想到放到他们家去，可能小孩抽屉一拉开，把那些信都拿来玩掉了。很难得留下来的这些信，全保存在这里，一大包一大包的信最后全没了，就剩下这一封。"

今年57岁的王厚鑫，是金华市公安局特警支队的一线民警。一头白发，从身形和年龄上看，很难和特警联想在一起。对于普通人而言，排爆是电影中的事情，遥远而不真实。但对于王厚鑫而言，这几乎是他每天都要经历的。17年排爆生涯、62次真枪实弹排爆、成功处置1000多枚爆炸物，他用生命守护公众的平安。

这么多年来在家人面前做着周全的保密工作。母亲已经90多岁高龄，作为家中的小儿子，他从不会主动告诉母亲自己工作的危险性。妻子和女儿也是，以前只知道丈夫和父亲做的是爆破工作。排爆和爆破，一个不让炸药爆炸，一个让炸药爆炸，她们是不清楚的。每每被问起，王厚鑫都轻描淡写，一句"没事"带过。

训练日上午9点，金华市公安局特警支队的训练基地里，王厚鑫都要指导徒弟们进行排爆训练。最难熬的是夏天，水泥路面被烈日晒得发烫，王厚鑫身穿35公斤重的排爆服匍匐前进，身前是一枚被胶带包裹的捆绑式"炸弹"。他右手拿钳，左手拿线，戴着头盔，只听得到沉闷的呼吸声和"滴滴滴"秒表倒计时的声音，在数字归零的前一刻，成功化解"险情"。脱下排爆服的那一刻，藏蓝色的警服上已经结出了一层厚厚的盐霜。面对生死考验，王厚鑫从不退缩，他经常说："炸弹就摆在面前，只能赢不能输。"

王厚鑫老家在江西泰和县禾市乡，用王厚鑫的话来说是"正宗的井冈山下"，1979年高考之后，他放弃复读，回到村里当起了代课老师。两年后的冬天，村支书找到王厚鑫："王老师，现在部队在征兵，您是老师，应该带头积极报名参军。"王厚鑫说："好！"于是王厚鑫参军入伍。

到了部队，因为当爆破工兵表现优异，部队领导给他两个选择：学驾驶、考军校。指导员找他谈："我们连队很多年没有出秀才了，你是高中生，应该报考军校，考上军校为连争光。"王厚鑫说："好！"1983年王厚鑫考入长沙工程兵学校，学习了两年。1985年7月份毕业后，分到金华。王厚鑫："当时在苏州火车站站台上就开始分兵了。分兵的时候有一个军务参谋到站台上来，抽取一些档案，然后我的档案被他抓出来以后，交给了工兵营的接兵干部，然后我就成为一名工兵。从排长到连长，再到营长、工兵科长，我都是一直在工兵。"

工兵全称工程兵，是担负军事工程保障任务的兵种。工程兵具有快速遂行多种工程作业和遂行一定战斗任务的能力，实施工程侦察、修筑道路、架设桥梁、开设渡场、排除障碍物、开辟通路、保障部队顺利开进、快速展开等，是军队实施工程保障的技术骨干力量。王厚鑫："我当兵21年没有离开过工兵，读的军校也是工程兵学校，然后毕业以后分到这个部队，我们金华这个部队也是在工兵营。既然是工兵，就要和爆炸物打交道，不光是地雷爆破，还会用到炸药雷管等。"

第一次接触爆炸王厚鑫已经记不清了，但排爆手中有个不成文的规定，让他现在都记忆犹新："动手（拆弹）之前拍个照片拍，假如说这次任务完成，那就是一个纪念，假如说这一次发生意外，死了，就是遗像。""每次去执行任务的时候，其实都是在生和死的边缘游走，拍照一方面是纪念，另外对现场的拍摄也是一种非常重要的研究资料。"王厚鑫说。

王厚鑫在排爆中

2002年，王厚鑫从部队正营职转业，成为金华市看守所一名民警。王厚鑫："当时，金华市公安局没有排爆队伍，正在组建排爆队。因为金华要是有这种爆炸物，现场需要处置，一般都是依托部队，依托预备役工兵团。金华市公安局当时发现了我在部队有21年的工兵经历，就让我来承担安检排爆的工作，我就答应了。"

17年来，王厚鑫何尝没有意识到工作的危险性，但对于王厚鑫来说，这是工作，也是任务。对排爆手来说，日常状态就是"一脚踏在人间，一脚踩在地狱"。对王厚鑫来说，最难忘的是2008年2月9日那次搏命般的5分钟。

那一次，摆在他面前的是一个黄色胶带包裹的爆炸可疑物，上面绑着一个"嘀嗒嘀嗒"走着的石英钟，引爆时间不知道。他小心翼翼地将可疑物装入防爆罐，准备运到城外空地"肢解"。"当时呢，我是考虑了三种可能：一个是定时炸弹，第二种是遥控炸弹，第三个是松发炸弹，我们当时没有装备，我就转移到城外，犯罪分子不能跟着我去城外观察我排爆，这样以防对方遥控引爆炸弹。"

王厚鑫说，预防犯罪分子遥控外，还要预防是松发炸弹："当时找了一块砖头，上面绑了一根绳子，在我（用剪刀剪断黄色胶带）分离石英钟和下面炸药部分之后，如果当时没有这块砖轻轻地压住，它立即就会松开，可能会爆炸，所以这次排爆就是一把剪刀、一块砖头、一根绳子。"

王厚鑫用工具剪断石英钟和爆炸物间的黄色胶带，迅速后退拉动绳子——砖块落地，石英钟分离出来，整个排爆过程仅用时5分钟，但却是他人生中最漫长的5分钟。

每一次排爆，哪怕1秒钟、1厘米的失误，等待排爆手的，也许就是永远的黑暗。2012年6月29日，王厚鑫突然接到任务，前往执行。案发现场，他看到一辆轿车里，一名犯罪嫌疑人枕在汽油桶上，手里紧握打火机，车的后排有个煤气钢瓶。

根据现场的情况分析，犯罪分子可能是想先自杀，再利用最后一点力气点燃汽油引爆煤气钢瓶。"但我们调查过这个犯罪分子，他会做炸弹，我们一般就不会被'自杀、点火、引燃汽油、引爆煤气瓶'这样的表象限制。他会不会存在第二套、第三套起爆方案？"王厚鑫分析着、思考着：车里到底还有多少爆炸物，爆炸物能量有多大？一切都是未知数。

王厚鑫调整好呼吸慢慢移向"汽车炸弹"："一开始只能看见一个钢瓶，我把钢瓶拿下来之后，发现里面还有一个，拿掉这两个，下面还有两个，再拿掉看到下面还有！当时我一下就紧张了。"当时王厚鑫感觉到下面这两个钢瓶不能动，一动可能会爆炸，所以他不得不停下来，退到外围安全区域，跟战

王厚鑫在排爆中

友们交流、分析之后，王厚鑫的心情逐渐平复，再次重返现场，继续拆弹。这一次与死神的较量，整整花了125分钟，移出6只钢瓶、4桶汽油，紧张的情绪让他累到几近虚脱。

这次是箭在弦上不得不发，但2017年12月6日的那次拆弹经历，他本可以选择放弃。当时，磐安警方在办案的过程当中，收缴了一批炸弹，总共有十几个。当时需要把炸弹拆掉之后拿去鉴定。王厚鑫："鉴定结果出来，结论如果显示：这是一个炸弹，炸药成分怎么样？结论只要认定这是一个爆炸物，那么犯罪嫌疑人就可以逮捕。如果说你拆不了，没法鉴定，只能销毁，没有鉴定报告相当于没有证据，检察机关就没法批捕。当时时间很紧，再不拆、再不去鉴定，拿不到这份报告，嫌疑人可能就要被放。"

王厚鑫："12月6日，他们通过指挥中心把任务交给了我，到磐安现场看了以后，对炸弹的内部结构进行了判断，内部结构我觉得不怎么复杂，当时我就跟他说：行，我帮你拆掉。"但是磐安的拆弹条件不太好，就运送到金华。王厚鑫已经做好准备，但拆弹前，突然接到一个同事打来的电话："他说老王，你是不是要拆磐安的炸弹？我说是。他说你不能拆，炸弹在贵州贵阳，还有浙江宁波，同样的炸弹拆的时候出现了意外，伤亡很严重。"

电话这头的王厚鑫犹豫了，没有按原计划拆弹，但他思考的是："究竟是什么原因导致爆炸的，我就想我拆的时候会不会犯同样的错误。"所以王厚鑫当天放弃拆弹，他想了很久，想怎么拆可以避免爆炸，如果真的出现意外，90多岁的妈妈白发人送黑发人，她受得了？王厚鑫："我其实是很有信心拆的，因为内部结构我也已经掌握了。通过我们的便携式X光机，我已经知道从哪里下手。但他电话一打，我就想多了，我甚至想到用车床，把它固定在车床上，然后用车床把它的塑料外壳慢慢磨掉，再把里面的炸药拿出来，把引爆系统和炸弹分离就搞定了。"但是，思考了很久之后这个方案也被自己否定了。

第二天晚上，王厚鑫继续分析、思考，越想越乱："也想过放弃，不拆了！算了！人家拆都炸了，我万一拆散了不就完蛋了，那天晚上也想到过失败的后果，我妈妈是最承受不了这个打击。后来想想，这个任务交给我了，如果完不成搞不定，搞不下去，就犯罪嫌疑人就要放掉，法律的尊严在哪里？"

12月8日下午，王厚鑫叫了副教导员和中队长："我说你们离我一定的距离,我在那里拆,你们一定要跟我说话,但是不能靠近。""有的人可能会觉得分散注意力,但我觉得身边有人就行。其实他们说什么,我不一定会认真地听,其实就是给我一个力量支撑,给我壮壮胆。"平时,王厚鑫执行任务时都要同事帮忙穿上厚厚的防爆服,但这一次王厚鑫就穿着便装,直接上阵。

"因为它的药量很大,我必须要近距离去操作,为什么不穿防爆服,没有用,穿了也抗不住,它抗爆能力是有限的,它的炸药量和这个距离一去衡量,穿和不穿的后果都是一样,都是死。所以我就干脆不穿,活动还比较自如,一穿起来还笨重。"王厚鑫笑着说。最终王厚鑫成功拆掉炸弹,犯罪嫌疑人被绳之以法。

类似惊险又纠结的情形很多,2019年3月12日,金华一个村庄的菜地里发现一枚未爆的穿甲弹,炸弹周边有五六幢居民楼,距离最近一幢居民房屋仅3米。先赶到的爆破专家建议"疏散群众,就地引爆",但王厚鑫坚持挖掘转移后销毁,保障村民的生命财产安全。王厚鑫徒手将弹体周围的泥土一点点分离,小心翼翼地将其放进运输车。200米警戒圈外,村民和排爆队员远远目送一位头发花白的老民警,孤身驾驶皮卡车慢慢开向"无人区"。

金华市公安局特警支队三大队二中队中队长付裕:"观察之后,紧接着他说你们往后退,我先把这个(炸弹)转移,挪出来,然后他自己一个人上去了。"晚上6点多,一阵巨响过后,山村恢复了平静,见到王厚鑫平安归来,很多人当场红了眼。金华市公安局特警支队副支队长叶骏说:"他面对炸弹,面对生死抉择的时候,都是义无反顾就上去,可以说为了人民的利益,他

2019年10月1日,王厚鑫在天安门广场参加国庆阅兵观礼

可以不顾生死,因为在很多案件里面,都能够体现出来。"

38年来,王厚鑫一直在与爆炸物打交道,从一把剪刀开始,率领团队排爆62次,汽车炸弹、定时炸弹、遥控炸弹,还有战争遗留炸弹。只要是与排爆有关的资料、案例,他都会收集保存。这些年,他整理的学习笔记和排爆记录有13万字。王厚鑫说:"人家都说我是'拆弹专家',但拆弹没有专家,犯罪分子苦心布局要对付你很容易。作为一个排爆手,要不断去学习,让自身能力更强一点,自己比别人多懂一点,生命保障就更多一分。"

【记者手记】

采访当天早上9点,在金华市公安局特警支队见到了王厚鑫,他非常的热情,给我介绍自己的办公室,除了靠窗的橱子里的各种证书奖章荣誉、手榴弹模型,王厚鑫平时还特别喜欢养鱼,还问临走时候要送我们几条。很难想象在突发现场排爆拆弹的硬汉也是个极有生活情趣的人,但这种生活情趣更容易让王厚鑫静下来,也是工作需要,因为排爆拆弹现场最忌的就是急躁。

采访过程中,王厚鑫说话很慢,也很严谨,生怕自己不准确的表述让我们产生误解。因为,在后期修改文章的时候,有很多的错误和不准确的地方,也是他一字一句地给我们指出,并且做出了修改。这次采访的主题是"一封家书·家国档案70年",信件是重要的载体,王厚鑫之前跟妻子的海量信件现在也仅存一封,采访当天记者就发现王厚鑫写得一手漂亮的钢笔字,但等回头再仔细看这封信时,打开图片放大之后才发现,这哪是一封普通的信?这分明就是一部优秀的行楷书法作品!能用普通的钢笔,写出如此流畅、清秀的字,确实令人惊讶,有几分王羲之《兰亭集序》的意蕴,他谦虚说:毛笔字不常写,但是钢笔字会经常练,手头没有纸和笔的时候自己经常在桌子上比画。说完又给记者发来最近学习时的笔记,问:我有没有进步。

进步是王厚鑫不断突破自我、挑战自我的目标,正是因为不断学习进步，王厚鑫才显得异常优秀。2019年10月1日，王厚鑫在天安门广场观看了国庆阅兵、群众游行，浙江全省仅有三位民警受邀参加国庆观礼活动，而被编在公安英模观礼方阵中的王厚鑫就是其中之一。

【专家点评】

楷模——之所以成为人们学习的典范，就是因为他们能在平凡的岗位上，干出不平凡的业绩。曾有记者问拆弹专家：当排雷工兵和拆弹专家，哪一个更危险？专家说，工兵面对的多是"制式炸弹"，有一定的规律可循，而现在防排爆组面对的则是复杂的环境和"非制式"炸弹，特别是面对历史遗留的废旧炸弹以及各种类型的爆炸物品，应该说充满了不可预知性，也更加危险。王厚鑫对于身上背负的责任深有体会："排爆是一副重担，危险常伴左右，生死天涯咫尺，但是，总要有人把它挑在肩上。"

阅读他们的故事，从中感受到生命的韧劲与执着；走进他们的内心世界，心灵会得到无数次震撼与洗礼。一个民族不能没有英雄，否则这个民族就不会强大。当遇国家危难之时，懦弱者选择了逃避、妥协甚至投降，英雄们却挺身而出，用热血捍卫民族的尊严人民的幸福。在创立和建设新中国的伟大历程中，涌现出无数可歌可泣的英雄模范人物。他们之中，有为民族独立和人民解放而英勇牺牲的革命先烈，有在各条战线为了党和人民的事业不懈奋斗的普通一员，他们是民族的脊梁、祖国的骄傲，是激励全体人民团结奋斗的精神力量。

中共浙江省委党史和文献研究室　朱健

王莺:给学生一瓢水,自己要有一桶水

记者:党君雅
编辑:潘康康

【人物名片】

1970年出生于杭州,西南大学教育硕士学位。浙江省语文特级教师,曾担任杭州市天长小学语文教师、杭州市小营小学校长,杭州市上城区教育学院教师发展研究中心主任等。现任杭州市上城区教育局副局长、杭州市上城区教育学院院长。

父亲写给王莺的信(节选):

你读了师范,从现在起,就要立志做一名光荣的合格的人民教师,作为自己毕生的理想。教师的职业是非常崇高的,人们经常称他为人类灵魂的工程师,也因为如此,所以对教师本身的要求也很高。因为教师在道德品格上要为人师表,在学识上我们常说的,如果要给学生一瓢水,自

王莺

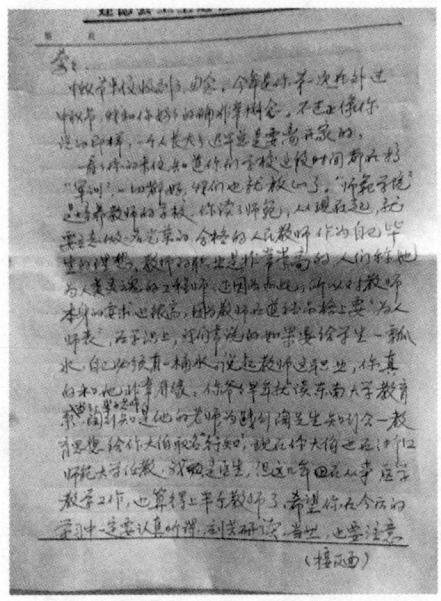
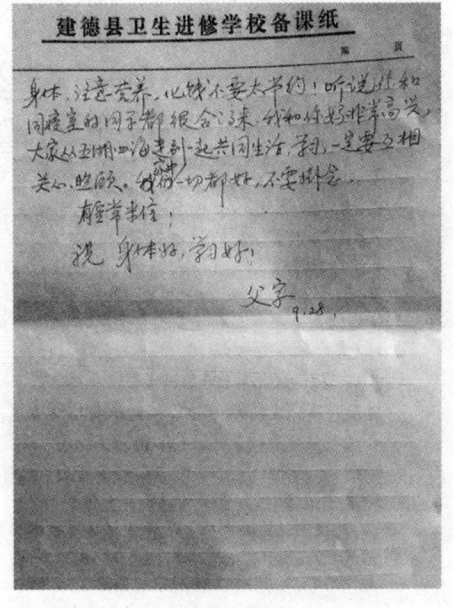

己需要有一桶水。说起教师这职业,你真的非常有缘。你爷爷早年就读东南大学教育系,当了一辈子的老师。陶行知是他的老师,为践行陶先生知行合一的教育思想,给你大伯的名字取名为行知。现在你大伯也在浙江师范大学任教。我是医生,但这几年在从事医学教学工作,也算得上半个老师了。希望你在今后的学习中一定要认真听课,刻苦研读,当然也要注意自己的身体。

父字

1990.1.28

这是 1990 年,王莺从杭州师范大学毕业参加工作后,父亲写给她的一封家书的节选。王莺说,自己与教育结缘或许从爷爷那一辈就开始了。那个时候中文系毕业的大专生都被分配到中学任教的,王莺在中学实习期间却有自己的想法,她觉得越小的孩子心灵越是容易塑造,她希望做那个可以陪伴孩子一起成长的老师。当时,正好杭州市天长小学科研室在招聘教师,她报名参加,成为一名小学语文老师。

擦干眼泪笑着做个孩子王

毕业时刚20岁出头的王莺,成为天长小学五年级的语文老师。那时候的王莺留着娃娃头,自己还像个孩子。课堂上,孩子都等着看她出洋相。让王莺没想到的是,这个"洋相"来得这么快。第一天上课,孩子们闹闹哄哄,并不怕这个新老师,有些男生还用挑衅的眼神看着她。王莺一时间有点紧张,没有任何教学经验的她,为缓和自己紧张的心情,先给同学发资料。没想到,资料还没发完,就有男生故意拉长了声调起哄:"这是什么练习册啊?"接着全班由窃窃私语变成了哄堂大笑。王莺故作镇定,仔细一看,自己竟然把单元考试练习册发了下去。看着乱哄哄的教室、起哄的学生,王莺再也忍不住了,在第一堂课开始后的第15分钟,她跑回办公室,大哭了一场。

"我认为自己在读书期间还是一个比较优秀的学生,我哪受得了这样的语言和眼神。"王莺没有想过自己的职业生涯是这样的开场。但擦干眼泪,她知道自己必须找到方法。于是,她不停翻阅资料,不断向身边的前辈请教,如何才能走近学生。多年以后,王莺听到一位来自新疆的年轻教师说的一句话:"走进一个人的心最有效的手段是什么?就是打开你自己的心扉。"她突然发现原来年轻时候的自己就是这么做的。

刚参加工作时的王莺(第一排左数第三个)

王莺喜欢写日记，所思所感，字里行间镌刻下的是每一日的岁月。她想到了一个办法，当她第二节课走进教室时她对孩子们说，"我说一周内语文学习进步最快的孩子，你有一个特权，你可以随意地翻看我的日记。"

这招真的很灵，孩子们全部端端正正坐在了课堂上。之后的每个周五，总会有一群嬉闹着的孩子把其中一个孩子推进王莺的办公室，翻开她的日记本。当这个孩子从办公室出去，孩子们赶紧围拢来，打听着老师究竟写了什么。

"我也用了一点小小的伎俩，就把我前一天如何精心备课，希望孩子们能给我一张张灿烂的笑脸，可是我看到的却是一张张冷漠的脸，那种无奈、那种苦恼，我都流淌在日记当中。"于是，每周看日记的孩子成了王莺的小喇叭，向其他同学传递着这个年轻老师的喜、怒、哀、乐，她的无奈和脆弱。很快，王莺发现课堂纪律越来越好，每当有人想调皮时，总有旁边的同学用胳膊肘捅捅他，"王老师昨晚刚哭过""王老师也挺不容易的""王老师备课很辛苦的"。慢慢地，孩子们走近和理解了她，支持和爱护着她。

"我们说适当的示弱也是一种艺术，就是你一弱学生就强，他就想来关心你、帮助你。学生用日记和我做交流，他们觉得一个老师在他们面前都可以这么坦白，他们又有什么话不能和老师说呢？"

就这样，王莺和孩子们打成了一片。在整顿好课堂纪律后，她把如何提高孩子们对阅读和语文的热爱提上议事日程。她大胆地向校长提议，每周选取一节语文课到图书馆上课，叫"学会阅读"。没想到，校长竟然答应了。

之后每周四下午的第二节语文课，就会看到王莺带着一大群孩子雄赳赳气昂昂地向图书馆进发，孩子们个个神气十足。"其实到图书馆上的不就是语文课吗？如何做阅读笔记，如何佳句赏析，如何做阅读报告，但是环境变了，学生学习的那种心境也就变了。我们说教育学生学习当中有一条铁律，叫状态大于方法。西方有一句格言叫怀着爱心吃青菜，胜过怀着恨吃牛肉。"

就这样，王莺带着孩子们一步步爱上了阅读、爱上了写日记。她说，当一个小学高年级段的孩子爱上了阅读和写作也就意味着语文差不了。不仅如此，孩子们觉得这个王老师，太特别了，每天像个孩子王，什么心事都可以和她诉说。班里的纪律越来越好，学习氛围也越来越浓。日子总是过得很快，孩子们很快升入了六年级。当时的小升初，杭外是杭州最好的学校，而王莺的班里最后有7人被录取，刷新了整个天长小学的纪录。

"杭城的一些学校，那几年都没能考进1个，我们班就考进了7个。于是校长大大地奖励了我们六年级组，奖励了我，让我在工作第一年的暑假，游了小半个中国。"

王莺对那个暑假记忆犹新，她和老师们一起拜访了半个中国的兄弟学校，在知识和美景中感受着教育带给她的成就感和美好。多年以后，她总会对青年教师说，人生工作的第一年太重要了，它是你的起点，一个好的开始，能让你爱上你的事业。

名师出高徒　九年磨一剑

王莺常说，自己是幸运的，到天长小学以后接手的第一个班起点就非常高。这个班原来的语文老师是著名特级教师杨明明，与她搭班的是数学特级教师杨威华，而班主任更是全国优秀班主任郭红。这一切都给了刚毕业的王莺无限压力，但也激发了她的斗志。除了压力，也有幸运，带王莺的师傅是著名特级教师，时任浙江省特级教师协会的副会长张化万。

带出第一个班级的好成绩让王莺收获了自信。之后的日子她变得更加繁忙，领导对她的期望也越来越高。天长小学原本就是杭州市的窗口小学，时常会有各地的学校来参观学习，语文公开课的任务就落到了王莺的身上。

"一周有时候要上三次公开课。那是什么样的节奏？那时候星期六上午还上班，星期六下午开始备课。星期天备完了星期一上完，天哪，星期三又等着你，星期五又等着你。所以你还有什么时间去想别的事，你有时候说的梦话都是课堂的语言。有时候就把自己关在教室里，一会儿做学生，一会儿做老师，有时候真的没有时间钻研教材，我就哭丧着脸向校长去求饶，向师傅去求饶。"

重压之下必有勇夫。王莺不断总结经验，吸取经验，最终自己琢磨发明了一套方法——照搬经典。

1995年，浙江省的区县级教育局局长会在天长召开，要让王莺上一堂课，要充分展示天长的课改实验成果。王莺记得很清楚，她上的是《詹天佑》。

"我把全国各地特级教师有关詹天佑的那种经典的设计，都挪凑到我的课

王莺在上课

堂当中。天长的学生非常优秀,再加上那种经典的设计,所以当天课堂状况非常棒。各地教育局长对我的课赞叹不已,我也非常开心。"

课后,王莺笑眯眯地走向师傅张化万,心里想着求个表扬。但他没想到的是,张老师的脸拉得老长:"王莺同志,……"一听"同志"二字,王莺就知道大事不妙。果然,张老师严肃地问:"这堂课有多少东西是你自己的?你的独特设计在哪里?学生的这个问题你要怎么回应?你的口头禅是什么?……"接二连三十几个问题,让王莺一下子陷入深思。

王莺说,从那个时刻开始,她才从之前顺风顺水的工作状态中走了出来,才真正开始学会来审视自己的工作和心态。

"人最不了解你的人是谁?就是你自己。人太需要有直面自己的时间。我觉得从那件事以后,我的专业开始起飞了,我觉得我真的跟一般的老师还是有一点点不一样。"

以这件事为起点,王莺学会了自我反思。那个时候还没有条件录像,她买来录音笔,坚持了3个月自己的课堂录音。每天坚持反复去琢磨自己的课堂语言和课堂设计还有什么不足,也正是这3个月,让王莺静心反思自己的专业,有了质的飞跃与成长。

"每天吃完晚饭后,第一件事就是打开当天的课堂录音,去听我最擅长上什么样的课?学生说这样那样问题的时候,我该如何回应才会有针对性?慢慢就有了自己的教学特色。"

王莺凭着爱琢磨、肯专研,很快被区教

王莺在备课

研室盯上了，他们来找天长要人，希望王莺去做教研员。但校长不肯放，于是王莺在天长一干就是9年，从一个青年教师成长为浙江省特级语文教师。

热爱教研　全情投入　培育青年教师

1999年，区教研室再一次向王莺发出邀请，希望她能去担任教研员，这一次她接受了邀请，投入到自己热爱的事业中。中间有4年，王莺被教育局选派到杭州小营小学任校长，但在她的个人要求下，她再次回到了杭州上城区教育学院，从事教研工作。

"过去的十几年实际上是我最快乐的时光。我一直做着最喜欢的事，每天可以和来自全国各地的老师、我们区里的老师校长们交流碰撞。我觉得每一次的交流都会让我们教育从业者共同成长。"

王莺说，这么多年的教研工作中，她最欣慰的是能将自己的所得所想分享给年轻的教师们，让更多热爱教育的年轻人能够少走弯路，给更多的孩子更好的教育。"每一个人都是一个重要的影响源，学习的过程当中，每一个个体都是一个重要的影响源。学习的主体一定是学习者，那老师培训，它的主体一定是老师，老师是重要案例的提供者。我们的培训就是参与式的，互动型的，动手动脑动心，我希望能让更多的年轻人爱上教育、知道如何做好教育。只有老师明白了该怎么做，学生才能成长得更加快乐、更加健康。要从说理念走向做教育。这几年我们浙江省有培训绩效的考核，我们上城区连续四年都列在全省的第一名。"

【记者手记】

初见王莺，倍感亲切。一头微卷的秀发、一张热情的笑脸，说起话来让人亲近，这不就是我们身边那些最受欢迎的语文老师吗？他们总是循循善诱，却又让你不知不觉被他/她所感染、所吸引。

王莺说，一路走来，她发现自己真是幸运，找到了一生所热爱的事业并有幸从事它。王莺在采访中说起一个小笑话，说自己第一届带的一个孩子小学毕业时和她的对话：

"王老师，我有一个哥哥。"

"那你太幸福了。"

"王老师，我哥哥很优秀的，是浙大医学院的学生。"

"那你有个这么优秀的哥哥更幸福了。"

"王老师……我觉得我哥哥和你很般配，你这么忙，一定还没有男朋友吧。"

王莺这才明白此番对话的含义。现在回想起来，她觉得很幸福，她说一个好老师，最重要的一点就是要学会走近学生，如何才能走近学生，自然是全身心地去爱你的学生。而学生对你的爱，希望毕业了能用这样的方式把你留在他身边，是对你的爱的回应。

所以，教学，教学，就像是和学生谈一场长长久久的"恋爱"，让彼此带着爱成长。这也正是她努力的，继续在杭州市上城区的教育中不断探索、改革，通过和青年教师的互动，研究了解孩子们的发展和变化，让教学更加尊重孩子的成长，让教学走出传统的"教"与"学"模式，成为一种双向的互动式的学习，让所有的老师和学生都能在教学中感受到爱，收获成长。

【专家点评】

每个人或许都经历过刻骨铭心的爱恋，其中的快乐、幸福甚至是痛苦，都会使生活变得五彩斑斓。既然爱，就要不顾一切，唯有付出，才有收获。浙江省语文特级教师王莺正是用敞开自己心扉的方式走进了学生的心。她说一个好老师，最重要的一点就是要学会走近学生，如何才能走近学生，自然是全身心地去爱你的学生。她还说，教学，教学，就像是和学生谈一场长长久久的"恋爱"，让彼此带着爱成长，还有什么问题是不能解决的呢？她是这样说的，也是这样做的。在实践中，她让教学走出了传统的"教"与"学"模式，成为一种双向的互动式的学习，不仅得到了学生的喜爱，自己也收获了满满的爱意。

  一个真正优秀的老师能够给孩子们带来无限大的可能，只有老师明白了该怎么做，学生才能成长得更加快乐、更加健康。真心希望老师和学生都能在教学中感受到爱，一起收获，一起成长。

中共浙江省委党史和文献研究室　俞红霞

王万林：有着500多名孩子的"最美爸爸"

记者：卢俊
编辑：农书荣

【人物名片】

王万林，是个70多岁的下岗工人，一生未曾娶妻生子，然而40多年来，他救助了500多个流浪儿童，这些孩子有被拐骗的、离家出走的、出来打工找不到工作身无分文的……他帮助他们回家、上学、学手艺、找工作、成家……他的爱心改变了他们的人生，让他们过上了正常人的生活。他的事迹感动了无数人，被网友们亲切地称为"杭州最美爸爸"。

王万林

王老爹你好：

1988年，我读初二，那年暑假，我和同班的蒋永生闲着没事干，就约好一起去外面闯闯，见见世面。我们想来杭州看看，每人从家里拿了四五十块钱，先从水阁村坐车到浦江，再从浦江坐车到杭州。那时候，我们两个才十五六岁，胆子也算大，

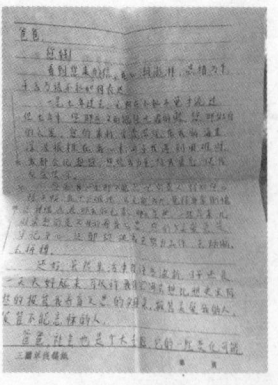 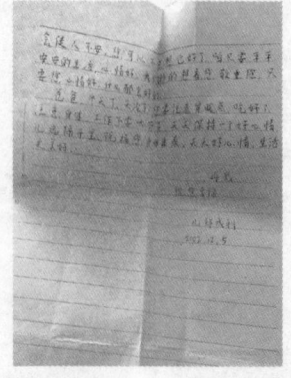 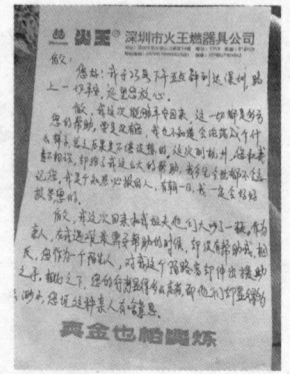

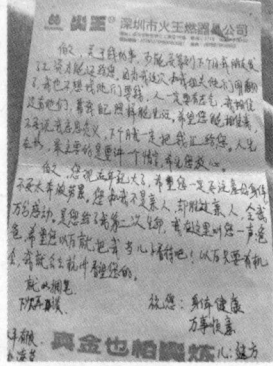 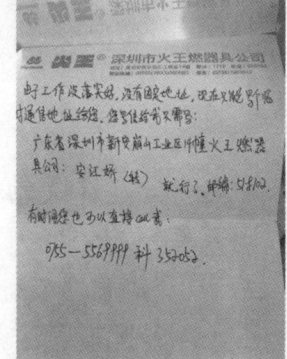

自己在武林广场附近的一个工地找了个活——挖土方。杭州的夏天真是热啊,每天在工地干完活吃完饭后,就会去闲逛,吹吹风轧轧马路,是一天里最舒服的时候了。

20多天后的一个傍晚,我和蒋永生走到了艮山门附近,遇到了您。因为在工地干活的缘故,当时我俩身上脏脏的,加上年纪又小,个头不高,看上去跟个流浪在外的小孩子一样。您马上注意到了,以为我俩遇到了什么麻烦,很热心地上来问我们:

"天都黑了还在路上逛,衣服也这么脏,你们两个孩子是不是出了什么事情?""告诉我,你们叫什么名字,家住在哪里?"

当时的您对我们来说,是完全陌生的,可是讲话的口气和表情,一看就不是个坏人。我们就一五一十地全部交代了。

您一听我们是自己跑出来打工,晚上也有工棚可以住,脸色和缓多了,不过还是很热心地留下了自己的家庭住址,我记得是莫衙营附近，让我们有困难了可以去找您。

我们开始也没当回事，可是后来带出来的钱都花光了，工钱又没结算，嫌工地伙食太差的我们想到了您，就厚着脸皮来蹭饭了。

除了吃饭，不干活的时候，我们也会来找您，您像长辈一样照顾我们，但又没大人的架子。走之前，我们来告别，还留下了老家的地址。当时说好回去以后，要写信联系的。

我给您写过信，您收到了吧，可是后来就没怎么写了。我以为来杭州还能再找到您，可是摸到当年的地方一看，您已经搬家了，好后悔。我今年43岁了，胖了好多，王老爹您看到肯定认不出了。现在我在金华开了个小加工厂，也算成家立业了，有一个女儿一个儿子。女儿15岁了，念初二，儿子前段时间刚出生，才3个月大。

王老爹，您要好好照顾自己，过段时间我抽空叫上蒋永生一起来杭州看您，千万要注意身体啊。

蒋卫东

从34岁到74岁，40年时间，王万林从一个年轻人变成了一个老大伯。40年时间，至今未婚，但他却有1000多个（记录在案527个）儿子。在他收留过的流浪儿当中，短的两三天，长则七八年，他们的吃住全由王万林承担。

40年过去了，王万林还清楚记得，在1979年的那个冬天，他头一回帮助了一个流落在杭州街头的孩子——江苏无锡人冯士邱。"我是在艮山门的公交车站遇到他的，天很冷，他穿得很单薄，我就把他带回家了。"当年，小冯才15岁，在一个煤矿里打工，因为年纪太小吃不消，就逃了出来，辗转流落到杭城。王万林当即就把小冯带到了自己家住下。"我娘不反对，我娘说这是好事，接下来几天我娘帮他洗衣服做饭，待他如自己家人一样。"

小冯在王万林家住了一个星期，他那身满是煤灰的衣服早已洗净晾干。王万林最后给小冯买了一张回无锡的火车票，然后陪着他去了临平的车站，送他上了回家的车。送走小冯后，王万林一直没有等到小冯报平安的书信，实在放心不下，就亲自跑了一趟无锡。虽然没见到小冯，但他到南京遇到了小冯的姐姐，得知小冯已经平安抵家，现在南京的中山路上工作，王万林悬着的心终于放下了，也放弃了继续寻找。王万林说，要来总会来，不来可能也是最好的安排，于是他又匆匆赶回杭州。谈及为什么想要帮助小冯，王万林说，这一方面是本性使然，另一方面是因为受到母亲的影响。"1945年的时候，母亲从绍兴逃难到杭州，一路上受到过很多好心人的帮助。从我记事起，母亲就一直教导我，要去帮助别人。"

这么多年来，王老把自己微薄的收入全部花在了这些孩子身上，王万林说，每个月的钱全部花光，很多时候还不够，但是令他很欣慰的是之前帮助过的孩子，现在有长大成人的，倒是会时不时地给他寄来一点生活费，也算是支持"爸爸"的事业了。

"之前有个千岛湖的，上次我生病，他就拿了3000元过来，这也是很好。他来的时候只有16岁，父母不要他，于是把他赶了出来，我当时跟他说三天以后你到我这里来，我帮你找工作。"第二天一早王万林坐了5个小时的汽车到了千岛湖，坐了轮船，又走了15里山路，终于到了小伙子的家里。想要说服孩子的爸妈重新管教他，遭到拒绝之后，王万林回到了杭州，决心把这孩子培养成人，还找来了当时浙江大学的教授江波（音译），让江教授到哪儿都带着他旁听，后来还安排他到电脑公司上班，从此改变了这个孩子的一生。

从34岁到74岁，上千名流浪儿童，王万林清楚地记得每一个他救助过的孩子的名字，他们当中有些人已经成家，有些人会隔三岔

五地来看他，还有些人早就杳无音讯，而家里也是放了1300多封信，他细心地用绳子一捆捆扎好，整齐地摆放在柜子里，他说这些才是他最珍贵的记忆、最宝贵的财富。

他展开一封信时，里面掉出来一张照片，上面是个白白胖胖的男宝宝，翻过来一看，后面有一行字"这是您的孙子"。这是山东一个叫郑成利的孩子寄来的。20多年前的一天，下午4点多钟，天空中飘着毛毛雨，刚交完水费的王万林在经过杭州清泰立交桥时，看到一个背着包的年轻小伙子站在桥边，脸朝着桥下，神色不太对劲。"这孩子要做傻事！"王万林心里一惊，赶忙上去劝，而小伙子回答他时，已是眼泪汪汪了，"我身上一分钱也没有，找工作找不到，回也回不去，我……"站在雨中，王万林劝了很久，终于把郑成利劝了下来。他又掏钱买了车票，让郑成利到家后一定记得写信报个平安。

摸着这张照片，一刹那，感动和喜悦涌上心头，王万林没能忍住，眼泪止不住地流了下来。"后来，就再也没能联系上郑成利。我很想知道，他一家过得好不好？"王万林说，"他信上的地址是日照市东港区南岭小组，不知道现在还住那里吗？"王万林叹了口气，那一串地名他早就刻在了心里，看都没看就报了出来。

收养了这么多孩子，王万林就跟教育自己亲生孩子一样，在教育着这些原本素不相识以后也可能再也没机会见上一面的孩子。

"那时我住在灵隐寺白乐桥，家里有5个孩子，他们在山上挖了一棵毛笋，瞒着我在那儿用锅在烧，我回到家之后就问他们，毛笋哪里来的，他们说是山上挖来的，我当即就把锅往地上一砸，我跟孩子们说，锅砸了不要紧以后可以再买，但是偷来的东西绝对不能要。"

王万林说他从来没有后悔过，虽然日子很艰苦，但是他早就在这件事上找到了快乐和精神依托。"我有他们在，我每天都很开心，人家有儿子的还要争财产还要吵架，我没有儿子没有女儿，但他们都对我这么好，他们都叫我爸爸，只要有一点点事情，他们都会赶过来，那不是蛮好嘛。"

王万林这辈子最大的愿望就是，希望每一个孩子都能走上正途，这也正是他坚持帮扶流浪孩子的初衷，他说，希望他们不要走进人生不自由的地方去，推一下就推出去了，拉一下就拉回来了，希望他们个个都好，孩子们好他就很开心。

在早几年，王万林更是签下了遗体捐献协议，他说这辈子帮助了无数个家，等他死后，也不能愧对自己的国。

【记者手记】

> 王万林住在文二路附近的一处建于20世纪90年代的老小区内，记者到达时王万林特意出门迎接，并对记者说："现在我家里有一个昨天刚刚救助的小孩儿，因为他爸妈离婚不要他了，他现在情绪刚刚稳定下来，等会儿你们就别采访他了，采访我就够了。"
>
> 房子年代久远，屋内已经显得非常陈旧和冷清，但就是在这里，人来人往，先后住过几百人，他们都是王万林救助过的孩子们，现在能证明他们来过的，就是王万林珍藏的1300多封来信，王万林还特地为记者念了一封，动情处更是难以自已。王万林说这些人这些事，是他最甜蜜的负担。

【专家点评】

没有亲生子女的杭州人王万林被称为"最美爸爸"。"爸爸"这个称谓对王万林来说，有着特殊的意义。这位单身了一辈子的老人却有1000多个（记录在案527个）子女。自从1979年收留第一个孩子开始，40年间，王万林一直对那些在杭州遇到困难的孩子们施以援手，成为他们的"王爸爸"。孩子们来了又走，走了却很少有人能回来，但是王万林说，他会继续着他的这份爱心事业。40年不间断，这是一种怎样的情怀！在王万林看来，"在人生的岔路口，稍微拉一把或许就可以改变那些流浪孩子的一生"。是啊，人生在世，谁没有个小坎小难的呢？但我们坚信：只要人人都献出一点爱，这世界将会变成美好的人间！

中共浙江省委党史和文献研究室　　俞红霞

丁秋美:"中国好人"好在哪里?

记者:潘康康、邹雯、刘浩、林洁仪

编辑:华冰

丁秋美

【人物名片】

丁秋美,中共党员,1985年8月8日生于浙江平湖,2010年通过社会招干进入平湖市公安局,被分配到林埭派出所担任户籍民警。9年来,她一直在户籍岗位上默默耕耘,相继推出"移动警务室""周五集约代办"等便民服务。此外,她先后帮助7名无户口群众找回身份,成功落户。2019年2月,因女民警千里送服务"最多跑一次"解开28年"黑户"结的事迹,入选"中国好人榜"。

亲爱的丁警官:

您好,我是小彭,请接受我崇高的敬礼与真诚的谢意!感谢您在三年来对我和我的母亲和妹妹的关心,为我们耐心负责地办理户口,很荣幸能遇到您这么负责的警官。

记得2015年您了解了我和我母亲当时

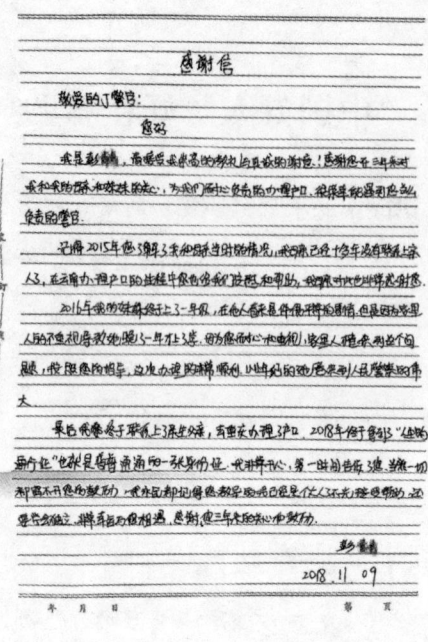

的情况，我母亲已经十多年没有联系上亲人了，通过您的努力很快就帮她联系上了老家的亲戚，在云南办理户口的过程中您也给我们安慰和帮助，我母亲对此非常感谢您。

2016年我的妹妹终于上了一年级，在他人看来是件很平常的事情，但是因为家里人的不重视导致她晚了一年才上了学。因为您耐心和重视，家里人才意识到这个问题，按照您的指导，这次办理得非常顺利。小小年纪的她意识到人民警察的伟大。

最后我终于联系上了亲生父亲，去重庆办理了户口，2018年终于拿到了"人生的通行证"，也就是普普通通的一张身份证。我非常开心，第一时间告诉了您。当然一切都离不开您的鼓励，我永远都记得您教导的：我已经是个大人了，不光接受帮助，还要学会独立。非常幸运与您相遇，感谢您三年来的关心和鼓励。

小彭
2018年11月9日

这是一封感谢信，收信人是浙江嘉兴平湖林埭派出所的一名年轻的户籍女民警，她叫丁秋美。在丁秋美手里，这样的信收到过一大摞。有的寄给她、有的寄到单位。这一封封的感谢信，让丁秋美成了当地的红人。

2019年2月，她入选了"中国好人榜"，4月又被评为浙江省劳动模范。事实上，丁秋美做过的一件件看似小的事，正是浙江各政府职能部门践行"三服务"的一个缩影。

悉心送服务，解开黑户结

初见丁秋美的午后，听她讲起午饭前的工作。"小儿子要给93岁的老父亲办房产证，今天一定要办好，结果老父亲不知道户口本放哪了。"

当天临近中午，刘先生（化名）赶到派出所，急着要为老父亲打印户口本。按照规定，应当户主本人来，但老爷子身体不适，出不了门。核实情况后，丁秋美不想刘先生一家着急，便带上辅警，立即上门服务。

不抓小偷，不办案，只给群众办事，这与人们印象当中的警察形象并不相符，却是丁秋美的日常。她既不是刑警，也不是交警，而是一名户籍民警，专门给老百姓办户口的。

在岗位上坚守的9年来，遇到群众有困难，上门服务已成常态。丁秋美跑得最远的一次，是用6天时间，奔波六千六百里，往返于浙江和广西两地，为一位普通阿姨找回了丢失28年的身份。这名阿姨叫谢健连，1990年，28岁的她从广西老家外出打工，忘带身份证，没想到自此和家人失联，后在平湖成家生子。2018年9月初，丁秋美与同事在社情民意大走访中，了解到谢健连28年来一直是"黑户"的情况。没有户口就无法享受到本地的一些福利待遇，去医院看病都成难题，就连出一趟远门都成了她的奢望。谢健连只记得老家地址和父母名字，因其不识字，大家只能按照发音猜测，后来才知道她起初说自己叫"谢小英"的信息也是错的。但民警毫不放弃，通过数据碰撞、人像对比等科技手段查询，把信息稍有匹配的人像打印出来，让谢健连辨认。

功夫不负有心人。多次折返后，终于找到了她的父母和住址。按照程序，谢健连应先落户至广西父母户口上，然后才能迁入平湖。但由于历史原因，她的档案遗失了，即便找到亲人，还必须做亲子鉴定。丁秋美前后与广西当地警方打了十多个电话沟通，最终商量出了一个方案：谢健连提供与父母的亲子鉴定和平湖未落户证明即可在广西原籍落户。

然而，当没有身份证寸步难行、对后续亲子鉴定一窍不通等困难摆在眼前时，谢健连几乎放弃。"我们大家心里清楚，如果就做到这一步，也是尽了我们的责任。但从她脸上的变化来看，这家人应该是不会去解决这件事的，

丁秋美去新光村村委帮谢健连办理落户同意书

因为她觉得很难,能拖着就拖着。我们三大活动当中说发现问题、解决问题,你发现问题不解决,等于根本没发现,所以我们就主动往前走了一步。"最终,丁秋美决定陪谢健连走一趟广西。

2018年11月11日,谢健连与家人在丁秋美的陪同下踏上了开往广西梧州的高铁。"他们很高兴,我的心路历程很复杂,其实我没有底!我是不是有能力让亲子鉴定公司加快速度?我难道真的要在那里待一个半月?这些是我压力比较大的事情。"在飞驰的列车上,丁秋美忙个不停,一路都在与广西藤县公安局沟通联系。

千里陪伴为民服务的真诚也感动了广西当地相关部门,司法鉴定机构提供上门采血服务,在72小时内赶出了鉴定报告;所有材料齐全后,派出所又在24小时内办妥了落户手续……在丁秋美的帮助下,谢健连没有多打一个证明、无需任何来回跑,仅用6天时间就完成了原本需要1个月时间的落户。

谢健连及其家属深受感动,自发给浙江省委书记车俊写了感谢信。2018年12月6日,浙江省委书记车俊在这封感谢信上作出重要批示:"这样的民警要表扬。"

丁秋美的先进事迹引起了社会各界的广泛关注,中央省市媒体纷纷进行了报道。嘉兴市政法委还专门号召政法系统向丁秋美同志学习。如今,整个平湖,已掀起"学习丁秋美、践行'三服务'"的热潮。

丁秋美却说,这事太平常了。"谢健连这件事情在我看来也并不算特别难,比它难的事情多了。"

早在2011年,丁秋美踏上公安岗位的第二个年头,就陪着徐家埭村的拾荒者赵爱花在衢州找回了"身份"。她还曾历时三年,先后帮助来自云南的唐梅母女三人解决无户口的问题。

丁秋美演讲

唐梅在15岁只身从云南到重庆,结识男子彭某,生下大女儿彭妮妮。大女儿出生后没多久,彭某因盗窃进了看守所,心灰意冷的唐梅带着2岁的女儿到平湖打工,与之前一切断了联系。在林埭镇,她结识了鲁大哥。2010年,小女儿依依出生,因唐梅没有身份证,不能办出生登记。母女三人的落户问题一拖再拖,直到小女儿需要入学,家住林埭的唐梅找上了派出所。

知悉情况后,丁秋美对唐梅一家开展了社会调查,光笔录就有厚厚一沓。随后又与云南警方进行了百余个电话的沟通,确保唐梅可以落户。在丁秋美的不懈努力下,2016年11月7日,唐梅落户成功;2017年8月18日,小女儿依依落户成功;2018年4月27日,大女儿妮妮落户成功……

摆脱了"黑户"的束缚,妮妮也给丁秋美写了一封感谢信——"我母亲已经十多年没有联系上亲人了,通过您的努力很快就帮我母亲联系上了老家的亲戚。2016年我的妹妹终于上了一年级,按照您的指导,这次办理得非常顺利。最后我终于联系上了亲生父亲,去重庆办理了户口,2018年终于拿到了'人生的通行证'。非常幸运与您相遇,感谢您三年来的关心和鼓励。"

群众无小事,服务要走心

丁秋美出生在普通农民家庭,童年的一次经历让她对入党心生向往。1997年,村里来了一批搭建高压电线塔的工人,部分工人租住在她家。他们会在农忙时帮忙村里人收稻谷,为村里改造化粪池,给丁秋美补习功课或者在吃饭时讲有趣的小故事。

"我问爸爸,为什么他们给我们钱,还能够帮我们干农活,像一家人一样,帮衬着我们。爸爸说,这些大部分都是党员。现在我都还有印象,叔叔是长什么样的。我觉得共产党员应该就是这个样子,非常亲民,走在群众心里面。"

大学时,作为班长的丁秋美时常服务老师同学、用心捍卫班级荣誉,什么事都主动带头做。同时,她还热心公益,一直在做志愿者。日复一日的努力让丁秋美获得了入党机会,成为一名学生党员。

2010年,丁秋美通过社会招干考进平湖公安局,分配到林埭派出所,担任户籍警察。从此,原本已是学生党员的她,又多了一重身份——人民警察。成为民警后,丁秋美感觉自己站在了更高更广的服务平台上。

9年来,她一直在户籍岗位上默默耕耘,始终牢记全心全意为人民服务的宗旨,以党员的身份和志愿者的情怀,立足本职,扎实工作。"我光荣地加入中国共产党,是要多少努力才能够有机会,就像我的工作一样来之不易,一定要珍惜。而每做一次志愿活动,每帮一个群众,我都会感到党徽又亮了一点。"

入职以来,丁秋美始终秉持热情服务的态度,主动帮助群众解决困难。2017年"最多跑一次"改革开始后,更加助推了她想要服务群众、便利群众的愿望。然而在实际的工作中,她却发现,尽管大力推行"最多跑一次",群众还是"跑多次""反复跑"。

一直在窗口工作的她很快找到了症结,造成群众"跑多次"的根本原因是不知道办事流程和办事所需材料。于是,丁秋美将户籍民警和户籍协警拉进社区民警前期建好的"微信警务室"平台。各辖区群里24小时均有民警在线,会把"最多跑一次"受理清单、各项业务办理所需材料和身份证拍摄应注意事项等多批次发送到群里,让群众能够通过手机微信了解户籍办事流程和所需材料,并在网上回复群众咨询,解决群众提问。

丁秋美与"移动警务室"

"我们回答得越清楚、越多,群众就能越准确地带齐材料找你办事,不就实现了'最多跑一次'吗?"截至2019年1月,林埭派出所共建有55个微信警务群,涉及全镇十一村一社区共9768户34319人,累计答复咨询2万余条。

林埭镇区域呈狭长状,南北距离非常远,且北片群众人口数占全镇总人口的半数以上,因为没有公交车,来南边的派出所办事非常费事。尤其雨天路滑时,老人家出门办事不安全。每当接待最北面的华丰村群众时,丁秋美都会把他们的抱怨声记在心里。后来,她主动向领导提出到北片村部开展"移动警务室"活动。

2017年9月,第一次活动开展前,她提前一周通过社区民警微信警务室向村民进行了通知。"移动警务室"不大,但能办理身份证、受理户籍业务、居住证、治安管理类业务,为北片村民提供了不少便利。看到群众反馈好,丁秋美感到非常满足。此后,她和同事坚持每月打包送服务上门,已让300多位群众享受到了便利,真正打通了便民惠民的"最后一公里"。

2018年10月,当她得知办事群众特意请假来落户,但少带了资料,还需要跑一趟时,颇有感触。为了让群众安心工作,她又向领导提议,推出了"周五集约代办"服务。针对群众来办理事项少带材料的情况,先容缺受理,周

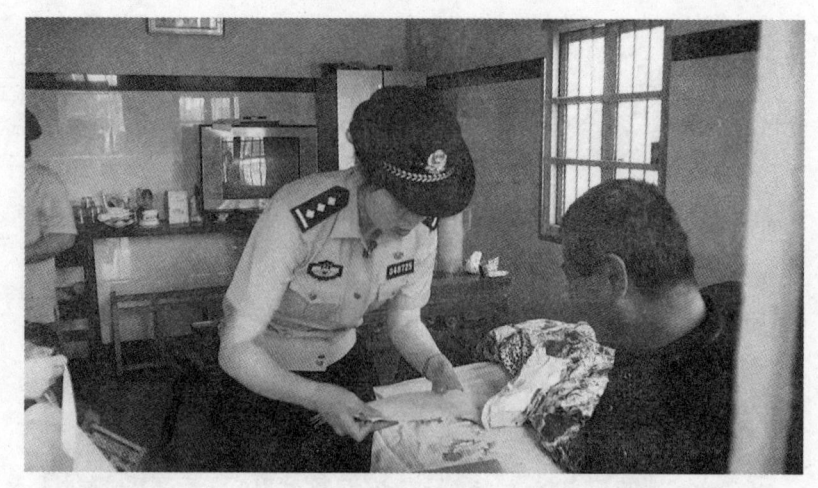

丁秋美上门服务

五统一上门代收。目前,这种服务形式已让 300 多位群众受益,窗口群众满意率达 100%,大大提升了"最多跑一次"的实现率和满意率。

"刚开始的时候,其他兄弟单位说你这不是自找麻烦,你做得到?但你真心相待,群众也不会来为难你,或者说来贪你便宜,他们毕竟是来办事的。人家觉得这是制造麻烦,我们不觉得,我们觉得这就是一种能奉献的地方,能为群众百姓做一点事情的地方。"

2019 年随着"三服务"的展开,林埭派出所成立了"秋美警官三服务工作队"。丁秋美和同事们将办入学积分卡、禁毒宣传、办居住证等服务带到企业,利用员工们午休的时间集中受理,保证他们在不请假、不停产的情况下,办理好业务。

5月,丁秋美先锋工作站也开始了初步运转,在工作站实录中,详细记录着"为民服务"的大小事:为全镇残疾人员办理身份证明;晚上接到求助,重新回到单位为村民补办殡葬证;调取系统内资料,为材料未携带齐全的夫妻办理夫妻投靠落户……一桩桩、一件件,汇聚着丁秋美为群众服务的心血。

从警 9 年,丁秋美摸索出了自己的"三位"工作法,将心比心"换位",急人所急"补位",善做善成"到位"。在她看来,工作都有倦怠期,克服它的方式是保持对职业的崇敬及对工作的珍惜。"要有向上的激情,一直沉浸在激情昂扬的状态里,去服务群众,服务企业。"

【记者手记】

在见到秋美警官前，已经通过资料了解了许多故事。无论是千里奔波、帮助谢健连找回丢失了28年的身份，还是耗时3年、为唐梅母女三人完成落户，都让人由衷地敬佩。

印象最深刻的，是看到她说过这样一段话："我只不过做了本职工作，却得到了这些荣誉。""其实比我做得好的人很多，我就是一个平凡的人，在平凡的岗位上做着平凡的事情。"

她曾在接受采访时表示，社会各界的赞美一度令她觉得"受之有愧"，但在我看来，她"当之无愧"。像她这样，每天在平凡岗位上工作的人千千万万，但不是每个人都能够这样热爱和敬畏自己的工作；像她这样的人民公仆也有许许多多，但不是所有人都能够真正急民所急、时刻想着主动为群众解决难题。秋美警官很好地诠释了如何把平凡的工作做到不平凡，如何真正跑到群众心里去。

而当我见到秋美警官，进行了一次比较深入的交流后，更能感受到她的魅力——亲切随和、热情周到、爱岗敬业。她不止一次地阐述自己的初心：工作来之不易，要好好珍惜；自己多跑一点，群众就能少跑一点。9年来的工作经验，让她感受到，只要真心相待，群众也会报以真心。

采访她是8月一个周二的午后，当天临近中午，有群众着急地赶到派出所，要为老父亲打印户口本。按照规定，其实应当户主本人来，可是老人家身体不适，不能出门。尽管那天不是周五集约代办的时间，秋美警官依旧上门进行了服务。对她来说，这不过是工作常态。

而谈到谢健连的故事时，她说其实从广西回来的第二天，就立即投入了新的工作，并没有想太多。真正感到有成就感的时候，是谢健连和她说事情办妥后每天都能睡安稳觉。

一次采访，让我更加感受到为民服务的真心，而我相信，秋美警官做过的一件件看似小的事，正是浙江各政府职能部门践行"三服务"的一个缩影。在浙江，还有许许多多的政府工作者，日复一日地用心服务。

【专家点评】

　　"民为邦本，本固邦宁"，基层党员干部的首要工作就是贯彻落实"以人民为中心"的思想，坚持为人民群众排忧解难。户籍民警丁秋美坚持群众无小事，服务要走心，努力成为群众的贴心人，完美诠释了一名普通基层党员如何全心全意为人民服务，如何以心换心赢得群众的交口称赞。全心全意为人民服务，这是中国共产党的根本宗旨，是党的一切工作的根本出发点和落脚点；只有全心全意为人民服务，才能得到人民的拥护和爱戴，才能带领全国人民成就辉煌事业，实现中华民族伟大复兴的"中国梦"。

中共浙江省委办公厅　周峰林

周桂凤：台风中的"最美一跪"

记者：邹雯、李潇月
摄影：尹秋霞
编辑：华冰

【人物名片】

周桂凤，81岁，杭州临安区市岭雨量站（属国家基本雨量站）水文监测员，追随丈夫姚匡胤，六十多年如一日，默默坚守在海拔1300余米、位于全省八大暴雨中心之一的临安深山，每天精准监测、定时报告数据，不曾缺席一天，全年无一差错，遇到台风暴雨，更是连续通宵达旦。2019年8月10日，超强台风"利奇马"来袭，一张周桂凤跪着观测蒸发量的照片在网上热传，感动无数网友，被赞为"最美一跪"。

周桂凤

"10日8时，汲水前蒸发器皿水面高度81.5毫米，汲水后水面高度9.5毫米，（前一时段人工雨量52、本时段人工雨量186）累计人工雨量238毫米，自动遥测雨量238.5毫米；溢流量138.0毫米……"

这是2019年8月，超强台风"利奇马"来袭前后，周桂凤记录下的监测数据。字迹清晰，一丝不苟。

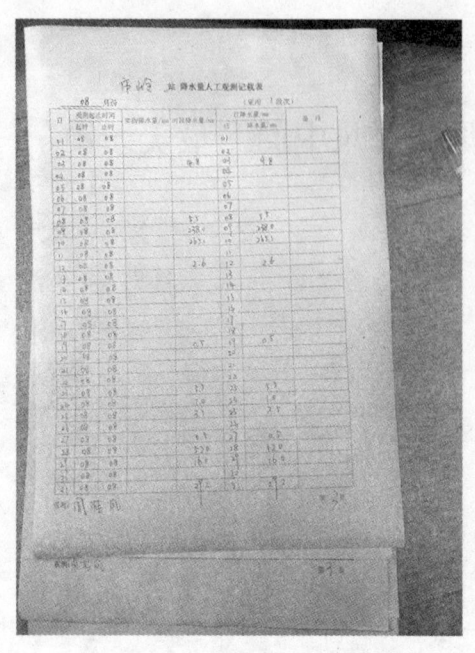
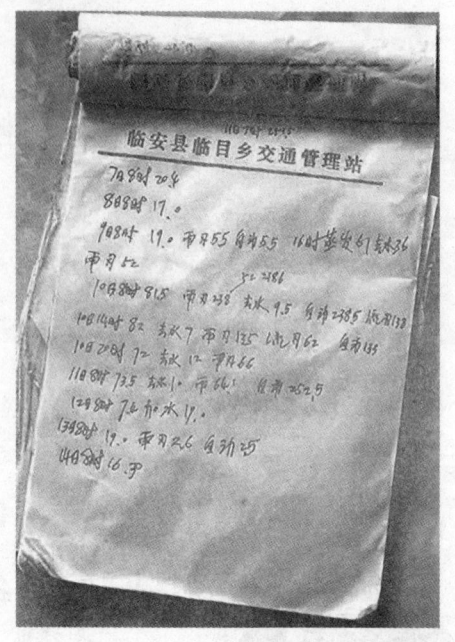

记录本的边角被搓卷得皱巴巴的，布满干了又湿、湿了又干的雨水痕迹。回到家，周桂凤再把草稿上的数据誊写到正式的观测记载表上。

这样的记录，周桂凤老人已经持续了60多年，数不清记了多少个本子，从20来岁的小姑娘一直记到如今81岁的耄耋老人，日复一日，默默坚守。

她从未想过，自己有一天会成为"网红"。

8月10日那天早上，受"利奇马"影响，临安区暴雨中心市岭雨量站降雨达到238毫米，风大到人都站不稳，水已经漫到膝盖。一宿没怎么合眼的周桂凤心里很着急，套上雨衣雨鞋，捧着量杯、笔记本，戴着老花镜，顶着狂风暴雨上到监测站，跪地观测降水数据，认真的那股劲儿丝毫不为风雨所动。

临安市岭监测站监控截图 让人动容的"最美一跪"

"水量太大，量杯多得我记不下啊，我量一杯记一杯，量一杯记一杯，还要去算，不能慢慢来的，慢一点水就漫出蒸发皿了，就不知道这个数据了，这个一定要准确的。"周桂凤说。

当时，临安区水文站新上任的站长无意间在监控上扫到了这一幕，心头一酸，截图发到了水利局内部的工作群上，许多人都红了眼眶。之后这张"最美一跪"的照片便在网上热传开来。

"这个（看）蒸发量（的器皿）这么矮，看不着，一定要蹲下去，因为我脚有一点点痛，所以只能跪着。"周桂凤解释说，在她看来，这是再正常不过的一件小事，这么多年都是这样过来的。

或许很少有人能体会到这份工作的艰辛，不了解的人会说："不就记几个数字吗？"可你一定不知道：365天每天早晚8时必须准时观测现场记录雨量与蒸发，无论风霜雨雪、寒风凛冽，还是累了病了，都不得缺测，必须准时履行工作。因为有这个"纪律"，60多年来周奶奶没能在娘家住过一个晚上。

也很少有人知道周奶奶腿脚不好、心脏不好，20多年前就装了心脏起搏器，2019年3月第三次换了心脏起搏器，不理解的人会说："她的子女呢？为什么还让这么大年纪的人顶风冒雨？"更不会有人相信，尽管近几年报酬有了大幅度提高，现在每月平均能拿到760块，而以前平均每月才不足400块："这都干，是不是傻？"每每听到这些，周桂凤都一笑了之。

她的丈夫姚匡胤是浙江省第一代水文代办员，老姚代报的报汛工作可以做到全年无一差错。过去60多年，周桂凤一直陪同丈夫坚守着这个监测站。2018年比她大7岁的丈夫走了，她一个人还在继续坚持每天监测，风雨无阻。

这背后是承诺，是责任，是渗透到骨髓里的情感和爱，也是旁人无法理解的信念和执着。

翻过 座山，只为一个人

市岭是杭州的北大门，位于临安与安吉交界之地，从周桂凤的家往北走百来米，就能跨过"界石"进入安吉境内，那里就是她的老家。

1957年，18岁的周桂凤经人介绍，认识了25岁的姚匡胤，当时姚匡胤是市岭雨量站的水文代办员，刚刚工作一年。那时候的爱情很简单也很纯粹，周桂凤自己也说不清，究竟对老伴是一见钟情，还是被他的认真细心所打

周桂凤与丈夫姚匡胤（摄于2014年）

动,反正她不顾家人反对,从安吉翻过山岭到了临安,与姚匡胤结了婚。"我这个老头子,他自己亲生的妈妈在他11岁的时候就没了,后来是后妈嫁过来的,日子很苦。所以我爸爸那时候都不肯把我嫁过去的,我们那里平地,这里高山,那个时候车子都不通的,我跑到这里路太远了。"

结婚之后,周桂凤在家里做农活,一家的收入就靠老伴在监测站的一点微薄的工资。"8块钱一个月,加补贴一共9块。"从家到水文雨量监测点大约要走五六里的崎岖山路,每到下大雨,路又湿又滑,周桂凤不放心,她就陪着一起去,陪着陪着,就成了最好的帮手。"下大雨他一个人不好搞。蒸发皿内的水舀到量筒里来,舀掉多少水都要记下来的,一个人要量,另一个人要记,所以肯定要两个人的。"

久而久之,周桂凤也学会了怎样观察、测量,有时候老伴出差,就由她来记录,从此一路风雨相伴。两人感情好到60多年没有吵过一次架。

背着孩子上山测量,自制日晷对时间

"现在这么观测也不觉得苦,以前是真的苦。"周桂凤说,过去没有电话,报汛要跑到五六里远的山下打电话给杭州和省里的防汛指挥部门,都是用两条腿跑的,一来一回得个把小时。雨大的时候,尤其在夜里,根本看不见量筒上的刻度,她就和老伴打着手电筒,互相搀扶着把量筒内的雨水装回家,测量精准后,再冒着狂风暴雨跑下山去。山路泥泞,摔倒受伤也是常有的事。"看不到,地滑,路又陡,就摔倒了,很多地方皮都摔破了,伤到骨头了,自己搞点药敷敷好了。"

水文站的老站长方志伟告诉记者,这份工作强度非常大,一般人还吃不消。平时一天两次监测,早8点晚8点,台风天工作量就剧增,暴雨时需要一小时监测一次,晚上只能通宵不睡,白天还得继续干。这里是暴雨中心,连续几天几夜地干也是常有的事。"因为从家走到雨量站需要点时间,到了雨量站里还要取样什么的倒腾一下,再拿回家里去记录,来回就要半个小时,然后下一个钟点又要提前来弄,这样一来就没办法睡了。"方站长说,不光是台风,下雪天更难,得先舀雪,拿到家里融化,再测量。

一年365天,天天如此,哪怕大年三十、大年初一。后来周桂凤和老伴有了孩子,一儿四女,其乐融融。可也是两人最辛苦的日子。为了补贴家用,周桂凤每天一早完成测量任务就去生产队里干活;有时候到点了要去测量,孩子哭闹,怎么办?周桂凤干脆把孩子往身上一捆,背着娃上山去。"8点钟测量就要8点,9点钟都不行的。老头子没在家,孩子要哭,是不是要背啊。他也不知道妈妈要去工作,他就是要哭啊。那就用袋子把小孩子捆在身上,背着去量水。"

20世纪80年代,出于安全考虑,水文站给他们配备了一台报话机,背在身上报一串代号,数据就能直接报出山去。解决了通讯的问题,但是没有手表怎么看时间呢?周桂凤的回答让我们惊呆了——居然自制日晷!"那时也买不起手表,就用石块来堆,用太阳来对时间。圆圆的一个东西,一个木头、跟刀一样的东西,类似一根指针对太阳,一天对几次太阳。"

病榻上老伴嘱咐周桂凤继续做下去

2012年,老伴姚匡胤因为心脏问题,又患上老年痴呆症,时常卧病。监测的工作基本上都落在周桂凤一人身上。夫妻俩也教会了自己的孩子做水文监测,有时候周桂凤去医院照顾老伴,就会让女儿回来替上。

到老姚生病的最后一两年,脑子已经越来越糊涂了,但一提到水文观测,就好像立马清醒了。周桂凤说:"在临安人民医院里,他说报汛怎么办啊,说你们好回去了,要下雨了。(报汛)这个东西怎么搞怎么搞,他反复交代着女儿。叮嘱说你们要搞好,要弄个笔记下来,因为脑子记不牢,这个不能弄错的。"

儿子小姚说,那时爸爸吃药都吃不灵清,但一讲到要报汛,眼睛都会放光。

生病的时候,姚匡胤就嘱咐老伴,哪天自己不在了,这份工作一定要继

姚匡胤获得的荣誉

续做下去。周桂凤含泪应允。她知道老伴放不下。但是万一以后自己也走了，市岭水文监测的工作谁来做？周桂凤很着急，也曾到处找人，可是村里很多年轻人一听，不到400块一个月（现在非汛期610元、汛期910元），还要冒风雨，都不乐意了。"我都去问过了，有的高中毕业，有的初中毕业，都没有人愿意做啊！我媳妇高中文化，她会做，但是她要在城里带孙子孙女，只能临时帮帮忙，也不能长久啊。"

2018年5月，老姚还是走了。周桂凤一直记着老伴的话。除了2019年3月她在进行第三次心脏起搏器更新手术时，让在外地工作的女儿代替她做了15天的水文监测外，81岁的她没有一天缺席。腿脚不好就拄着拐杖，走不动就提前出门慢慢走。

"我们搞这个东西一定要认真，要搞好，如果说雨量达到30毫米，你一小时不报下去，下面群众的生命可能有危险的！这是很重要的！不是说要赚多少工资，国家委托给我们，要么不接手，接手了就要搞好，有责任的，后面继承的人没找到，那我必须要搞下去的，对吧？不然我没地方交代，也对不住我老头子讲的话。"

你走了，我守着。

这是一句深情至心的承诺，是一辈子风雨相伴的爱情，更是一生默默坚守的信念。

【记者手记】

2019年8月11日凌晨2点,超强台风"利奇马"刚刚离开浙江几个小时,为抗台连续熬夜的临安区英公水库管理处书记方志伟顾不上一身的疲惫,思绪喷涌的他,写下一篇抗台随感——《跪测暴雨中心的水文老人》。

因为当天,81岁周桂凤冒雨跪地观测蒸发的视频截图在网上传得火热,而方志伟正是周桂凤和老伴姚匡胤的老领导——原临安水文站的老站长。

共事6年,方志伟对两位老人再熟悉不过,也深知他们这么多年的不容易。

"记得在我担任水文站长时有一次媒体要拍摄台风中心的暴雨实况,我心存要感受一下实况的这个'私欲'也好久了,便领队进山于此,哪曾料到这里风狂雨急雷厉,寒风冷冽刺骨!几分钟时间我便被冻僵逼回车上。我不能想象一个安装心脏起搏器81岁的老人,清晨要冒着刺面的风雨来到野外是需要何等的坚毅和动力,照片上老人的'跪姿'透露了老人身体伸弯已很不方便,她这样'跪测'可能不是今天开始的,只是我们没有及时发觉而已。"

方志伟曾听一位省水利厅的领导说过,以前厅里来临安调研水利工作的人员都会被厅领导嘱咐"有时间的话替我去看望一下市岭的老姚"。这让历届的水文站站长深受感动!因为老姚夫妻俩的认真工作,几乎零差错,所以市岭站的水文资料序列长、资料准、代表性强,已成为经济社会发展中水利、交通、

市岭站历年荣誉

城建等重要部门的项目设计技术数据支撑。

因为周桂凤老人的意外走红,方志伟作为最熟悉他们的老领导,接受了不少采访,很多话反反复复讲过无数遍了,但是每次讲到动容的地方,这位铮铮男儿依然会感动流泪。"这种很细腻的活,技术含量你说多高,也没有多高,它就是一些记载,分析报告也是上级的专业人员在弄,但是需要这么一股强大的责任心,坚持一天还可以,长年累月几十年下来,而且不是很随意的,是百分百用心在履行,对这份工作的情感已经渗透到自己的骨髓里了。"

也有很多人会问,现在科技这么发达,为什么还要用这么原始的人工方式。方志伟说,现在遥测基本代替了当年的人工测报。但在雷电交加的台风期间,设备常常被击毁,人工又是最保险的,所以水文代办员可靠的作用仍是机械不可代替的。(目前相关技术部门正在研究无人化设备,来替代这种人工作业方式。)据不完全统计,目前像周桂凤、姚匡胤这样的水文代办员,全省共有三四千人,他们拿着极低的报酬,默默坚守着自己的使命。

如果不是这次周奶奶的意外走红,也许我们根本不知道有这样一群人的存在。

在方志伟的随感当中,还记录了更多水文代办员的感人事迹——

"临安岛石国家基本雨量站的代办员,2015年,他已经76岁高龄了,那年的一次台风暴雨期间由于连续多日通宵达旦要测报,身体极度疲劳,一天凌晨6点钟左右他走近观测场时顿觉眼前一黑、两腿发软,跌倒在场边的阴沟里,十多分钟以后才得以爬起。"

"记得十多年前,我们南庄国家雨量基本站有个代办员,大家习惯称她为阿姨,她的家离雨量观测站较远,在一次特大台风暴雨的夜晚,她总能做到每小时准点报告雨量数据,事后我们好奇地问她是怎么做到的,她说整个夜都是撑着雨伞站在雨量观测场地的,来回家里生怕耽误了报汛时间,瞬间让我泪湿了眼眶。"

"'陷得太深'的要算於潜站的代办员,在她101岁的时候,她还要每天嘱咐小女儿(当时也有60多岁了)不要忘了去观测记录雨量资料。

> 老人对待交办这份责任心真可以感动天地！要不是防御'利奇马'台风连续熬夜，人太困，我还会再举出五六个水文代办员的事迹。初心和使命，在他们身上从来没有忘却过，模糊过。这张跪测在暴雨中心水文老人的照片，已经被社会热传，成为战胜'利奇马'台风的一种力量！"

【专家点评】

什么是坚守。历史上，陶渊明东篱采菊，坚守一份自适；李太白醉酒狂歌，坚守一份狂傲；托尔斯泰高龄出走，坚守一份朴素的心灵……

坚守，就是坚守住那些你的生命中不应该丢弃和流失的东西。比如人格、精神、良知、原则、荣誉、健康、赤诚、友情、爱意。失落了你就再也找寻不回来了。因为生命是有限的存在，而不是一个无限的过程。

坚是一种挺拔，而守却是一种柔情。坚是紧执，坚执住生命所不愿放弃也不能放弃的；守则有一种思往古之悠情的情怀，则有一种古道热肠的衷情。

坚，就是坚持你足下的土地，就是那片生你、长你、养你、葬你的土地。土地将它的每个颗粒化入了你的职业中，化入了你的单位里，化作了你的加速度，化为了你的家庭。而这一切都只不过是土地的化身而已。因此，作为一个人你怎能不爱？我爱我乡、我爱我家、我爱我国，其实就是我爱那片属于我的土地。

守，就是守住你那生命的价值与意义，守住你每一个平凡的日子和每一段不平凡的岁月，把守住了它们就是把守住了你的生命。而对守住最准确的诠释就是珍惜、珍爱和珍重。看守住了积累成沓的今天也就意味着你拥有了值得忆念的历史。把守住了每一个今日也就使你能够充实而不至于一无所有地走向未来。

爱能变成一种坚守，你能爱什么也就一定能坚守什么。周桂凤老人一生所坚守的，就是她所深爱的祖国、家乡、亲人和她割舍不断的观测事业。

中共浙江省委党史和文献研究室　朱健

陈兰仙："书记，我要为他们大大点个赞！"

记者：刘浩、林洁仪
编辑：华冰

【人物名片】

今年80岁的陈兰仙是杭州市拱墅区祥符社区的居民。因2月8日祥符派出所户籍民警谢钧上门送补办新证的事，她给省委书记车俊写了封信，点赞"最多跑一次"和办事高效的民警。这封表扬信在此前获得了省委书记车俊的批示。

陈兰仙给省委书记车俊的表扬信

尊敬的车俊书记：

您好！

我叫陈兰仙，今年80岁，是一名退休工人，现住在杭州市拱墅区祥符社区，请允许我带着感激的心情向您表达对"最多跑一次"政策实施的欣喜。自从您在浙江省推行"最多跑一次"工作以来，作为普通老百姓的我，深刻感受到它给我们带来的便利。2018年社区组织我们老年人参观

陈兰仙

祥符派出所,感觉派出所户籍室变化很大。听介绍,他们户籍室推出了"微信"服务,对忘带材料的办事人员进行微信扫码拍照打印,不用来回走非常方便。今年我在手机上看见他们又推出了新举措,办理户籍业务的群众足不出户就可以在手机上取号预约,实现办理户籍业务零等待。另外,他们还急群众之所急,可以便民上门服务。前一段时间,我刚好家里要急用户口本,但是怎么都找不到。那时候心里急呀,我一个老人家,平时就和老伴一起住,子女又不在身边,都不知道怎么出门,我就打电话给祥符派出所户籍室问这个该怎么办。工作人员跟我说需要户主带着本人的身份证就可以补办,我向工作人员说明我两夫妻年纪比较大,腿脚不太好,出门实在不方便,能否让他们送上门。他在电话里听到了我们的情况后,当天将补办了户口本给我送上门。那一刻,我深深感受到"最多跑一次"政策带给我们老百姓多大的便利,现在真是办事越来越方便,服务越来越周到,我要为他们大大点个赞!

此致

敬礼!

杭州市民　陈兰仙
2019.8.2

这是一封写给省委书记车俊的表扬信,写信人是今年80岁的杭州市拱墅区祥符社区居民陈兰仙。信中写道:"那一刻,我深深感受到'最多跑一次'政策带给我们老百姓多大的便利,现在真是办事越来越方便,服务越来越周到,我要为他们大大点个赞!"

故事还要从2019年的2月28日说起。当时陈兰仙老人的户口本丢失,急于补办证件,可子女又不在身边。腿脚不便的她想起之前参观祥符派出所的良好体验,抱着试试看的心情,给祥符派出所户籍室打了电话,希望民警能帮忙办理。

令陈兰仙老人没想到的是,3个小时后,民警谢钧就亲自上门,进行相关查验手续后，将新证件交到她手上。

"我很激动，他比儿子还好呢。"回忆起半年前的场景，陈兰仙老人赞不绝口。

十六载如一，没想到群众记在心里

老人口中比儿子还亲的民警，正是已经在祥符派出所户籍室扎根16年的谢钧。

坚持爬老小区3楼，给陈兰仙老人送证的他，其实患有严重的体位性低血压，每走几步就要喘上几口。因疾病缠身，今年55岁的谢钧需要靠长期吃药来维持身体，每天还不能够久站，否则就会因供血不足而失去平衡，晕倒不起。

尽管身体不适，谢钧还是坚持每天提前1小时到岗，晚几小时下班。他时常晚上八九点才回家，工作量大时，甚至还会工作到后半夜。每晚，户籍室的门口总是人们赶着回家的匆匆身影，但透过那半开的卷闸门，总能看见灯光下的谢钧，戴着一副老花镜，正专心致志、心无旁骛地整理档案材料。

当记者问"谢师傅，您身体不好，为什么每天还要这么拼"时，他说："我不喜欢拖到明天，当天的活一定要当天干完，因为这是为老百姓服务，我早点把活干完，老百姓的事就能早点办好。"在谢钧看来，工作是快乐的，能帮

谢钧工作日常

谢钧为王华辉老人送证上门

别人实实在在地解决问题。

对于谢钧每天匆匆回家吃过晚饭后又准时出现在户籍室,有时甚至顾不上回家吃饭,每到周日的休息天,还时不时值守岗位的日常,他的妻女经常打趣:"家里就和旅馆一样。"谈及家人,谢钧眼角湿润,深表愧疚。

而当回忆起8月26日下午,接到陈兰仙老人特地打来表达谢意的电话时,谢钧说:"这是我们常态的服务,这种小事,我们根本不挂在心上,但没想到,老百姓把它记在了心里。"

其实,为陈兰仙老人提供的服务,只是祥符派出所"最多跑一次"改革的一个缩影。为了更好地服务群众,特别是腿脚不方便的老年人,2019年以来,祥符派出所每月组织户籍民警下社区或企业开展上门服务。目前,已经实现上门服务常态化、机制化,变"群众跑"为"民警跑"。

2019年5月5日,派出所户籍办证大厅还接到方家塘社区王华辉老人的女儿打来的求助电话。在了解到老人90岁高龄、独居、户口本丢失、急须办事等信息后,谢钧当天下午就送证上门。因老人听力不好,他敲了十多分钟门,才等到老人把门打开。事后,老人再三叮嘱女儿,要感谢民警谢钧。不久后,谢钧收到老人的女儿特地写来的感谢信。

群众少跑腿,祥符派出所首创"两微"工作法

50平方米、6个接待窗口,每天叫号数200~300个……这个地方不是手

祥符派出所户籍民警接待群众

机营业厅,也不是银行,而是杭州市公安机关业务量最大的户籍室之一——祥符派出所户籍室。在那里,平均每个窗口每天需要接待 30~50 人,相当于每 10 分钟必须接待完一名群众。以上就是谢钧和所里其他户籍民警的日常工作量。

近几年,随着城市进程的发展,祥符已经从昔日的城乡接合部,变成了商贾林立、城市综合体密集的新兴地块,辖区现有社区 17 个,总人口达 25.1 万。2019 年以来,派出所户籍室共办理户籍业务 3.9 万笔。

在这样的高强度的业务量下,为了给老百姓提供更高效完善的服务,近年来,祥符派出所在"最多跑一次"改革上不断突破。2017 年 12 月,祥符派出所以贯彻落实杭州市公安局"容缺受理"机制为契机,结合工作实际,创新推行微信 PC 端群众自助下载打印及通过微信接收容缺材料的"两微"工作法。

如果群众发现少带了办事材料,只需要在户籍室内登录 PC 端微信,让亲友将相关办事材料远程传输过来,即可办理;或是添加户籍室公众号,回去后将缺少的材料通过微信拍照给民警,民警打印后归档。

户籍室内登录 PC 端微信

到目前为止,已有 2000 多名群众享受了这项服务,有效避免了在办理流动人口居住登记、户籍业务等相关业务时因材料不全而多跑一次的情况。

此外,祥符派出所还以派出所官方微信公众号"祥符警察故事"为平台,建设了"祥符公安户籍大厅",实现户籍业务办理"零"等待、网上预约"自由跑"。

具体来说,这一平台为群众提供以下便利:可在家、在单位、在上班途中通过微信平台"在线取号",取号后,系统会实时提醒排队进度,也可在线实时查询自己的序号。此外,还可以提前一周使用在线预约模式,包括省内外身份证办理、全城通办、港澳台居住证办理等 5 个模块的业务预约,等到了办事大厅出示预约号就可以优先办理。平台自 2019 年 4 月 1 日上线后,为群众节约了近 10 万个小时的等待时间。目前,有 1.36 万名群众在线评价,满意率达 99.9%。

提及所里"最多跑一次"的改革,谢钧说:"我们要与时俱进,现在是最多跑一次,将来要往最多跑零次发展。"他表示,未来祥符派出所将结合窗口实际,创新推出更多的便民、利民、惠民服务举措,让更多像陈兰仙一样的居民群众享受到"最多跑一次"改革带来的更多便利。

【记者手记】

在采访谢师傅的时候,时不时有人询问他如何办理业务,他总能耐心地回答。都说相由心生,谢师傅给人的感觉就是谦和有礼、和和气气的。

得知谢师傅的经历，我是由衷敬佩的。他是退伍兵，在上海武警总队当过兵。他有体位性低血压，每天不能久站。他要靠长期吃药来维持身体，但55岁的他却从没停歇过认真工作、为民服务的脚步。在户籍岗位的16年来，他日复一日坚持延长工作时间，坚持今日事今日毕，只为了让群众的事能早一些办好。因为工作繁忙，他没什么时间陪伴家人，对于家人，他是愧疚的。但在工作上，他确实值得点赞，当之无愧。

而像谢师傅这样颇具匠心的民警，在杭州有不少。就拿祥符派出所来说，每天叫号数200~300个，平均每个窗口每天要接待30~50名群众。我在窗口观察的10分钟里，每位民警都细致耐心地为群众办事。

此外，祥符派出所的"最多跑一次"改革，也是值得点赞的，实实在在为群众解决问题，真正实现了群众少跑路。相信未来，就像谢师傅说的，能够慢慢实现最多跑零次，群众足不出户，也能办理好业务。

对于像谢师傅这样的民警，还是那句老话：哪有什么岁月静好，不过有人替你负重前行。对于"最多跑一次"改革，就借用陈兰仙老人的话：现在真是办事越来越方便，服务越来越周到，我要为他们大大点个赞！

【专家点评】

政府只要真心为群众服务，群众就会记在心里。80岁老人点赞杭州户籍民警"比儿子还好"的故事应验了这句话。她在给省委书记车俊的信中写道："那一刻，我深深感受到'最多跑一次'政策带给我们老百姓多大的便利，现在真是办事越来越方便，服务越来越周到，我要为他们大大点个赞！"

从2016年年底浙江省委、省政府在全国率先提出并实施"最多跑一次"改革以来，浙江从不动产登记、社会保障、婚姻登记、交通违法处理，到商事登记、投资项目审批，浙江百姓到政府部门办事，基本实现了"最多跑一次"。"最多跑一次"改革不仅撬动了浙江各领域的改革，其持续放大的改革裂变效应，惠及浙江企业和群众生产生活的方方面面。目前，更多像陈兰仙一样的居民群众正享受着"最多跑一次"改革带来的更多便利。"最多跑一次"改革也已成为浙江的一张金名片。

中共浙江省委党史和文献研究室　俞红霞

王海峰：在世界第一大港创世界纪录

记者：刘浩
编辑：华冰

【人物名片】

王海峰，37岁，宁波舟山港股份有限公司北仑第二集装箱码头分公司桥吊二班班长，开桥吊15年，装卸的集装箱超过70万个，5次刷新桥吊单机效率世界纪录。2012年9月4日，在"新郑州"轮作业中，王海峰创造出235.6自然箱/小时的桥吊单机效率世界纪录，并保持至今。以他名字命名的"王海峰桥吊高效操作法"为宁波舟山港集装箱高效装卸作出了重要贡献。

离地四五十米，坐拥五六平方，手握20厘米手柄，驾驶80多米机械，桥吊司机头顶蓝天，面朝大海，操作着"吞吐"集装箱的"桥梁"。这就是王海峰每天的工作状态。

王海峰1米72的个头，1982年出生在紧邻大海的宁波穿山村。2001年，他从宁波港校毕业后分配到北仑第二集装箱码头，在港口货场开龙门吊。2004年，公司要从龙门吊中挑选司机转行开桥吊，

王海峰

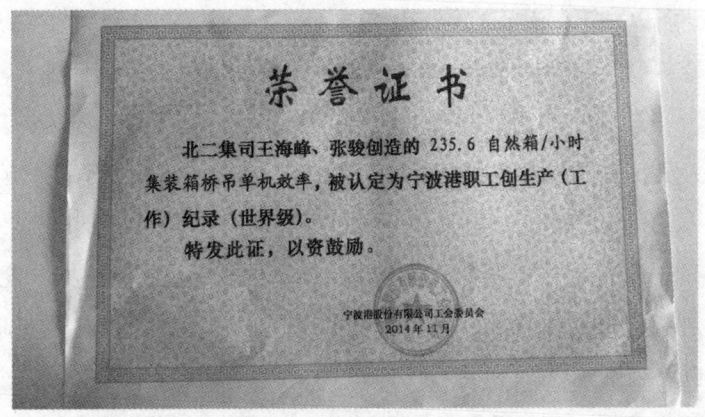

这是宁波舟山港北二集司王海峰和张骏创造出 235.6 自然箱 / 小时的桥吊单机效率世界纪录，并保持至今。

王海峰立刻报了名："刚好有这个机遇，我们码头招桥吊司机，我就去报了名，然后选择了开桥吊。"

龙门吊只有 10 多米，而桥吊有 40 多米，王海峰说，第一次上桥吊的时候两个手小心地扶着栏杆，生怕一不小心摇摇晃晃会掉下去。有些跟王海峰同一批开桥吊的人，上去之后头晕眼花，始终适应不了，最终只能选择放弃。

"像我的话应该也还好，因为我小时候经常在渔船上摇啊晃啊，适应了这种摇摇晃晃的操作环境。"王海峰已经记不起第一次跟父亲出海打鱼的具体场景了，只记得当时自己吐得厉害，时间长了之后，逐渐适应了在风浪里颠簸，从小跟父亲出海捕鱼的他梦想着有一天能开上大轮船，如今却开起了桥吊，每天看着世界各地的货轮来来往往。

设备在更新，王海峰的技术也在不断进步。2007 年 2 月 14 日，双四十英尺桥吊首次"加盟"宁波港。之后不久，王海峰凭借扎实的基本功和出色的工作表现，成为第一批"吃螃蟹"的人。可这只"螃蟹"实在不好"吃"——双四十英尺桥吊吊具抛物线的控制需要更加精准，而且因为机构的特殊设置，桥吊小车运行时晃动幅度更大，这让王海峰和伙伴们短短半小时就感到头晕眼花、恶心反胃。不仅如此，他们还要面对复杂的调节按钮、操作程序和四个脚踏板，常常手忙脚乱，恨不得生出三头六臂来。这项工作听起来就很"庞大"，实际操作起来更考验人的耐性和细心程度，所有的操作则完全要通过肉眼来判断，所以"下手"不仅得稳，更要准。

王海峰："如果你判断不仔细，或者说周围的情况观察不仔细，没有按照规范操作、安全操作的话，就有可能会造成设备、集装箱的损坏，甚至有可能会造成人员伤亡，毕竟在吊的货物一般二三十吨，有的甚至重达五六十吨。不仅仅是人跟机械打交道，更是各个岗位工作人员的通力配合的结果。"坐在40多米高的操作台上，将一个个集装箱，吊装到指定位置，这些"庞然大物"都得他通过肉眼进行去判断、调整位置，除了对视力、身体状况要求高，精神注意力也要高度集中。

面对高要求，许多司机打起了"退堂鼓"，可王海峰却牢牢地"钉"在了驾驶室。"稳中求快"是那时桥吊操作的不二法则，"熟能生巧"是师傅们教导的成功经验，虽然桥吊小车晃幅大的问题始终没有解决，可王海峰的操作速度还是越来越快。2009年、2010年，他和同事们用双四十英尺桥吊连续两次刷新了桥吊单机效率世界纪录。

王海峰："当时第一次打破纪录是2009年，也失败过，后来经过多次调整、分配、布置，最后是在2009年8月27日，当时是第一次打破了桥吊单机效率的世界纪录。"

桥吊单机效率是衡量一个港口集装箱装卸水平的重要指标，影响着船方、货主对挂靠港口的选择。宁波港创造世界纪录后不久，国内有大港也用双四十英尺桥吊连续破了两次纪录，这深深"触痛"了王海峰：如果还是按照老的手法，虽然可能再破纪录，但很难有质的提升，能不能走出一条新路？在王海峰的不断尝试中，创新之路也在这份坚持中被他一步步"踏"了出来——当桥吊小车与吊具的垂直度出现偏差的一刹那，他依靠小车加减挡控制吊具的垂直度，终于找到了迅速稳关减少晃动、降低司

王海峰在码头

跟同事交流学习

机疲劳程度、提升桥吊作业效率的新途径。在这之后，王海峰和班组成员共同总结提炼，终于让双四十英尺桥吊"高效"双吊具操作法横空出世——作业效率大幅度提高，平均单机效率每小时可增加2个自然箱。

2011年，王海峰创造的桥吊单机效率世界纪录突破了每小时200标准箱大关！2012年，他再次刷新纪录，把纪录定格在了让许多大港望尘莫及的每小时235.6标准箱，并一直保持至今！从2009年至今，王海峰更是5次刷新桥吊单机效率世界纪录。王海峰："现在纪录是235.6，等于说就是我在一个小时之内，操作一台桥吊，装卸集装箱，达到了235个自然箱。世界纪录，暂时是我保持的。"

为了更好地熟悉各种船舶，王海峰和同事们把工作中接触到的船舶类型和各项参数印在了会议桌面上，每天都能利用闲暇休息时间学习。如今，王海峰开桥吊已有15年，装卸的集装箱超过70万个，他还创造了以自己名字命名的"王海峰桥吊高效操作法"。

不了解的人不清楚这些数字背后的意义，但对于王海峰来说，数量的增加意味着效率的提升，这不仅为业主减少了时间成本，也无形中提高了商船的利益："比方说2000个箱子15个小时可以完成的，但是因为你的效率高了，12个小时就完成了，等于说节省了3个小时，他们又可以去别的港口，或者是去别的国家进行装卸了，那就节约了很多的成本。"

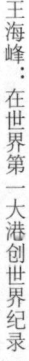

在码头接受调研团采访

屡屡刷新桥吊单机效率世界纪录,无疑是令全球港航业瞩目的骄人战绩,可王海峰说:"这是大家的功劳,离不开集团公司的统一指挥,北二集司各部门各岗位的配合,我只是努力尽到自己的本分。"在别人看来是"奉献",但在王海峰看来却是"本分",王海峰说,自己整理的桥吊高效操作法并没有留一手的想法,分享给大家是希望每个人都能尽快掌握新的操作法,让这二三十层楼高的桥吊更好地为宁波舟山港服务。

王海峰的"本分"还体现在工作中面临突发状况勇于担当的奉献精神。2014年1月的一天,"畅锦26"轮在北二集司码头靠泊作业,当时码头风力已达7级,吨位不大的该轮在波浪中摇晃个不停,这让当班的桥吊司机没过多久就感到视觉眩晕,力不从心,效率直线下降。此时,正是北二集司冲刺"开门红"的关键时刻,"畅锦26"轮后还有大船等待靠泊装卸,时间显得尤

给同事讲解

为宝贵。关键时刻，还端着饭碗的王海峰在接到指令后立刻从 15 号桥吊奔赴 11 号桥吊，连续作业 4 个小时，安全高效地提前完成了任务。这样的事，王海峰早就习以为常。

习以为常的还有他的家人。2010 年 9 月 23 日，王海峰的未婚妻一个人在影楼等了他几个小时。那天，是他们早已定下的拍摄婚纱照的日子，也是王海峰创造宁波舟山港集装箱船时效率新纪录的日子。2012 年 9 月 4 日，王海峰的母亲在拥挤的人群中奔忙，那天是儿媳妇生完小孩出院的日子，也是她的儿子再次刷新桥吊单机效率世界纪录的日子……

这些年，王海峰以创新和奉献为笔墨，在宁波舟山港"强港梦"的画卷上绘就了自己的"架海金梁"，成了家人和同事们心目中的骄傲。

【记者手记】

> 采访当天，记者乘坐宁波地铁到达北仑之后，还得乘坐出租大约 6 公里的路程，才能到王海峰工作的码头。来来往往的集装箱货车，让港口显得异常繁忙。
>
> 王海峰开了个皮卡车，冲到了大门前，接上记者后又风风火火地开到了自己的办公室楼下。可能是急着去工作，采访中能够感觉到，王海峰言语短、快、直，说起话来从不拐弯抹角，愈显真实。
>
> 王海峰说自己第一次上电视的时候，儿子异常兴奋，作为父亲能够成为儿子的骄傲，他很欣慰。虽然自己已经获得无数荣誉，打破并保持世界纪录，但是在他眼里，继续做好本职工作才是最关键。更重要的是，那些只代表过去，并不代表现在，更不能决定自己的未来。

【专家点评】

王海峰在桥吊车上创造出了奇迹，创造出了以自己名字命名的高效操作法，这很不简单。这也再一次揭示一个人成功的最简单易显的道理，那就是干一行，爱一行；干一行，专一行；三百六十行，行行出状元。王海峰的成功更揭示出敬业爱岗的职业精神与职业伦理重要性。王海峰所认为的本分，无疑是一种非常可贵的令人敬重的职业精神与职业伦理。每一职业都有其相应的职业精神与职业道德，只有很好地坚守、践行这种职业精神与道德，才能真正干一行爱一行，也才能干一行专一行，最后达到庄子所说的庖丁解牛的境界。这种精神也是一种工匠精神，是将自己的工作臻于至善的境地。在现代化的奋进过程中，非常需要有更多的像王海峰这样的操作能手，需要有更多的人具有这样一种敬业爱岗的职业伦理与职业精神。

浙江省社会科学院智库首席专家　杨建华

吕义聪："80后"工匠要让中国汽车跑遍世界

记者：焦子明
编辑：农书荣
摄影：黄国中

【人物名片】

吕义聪，新浙江人，1983年10月出生于安徽定远，浙江吉利汽车路桥公司总装厂总工程师。曾获全国劳动模范、全国五一劳动奖章、中国青年五四奖章、全国技术能手、全国优秀农民工、全国知识型职工标兵等荣誉称号。

这套工装被吕义聪一直珍藏着，这是2005年他第一次参加全国技能大赛时候的比赛战袍，那次比赛，让吕义聪感到通过努力，重新掌舵了自己的人生。

苦寒中勃发的"80后"

1983年，一个男孩在安徽省定远县出生了，他叫吕义聪。

生活并没有对他照顾有加，10岁时父亲去世，没过两年母亲因车祸也不幸离世，这样生活条件的

吕义聪

吕义聪（黄国中摄）

艰难可想而知。少年时的吕义聪被寄养在农村的姑姑家，可当时姑姑家的条件也不好，家里的哥哥姐姐们也早早地出去打工，于是高中还没念完，他就辍学投奔远嫁浙江台州的姑姑。"十几个小时的长途客车上，我偷偷掉眼泪，可是妹妹年幼需要照顾，我只能放弃读大学。"吕义聪说，"我也知道，既然选择踏入社会，就只能坚持走下去。"

"人挪活，树挪死。"留在老家也是没出息，不如去闯荡一番。当时的吕义聪一定没想到，正是在浙江台州这个地方，他开始了人生截然不同的篇章。初到台州，虽说有老姑照应，解决了落脚的问题，可生存依然得靠自己。没学历、没技术的硬伤该怎么解决呢？总不能一直蹭亲戚家的饭吃吧？

经过做运输行业的姑父引荐，吕义聪到了台州路桥南站的一家汽车修理厂当学徒，这一当就是两年，也由此跟汽车结了缘，再也没有离开过这个行业。那一年是2002年，他19岁了。一直待在汽修厂，虽然能填饱肚子，但发展空间毕竟不大，吕义聪隐隐觉得，长久下去也不是个办法，正思考人生之际，一个机会敲敲来到了他的身边。

流水线上走出的工程师

2003年年底的时候，有一次修理厂派吕义聪到一个偏僻的工地上去修车。吕义聪平时就是一个爱琢磨和研究的人，对于汽车修理技术经常自学。这份好奇心使得他注意到了一个奇怪的情况：在这个可谓是荒郊野岭、深山老林里的工地边上，怎么会有一个这么大的汽车厂？这厂子是什么来头？

当你挂念一件事的时候，连宇宙都会帮你。后来吕义聪跟着表兄进入到了这个神秘的大车厂参观，这一看不要紧，可把年轻的吕义聪羡慕坏了！宽敞明亮的大厂房，先进的流水线生产车间，跟他原来那个充满油污、每天钻地沟的工作环境形成了鲜明的对比。就在那时，吕义聪心里默默发誓："以后一定要成为一名汽车制造工人!"

2004年5月,吕义聪应聘成功,成为一名吉利汽车的制造工人。梦想照进了现实,吕义聪的干劲十足,一度十分自豪自己的工作,终于可以一展身手、施展抱负了!可现实总是在得意之时给你当头一棒。

当年的吉利汽车,还不是现在这样的知名国产汽车品牌。吉利汽车当时的处境并不乐观,品牌羸弱,产品质量差。不过,现实并没有让吕义聪退却,他反而转变心态,将自己的命运和集团的命运捆绑:"既然我们的处境都不好,那就一起努力走出来。"带着一颗感恩的心,吕义聪决定要通过自己的努力和同事们一起,陪伴吉利崛起,这样的心态一直到今天也未曾改变。那么问题来了,怎样做才能快速成长?吕义聪开启了"开挂"模式。

凭借对汽车的热情和刻苦学习的精神,自2004年加入吉利后,他苦练整车装调和维修技能,改进整车技术,进行质量改善,不断提升技能水平,多次帮助公司解决技术难题,用十几年时间从一线装配工人成长为汽车总装制造领域专业型领军技术人才,目前拥有200多项改善创新成果、两项国家专利,获得全国第三届汽车装调工职业技能大赛一等奖、浙江省职工技能状元金锤奖,成立有国家级技能大师工作室"吕义聪技能大师工作室"。

与此同时,吕义聪被评为全国劳动模范、全国技术能手、全国知识型职工标兵、全国优秀农民工、浙江省十大能工巧匠、浙江省优秀共产党员,荣

(黄国中老师摄)

获全国五一劳动奖章、中国青年五四奖章,并受到习近平总书记的亲切接见。

获得了这么多的荣誉,吕义聪仍旧不忘初心。

让他这么多年记忆最深刻的一次成长,是在2005年第一次参加全国技能大赛的时候。当时吉利的品牌尚且不成熟,代表吉利出赛的十几名优秀员工在将要奔赴北京比赛之前,当时的领导给大家作了讲话:"你们这次作为代表我们民营企业参赛的选手,都是上场战斗的红孩儿,你们去战斗吧!"随即,还给每个人拿出了一套纯红色的工作服作为比赛战袍,鼓励大家好好发挥!吕义聪听在心里,默默较劲:"虽然我们是一线员工,但我们到北京,要让大家认识到我们自主品牌也可以对市场发起冲击!"

为了在赛场上让所有人知道他们来自吉利,团队每个人还做了一个带商标的广告牌拿在手里,颇有现在粉丝给明星偶像打灯牌的架势。多年过去,每每想起当年的一幕,吕义聪还是觉得心潮澎湃。

在成长的过程当中,吕义聪有一颗感恩的心,经常主动"扛大梁",解决各种生产难题。

2007年1月,金刚公司承接一批出口车订单,即将交付时,发现部分车辆行驶时有异响,许多技术人员调试后,仍然无法将故障排除。吕义聪自告奋勇地开一辆车就出去了,大约半个小时后回来,他认定故障来自动力转向液壶和发动机怠速控制阀。经过检查,问题果然出在这里,同事们都钦佩不已。

同年5月,浙江省委、省政府授予吕义聪浙江省职工技能状元金锤奖,并奖励他10万元。同事们为他高兴,都来询问他计划怎样使用这笔钱,可吕义聪却作了一个出人意料的决定:拿出一部分钱捐给台州本地的孤儿院。"我从小就是个孤儿,我要用一颗感恩的心帮助别人。"

这不是一句空话,为了帮助广大员工在工作中保持学习和进步,吕义聪制定了专业培训计划,定期开展汽车专业理论知识培训和技能训练课程,为公司持续培养实用性人才。他带出的十几名整车调试技能高手,很多都成了集团调试班组的"一把手",有的更是凭借技术优势转入了集团的其他系统。

"幸福是奋斗出来的!"吕义聪用自己的实际行动验证着这句话。以工匠精神练就一手绝活,从普通工人到行业里的名人,他收获的无数荣誉都是实至名归。有人赞叹他是个天才,而吕工笑笑说:"哪有什么天才,无非是花了比大家多得多的时间去钻研和学习罢了。"他是这么说的，也是这么做的。

国庆观礼

2019年10月1日，吕义聪出现在庆祝中华人民共和国成立70周年庆典的观礼台。

"在现场，所有人都很激动。我感觉，自己与祖国更紧密地联系在了一起。"吕义聪兴奋地说。在现场，他几度落泪。当受阅飞机掠过观礼台上空，当国产军事装备惊艳亮相，

他都流下了激动的泪水；当一个个方阵踏着整齐有力的步伐走来，他不禁感慨"祖国越来越强大了"；当每一首歌颂祖国的歌曲响起，他都忍不住跟着哼唱，"嗓子都唱哑了"。

作为来自中国汽车制造行业的一线代表，吕义聪见证了新中国的汽车产业从弱到强，也见证了祖国的繁荣富强。"未来，我们作为年青一代的汽车人，将不忘造车初心，为人民提供越来越多更好、更高品质的汽车产品和服务，让中国品牌汽车跑遍全世界。"

【记者手记】

> 预约吕工进行采访是真的不太容易，因为他太忙了。作为总装工程师，他可以说是汽车生产线上各个环节的质量把关人，现今因为职务的原因会经常出差，就连这次采访也是吕工在外地通过电话实现的，挂了电话之后，又匆匆地投入到另一场会议当中去了。
>
> 对于汽车行业并不熟悉的我，在和吕工交谈的过程当中，其实是讶异的。在一般人的理解当中，一名技术工人或者工程师，应该是不善言

辞，钻于技术的。可吕工恰恰两者兼备，叙述起当年的经历流畅而自然，在我看来这是一种自信而坚定的体现。

吕工从小的不幸经历，并没有影响到他日后的成功。如今很流行的10万小时定律很真切地体现在吕工的身上，这是在一个快节奏浮躁的时代难能可贵的精神，他的成功绝非偶然。

一部车子，有一千多个零件，他能够做到了解每一个零件的作用、位置，并且在拆解的过程当中发现问题，帮助车间优化生产流程。都说细节见真章，不得不佩服吕工专业知识的扎实。

大家都知道幸福是奋斗来的，但是怎么做才能保持有效的奋斗，而不是蛮干呢？那就是保持学习的心态，拥有一颗感恩的心，正是这些品质使得吕义聪从人生并不顺利的开局走上如今的康庄大道。

【专家点评】

每个人都渴望得到自己的幸福，但幸福从来不会从天而降，所有的幸福都需要靠双手去创造；幸福从来不会突如其来，所有的幸福只有历经风雨才能看见彩虹。吕义聪凭借对汽车的热情和刻苦钻研，不断提升技能水平，以工匠精神练就一手绝活，从普通工人到行业里的名人，他也因此获得了诸多荣誉，并受到习近平总书记的亲切接见。

吕义聪的经历告诉我们："幸福是奋斗出来的！"其实幸福很简单：只要认真去体验生活，坚守初心，敢于拼搏，不懈努力，所有的幸福都会慢慢呈现，所有的奋斗都会点燃希望！

中共浙江省委党史和文献研究室　俞红霞

汪阳：在中国的土地就应该遵守中国法律

记者：党君雅

编辑：农书荣

【人物名片】

汪阳，1989年出生于杭州萧山。2015年进入杭州交警景区大队，成为一名路面执勤交警。由于工作表现出色，入选杭州首批TPTU交警，成为西湖景区道路上使命必达的铁警一员。2016年，获G20杭州峰会优秀安保个人，2017年、2018年连续两年被评为优秀公务员。

汪 阳

在中国的土地就应该遵守中国法律

这是汪阳的一页TPTU工作日志，时间是2017年11月25日的晚上7点。"这件事情发生在杭州西湖边的中国美院附近，这起事件我印象特别深刻，因为这是我第一次处理涉外事件。"

根据工作日记的记录，当天晚上美院附近发生一起交通事故，但是由于涉及外国人，语言不通一时间难以协商。汪阳是杭州首批TPTU交警，接到警情后立刻赶往现场。

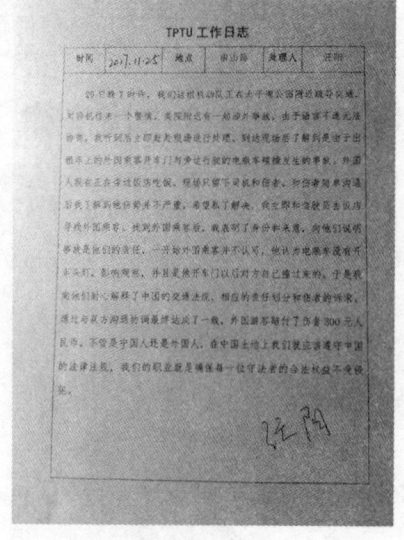

汪阳的工作日志

TPTU 是杭州交警首创的交警机动队，里面的字母 T 代表英文 Traffic，即交通的意思，就是这支队伍是交警队里的 PTU，机动队，遇到交通事故第一时间到场处理，机动性很强。不出警的时候就在路面巡逻，抓拍各种交通违法行为等。

当天，汪阳赶到现场后发现，事故的原因是出租车上的外国乘客开门时，跟旁边行驶的电瓶车碰撞发生了事故，当时现场只留下司机和受伤的电瓶车驾驶员，外国乘客到边上饭店吃饭了。

"是澳大利亚来的游客，事故发生后双方语言不通，无法交流，外国游客觉得自己没有责任，就离开在附近的饭馆里吃饭去了。"

汪阳带着受伤的电动车主找到了正在附近就餐的游客，经过他的一番英文解释，让对方了解到了中国的交通法规，下车时开车门导致骑车人受伤主要责任方在于乘坐出租车开门的乘客，所以需要对伤者进行赔偿。最后，在他的协调下，双方和平解决，受伤的电动车车主拿到了应得的赔偿。

"我觉得当时心里感觉比较自豪，能为我们自己人帮上忙，他的合法权益得到了保护。"汪阳在当天的工作日记中特地记下了一笔：不管是中国人还是外国人，在中国的土地上都要遵守中国的法律和法规，我们的职业就是确保每一位守法者的合法权益不受侵犯。

这样的工作日记，汪阳有很多，但是这一页，他还会经常翻出来。他说，这样

汪阳（站立者）帮受伤者包扎伤口

的工作每天都在上演着，从这一页工作日记开始，让他更加坚定自己的使命，让他很有成就感。

TPTU 使命必达

别看这件事情处理起来并不复杂，实际上是因为汪阳具备了很多"硬杠杠"。首先，快速抵达现场快速处理事故，这源自于杭州专门组建了TPTU——交警机动队，这也是杭州公安交管部门从传统警务走向信息警务的标志。TPTU 最大的特点就是机动能力强，处理交通事故就一个字——快。据介绍，每位 TPTU 队员都配备黑色外武装腰带、新型反光背心、对讲机、伸缩警棍、辣椒水、执勤执法文书、便携式执勤执法录音录像工具、卡片式照相机、滑石笔等装备。每次遇到事故，都可以自如应对突发交通事故。

"我们 TPTU 队伍的队员，都是经验丰富的老交警。一部分是专职处理交通事故的交警，另一部分是业务精、技能水平高的执勤交警。"

另外，杭州西湖作为杭州的金名片，外国游客众多，学会英语也成为汪阳的重要技能。2016 年的时候，景区交警大队柳浪闻莺中队及岳坟中队的几位"蜀黍"还因为用英语做直播成为被网友追捧的"网红"。正是因为懂英语，装备精良、经验丰富，才能够快速抵达现场，圆满处理事故。

汪阳完成路面巡逻，回到大队

警察梦

记者采访的时间是上午 10 点,汪阳已经骑着大摩托到西湖边溜了一圈回到大队。30 出头的他穿着荧光黄的 PTU 制服,笑起来还像个大男孩。他面对采访有些腼腆,他说,TPTU 队员都比较年轻,30 岁已经是里面的老大哥了。

汪阳大学里学习的是物流专业,毕业后在企业里工作过一段时间,但他一直怀揣着一个警察梦,小时候看着身穿制服的警察叔叔总觉得很神气。2015 年,当他看到杭州公安社会招聘通知的时候,没有犹豫,立刻报考,通过层层选拔他终于圆梦,成为一名交警。以往对警察所有的幻想变成了眼前日复一日辛苦的工作,汪阳说,穿上这身制服远比想象中来得辛苦。每天早 7 点、晚 10 点的两班倒,台风天、节假日永远在路上,深夜里查酒驾、接警后飞驰在路上。但他无怨无悔,在工作中总是尽力承担更多。

2017 年,杭州交警成立首支 TPTU 队伍,主要由景区大队负责筹备一支下属的机动大队,在西湖景区道路试运行。由于平时工作出色,汪阳被选中成为其中的一员。

"我们口号就是最快双腿,最强大脑。因为我们机动队配备了大功率摩托

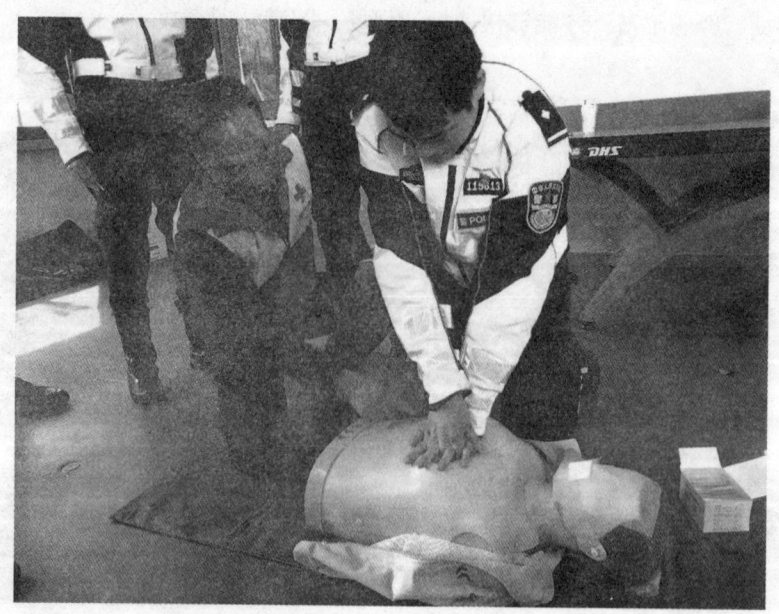

汪阳在接受急救训练

汪阳（左数第二位）和同事们

车，机动性更强，并且与城市大脑实时联动，能更快速地第一时间到达现场。"

第一批被选拔进入TPTU的队员都是业务精英，入伍选拔时都经过了严格的培训，从大摩托的骑行技术、路面事故的突发处理到紧急的医疗救援知识，每一步都要经过严格的考核。"我们摩托车有500多斤，还是需要有一定驾驶技巧才能驾驶，而且景区的道路其实也比较窄的，要想驾驶的话，其实也是需要一点技术的。"

TPTU每天分三班制，每班7小时，从早上7点到晚上10点，都有交警在路上。"我们一般都是以环湖为主，环湖一圈12多公里，一般一天是上午两三圈，下午两三圈这样。"

汗湿了衣裳、风雨中前行，节假日穿梭于西湖边的车流人流中加班加点，汪阳和同事们一起守护着冬去春来的西湖。他的眼里常是西湖四季变幻的景色。虽然时常加班加点，家里2岁的孩子也常常无法陪伴，但汪阳说作为一名TPTU，是他无悔的选择："自己感觉义不容辞的，因为这一行有些时候你自己的一些付出，能让老百姓得到一些真正的实惠，自己心里也能感受到自豪。"

【记者手记】

> TPTU在杭州是一道风景线，经常会在路上看到他们帅气的身影。但这帅气的背后是日复一日、年复一年高强度的工作。9月初的采访日，杭州的气温还在30℃左右，驾驶着摩托车外出巡逻一圈，汪阳的制服几乎能挤出水来。寒冬里，驾驶着摩托车寒风呼啸，总会让人感到寒冷。汪阳和队友们已经习惯了这一年四季的节奏，他调侃说："做我们这一行，不仅要拼脑力还得拼体力，什么都得会一点。"
>
> 对于汪阳来说，每一天都是平凡的，每一天他都在路上挥洒着自己的热情与汗水，为这座城市的美好辛勤地工作着。
>
> G20期间，汪阳参与到西湖景区的道路保障工作中，每天长达20个小时的工作，他说有时候真的困到眼皮打架，但这对于杭州、对于西湖是何等重要的时刻，他明白。他和同事们的指挥和引导，让西湖景区道路始终保持着畅通、良好的状态，让西湖向全世界展现着最美的一面。
>
> 杭州，这座日新月异的城市，我想正是因为有着许许多多和汪阳一样奋斗在一线的工作者，才让它充满活力、充满朝气，拥有着蓬勃的生命力。

【专家点评】

TPTU在杭州是一道风景线，经常会在路上看到他们帅气的身影。但这帅气的背后却是辛苦的坚守与奉献。正如汪阳说的，以往对警察所有的幻想变成了眼前日复一日辛苦的工作，穿上这身制服远比想象中来得辛苦。自从穿上这身制服后，每天早7点、晚9点的两班倒，台风天、节假日永远在路上，深夜里查酒驾、接警后飞驰在路上。干他们这一行，不仅要拼脑力还得拼体力，什么都得会一点。但正是由于汪阳和队友们的无怨无悔，日复一日、年复一年地在平凡的岗位上挥洒着自己的热情与汗水，美丽的西湖才会向全世界展现最美的一面；正是因为有许许多多和汪阳一样的奋斗在一线的工作者的坚守与奉献，我们的城市、我们的国家才充满活力、充满朝气，并拥有更美好的未来。

中共浙江省委党史和文献研究室　俞红霞

发现良渚

良渚三部曲 1——施昕更：发现良渚

良渚三部曲 2——夏鼐：首次提出良渚文化的"七国院士"

良渚三部曲 3——陈同滨：良渚申遗的总规划师

良渚三部曲1——
施昕更：发现良渚

记者：党君雅
编辑：潘康康

【人物名片】

施昕更，1912年8月出生于浙江余杭县良渚镇。1927年中学毕业后，考入浙江省高级工业学校艺徒班，专攻绘图专业。在一次参与考古挖掘中，一把出土石斧，让自幼在良渚长大的施昕更隐约地联想到这些东西在老家良渚有很多发现。经过大量调查走访，施昕更通过博物馆向上级部门打报告申请同意在良渚一带进行野外考古发掘。1936年12月至1937年3月，施昕更在良渚先后主持了三次考古发掘，获得大量的石器、陶片、陶器等实物，从科学发掘的角度第一次确认了江南地区的"良渚一带"存在远古文化遗存。1937年春，5万余字的《良渚》一书（又称《杭县第二区黑陶文化遗址的初步报告》）编制而成，该书详细介绍了发掘经过、收获，并首次提出了良渚遗址古文化在中国新石器时代文化中的重要性。

施昕更

眼看到这祖先开创遗下的国土，一天天的沦亡，我们的文化，也被敌人疯狂地摧残，这种事存亡绝续的重大关头。然而，中国绝对不是其他民族可以征服了的……我们生存在这艰巨伟大的时代，更要以最大的努力来维护来保存我国固有的文化，不毁损毫厘，才可使每一个人都有了一个坚定不移的信心！

——施昕更《良渚——杭县第二区黑陶文化遗址初步报告》卷首语

一本5万余字的《良渚》，第一次详尽地记录了从出土黑陶片到良渚古城遗址的发掘历程。良渚，这片土地所孕育的文明从这个时候开始受到世人的关注。而主导这一切发生的正是土生土长的良渚人——施昕更。

寒门学子的人生转折

1912年8月，施昕更出生在杭州余杭县良渚镇，自他出生之时，家庭遭遇变故，家境日渐贫困。施昕更自幼聪颖好学，7岁时进入镇上的余杭县立良渚中心小学读书，成绩优异。但因为家境原因，13岁小学毕业后辍学在家。当时的老校长见施昕更成绩优异，上门劝说他的父母让他继续读书，最终家人东挪西凑，借钱把他送到了杭州贡院（今杭州市高级中学）读书。1927年中学毕业后，施昕更考入浙江省立高级工业学校艺徒班，半工半读，专攻绘图专业。当时，著名的敦煌艺术专家常书鸿在该校兼课，施昕更曾亲受他的教诲。

1929年，施昕更临近毕业时，恰逢西湖博览会召开。经老师推荐，他成为西湖博览会艺术馆甲部的管理员，也正是这个契机让他接触到了大量的古文物和矿物标本，由此产生了极大的兴趣。

《良渚——杭县第二区黑陶文化遗址初步报告》

四个月的临时兼职，谁也没想到，成为施昕更的人生转折点。

西湖博览会成功举办后的第二年，浙江省政府建立西湖博物馆，施昕更凭借当初临时兼职时优异的工作表现，被推举到博物馆工作。

一把石斧引发的文明探寻

"1936年5月，西湖博物馆发掘杭州的古荡遗址，祖父也参加了这次考古发掘。在一次绘图过程中，一个孔石斧引起了祖父的注意，祖父想起自己的家乡良渚也有类似石斧，说不定这会是良渚的一个重大发现，所以祖父就带着一系列疑问回到良渚去钻研调查。"施时英，良渚遗址管理所的副所长，也是施昕更的孙子，他告诉记者祖父对家乡良渚有着浓烈而深厚的情感。

1936年，西湖博物馆对杭州古荡的一处古文化遗址进行考古发掘。由于人手不足，并不是考古专业的施昕更也被派往参与。当时出土的文物中有一把长方形带孔的石斧引起了施昕更的注意。良渚盛行"掘玉"，当地村民在翻耕土地时常会发现地下文物，包括陶器、石器和玉器等，其中玉器最为值钱，有古董商定期来收购；而石器和陶器因为不值钱，被村民丢弃。

施昕更年幼时便看到过在家乡的土地里也挖出类似的石斧，古荡和良渚之间是否存在联系？这类器物是否源于家乡？施昕更带着疑问回到良渚，终日奔走在田野阡陌之间寻找答案。但回去后经过多次的调查，并没有太多收获。年幼时，翻耕掘玉的土地已变成良田，施昕更只能随着记忆一家家走访，希望能找到线索，但收效甚微，只找到了几件粗糙的石器。

施昕更没有放弃，一边走访，一边向当地村民宣传，千万要保护好出土的文物，这些都是有价值的东西。经过几个月不懈努力，当年年底，施昕更终于发现了有价值的东西。这一天，他一如既往地在良渚做古文物调查，偶然机会，他在一个池塘里，发现了几块黑色陶器碎片。这片池塘因为当地农民戽水灌田，池水已经干涸，因此，施昕更才得以发现池塘底部的黑色陶器碎片。

施昕更将这些碎片带回博物馆，与其他陶片进行比较，发现这是一种黑陶碎片。施昕更敏锐地意识到，这些在良渚池塘里发现的还有村民家的石器，与山东龙山城子崖遗址的文物出土状况非常相似。虽然从未受过专业的考古训练,但施昕更隐约觉得良渚很可能与城子崖一样,曾经存在着一个古文化遗址。

他立刻将情况和想法向当时的西湖博物馆馆长董聿茂汇报。施时英说,祖父对比着自己挖掘出来的黑陶,在图书馆一坐就是一天,查阅详尽的资料,不断比对龙山出土的黑陶,内心的兴奋和成就感在不断上升。"我祖父对比龙山文化,跟馆长讨论这个事情。董馆长觉得有可能良渚有个古文化。当时的博物馆比较支持。出面申请发掘执照,要去发掘。"

1936年年底,中央古物保管委员会批准了在良渚进行田野发掘的申请。施昕更正式开始主持对良渚的田野考古项目。

国运不济 颠沛流离中守护考古成果

1936年12月至1937年3月,西湖博物馆对良渚进行了三次考古发掘,均由施昕更主持。在四个月的时间里,陆续出土了黑陶、石器、玉器等各类文物数百件。

在考古过程中,当地居民误以为施昕更带人来"掘玉",和他们"抢饭碗",常常干扰、阻拦考古发掘。施昕更在一份撰写的报告中曾提道:"当地一般无知农民不明是非,横加阻难,或以为我个人借此自肥;又其中莠民三四人合股于夜中盗掘,被毁农田极多,而皆归罪于我。几成众矢之的。"

令人欣慰的是几个月的努力,让这数百件出土的文物得到保护,它们的历史价值更是得到了前来考察的考古学权威——董作宾、梁思永的认可。由

《良渚》目前收藏于良渚博物馆

1934年6月西湖博物馆全体职员合影（后排左三为施昕更）

此第一次科学地确认了良渚一带确实存在着远古文化遗存。在获得考古研究资料后，施昕更便着手撰写考古发掘报告，经过半年多的努力，题为《良渚——杭县第二区黑陶文化遗址初步报告》完成。这份调查报告分为绪言、遗址、地层、遗物、结论五部分，总计约5万字，除正文外，还附图100余张。

"在浙江省的考古界，大家对我爷爷很尊重，他们认为在当时的条件下能对良渚遗址有这么大范围的调查实属不易。"施时英说，祖父为了良渚文明的探究，顾不上妻儿，在他父亲的印象里很少能见到祖父。后来，日本人打到杭州，祖父跟随着博物馆的工作人员一起保护文物内迁，妻儿只能自顾自。

施昕更的《良渚》文稿付排时，正值抗日战争，印刷被迫中止。于是，他携带着文稿，在战火中随着西湖博物馆南迁，最终在馆长董聿茂的呼吁和坚持下，浙江省教育厅同意出资付印。几经辗转，由中国科学公司付印，1938年《良渚》终于问世。而此时的施昕更又转移到瑞安，投笔从戎，任瑞安县抗日自卫队秘书。由于条件所限，1938年，当他拿到连裁边都没有完成的书稿时，悲喜交加，他在书中写道："这本报告，随着作者同样的命运，经过了许多患难困苦的历程，终于出版了，虽然是值得欣慰的事，但是此书既成，反不忍卒读，更感慨万端！遥想这书的诞生地——良渚——已为敌人的狂焰所毁灭，大好山河，为敌骑残踏而黯然失色，这报告中的材料，也已散失殆尽，

施昕更同董作宾在棋盘坟遗址

所以翻到这书的每一页,像瞻仰其遗容一样的含着悲怆的心情。"

至此,倾注了施昕更全部心血的《良渚》为后世对良渚文明的理解和保护奠定了基础。良渚文明第一次引发了学术界的关注。而施昕更本人,由于长年劳累,患上了猩红热。1939年5月29日,他在瑞安县立医院病逝,年仅28岁。

【记者手记】

> 施时英,良渚遗址管理所的副所长,也是施昕更的孙子。他说,自己原本学的是园林,但在父亲的要求下回到了良渚,先后在良渚博物馆、良渚遗址管理所工作。长达25年的工作中,都伴随着良渚遗址的开发和保护,对这片土地他有着浓烈而复杂的情感。祖父曾在这里和他一样,每天奔走于村落田间,和村民一遍遍讲着良渚文明的价值,一样为良渚遗址的保护而奉献着青春和热情。祖父是发现者,孙子是守护者、保护者。当良渚申遗成功的那一刹那,施老师的内心非常触动,他说:"爷爷在天堂应该笑了!这片他用生命守护的土地终于成为他想看到的样子。"
>
> 在查找施老资料的过程中,在采访施时英老师的过程中,在走访良

渚博物馆和遗址公园的过程中，我的内心也久久不能平静。遥想当年炮火连天的这片土地上，一群知识分子，背着工具箱和文献资料，扛着照相机和测绘工具，为拯救我们5000年的华夏文明冒死奔走，这是一种怎样的家国情怀和民族大义。

而良渚文明的守护和建设，如同施家两代人的传承接力，正是因为好几代人的努力和国家的繁荣昌盛，才有了如今这盛世的模样。良渚文明，不仅见证了5000年的中华文明，更是新中国发展所取得的巨大成就中一颗璀璨的明珠！

【专家点评】

2019年7月，在阿塞拜疆首都巴库举行的联合国教科文组织第43届世界遗产委员会会议上通过决议，根据世界遗产第3、4条标准，将中国世界文化遗产提名项目"良渚古城遗址"列入《世界遗产名录》。

这是怎样的一个重要考古成果呢？——"良渚古城遗址"从此让人们更加确信中华文明至少诞生于距今4300年至5300年之前，良渚遗址群将成为实证中华五千年文明史的圣地。

良渚位于杭州城北18公里处杭州市余杭区瓶窑镇。良渚文化遗址最早被发现于1936年，当时西湖博物馆的工作人员施昕更在良渚一带进行了具有现代意义的田野考古发掘，出土的陶器中有引人注目的黑陶，当时被认为与山东龙山文化类似。依照按首次发现地点命名的考古惯例，1959年被确定为"良渚文化"。

良渚文化时期的城址发掘是中华文明探源工程的一项课题，它关系到国家的起源。经半个多世纪以来几代考古人员的辛勤考古调查和发掘，初步查明遗址分布于太湖地区。在余杭市良渚、安溪、瓶窑三个镇地域内，分布着以莫角山遗址为核心的50余处良渚文化遗址，有村落、墓地、祭坛等各种遗存，内涵丰富，范围广阔，遗址密集。良渚文化是我国长江下游太湖流域一支重要的古文明，是新石器时代文化。1996年，被国务院列入第四批全国重点文物保护单位名单。

2007年进一步发现了良渚文化古城，其规模宏大的营建工程和所反映的惊人的管理和社会组织动员能力，表明其除了具有政治意义上的功能，还可能具有军事和防洪功能，特殊的营建方式为国内首次发现。这一发现改变了原本以为良渚文化只是一抹文明曙光的认识，标志着良渚文化其实已经进入到成熟的史前文明发展阶段。

中共浙江省委党史和文献研究室　朱健

良渚三部曲 2——
夏鼐：首次提出良渚文化的"七国院士"

记者：党君雅
编辑：潘康康

【人物名片】

夏鼐，1910年出生于浙江温州。考古学家、社会活动家，新中国考古工作的主要指导者和组织者。获英国学术院、德意志考古研究所、美国全国科学院等7个外国最高学术机构颁发的荣誉称号，人称"七国院士"。1959年，夏鼐第一次提出"良渚文化"这一概念，并明确"良渚文化"是独立的文明系统，让"良渚文化"拥有了独立的"身份证"。

夏鼐

8月的北京还有些闷热，窗外的蝉鸣声，一浪高过一浪。在北京大学的家属院里，北大考古系教授夏正楷翻出四五本巴掌大的笔记本，虽然扉页有些泛黄，但翻开后里面的字迹依然清晰。密密麻麻的小字和图形记录着他父亲夏鼐当时的工作与生活。

夏鼐先生有写日记的习惯，虽然十册的《夏鼐日记》已被整理出版，但真正的手稿原迹已所剩不多。

《夏鼐日记》原版珍藏手稿

《夏鼐日记》

1910年2月7日,临近除夕,浙江温州富商夏禹彝家的第二个儿子出生了,取名为夏国栋,这便是夏鼐。由于家境殷实,父母又极度重视教育,他从小便被寄予厚望。而他本人也酷爱学习,从小到大都是一名学霸。中学时,他自己要求改名为鼐,字作铭。

清华学子赴英深造偶然结缘考古

1935年,夏鼐从清华大学历史系毕业,凭借着优异的成绩和表现,获得了英国伦敦大学公费留学机会。当时的夏鼐原本一门心思想攻读经济史专业,但是当年的伦敦大学还没有这个专业,他只能退而求其次,最终选择了考古专业。也正是这一次选择,让他走上了考古这条道路,并与"良渚文化"结缘。

夏鼐在伦敦大学求学期间,师从埃及考古学系主任斯蒂芬·格兰维尔教授门下,之后直接攻读埃及考古学博士。那个时候,埃及考古学是世界考古学的标杆,而伦敦大学的埃及考古学更是其中的翘楚,拥有最先进的田野发掘技术与研究方法,学校的博物馆更是遗物齐全丰富。

夏鼐当年的公费留学证书

"在国内能拿到埃及考古学博士的,他是第一个,现在也不多。他是实打实在埃及学习考古发掘,看博物馆这些东西,所以他最后做的是玉珠,就是戴的各种珠子,然后分类,光卡片他就做了几千张,全部用手

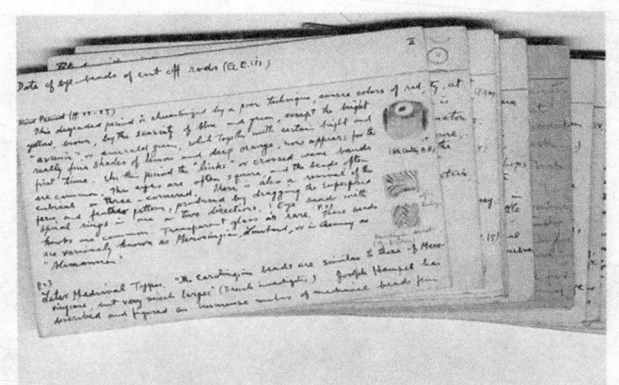

夏鼐为撰写关于古代埃及串珠的博士论文而制作的串珠卡片

写。"夏正楷，夏鼐的第三个儿子，之前是北大考古系教授，现在已经退休，他说起父亲当时的成就依然为之感到骄傲。时至今日，夏鼐先生当年的博士论文《古代埃及的串珠》仍在出版发售，70多年过去，书稿的学术价值依然在考古界占据着非常重要的位置。

以优异的成绩从伦敦大学毕业后，夏鼐在战火纷飞的时候回到中国，进入中央研究院历史语言研究所（中研院史语所）考古组。当时国内几乎没有像夏鼐这样的优秀考古人才。"回国以后就正规考古了，最开始就在江口（县），第一次考古发掘。"夏正楷记忆中父亲不是在书房，就是在考古现场，一直在孜孜不倦的研究和工作中。

"书虫"父亲和"抠门"父亲

夏鼐作为新中国考古学的奠基人，一生波澜壮阔。但在儿子夏正楷的眼里，父亲只是一个普普通通的人，沉迷学术，对孩子们的关照并不多。

"沉浸在自己研究里，就考古。每天回家就看书，他这个每天有记录。"夏鼐一生中，平均每年看书80多本，从头到尾、旁征博引，一字不落地进行阅读，看了不下

夏鼐藏书一角

夏鼐全家福（第二排左数第一个夏正楷）

50年，共阅书籍近4000本，大部分书籍都是严谨的学术著作和世界名著。

在夏正楷的眼中，父亲的书房是很神圣的地方，孩子们不能随意去敲门打扰父亲看书。他们对父亲的工作也知之甚少，只知道是在考古所工作，就连学校表格要求填写父母的工作职务一栏，已经作为所长的夏鼐也要求孩子们只能填写研究员。

但这一切又在潜移默化中影响着夏正楷和他的兄弟姐妹们，夏家的孩子个个都学着父亲的样子热爱阅读，潜心做学问。

生活中的父亲除了爱阅读，还特别"抠门"。一件衣服可以穿10年，家用也非常节省。但就在孩子们都工作的那一年，夏鼐拿出了自己积攒的3万元全部捐赠给了考古所，表示要用这笔钱支持那些有学习考古志愿的贫困青年继续学习。这是中国考古界成立的第一项基金——公共考古学基金。

研究良渚　为它"发"身份证

1936年，施昕更发现"良渚文化"与龙山文化极其相似，最初将它当作龙山文化的一支。1949年秋天，夏鼐回到浙江，担任浙江大学教授，对"良渚文化"引起重视，并带领着学生们到良渚一带进行发掘。夏正楷回忆道："带着学生在那看到好多陶片,因为这个陶片听说将来要好好组织发掘。"虽然没多久,夏鼐先生便回到北京中国科学院任职,但他一直都对良渚文明挂怀在心。

良渚玉琮

"江南不像北方,你稍微一挖就是东西。疆域少,所以过去对南方不太重视的,都以为文明起源于中原,在良渚发现了有价值的东西,我父亲肯定是相当重视了。"同为考古专家的夏正楷对于父亲对良渚文化的研究和关注非常赞同和理解。

1957年,夏鼐在为《浙江新石器时代文物图像》写序时提出,浙江的良渚等地出土的黑陶和山东龙山文化不同,而且还出土了别处不曾见到的"三角形石刀"。

1958年8月,夏鼐先生在参与北京大学历史系考古教研室编写的《中国考古学》教材初稿时,在"新石器时代考古"那部分里,把环太湖流域出土的遗存命名为"良渚文化"。

1959年12月26日,他在长江流域规划办公室文物考古队队长会议上作《长江流域考古问题》的报告中说:"新石器文化在长江流域似乎开始较晚,例

夏正楷,目前也是考古界的领军人物,70多岁依然奔波在考古第一线

如南阳地区和汉水流域的仰韶文化遗址,是属于黄河流域仰韶文化的晚期;豫南、苏北和皖北有较仰韶文化稍晚的龙山文化;太湖沿岸和杭州湾的良渚文化,是受了龙山文化影响的一种晚期文化。"

这番发言就正式把"良渚文化"从龙山文化中脱离出来,使"良渚文化"有了自己的"户口本"。

1983年,在论述"中国文明的起源"时,夏鼐又提出良渚文化是与中国文明起源问题关系最密切的史前文化之一,良渚文化中的玉璧、玉琮、玉钺等是探索中国文明起源的重要线索。

至此,良渚文化终于有了自己独立的"身份证",并确立了良渚文化在中华文明中的重要地位。

【记者手记】

夏鼐先生作为学术泰斗,曾主持过河南辉县商代遗址、北京明定陵、长沙马王堆汉墓等项目的挖掘工作及研究,对中国乃至世界的考古都作出过卓越的贡献。面对这样一个已经逝去的大人物,记者很难下笔。走进他儿子夏正楷教授的家,看着他从满屋子的书籍中找出珍藏的父亲的日记,虽然只有薄薄的几个小本子,但里面密密麻麻的中英文和绘图记录着夏鼐先生生前的工作点滴,从这些日记中,让我看到一个学者严谨的态度和对学术的极致追求。

在夏正楷教授的家里,看着简朴的居所、满屋子的书籍,我肃然起敬,突然就理解了"谈笑有鸿儒,往来无白丁"所描述的情景。夏教授已经70多岁了,虽然已经退休,但仍然奔波在考古的第一线,采访后的两天他要立刻启程赶赴新疆,他的日程表上密密麻麻地记录着要赶往的考古项目城市,四川、郑州、张家口……他说自己停不下来,就如同当年的父亲一样。

在夏鼐先生的生命中,良渚并不是其中仅有的一颗星星,当时他担任着中国社会科学院副院长、中国考古学会理事长职务,管理的项目繁

> 多、任务繁重。但这么多年以来，他一直心系着良渚文明，在各种研究的佐证中探究良渚文明的独特性和重要性。也正是因为他的探索与坚持，才让良渚文化第一次以自己独特的身份，跃上了中国考古界的舞台。

【专家点评】

考古学属于人文科学，在历史学科中占有很重要的地位。了解过去的历史和文化，可以更清楚地认识现在。中国作为世界文明古国之一，良渚古城是长江下游地区首次发现的新石器时代城址，在陕西神木石峁遗址发现之前，是中国最大的史前城址，一直被誉为"中华第一城"。因此，可以说，良渚古城遗址是人类早期城市文明的杰出范例，是实证中华五千年文明史的圣地，它当之无愧。

但是，这些实证都有赖于一代一代考古工作者的默默奉献和辛勤付出，"七国院士"夏鼐正是其中杰出的一位。但是我们也应当看到，这一切离不开国家的发展，综合国力的提升。中华人民共和国成立后，中国考古学进入了一个新的发展时期。政府颁布了关于保护古代文物的法令，并恢复了周口店、殷墟两项中断十多年的考古发掘。随后，在国家文化部设立文物局，主管全国的文物保护工作。在这其中，夏鼐领导国家考古研究中心机构30余年，致力于建设考古工作队伍、制定考古研究规划、提高田野考古水平，推动自然科学方法在考古学中的应用及多种学科研究的协调，积极与外国考古学界开展学术交流，极大地推进了中国考古工作的全面发展。

浙江广播电视集团　项勇

良渚三部曲 3——
陈同滨：良渚申遗的总规划师

记者：党君雅

编辑：潘康康

【人物名片】

陈同滨，1953 年生于浙江杭州，目前任职中国建筑设计研究院建筑历史研究所所长。曾获建设部"中联重科杯"华夏建设科学技术奖特等奖、第四届新加坡城市规划奖金奖、联合国亚太地区文化遗产保护奖杰出项目奖等。作为主要负责人之一，参与过高句丽、西湖、元上都、丝绸之路的申遗工作。2000 年开始受理良渚遗址的保护规划工作，2012 年受理良渚古城遗址申遗工作。2019 年 7 月，"良渚古城遗址"成功被列入《世界遗产名录》，5530 页良渚申遗文本的编制、负责人是陈同滨。

在杭州良渚遗址管委会，记者看到了厚厚的 5 盒、16 本、200 余万字、共 5530 页的良渚申遗文本，因为太过于厚重，一个人无法一次性抱起它。从装帧到内容，每一步都精心设计凸显着良渚的印记。翻开内页，阳光雀跃纸上，它图文并茂地向世界遗产组织讲述着长江流域 5000 年前良渚大地上发生的

陈同滨

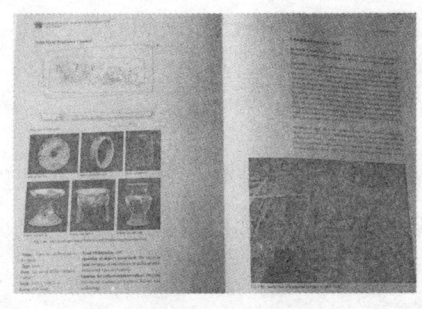
良渚申遗文本内部

良渚申遗文本原本

故事,以及它对世界文明与文化的贡献。

5盒文本加上1个图筒(内含2张图纸),加起来足足100斤,2018年1月27日,这厚重的文本带着人们的期盼从北京飞抵位于巴黎的世界遗产中心总部。

这套申遗文本的编制负责人正是中国建筑设计研究院历史研究所名誉所长——陈同滨。

高考改变命运 杭州知青大器晚成

1953年,陈同滨在杭州出生,从小她最爱的科目是数学和英语。16岁那年,她去黑龙江插队,做了4年农民,后来又进工厂当了7年工人。但她一直渴望能进入大学学习,1979年她考入天津大学建筑系,成为一名大学生,那年她已26岁。

1983年,大学毕业后的陈同滨被分配到中国建筑设计研究院建筑历史研究所工作,刚进所里的她跟着一位老前辈做了5年课题《1851~1980世界建筑编年史》,从英国工业革命开始,梳理了世界建筑历史上的作品、人物、事件,以及相关的文史哲和科学、技术、艺术的背景等。陈同滨说,这个课题需要大量的知识储备,她如饥似渴地阅读,建筑史、哲学、历史……书籍如同星辰

陈同滨在翻看编写的良渚资料

大海，让她痴迷，一本本、一摞摞，她通过阅读扩充着自己知识的边界，了解着世界文明的起源与发展。也正是从这个时候，她开始关注我们自己民族的文明起源与发展。

她说："30岁才大学毕业，40岁才开始做规划设计，原本以为自己做不了太多事情了。"没想到自己可以为国家的世界文化遗产保护和申报出点力。

深化改革走进市场

社会的变革如滔滔江水，洗刷铅尘，留下灿烂的珍宝。有人选择了逃离，有人选择直面压力，向前一步。陈同滨属于后者。

之前的研究所都是国家发放工资，不存在收入压力。但随着改革开放的步伐，1993年，作为住建部的直属事业单位，中国建筑设计研究院开始实施"事业单位企业化管理"，自负盈亏。国家发的钱仅用于单位退休人员的工资，其他在职人员必须自谋生路。

当时正在做《新艺术运动》课题研究的陈同滨坐不住了，她在所里尚属年青一代，不可能让别人来养活自己。她必须走向市场，自谋生路！而那一年，她已经40岁了。

陈同滨在研究项目

陈同滨在丝绸之路新疆段项目楼兰遗址现场

机会总是会青睐有准备的人。陈同滨得益于课题研究的10年读书,不仅奠定了多学科的知识基础,更重要的是培养了学习能力,成为后续各类咨询服务的支撑。1992年年底,历史所受理了宁波市规划局委托的项目《月湖历史文化街区保护规划》;第二年,宁波天一阁的负责人也发来邀约,成为陈同滨受理的第一个全国重点文物保护单位规划与工程项目;很快,宁波河姆渡遗址也来委托他们规划设计遗址博物馆二期工程。自此,她开始专攻考古遗址的保护规划与展示工程,一直走到今天。

她还带领着团队成功完成了《长城保护总体规划》《故宫保护总体规划》《敦煌莫高窟保护总体规划》等9处中国著名的世界文化遗产保护总体规划。

一个个项目的成功,让陈同滨的团队树立了良好的业界声誉。2002年,高句丽申遗的申遗项目找到了她,这是当时国家的一个重要项目,也是陈同滨接手的第一个世界遗产申报项目。当时的陈同滨对世界遗产的申报完全没有经验,只知道世界遗产的评估标准是真实性、完整性。凭借着自己探索的保护规划编制经验和一份坚守真实性完整性的初心,陈同滨带领着团队,和多家参与单位同心协力、成功完成了申报任务。2004年,高句丽遗址列入《世界遗产名录》。

良渚遗址公园

原以为高句丽是一个偶然的申遗项目，不料自 2007 年之后，陈同滨受理了一系列申遗项目的委托，包括丝绸之路、杭州西湖文化景观和元上都遗址，而经她之手的这几个项目都非常成功地被录入了《世界遗产名录》。

从西湖景观到天山廊道，遗产所处的地理环境和本身的类型有着巨大的差异，每一个项目都是新的挑战，而陈同滨坦言，她喜欢挑战，更希望能通过自己的努力让更多的文化遗产得到重视和保护，让世界了解中国文化遗产的价值，看到并理解中华民族的祖先们对人类文明的贡献。这是她不变的初心。

结缘良渚　终见它闻名于世

2000 年，受到余杭市政府的委托，陈同滨作为《良渚遗址保护总体规划》的负责人第一次来到良渚。

当时，良渚遗址包含了 130 多个遗址点、分布在两山之间约 60 平方公里的范围内，作为保护规划的主要任务，最重要的措施就是划定保护区范围。对于一个史前遗址群而言，这恰恰是最难的，当时著名考古学家张忠培先生跟陈同滨一再强调，良渚规划最大的问题是边界不清。当时，这 130 多个遗址点中只有反山、瑶山、汇观山和莫角山等遗址较为清晰，其他遗址点清晰程度不一，其中大多只是发现一些红烧土、陶片的地点。

怎么办？陈同滨说，只能自己面对，"后来我们就想了个办法，就是由省

陈同滨团队订制的《良渚遗址总体规划》文本

考古所的考古专业的人员，带着我们所规划团队的同志，一起把135个点跑一遍，同时我们专门买了GPS、逐一打点记录遗址点位置，再把这些点位落实到地形图上，进而结合地形地貌与历史环境等关系、划出保护区划。"

说干就干，陈同滨团队带上GPS打卡器，跑遍135个遗址点，通过坐标定位、大致框定出良渚遗址的分布边界。"那是三伏天、巨热，一共跑了10天，我们分成两拨，一部分同志是跟考古所同志去打点位，我和副所长王力军是跑边界，实地勘查我们初步划定的保护范围和建控地带的边界处的地形地貌，以及具体的建设情况。"

2000年是杭州近10年间夏季气温最高的一年，顶着40度左右的高温，陈同滨和考古所的队员一起足足跑了一周多时间。当时属于保护范围边界的很多地方山路不通车，只能靠步行，她回忆说："像靠山的那些边界我们都是纵向进去看的，无法沿着山脚走，所以边界还是勘查得非常艰苦。"

陈同滨说，当时她和王力军刚走出不到100米，就感觉热得快要虚脱了，就这样硬撑了一周，敲定了良渚遗址42平方公里的保护范围，然后又绘制了90多平方公里的建设控制地带。

"划界的过程中我们就发现，人工遗迹大多分布在海拔高程2米以上的地形，考古报告也指出了这一特征。主要的遗迹都是人工堆积起来土台。现在

陈同滨在良渚

考古人员终于完整揭示了古城的形貌,搞清楚了基本情况,现在看当年的人工土方量相当厉害。"陈同滨说起5000年前的良渚文明,生为杭州人的她不由得更加为之感到骄傲。

经过规划后的良渚遗址保护工作,在余杭区政府、良渚遗址管委会的推动下不断完善和丰富,良渚博物馆的建成、良渚遗址公园的落地……陈同滨说良渚申遗的成功是在政府不断推动下,浙江省文物考古研究所考古工作持续40年的推进,良渚遗址管委会的倾心保护,以及规划编制组"十几年如一日"的跟踪与坚持才有了今天的结果,参与到其中的每一个人都功不可没。

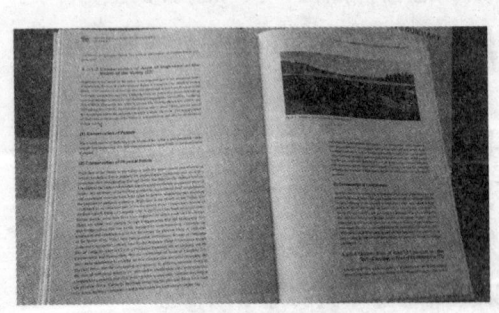

良渚申遗文本内页

良渚古城遗址可填补《世界遗产名录》东亚地区新石器时代城市考古遗址的空缺,为中华五千年文明史提供独特的见证,具有世界突出普遍价值。

——《良渚申遗文本》中摘录

在长达十几年的价值跟踪与研究中,陈同滨发现良渚文明与其他早期文明很不一样,它没有青铜器,也没有文字,不符合20世纪50年代国际上形成的文明判定条件?但从出土的精美绝伦的玉琮、玉钺,可以看出当时已经有了某种宗教信仰,有了王权,就像张忠培先生最早指出的,良渚社会已经存在《左传》记载的"国之大事、在祀与戎"的现象。

良渚的玉琮

陈同滨说,申遗的文本很不一样,得站在人类历史文明的角度去讲述中国故事,否则就得不到国际认同。比如你向外国人介绍西湖是乾隆来过的地方,对方不认为皇帝来过有什么意义,你要向他说这是大文豪苏东坡曾经为官、建设的地方,白居易为它写诗,这些才是世界公认的文化和文明的价值。

如何才能向世界讲好良渚故事,陈同滨一直徘徊,无从下笔。撰写文本的前几天,她苦苦思索,无法找到突破口。突然,她接到良渚管委会的一个电话,说刚出来一组碳十四数据要不要看看?她赶紧要来仔细研读,正是这组数据,点亮了她的灵感,她知道该如何来写好这个故事了。她想到,科林·伦福儒最早提出复杂社会的概念,以人群所组成的社会的复杂程度,来判断它是否够文明。陈同滨依据复杂社会的判定条件,将中国考古专家对良渚的最新研究成果进行梳理,举证了在5000年前,良渚已经形成了复杂的社会阶层,进入到文明的早期阶段。

同时,在世界的早期文明中的稻作文明仅良渚文明独一家。通过对良渚文明特质的把握、对良渚遗址点出现时期的排序理解,陈同滨写出了论述清晰的《良渚申遗文本》,从良渚复杂社会的方方面面举证,叙述良渚孕育的中华5000年传奇文明。

曾经的中华文明,在国际上被认可的标志只到黄河流域的殷墟,它是我国第一个被列入世界遗产名录的考古遗址。但是,整个长江流域是空白的,良渚申遗的成功,不仅见证了中国的文明进程,也见证了整个东亚文明,它

良渚遗址申遗成功一锤定音

的被认可，意味着可与古印度河流域和两河流域的文明比肩。

陈同滨说，良渚申遗的成功还意味着中华文明的五千年历史第一次得到了世界的认同，兴起的年代与古埃及、苏美尔、哈拉帕文明基本属于同一时期。这便是良渚对世界文明和人类发展史的贡献所在。

2019年7月6日，当陈同滨在阿塞拜疆现场听到良渚申遗成功之时，她感到肩头的担子更沉了。她说，申遗成功之后如何保护、如何向更多的人讲好良渚故事，将成为下一步更重要的事。

陈同滨说，良渚的故事才刚刚开始，它的未来会更加精彩！

【记者手记】

在陈同滨北京的办公室里我们看到了满屋子的书籍，书柜里、桌子上、沙发上……这些厚厚的书籍绝大多数都涉及哲学、艺术、文明起源。陈同滨笑笑说，最近太忙了，没有太多时间看书。正是这些书籍给她带来工作的灵感和深深的思索。

那天北京的天很蓝，陈同滨穿着淡蓝色的衬衣，素雅又兼备学者的风范。她说，我们的工作"夏练三伏、冬练三九"，住帐篷、抗风沙、耐酷暑严寒，这些都是常态。即便工作如此辛苦，但入行36年，陈同滨觉得自己是幸运的，面对每一个项目，她心怀敬畏、充满好奇、百折不挠，总是在不断思考和探索的路上。

她说，发掘中华文明的价值与特点、了解我们祖先的智慧，尽己所能让它们得到最好的保护，并尽可能在国际语境中讲好中国故事，让世界了解中国文化的价值，看到并理解中华民族的祖先们对人类文明的贡献，是责任，更是使命。

> 对于眼前这位66岁还奔走在全国各地文化遗产保护地的女性，记者的钦佩之情油然而生。陈同滨的大器晚成是新中国发展变化中的一道风景线，也印证着随着国力的提升，中华文明在世界文明中地位的提升。

【专家点评】

30多年来，陈同滨以民族文化复兴为自觉追求，加强中国文化遗产保护理论研究，聚焦世界文化遗产和大型考古遗址的价值研究和保护规划，为国家"一带一路"倡议和文化软实力建设作出了突出贡献。正如她获"央企楷模"荣誉称号时的颁奖词所说"两脚踏遍考察之路，一心倾尽文遗保护，栉风沐雨终生不悔"。她数十年如一日的坚守和付出，只为让更多文化遗产得到重视和保护，让世界更加了解中国文化遗产的价值。这份责任和担当，是一种情怀，更是一种大爱。

中共浙江省委办公厅　周峰林

附：

"一封家书·家国档案七十年"诵读会

【片头】庆祝中华人民共和国成立70周年"一封家书·家国档案七十年"诵读会浙江电台城市之声正在播出。

【音乐】

高雯：尊敬的各位领导、各位来宾、亲爱的朋友们，大家好！

小强：欢迎各位，您现在正在收看的是庆祝新中国成立70周年"一封家书·家国档案七十年"诵读会的现场，本次活动是浙江广电事业70年系列庆祝活动之一，是由中共浙江省委宣传部指导，浙江省广播电视局、浙江广播电视集团、浙江省新闻工作者协会联合主办，由浙江省档案局、浙江省档案馆全程协办，由浙江广电集团广播城市之声和电视教育科技频道联合承办，我是小强，欢迎各位！

高雯：大家好，我是广播城市之声主持人高雯，也向大家问好！

小强：历史的车轮滚滚向前，我们共同见证和创造着新中国70年的辉煌历程！

高雯：在这70年的前进脚步当中，浙江省破茧成蝶、勇立潮头，它令世人瞩目！

小强：浙江是革命红船的启航地，改革开放的先行地，习近平新时代中国特色社会主义思想的重要萌发地！

高雯：沿着"八八战略"指引的路子，浙江掀起了改革闯关、创新赋能的浩荡"钱江潮"。

小强：辉煌70年，我相信每一个人的心中一定会珍藏着一份记忆，这记忆有关家、有关国、有关时代，而这样的记忆一定会有它的载体，或者是字字深情、句句厚意的家书，又或者是那一件件意义非凡的小物件。

高雯：没错，在今年的6月份，我们向全球发起了"家国档案"的征集令，短短 3 个月的时间，我们收到了来自于全世界各地各种形式的家国档案 1 万余件，其中有 3000 件的家书，还有 6000 多种物件。

小强：今天我们在现场将选取这 1 万多份家国档案之中最为重要的那些代表，有请我们的解读人，跟我们一起来解读家国档案背后的故事和情怀，让我们一起来开启第一封家书。我们来看！

【VCR】1957 年 4 月 1 日，新中国第一座自行设计、自制设备、自己施工建造的大型水力发电站——新安江水电站正式开工建设。2 万多名来自祖国大江南北的热血儿女披荆斩棘、日夜奋战。经过三年艰苦卓绝的奋战，1960 年 4 月 22 日，新安江水电站正式投产发电，建设成用双手用青春甚至用生命书写了"叫高山低头，要河水让路"的人间奇迹。

高雯：有请第一位荐信人：长啸！

长啸：大家好，我是长啸。我手中的这封信，写于 1957 年 12 月 10 日，写信人叫马季煌，当年他 21 岁。当时，年轻的马季煌刚刚从江西上犹县的上犹江水电站，调到新安江水电站建设工地。当年跟他一样的建设者两万多人，都是从全国各地、四面八方加入到这个热火朝天的战斗集体的。

那时的马季煌并不知道，自己在这里一干就是一辈子，他将参与建设并亲眼见证的是新中国水电事业史上的一座丰碑。

接下来，让我们一起品读这封写于 1957 年建设工地上的一封家书。

父母亲大人膝下敬禀者：

我于十一月五日从江西上犹水电站调来浙江建德县参加建设新安江水电站工作，一切很好，请父母放心。

我和在上犹一起工作的老师傅们从江西赣州乘了两天汽车到南昌，再从南昌转乘火车到杭州，最后到达建德县沧滩。我们单位是新安江水力发电工程局，工地在一个叫朱家埠的小山村，我被分配在发电车间里，工作虽然辛苦，但是也有一起的师傅帮着，一切很好，请父母放心。

我听师父讲，新安江水电站建成以后要比江西上犹水电站要大好几倍，是国家第一个五年计划里的一个工程，今后发的电可以送到杭州、上海，可能几年以后家里用的电就是我们这里发的。

这里工人很多，除了我们从江西过来的，全国各地的工人都有，非常热闹。一共有四个家属区，每天上下班要坐火车和汽车。因为我工作的车间需要随叫随到，所以我住在发电车间附近山坡上的一个集体宿舍里，离发电车间特别近，上班很方便。这里的条件比上犹好，江西的菜太辣了，这里还是合胃口的。而且这里工作还有野外施工津贴，一个月能多挣上十块钱。

局领导要我们发扬艰苦奋斗的精神，叫高山低头，要河水让路，要有战斗精神，三年建成发电。所以现在大家都很努力工作。我也会虚心向老师傅们学习，努力学好技术，最近我提交了入党申请书，争取早日加入中国共产党。

你们在平湖一切可好？弟弟妹妹一切可好？以后有机会我想把他们也带到这里看看。

儿季煌　敬呈

一九五七年十二月十日

长啸：谢谢大家！

小强：为大家介绍一下，我身边的这一位就是这封信的作者马季煌，他是我们新安江水电站的第一代建设者，在新安江水电站工作了40年，今年84岁，我们再次把掌声送给马老，请坐。马老，刚刚我们在读这封信的时候，我们知道这是1957年，当时刚刚到新安江水电站的时候，您写给爸爸妈妈的一封信。您在这里工作了40年，给我们讲讲最难忘的一些人和事，好吗？

马季煌：新安江水电站，我刚去的时候年纪很轻，就21岁，从江西上犹调去了。我去的时候，新安江已经从1956年开始工作了，一期主体工程快要开始了。新安江水电站主体工程是1957年的4月1日开始工作，前面一段时间都是打基础，由工人盖房子修路。在当年条件比较差，各方面靠实干的精神，能够把水电站建造起来，应该是一件很伟大的事情。

小强：我听说有一位同事的事情让您印象非常深刻，是吗？

马季煌：是的。在新安江工作一段时间，我看到了很多东西，对我教育和帮助很大，现在我讲一个小例子。那个时候由于工作需要，领导安排我去配合潜水工。潜水工下水，我就是蹲在水边像通讯员一样。

小强：你是他们的通讯员。

马季煌：通讯员。过去设备很差，没有通讯设备，只有靠绳子来表示"我安全的、完成了、不完成"这样的信号。潜水员下去以后，我们在上面，他用绳子做信号的，过去潜水员穿的衣服很重，下到水底以后，他发信号，绳子拉一下表示"我安全的"，拉两次、三次又是什么情况。后来有一次碰到这样一个问题，潜水工下去以后，刚开始没有事，到最后他直接拉绳子，我们知道有问题了，想把他拉上来，可是拉不上来，什么问题呢？看不到、摸不透。这时我们一个潜水队长水性很好的，他下去检查，然后上来跟我们讲，这个人被石缝夹住了，拉不上来。

小强：夹在了水下的一个石缝之中。

马季煌：石缝之中夹住了，这个腿吸在上面，上不来，拉不动。队长有经验，他把边上两侧闸门拉起来，把水放掉，水的压力减掉了，整个人就拉起来了，但是时间太长，那个同志牺牲了。他叫肖天德，只有30岁。新安江水电站建设中，有很多像他一样年纪轻轻就牺牲了。

小强：您现在还记得他的名字。

马季煌：记得，是我们江西上犹一起调来的。

小强：一位80多岁的老人在我的身边，讲述着几十年前在建设新安江水电站的过程中，他们和同事面临着生命危险的时候，我看到更多的是深沉和豁达。就像一本书摆在我的身边慢慢翻开一样，更多的内容才跃入眼前，像静水长流的新安江，平静的水面之下是心潮澎湃，是汹涌蓬勃，是蕴含着巨大的能量，在推动着祖国的建设事业。其实更重要的是，他们默默地在自己的岗位上坚守，用这样的平静付出了更多的努力，这样的力量无坚不摧。所以各位，让我们再次把掌声送给马老！送给他身后的所有的新中国第一代建设者们！谢谢您！

高雯： 新中国成立之初，国家一穷二白、百废待兴，新安江水电站，创造了一个令国内外水电专家惊讶的奇迹！这也是中国人民勤劳智慧的杰作。今天，让我们请上中国水力发电的第一代建设者代表们。

有请——

陈兆美，92岁，1956年参加新安江水电站建设，保卫安全岗位。

徐学金，86岁，1957年参加建设，潜水岗位。

孟介权，86岁，1956年参加建设，水管岗位。

李宝春，85岁，1956年参加建设，风钻岗位。

王长贵，84岁，1956年参加建设，机械岗位。

同时，还有刚刚接受采访的马季煌和黄文英。黄文英老师82岁，电气修理岗位，她也是马季煌老先生的爱人，他们在工地上相遇相识，最终喜结良缘，今年是他们结婚的第57年。

小强： 马老刚才告诉我，他现在依然有一个愿望，就是在新安江水电站工作了这么多年，他希望能够为第一批建设者们建一座丰碑。而当老人们站在我们的身边，他们就是最为生动的那座丰碑，我们记住他们的名字，记住他们的努力，让我们再次把掌声送给他们，向你们致敬，谢谢你们！

高雯： 新中国第一代建设者是新中国的奠基开创人，谢谢你们！接下来让我们继续开启下一封家书。

【VCR】 1964年10月16日，中国第一颗原子弹在新疆罗布泊试爆成功。原子弹爆炸成功，代表了中国科学技术的新水平，有力地打破了超级大国的核垄断和核讹诈，提高了中国的国际地位。以钱三强为代表的中国"两弹一星"元勋们，克服艰难险阻、重重困难，成功打造出了我国"两弹一星"的国防尖端科学技术成果。

小强： 有请第二位荐信人，郭凯敏。

郭凯敏： 大家好，我是演员郭凯敏。我手上的这封信，是我国"两弹一星"元勋之一钱三强在1983年1月18日写给儿子钱思进的一封家书，当时的钱思进正在美国留学。钱三强是我国原子能事业的创始人，他和妻子何泽慧一同被称为"中国的居里夫妇"。

1964年我国第一颗原子弹爆炸的那一年，我才6岁。1979年我21岁，那年我拍了《庐山恋》，很多朋友都是那时候认识了我。那一年，钱三强教授担任浙江大学校长，正在为我们国家源源不断地培养新一批科学家。在我的记忆中，以钱三强为代表的科学家们创造的奇迹、作出的贡献，都曾经让我们无比激动和兴奋。

钱三强最感动我的，就是钱老从1937年出国求学到1948年，求学11年，在新中国成立之际毅然回国，用行动践行了那句"科学无国界，但科学家是有祖国的"这句话。

下面让我们一起品读这封家书。

思进：

做研究工作，是一生的又一个新阶段的开始，不是没有困难的，你过去还是克服了不少困难，我相信这研究开始阶段的困难，你是能克服的。这里需要有股闯劲，也就是创新精神，同时要同国外国内的老师和同行们经常请教与交流经验。

你这几年的环境是复杂的，但一定要相信祖国在十二大以后会比较快地复兴和发达起来。今天早晨国务院科技领导小组成立后召开了第一次大会，动员编制科技长远规划。我们经常回忆的五六十年代搞"两弹"的黄金时代，又将到来，并且针对国民经济发展，涉及面更广。到2000年以后，我国将在世界上进入比较先进的行列。这个日子的到来是经过多少人100年来受帝国主义的压迫而艰苦奋斗得来的，你祖父和我们一代人都是在这场斗争中努力过的。

近十多年来，你们一代受到了不少委屈，形势还是转得比较快。到2000年你才约50岁，你是可以看到和参加到这个百年斗争的洪流中去的，你祖父和我们都是对社会做过一些有益的工作，虽有不少缺点，但是问心无愧的，希望你们也能做到问心无愧，并对社会作出有益贡献。

　　　　　　　　　　　　　　　　　　　　　　　　爸妈
　　　　　　　　　　　　　　　　　　　　　一九八三年一月十八日

郭凯敏：谢谢大家！

小强：为各位介绍一下我身边的这位就是这封信的收信人，钱三强先生的儿子，北京大学物理学院教授钱思进，欢迎您！请坐。这封信写的时间是1983年，当时您在国外，跟我们讲讲，除了这封信，父子之间的交流之外，让您印象特别深刻的一些细节，好吗？

钱思进：最后一次我和我父亲道别，那是他去世前半年多，让我们一家，还有我的孩子回北京探亲，我们到他的住处去道别，然后一起吃饭，孩子给他唱个生日歌，最后那个时间到了，我们开始往外走，第二天我们要从城里去机场。我们住的是二楼的公寓楼，他和孩子们吻别了以后，我们下楼了，他在窗口上向我们道别，然后挥了半天手，最后我说您回去休息吧。我们就转头往前走，走了有100多米，小孩走得慢，走了很长时间，十几分钟，马上就要拐弯离开视线了，我回头一看，父亲还在那个窗口向我们摆手……这是对我们寄予无限希望吧，对孩子寄予无限希望。这是我最后一次看见父亲，6个多月以后，父亲突发心脏病，然后就去世了。那是最后一眼看见我父亲，最后一面。

小强：钱教授曾经跟我说过，他说父亲很爱自己，很爱自己的孩子，他站在窗前看着您带着自己的孩子，逐渐离家越来越远，即便是拐了弯，他们依然站在那看。但是平常的时候，对您特别严格，从这封信里我们可以看到深情厚谊之中，是希望您在学术上、在科研上有更多的创新精神，有更多的吃苦精神，除了科研的传授之外，他留给您的财富还有什么？

钱思进：我插队时候，我们交流了上百封信，当然有很多都是家常琐事，但是有件事还是我终生记住的。他说希望我们主要靠自己，不要依赖别人。当时经常要填写各种各样表格，填表格其中有一项父母职位、单位、姓名之类的。我填写的时候，问父亲"这一条怎么填"，要不要职务，因为他当时的职务是原子能所所长，我就说要不要填"所长"。他说你就填"研究员"就行了，因为我们确实是研究员。你不要填写那些虚的东西。后来我所有的表格上填写父母就是原子能研究所的研究员，是这样一个情况。

小强： 非常感谢您。我直到现在跟钱老在交流的时候，他眼中泪水依然未干，我依然可以感受到我们在交流的过程之中，他对于父亲的思念，以及父亲留给勤劳丰富的财富，其实它总结起来有两点，第一靠自己，第二要认真。这是老一辈的科研工作者对自己生活和工作最为质朴的情感和一丝不苟的科研精神。而同时在这质朴的情感和一丝不苟的科研精神的背后，我们可以解读，可以感受到那博大的家国情怀，每一个人身心中一声最真挚的呐喊：我爱你，中国！

谢谢您，谢谢！

【歌曲：我爱你中国】

高雯： 接下来，让我们开启一个传奇的时代！

【VCR】1982年8月25日，义乌下发"一号通告"，宣布正式开放"小商品市场"，义乌第一代小商品市场由此诞生。义乌人从手摇拨浪鼓走街串巷的"鸡毛换糖"，到如今各国商家云集的国际性小商品集散中心，义乌已成为中国改革开放的典型样本，成为世界第一大市场。如今的义乌，更成为"一带一路"的重要纽带，展现了推进"一带一路"发展的浙江速度。

高雯： 大家好，义乌我们都非常熟悉了，它"无中生有"，创造奇迹。现在坐在我旁边的，是义乌市商务局局长王碧荣。摆在我们面前的，是解读义乌发展的两份档案。首先请王局为大家打开第一份。

王碧荣： 好，我先给大家展示一下。我手中的这份档案上面写着个体工商业营业执照，我看到还有一张有一位女士的一寸照片。注意看了一下，发照的机关是义乌县工商行政管理局，时间是1984年的3月4日，到底有什么样的故事，请王局来给大家介绍一下。

这个营业执照是义乌市第一代个体工商户的营业执照，这是其中最典型的一张，是义乌市场的第一代的经营者经商者，也是义乌市市场的第一代开拓者冯爱倩申领的。当时要获得这个执照是非常困难的，当时的县委书记谢高华以巨大的政治勇气提出的"四个允许",开放了义乌第一代小商品市场。义乌的第一代个体工商户诞生,义务的第一代市场也由此诞生。

高雯: 刚刚王局长提到了一个关键的人物,就是谢高华老书记。在浙江医院,前两天他也专程接受了我们的采访。

老先生现在身体不是特别的好,躺在病榻上插着管子,但是他的精神状态非常的好,尤其是讲起了刚刚您提到的那些过往,真的是历历在目,我们一起回顾一下那些曾经的美好。

【VCR】这是一张个体工商营业执照,不过它可不同寻常。这是20世纪80年代初义乌首批颁发的个体工商营业执照,上面写着姓名冯爱倩,资金数额1000元,从业人员一人,主营三类小商品。冯爱倩是义乌佛堂人,为了能拿到这张营业执照,她跟人打听了当时刚上任的义乌县委书记谢高华的长相,直接到县委门口去堵他。

【冯爱倩:共产党为人民服务。我去找他,我等了大概半个小时,我说你是不是谢书记,我说我要摆摊,我要吃饭,当时我激动了,没讲普通话。】

【谢高华:义乌话我也听不懂。我说请你到办公室去谈,她说"去就去"。】

两人到了办公室,冯爱倩和谢高华开始了谈判。

【冯爱倩:我要做生意,我说谢书记,我真的没有办法了,你知道不知道,我说我今天来找你,我家里都没有饭吃,我说你不允许我摆摊,我也要摆摊,允许,我也要摆。】

【谢高华:她就是想摆摊,摆这里要赶她,摆那里也要赶她,那她怎么生活?】

这场谈判持续了一个多小时,最终谢高华同意允许暂时摆摊。

【冯爱倩:他说"你暂时去摆好了",市场的开始就是从这句话出来的,那么好的书记。我们义乌从没有市场到有市场,现在变成国际商贸城,全世界最有名。为什么现在这么好,是义乌人民去创造,没有创造没有去奋斗,哪里来的幸福?】

也就是这场对话之后,谢高华开始深入调研。

【谢高华:当时义乌干部都怕摆摊问题。我说那么多年打也打不掉,赶也赶不跑,说明生命力很强。允许农民经商,当时义乌很多人都反对。我就批评他,堂堂的百货公司,难道还怕个小摊?要改革!】

调研之后,谢高华果断提出"四个允许":允许农民经商,允许从事长途贩运,允许开放城乡市场,允许多渠道竞争。1982年9月,义乌第一代小商品市场正式诞生。

高雯: 当年正是谢书记的改革创新的精神,才开启了我们义乌不断向前的传奇故事。也是在几天前,就在浙江医院,谢高华刚刚接过了省委书记车俊颁发的纪念章,而且他还入选了"中国最美奋斗者"。去年他还获得了党中央国务院授予的"改革先锋奖章",所以在这里,让我们用热烈的掌声祝福我们的谢高华老书记身体健康。

接下来我们开启第二份属于义乌的档案。同样我先给大家来展示两张纸,第一张在上面写着中华人民共和国海关出口货物报关单,我注意看了一下,它的海关编号是29220140214808118,也就是意味着申报年份是在2014年。

然后第二张是一张全英文的,粗略一看应该是报关单的一些详细的内容,这里面又蕴含着什么样的故事?再次请王局长帮我们解读。

王碧荣: 这里其实是两张报关单,一张是义新欧班列从义乌发出的时候,义乌海关签发的出口报关单,另外一张是首列义新欧班列到达西班牙马德里时候,当地海关签发的第一张进口报关单。那么我很有幸当时作为义乌市政府的特别代表,被派往马德里去见证首列义新欧班列到达马德里的历史性时刻。列车到达当天受到了西班牙各界的热烈的欢迎,从那时到现在经过了5年多时间,义新欧班列获得了非常好的发展,它成为中国中欧班列当中线路最长的一个班列，有 13052 公里，是人类历史上到目前为止线路最长的货运班列；它也是穿越国家最多的班列，现在穿越 8 个国家；它还是产品最丰富的一个班列，货物有上万个品种；它也是效益最好的一个班列，我们重车去重车回，货运效率非常好；五年来，它也是运营线路最多的一个班列，现在开通了 9 个方向，覆盖 30 多个国家。总共发运去程回程班列是 813 个班列，发运货物是 65000 个货柜，成为中国跟欧洲之间的一个货运大通道、贸易大通道。

习近平总书记对这个班列非常关心，先后五次点赞，称赞这个班列为"一带一路"的早期成果。去年习总书记访问西班牙期间，还把义新欧班列专门写入了两国的联合公报。

所以义新欧班列已经成为义乌参与"一带一路"的一个重要标志，也成为义乌建设世界小商品之都的一个重要载体。

高雯：好，谢谢王局长的分析，我们也期待着班列能够为我们带来更多更好的奇迹。其实在我们镜头当中展现的这两份档案是义乌近 40 年来传奇故事当中的小小代表，无论是第一份个体工商营业执照，还是见证着义乌走向国际的海关报关单，我们都已经感受到了义乌继续创造奇迹的这种奔涌向前的气势，当然，我们也祝福义乌能够越来越好！

【歌曲：传奇的脚步】

小强：我们在领略了义乌的传奇脚步之后，共同来感受浙商的奋斗精神。

【VCR】2017 年 11 月 10 日，全球最大商帮之一的浙商有了全新的精神内涵，那就是坚韧不拔的创业精神，敢为人先的创新精神，兴业报国的担当精神，开放大气的合作精神，诚信守法的法治精神和追求卓越的奋斗精神。

改革开放之初，一代浙商人已历经千辛万苦，说尽千言万语，走遍千山万水，想尽千方百计地闯出一片天。今天的浙商们开拓创新，攻坚克难，以新风貌新作为，推动新发展，实现新飞跃。

小强：接下来我们将继续开启家国档案，给大家介绍一下舞台上的两位嘉宾。首先为大家介绍浙江吉利汽车销售公司副总经理陈鸿生，欢迎您。这位是浙商研究会执行会长、浙商博物馆馆长杨轶清，欢迎您！首先还是有请杨会长给我们开启第一份档案，好吗？

杨轶清：这个是见证了我们娃哈哈创始人宗庆后董事长创业的第一步，这是一份合同，是最早的承包经营合同，这份合同见证了我们一个传奇企业创业的艰难的重要的第一步。1987年宗总是42岁，可以说是人到中年了，但是他事业刚刚起步，而且起点很低。

他当年面临着一个机会、一个选择，杭州市上城区校办企业经销部，承包经营权，大家可以去争取。但是对于很多人来说，这个机会很纠结，因为校办企业经销部只有3个员工借款14万，资金只有4万，经营当时的条件是一年上交4万块钱还要还借款。但是宗总觉得这是一个机会，他对自己，对当时的市场都有信心，所以他不但争取了经营权，而且还说"我不只交4万，我交10万"，结果到了年底他赚了22万。22万在今天不稀奇，在当年是一个大数字，这是创业的起点，这个起点应该说很低，但是最后的成就很大。我们知道宗总曾三次位居中国大陆富豪榜第一名，2015年他70岁的时候累计创造了利税上千亿，现在一年的利税有150亿，一天的利润2300万，所以这既是"娃哈哈"创造的奇迹，也是时代的奇迹。

小强：如此巨大的成就是从这份小小的承包合同开始，我想对于很多的浙商来说，这个开端都来自于自己勇敢地迈出了第一步，以及接下来坚持不懈的努力。

这是一份档案，更是向我们展示了浙商努力的开端，谢谢您！

陈总给我们开启第二份档案，好吗？这是一份公告。

陈鸿生：这是一份中华人民共和国国家经济贸易委员会2001年的第21号公报，车辆生产企业及产品第六批。这里面就有吉利汽车，应该说这是吉利的准生证。我们1998年开始造车，那时候是没有准生证，大家想象一下，就像人没有户口。所以说为了拿到准生证，我们的董事长李书福先生当年曾经跟国务院的一个副总理说：请允许给我一次失败的机会。因为当时民营企业制造汽车是不可想象的事情。恰恰是李书福先生带领着我们台州的这些企业家们一起，把吉利走到今天，成为一个中国的汽车品牌，并且收购了沃尔沃，在2018年成为奔驰的最大股东。

小强：当我们看到这份公告的时候，看到的是吉利的准生证，是中国第一家制造汽车的民营企业的一个准生证，更加重要的是我们记住了李书福先生的那句话：请允许给我一次失败的机会。浙商的精神就是这样，我们可以说遍千言万语，我们可以吃上千辛万苦，走遍千山万水，想尽千方百计，我们不怕失败，我们一直努力，梦想就在前方，因为我们会用自己的努力让它实现。

陈鸿生：对，就像李书福先生说的，要让中国的汽车走遍全世界，谢谢您！请坐。接下来，杨会长打开第三份档案，这是个笔记本。

杨轶清：对，第三份档案是个笔记本，这是我们淘宝支付宝创业的起点，支付宝最初就这么初级！这是淘宝最初的对账单，一麻袋一麻袋的各个银行送来的对账单。淘宝2003年开始上线，在2005年以前它还没有现在那么先进的计算系统，它需要手动处理银行的对账单，人工拿着一个个对用户名、卡号和开户行，对不上的就有问题。需要一行一行、一个一个地对账，这个是对出来的。谁能想到现在的互联网电商巨头是从人工对账开始呢！淘宝最初三年都是这样走过来，都是手工对账。

小强：现在很多年轻人在自己创业的过程中都会说：我这个公司真小，我能不能把它做大？其实浙商都是从小做起，我们不怕小，不怕苦不怕难，就怕想不到，就怕不敢想。马云先生有句话，梦想总要有的，万一实现了。因为我们在努力，因为我们在解决一个又一个的困难，因为我们踏实，所以小小的笔记本让天上的梦想和我们脚踏实地的努力连在了一起，所以我们可以看到，我们收获了越来越大的成功。

杨轶清：是的，现在阿里在天上飞了，但最早也是这样一步一步走出来的。

小强：对，谢谢两位，让我们再次把掌声送给他们，谢谢您！

【过渡音乐】

【VCR】好。比赛开始。2017年7月25日，浙江游泳队员徐嘉余在游泳世锦赛男子100米仰泳决赛中摘得金牌，这是中国男选手在世锦赛历史上赢得的首枚仰泳项目金牌。从近百年前一个人的奥运，到改革开放初期，学习女排振兴中华，一代代体育健儿在赛场上奋勇争先，锻造出以为国争光、自强不息为核心的中华体育精神，是亿万国人的共同记忆，是全民族的精神财富。

席文： 大家好，我是席文。说到浙江体育，游泳是我们引以为豪的项目，可以说浙江泳军占据了中国游泳的半壁江山。罗雪娟、孙杨、叶诗文、汪顺、傅园慧等，这一个个响亮的名字，代表了中国的体育精神。在这当中有一位浙江籍游泳运动员，他叫徐嘉余，在今年韩国光州游泳世锦赛上，他夺得了男子100米仰泳金牌，而在去年的雅加达亚运会上，他更是夺得了五枚金牌，成为中国队的多金王。今天我要念的这封信是徐嘉余珍藏多年的家书，写于11年前的2008年。

那时候他在杭州集训，只有13岁。嘉余的妈妈担心儿子营养跟不上，每周末她都会在家里炖好一碗汤，从温州大老远坐着火车送到杭州来。那个时候嘉余爸爸的身体不太好，每一次他都会写一封家书，让嘉余妈妈带到杭州。

儿子：

见信佳！

这周在学校的生活还适应吗？远赴300公里以外的杭州学习，虽然辛苦，但一定值得。既然下了决心要走游泳这条路，你就要坚持到底，好好训练。开弓没有回头箭。在训练中一定要严格要求自己，努力再努力。

徐教练是个严师，更会出高徒。在外面一切都要听教练的安排，爸爸不在你身边，教练就如同爸爸一样。一日为师终身为父。听说徐教练不让你带手机你哭了，多大的孩子了，坚强一点。手机会让你训练分神，不让你用是为你好，一切要分心的东西都要少接触。

从温州到杭州，你初来乍到，难免会有些孤单。但好男儿志在四方，你要学会去融入新的集体。你平时比较腼腆，到了新的环境，要主动去结交朋友，在家靠父母，出门靠朋友。省队不比我们市队，里面高手如云，以前你取得的那点成绩不算什么。你要谦虚，更要向优秀的师哥师姐们请教。队里能做的事情，就多做一些。

爸爸以前常和你说，我们要踏踏实实做人，更要做一个正直的人。如今，你离家求学，我不能时常在你身边提醒你，但这是我们家做人最基本的原则。低调踏实，一切用成绩来证明自己；正直谦虚,不走歪门邪道。

现在你的教练说,你的身体太弱了,力量跟不上。你妈妈为了给你调理身体,每周来回坐十几个小时火车给你送这些补身体的食物非常辛苦。见面以后你要多陪陪她说说话,你妈每天都很想你,你遇到什么困难找教练直接打电话给我,你妈就不要让她担心了。

我和你妈在家一切都好,你也不用惦记家里的事情。照顾好自己,加强训练,不要辜负了教练对你的期望。我相信你会战胜眼前的小困难,成就自己的梦想。

父亲　徐进荣
2008年10月23日

高雯:谢谢席文。现在坐在我们访谈区的二位就是徐嘉余的父母——徐进荣和余珍珍,欢迎两位。相信现场电视机前甚至收音机前的各位朋友们都是徐嘉余的泳迷了,所以首先请允许我称徐嘉余为"甲鱼"可以吗?也要冒昧地问第一个问题,嘉余的名字叫作徐嘉余。我也注意到了,徐爸姓徐,徐妈姓余,徐嘉余是否就是"徐加余"。

余珍珍:对!

高雯:真的是这样是吗?所以这个名字也孕育着两位的爱情结晶,给他取的这样的一个名字是吗?(对。)真的看到了二位特别的欣喜,因为嘉余在国际的赛场上取得了一个又一个的好成绩,所以先问嘉余的妈妈徐妈有没有想过儿子当年进入到泳队、现在能够取得如此骄人的成绩?(没有想过,完全没想过。)当年为什么把他送进泳队?(送过去,是想给他锻炼身体。)有一点点体弱多病吗?小的时候他的游泳状态是怎么样的?

余珍珍:他去游泳的时候是小学一年级,他们以前都是幼儿园进来的,他迟了一年。去游泳的时候是最后一个,前面有五六个。教练说你要赶上一个小孩,那个小孩给你打屁股,赶不上的话你给他打屁股。(您能跟我说一说他最终超越了几个?)

高雯:他一年以后把五六个小孩全部超过了,现在还把国际赛场上的一些游泳健儿也都甩到了身后。嘉余能够取得这样骄人的成绩，再来问一问我身边的徐爸，其实从刚才的字里行间，我们都感受到了您的严厉严格，甚至还有一点点严肃，那么请问平时您对他也是这样的状态吗？

徐进荣：是的。

高雯：看得出来我们徐爸还非常严谨。我想问一问，在这过程当中，您给徐嘉余写了多少封信？（写了两年左右的信，他现在还保留着20多封。）其实据我所知，徐嘉余将这20多封信都深深地藏在了自己的宿舍里面，是不是？他这20多封信一封都没回过。（他没回过，因为没时间，训练很忙的，我们也没要求他回信，只要他保存着，天天有空看看。）其实昨天在采访我们徐爸徐妈的时候，我也跟徐嘉余汇报了一下，我说"徐爸徐妈我已经帮你领到了"，然后他给我回了一条信息，他说"一年没见了，二位又老了"。

虽然只有这两句话我们能感受到，其实他对二位也非常的关心，他这么多年没有回信，确实是因为训练非常辛苦，但是在中秋节前一天，他给二位写了一封信，给爸爸回了一封信，那信里面说的什么呢？让我们一起通过大屏幕来看一下。

【VCR】爸爸给我写过很多信，但是我忙于训练，所以说我一直以来都没有回复。在这里有机会给爸爸写一封回信。

爸爸，您好！

没有想到有机会在11年以后给您回信。收到这封信的时候，我才13岁独自离开家，在杭州训练，那时候的我从未想到自己能够成为世界冠军。

这11年里，每当我重看这些封信，都会感受到您对我的期待。是的，一名真正的运动员需要付出多少努力？我现在已经知道了，你对我说要刻苦训练，不怕困难，不怕吃苦，要比别人正常训练还要艰苦，这样才能有希望成为一名优秀的运动员。这么多年能做到日复一日、年复一年的训练，从未偷懒，唯有勤勉谦逊。十几年来我都是只身在外，常年的训练和比赛，让我很少有时间回家孝顺您和妈妈。你的心脏不好，我希望你和妈妈一定要注意身体。

我的比赛现场直播很容易让您激动，能不看就别看了，但是您放心，我一定每一次都拼尽全力，超越自己，为国争光。今年中秋节我也不能回家和你们团聚，但我时刻牵挂着。祝您和妈妈身体健康，你们的健康就是我对家最大的牵挂。

儿子 徐嘉余
2019年9月12日

高雯：这封信我身边的徐爸徐妈都没有看过，所以在刚刚是第一次看。但是我真的还是很想听一听徐爸的想法，这封信您今天在现场收到了。什么样的感受？（很高兴。孩子长大了，很懂事。）谢谢您，因为我知道徐嘉余现在备战东京奥运会，相信二位也对他有所期待，徐妈有什么祝福要送给徐嘉余？（祝贺我儿子认真的训练，努力拼搏，最希望他拿到奥运冠军！叫他注意身体，一切要听国家安排，游出更好的成绩好。）

谢谢亲爱的徐爸和徐妈，同时我们也要祝福徐嘉余以及中国的健儿们能够在奥运的赛场上再创辉煌，我们也期待徐嘉余能够站上最高的领奖台，中国健儿们加油！

【VCR】2019年1月2日浙江全面启动服务企业，服务群众，服务基层活动！从"最多跑一次"改革在浙江首次被提出开始，浙江开启了刀刃向内面向政府自身的自我革命。"行之力则知愈进，知之深则行愈达"。三服务，正以扎实的行动，秉持和弘扬求真务实，诚信和谐，开放图强的浙江精神。

高雯：有请见信人，龙薇薇。

龙薇薇：大家好，我是龙薇薇，这是一封感谢信，收信人是浙江嘉兴平湖林埭派出所的一名年轻的户籍女民警，她叫丁秋美。在丁秋美手里，这样的信收到过一大摞。有的寄给她，有的寄到单位。这一封封的感谢信，让丁秋美成了当地的小红人。今年2月,她入选了"中国好人榜"。可以说,丁秋美做过的这一件件看似小的事,其实是浙江政府机关和部门工作人员,践行"三服务"的一个缩影。接下来我们一起来听听这封信。

亲爱的丁警官:

您好,我是小彭,请接受我崇高的敬礼与真诚的谢意!感谢您三年来对我和我的母亲和妹妹的关心,为我们耐心负责地办理户口,很荣幸能遇到您这么负责的警官。

记得2015年您了解了我和我母亲当时的情况,我母亲已经十多年没有联系上亲人了,通过您的努力很快就帮我母亲联系上了老家的亲戚,在云南办理户口的过程中,您也给我们安慰和帮助,我母亲对此也非常感谢您。

2016年我的妹妹终于上了一年级,在他人看来是件很平常的事情,但是因为家里人的不重视,导致她晚了一年才上了学。因为您的耐心和重视,家里人才意识到这个问题,按照您的指导,这次办理非常顺利。小小年纪的她意识到人民警察的伟大。

最后我终于联系上了亲生父亲,去重庆办理了户口,2018年终于拿到了"人生的通行证",也就是普普通通的一张身份证。我非常开心,第一时间告诉了您。当然一切都离不开您的鼓励,我永远都记得您教导的:我已经是个大人了,不光接受帮助,还要学会独立。非常幸运与您相遇,感谢您三年来的关心和鼓励。

小彭
2018年11月9日

小强:谢谢薇薇。给大家介绍一下站在我身边的这位收信人,丁秋美,欢迎您!这一位是我们浙江省公安厅"最多跑一次"改革协调小组办公室邵方健警官,欢迎两位,请坐。我们先从秋美开始,刚刚这封信里边说了,办户口的事有三年的时间,有那么长的时间吗?中间有着什么样的困难?您给我们讲讲。

丁秋美：首先母女三人的户口就是比较乱。他们三个人到底是怎么没有户口的，又要如何落下来？要理顺这些，我做的笔录就有这么一沓，有那么厚的笔录，才问清楚怎么回事。第二就是时间比较久远，唐大姐是1985年从云南出来，她现在只记得老家是在玉龙雪山旁边。我就根据这个线索，电话联系云南丽江的公安，坚持不懈地打电话，断了再打断了再打。最后终于找到了唐大姐的户籍地老家。

小强：线索少、地方远，家庭内部的关系还挺复杂。所以在处理这个事情的时候，秋美刚才所说的只是其中很少的一部分，她做了很多一个户籍警官分外的事情。比如说调解家庭纠纷，寻找更多线索，帮助家庭的小朋友们健康成长……这三年来她做了很多，跑了不知多少次，做了不知多少笔录，现在我们通过一个短片更深刻地了解一下。

【VCR】这是家住嘉兴平湖林埭镇保丰村的唐大姐，今年49岁。在丁秋美帮她办理身份证落户前，唐大姐有40多年没有身份证，没有户口本，不能坐火车，不能住旅店，无法登记结婚。两个女儿也无法落户，无法上学，生活就业看病等处处受限。

【唐大姐：没有身份证什么事情都办不了，什么事情都做不了。】

在民警丁秋美的帮助下，唐大姐母女成功落户，唐大姐说是丁秋美让他们重获新生，一家人的命运发生了巨大的改变，她在内心深处想真诚地跟丁秋美说一声"谢谢"：挺好的，一直帮助我，还有小女儿上学，也关心我的大女儿。我现在心里很踏实，没有那么多烦恼了。

小强：看了这一段，我们就能够了解那封信的用意！其实唐大姐一家上户口的这件事，绝不是丁秋美做的唯一的事情，在她的工作之中还面对着许许多多。今年的2月，她千里送服务，让一个28年的黑户大姐落了户口、拿到了身份证，非常非常不容易。在她的身边还有很多像她一样的服务一线的基层的民警，在用自己的努力让"最多跑一次"改革绝不仅仅是转变服务职能，让大家感受到的是你们的深情厚谊。接下来方健警官给我们介绍一下，我们省公安厅还有哪些举措能够让大家伙感受到更多的获得感和幸福感？

邵方健：好的。"最多跑一次"改革以来的话，我们全省公安机关跟全体民警坚决贯彻省委省政府的改革，全力以赴推进"最多跑一次"改革，也取得一些阶段性成效，涌现出像丁秋美这样一批先进典型。

这里离不开广大人民群众的支持、关心和爱护。下一步我们是结合"最多跑一次"改革和三服务，从三个方面也就是"三个办"来持续推进改革，提升群众的获得感。"三个办"办理：第一个就是"就近办"，我们把这个事项权限下放到基层网点，你去办公安的业务办出境也好，交管也好，在很多派出所乡镇便民服务中心，或者是你邮政网点，甚至是你的4S店都能办，这样群众在家门口就能把事情办好，而且能办更多的事情，这是就近办。第二个就是"一证办"，我们知道办理事项需要提交很多材料，我们一方面精简办事材料，另一方面是充分共享政府间的数据。老百姓办事的时候，不需要重复提供，政府已有的数据实现了，老百姓凭一张身份证就能办理。下一步我们还将推进刷脸办，就是说你如果忘记带身份证的话，你凭一张脸也能办，刷脸就可以办，跟我们支付刷脸认证是一样的道理。第三个办就是"网上办"，我们都知道公安网跟互联网是不通的，物理隔离的。我们打通公安专网跟互联网，就是想让老百姓在家里点点鼠标就能把事情办成。同时我们还推进掌上办，通过手机端，再点点键盘就能把事情办好了。这就是我们"三个办"。

小强：其实方健警官给我们介绍的是措施的不断实施，不断落实。

有了这样上层的建筑，我们可以感受到，在办理很多事情的时候，几乎一次都不用跑，就能把它办成。同时我们感受到的是像秋美这样基层的民警、基层的工作人员，在用自己真挚的情感帮助大家一起来解决问题。所以"最多跑一次"，在他们的努力之下，也绝对不仅仅是"一次"的意义，它有太多的含义，跟群众一起着急，跟大伙一起努力，一定要有一个结果，让我们再次把掌声送给两位，感谢你们的努力，谢谢！

高雯：一封封家书深藏的是满满的情意，一份份档案满怀的都是我们浓浓的记忆。为了能够让这些个人的记忆、家庭的记忆变成国家的记忆，时代的记忆。我们精选了一部分档案和家书珍藏在了浙江省档案馆，永久珍藏，永久保存。

接下来让我们有请家国档案的代表登台，有请马季煌、钱思进、冯爱倩、陈洪生、余珍珍、丁秋美上台，有请浙江省档案馆一级巡视员丁越飞，浙江广播电视集团党委委员、副总编辑胡戎。为他们颁发收藏证书。

同时把掌声送给台上的各位，谢谢你们。为这个国家和时代提供了值得永久珍藏的回忆，谢谢你们！

亲爱的朋友们，时光荏苒，岁月更新，新中国已豪迈坚毅的定力，翻开了全新的历史篇章。相信在这一刻，我们内心都有一首共同吟唱的歌曲，那就是《我和我的祖国》

【歌曲《我和我的祖国》】

小强：家国档案70年，今天我们在一封封家书、一件件档案之中，感受着新中国成立70年来的波澜壮阔，也更加坚定信念创造辉煌。

高雯：时代在前进，任重而道远，让我们紧密团结在以习近平同志为核心的党中央周围，为实现两个一百年目标，实现中华民族伟大复兴的中国梦努力奋斗！

亲爱的观众朋友们，"一封家书·家国档案七十年"诵读活动到此结束，再次感谢各位的光临朋友们，再见，再见！

后记：

一封家书　纸短情长
家国大爱　荡气回肠

夜阑人静，月华如水，一灯如豆。坐在办公室书桌前，一口气静静地读完这些家书以及档案材料，我心潮起伏，思绪万千，久久不能平静。那些温润如玉的字眼，那些坚定如磐的信念，那些澄澈如镜的心声，那些纯洁如雪的情感，历经70年的时空巨变、沧海桑田，跃然纸上，流淌心尖。方寸之间，虽泛黄褪色，然翰墨留香，让每一个心底有爱、有暖、有故事、有梦想的人，为之动容、为之震撼、为之倾倒、为之澎湃。

这些家书中，有62年前，新安江水电站第一代建设者马季煌在建设工地上写给父母的家书，信中反复"请父母放心"和"一切可好"的情真意切让人感动，"叫高山低头，要河水让路，要有战斗精神，三年建成发电"和"以后家里用的电就是我们这里发的！"的豪情壮志使人激昂，"争取早日加入中国共产党"的坚定信念令人赞叹；

有36年前，"两弹一星"元勋之一钱三强写给在美国读博士的儿子钱思进的家书，"中国的居里夫妇"以父母的身份，谆谆告诫儿子要有"创新精神"，要做到"问心无愧"，要"对社会作出有益贡献"，更坚信"我们经常回忆的黄金时代又将到来""一定要相信祖国会比较快的复兴和发达起来""这个日子的到来是经过多少人民一百年来受帝国主义的压迫而艰苦奋斗而来的"，那是祖辈和父辈一起努力斗争的激情年代，那是伟大科学家最质朴最纯粹的家国情怀与赤子之心；

有11年前，在杭州训练的13岁游泳小将、后来的世界冠军徐嘉余收到的父亲写给他的家书，饱含着300公里外的父亲对刚离开家的儿子那份不舍与期望，"踏踏实实做人，更要做一个正直的人"是父亲的家训，"低调踏实，一切用成绩来证明自己；正直谦虚，不走歪门邪道"更铭刻在儿子内心，终以行动不负父亲的企盼；

由一年前，平湖户籍女警丁秋美收到的一封特殊的感谢信，"黑户"打工大姐用最朴实无华的语言对三年来无私帮助她和家人的女警表达了心底最真挚的感恩，寥寥数语讲述的是改变一个人乃至一个家庭一生的温情故事……

"一封家书"，多么美好的词汇。闻之，即让人联想到心底最柔软的那个地方；念之，嘴角舌尖都是馨香阵阵、暖意融融。以"一封家书"之名，城市之声等频道在2018年推出了《一封家书·四十周年四十封信》活动，今年《一封家书》又在"学习强国"App上举办了专场活动，"一封家书"品牌不断升级、内容不断丰富。今年，恰逢中华人民共和国成立70周年，也是浙江广播电视事业70周年，"一封家书"更是注入时代内涵。由中共浙江省委宣传部指导，浙江省广电局、浙江广电集团、浙江省新闻工作者协会联合主办，浙江省档案局、浙江省档案馆协办，广播城市之声与电视教育科技频道承办的庆祝中华人民共和国成立70周年"一封家书·家国档案七十年"诵读会在杭州举行。从此前收集到的1万份家国档案中挑选出了部分最具代表性的家书和档案，进行现场诵读和展示解读，更有家书中的主人公们，步履蹒跚，缓缓讲述共和国记忆，带领大家追寻"敢教日月换新天"的波澜壮阔和改革开放40年的继往开来，致敬一代又一代人的家国大爱和时代情怀。

"一封家书"，多么隽永的珍藏。片纸千钧重，家书抵万金。家书，是亲情的纽带，更是家风的底色，它记录了一个又一个中国人最本真的情感与热爱，也承载了一个又一个中国家庭对美与善的追求，对生活的向往，对时代的敬意，对国家的大爱，对民族的情怀。或感恩或励志，或激动或呐喊，或沉思或叮咛，或自省或育人……但不论字长句短，不管话里言外，总逃不过一个"爱"字，那是对父母、对子女、对亲人、对国家、对同胞的血浓于水的深爱。家书，无形中也是我们一个又一个中国人、中国家庭的丹青画笔、汗青史册，穿越时空的阻隔，跨越时代的变迁，把爱留住，把根留住。

我欣喜，我们城市之声的同事们，再次把这些珍贵的家书和档案集结成册，编印成书，让更多的观众、听众、读者，能更好地细细品读这些厚重的家国大爱，特别是让我们的年轻人，能在家书的熏陶中铭记感动和感恩，在文化的传承中感受中国快速发展的强劲脉搏，感知中华民族的砥砺心声。愿这些珍贵的家书和档案，愿我们广电人为您珍藏的"一封家书"，能发出温热的光和亮，映照过去、观照未来，为我们这个民主富强的社会主义新时代和光荣伟大的中国梦写下坚定的注脚，寄托无限的希望。

来钧　项勇
2019 岁末